Wanderträume
Ostseeküste

STEFANIE SOHR

WANDERTRÄUME OSTSEEKÜSTE

25 richtig **schöne Touren**
zum **Entdecken** und **Genießen**

BRUCKMANN

HIER GEHT'S HIN

DIE TOUREN

Am meer sind noch Plätze frei.

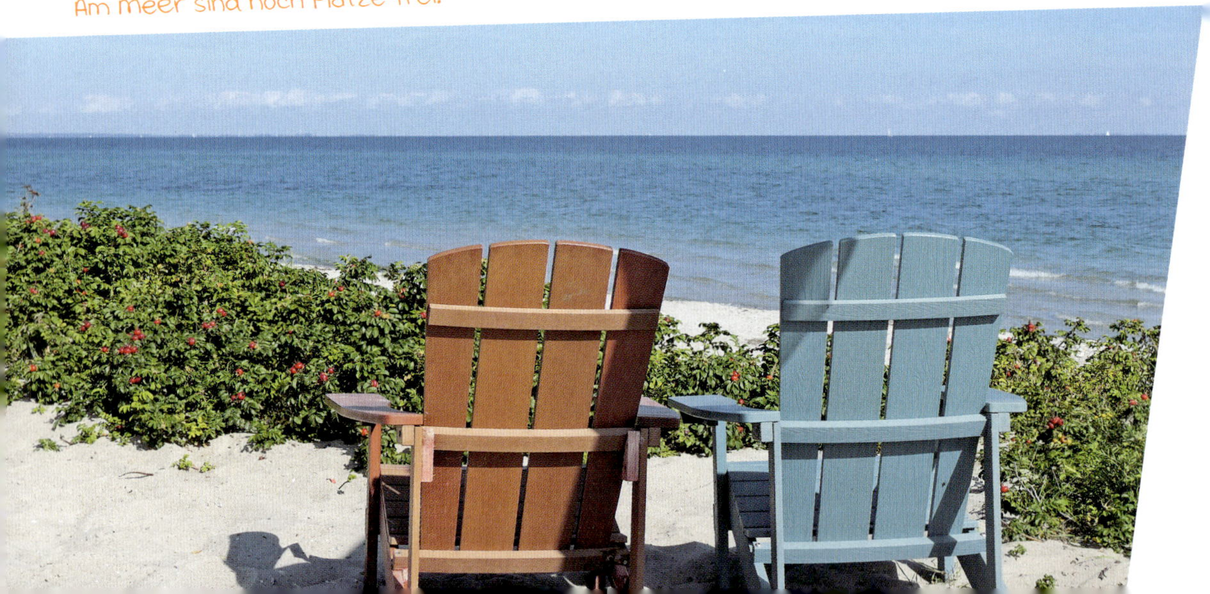

EXTRAS

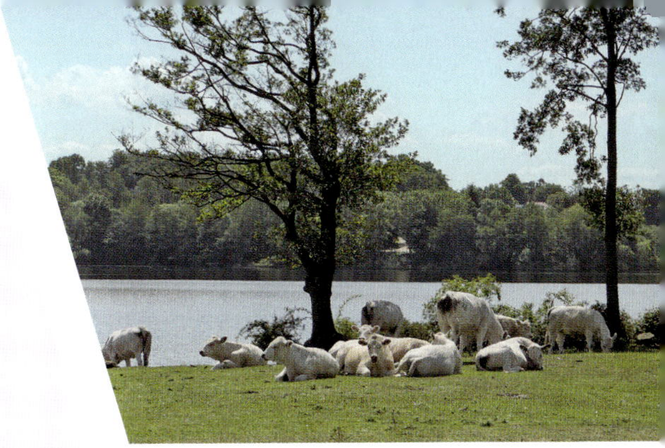

Glückliche Kühe am Schöhsee

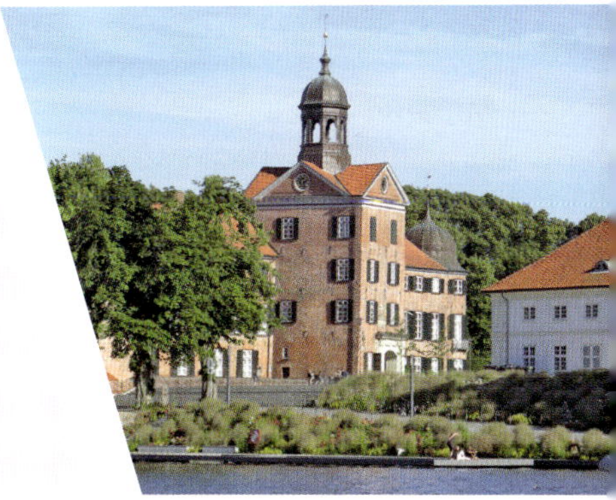

Eutiner Schloss

MOIN!

Wellen, Wind und Wolken sind die Hauptattraktionen an der Ostseeküste von Schleswig-Holstein. Wer hier wandert, kriegt den Kopf freigepustet, erweitert den Horizont mit jedem Schritt und erfrischt sich zwischendurch im Meer.

Hunderte Kilometer Meerblick to go. Im Takt der Wellen und mit Rückenwind. An Sandstränden, auf Klippenpfaden, in Küstenwäldern. Das duftet wie Freiheit. Klingt nach Seevogelschwärmen. Funkelt wie im schönsten Hochglanzprospekt. Einen traumhaften Augenblick lang.

Die Ostsee ist ein flatterhaftes Meer. Das jüngste der Welt nämlich und wetterwendisch im Wortsinn. Allemal in Schleswig-Holstein, wo der Himmel urplötzlich von heiter auf stürmisch schalten kann und der Regen einen garantiert dort erwischt, wo kein Unterstand Schutz bietet. Im Norden gibt es daher kein beliebteres Gesprächsthema als das Wetter. Es ist eine Zumutung. Ganz ehrlich. Und doch …

Sehnsucht nach Meer

Zwischen Travemünde an der Grenze zu Mecklenburg-Vorpommern und dem letzten Strand vor Skandinavien bei Flensburg gibt es kaum einen Meter, der nicht als Sehnsuchtsort gilt. Keinen Strand, der nicht treue Gäste hätte, die wie die Zugvögel jedes Jahr wiederkehren. Dabei existieren angenehmere Orte auf der Welt. Nur liegen die eben nicht an der Ostsee. »Freier Mensch, immer wirst Du das Meer lieben«, wusste schon Charles Baudelaire. »Das Meer ist Dein Spiegel. Du schaust in Deine Seele.«

Der Weg zum Freizeitvergnügen

Schon die Jäger und Sammler konzentrierten sich auf die Küsten, als sie Norddeutschland nach der letzten Eiszeit besiedelten. Zum reinen Vergnügen an die Ostsee zu reisen, kam allerdings über Jahrtausende niemandem in den Sinn. Das Meer galt als gefährlich, von unheimlichen Fabelwesen bevölkert. Erst im ausgehenden 18. Jahrhundert wurde die Heilkraft des Salzwassers entdeckt. Eine Handvoll Gesundheitsapostel, der Adel sowie Künstler hatten sich den Trend in England abgeschaut. Heiligendamm, das erste deutsche Seebad, entstand 1793 in Mecklenburg-Vorpommern.

Holstein hinkte eine ganze Dekade hinterher, bis 1802 das Seebad Travemünde gegründet wurde. Es blieb der einzige wirklich mondäne Urlaubsort im Norden. Prächtige Kaiserbäder wie im Osten hat es hier nie gegeben. Selbst Glücksburg, immerhin Sitz des Hochadels, blieb architektonisch und atmosphärisch zurückhaltend, geradezu bescheiden. Vielleicht, weil die Stadt mit dem Märchenschloss damals – wie das gesamte Herzogtum Schleswig – noch zu Dänemark gehörte. 1867 erst legte sich Schleswig-Holstein den Bindestrich zu – und den Wahlspruch »up ewig ungedeelt« (auf ewig ungeteilt). Eine ganze Ecke entschied sich bei der Volksabstimmung im Jahr 1920 dann aber doch für die dänische Krone. Seitdem besteht Schleswig-Holstein in der heutigen Form.

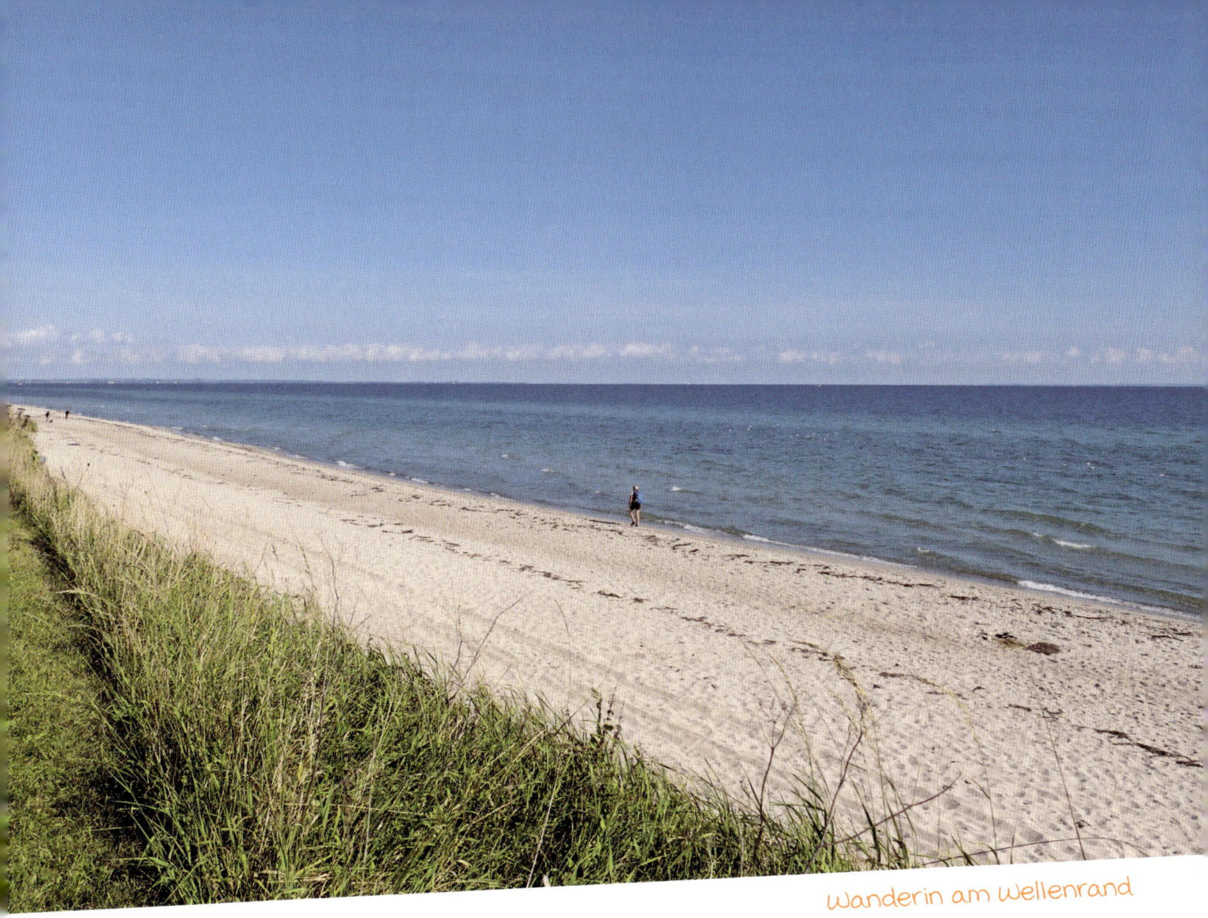

Wanderin am Wellenrand

Etwa zur selben Zeit kamen Sonnenbäder in Mode. Gebräunte Haut galt auf einmal als chic. Die ersten Badeanzüge schwappten aus den USA herüber. Reisen wurde für eine größere Bevölkerungsschicht erschwinglich. Und bald galt es als tagesfüllendes Urlaubsprogramm, von der Sandburg ins Wasser zu pendeln und wieder zurück.

So blieb es im Wesentlichen bis zur Erfindung des E-Bikes. Seit man nicht mehr gegen den Wind anstrampeln muss, schnurren Massen durch ein zunehmend besseres Wegenetz. Wandern ist aber noch immer nicht zur Volksbewegung geworden. Selbst die Internetauftritte mancher Destinationen kommen ganz ohne Wandertipps aus. Vielleicht liegt es am Wetter? Womit wir wieder beim wichtigsten Thema Schleswig-Holsteins wären …

Wandernde am Frühlingsmeer

Wäre Vivaldi an der Ostsee aufgewachsen, hätte er seinen »Vier Jahreszeiten« eine unendliche Ouvertüre vorangestellt. Wenn in Süddeutschland schon das große Frühlingskonzert spielt, stimmt der Norden noch immer seine Instrumente. Dafür nimmt das Licht nirgends schneller zu als hier. Binnen kurzer Zeit verwandelt sich Schleswig-Holstein vom dunkelsten Fleck Deutschlands in den hellsten. Und bleibt es ein halbes Jahr lang.

Los geht's mit der Tagundnachtgleiche um den 20. März. Kommt sogar noch die Sonne hervor, beginnt die Ostsee zu leuchten. Dann heißt es alles stehen und liegen lassen und ab an den Strand. Am besten an die Abschnitte, die im Sommer fest in Camperhand sind. Jetzt hat man sie noch für sich.

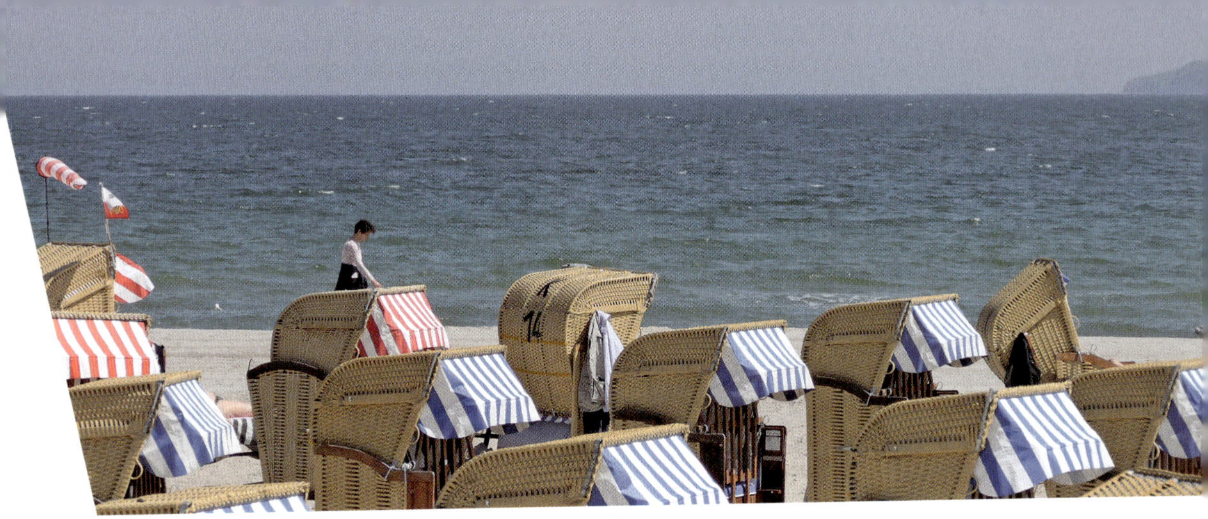

Ein Meer von Strandkörben in Travemünde

Bis in den April ist die Luft von erstaunlicher Klarheit und Frische – ideal zum Fotografieren. In den Strandkörben, die jetzt traditionell aus dem Winterquartier geholt werden, aalen sich die Ersten bereits minimal bekleidet. Die Sonne hat schon Kraft. Der Wind ist aber noch kalt, besonders, wenn er von Osten weht. Wirklich angenehme Temperaturen verspricht erst der Mai. Schleswig-Holstein ist nun im Farbrausch. Hellgrüne Buchenwälder strahlen mit knallgelben Rapsfeldern und allen Blautönen der Ostsee um die Wette. In Beachbars und Strandrestaurant werden die Plätze in der ersten Reihe rar. Ein, zwei Schritte weiter wartet aber noch die Seelenruhe. Mindestens bis das erste Bundesland Ende Juni in die Ferien startet.

Badeträume wie Sand an der See

Wenn man trotz dichter Wolkendecke im T-Shirt nicht mehr friert, ist Sommer in Norddeutschland. In manchen Jahren fällt er auf einen Donnerstag. In anderen dauert er Monate lang. Da steckt man nicht drin, wie man hier oben sagt. Glücklich wird nur, wer's nimmt, wie es kommt. Dieser Faustregel folgen viele, denn: Beim geringsten Sonnenstrahl üben die feinsandigen Strände Holsteins einen unwiderstehlichen Sog aus. Da Hamburg gleich um die Ecke liegt, reihen sich Sonnenanbeter schnell dicht an dicht. Wer Ruhe sucht, muss auf die frühen Morgen- oder späten Abendstunden setzen. Oder man stürzt sich einfach rein ins Vergnügen. Zum Wandern eignen sich Promenaden nämlich ganz prima. Zumal zwischen den Seebädern, zwischen den Häfen, zwischen den Badestränden immer auch einsamere Küstenabschnitte entdeckt werden wollen – oft fast zu schön, um wahr zu sein. Kehrt man am Ende und ein wenig erschöpft in den Trubel zurück, ist man ganz dankbar für die breite Palette an Strandgastronomie und die DLRG (oder eine andere Wasserwacht).

Baden und Schwimmen in der Ostsee ist nämlich gefährlicher, als es den Anschein hat. Ablandige Winde oder Strömungen stellen selbst für gute Schwimmer ein Risiko dar. Leider vergeht kein Sommer ohne Unglücksfälle. Bewachte Strände sind an einer gelb-roten (seltener grünen) Flagge zu erkennen. Flattert nur die gelbe Flagge, sollten ungeübte Schwimmer, Kinder und Ältere nicht ins Wasser. Bei roter Flagge herrscht absolutes Badeverbot.

An Naturstränden, wie man sie vor allem im nördlichen Schleswig-Holstein findet, ist es selbst bei Windstille gar nicht so einfach, ins Wasser zu gelangen. Hier wuchern Seegraswiesen am Meeresboden, und es wimmelt vor Fischen, Muscheln, Krebsen. Badeschuhe können helfen, über Steinfelder bis zur nächsten Sandbank zu waten. Man erkennt sie von Weitem als türkise Streifen im ansonsten unergründlichen Wasser.

Im Sommer erwärmt sich die Ostsee auf etwa 18 Grad. Im Hochsommer kann die Temperatur in Flachwasserbereichen auch die 20-Grad-Marke überschreiten. Die beste Badezeit reicht von Juni bis September.

Zur Zeit der Vogelzüge

Irgendwann im Lauf des Septembers läutet jede Region an der Ostsee das Saisonende ein. Alles und alle scheinen sich dann langsamer zu bewegen, mal abgesehen von Hunden. Für sie beginnt nun die bessere Jahreshälfte. Niemand stört sich mehr daran, wenn sie ausgelassen über den Strand und durch die Wellen tollen. Ein Anblick, der nicht nur ihre Besitzer glücklich macht.

Überhaupt ist die Ostsee für Tierliebhaber ein guter Ort. Schleswig-Holstein liegt an den großen Straßen der Vogelzüge. Die Rufe der Wildgänse und gewaltigen Schwärme am Himmel gehören im Herbst auf jeder Tour dazu. Ein Fernglas im Rucksack oder eine Kamera mit gutem Objektiv ist ganzjährig eine gute Idee.

Vor allem an der Flensburger Förde ist die Chance groß, Schweinswale zu sichten. Aus der Ferne gleichen sie Delfinen. Es sind aber wirklich Wale. Immer häufiger lassen sich auch Seehunde und Robben in der westlichen Ostsee blicken. Am ehesten rund um die Insel Fehmarn. Was in Mecklenburg-Vorpommern längst zum Allgemeinwissen gehört, muss sich in Schleswig-Holstein erst noch etablieren: Nie, wirklich niemals sollte man sich den Tieren auf weniger als 100 Meter nähern. Es sind Raubtiere. Entdeckt man ein verletztes Tier oder ein mutmaßlich verlassenes Junges, hilft im Zweifel die Polizei.

Es gibt kein schlechtes Wetter

Wenn an der Ostsee nur noch das Kreischen der Möwen zu hören ist, beginnt man die einsamen Winter zu lieben. Dann müssen die ebenso filigranen wie fragilen Küsten nur die Menge Menschen aufnehmen, die sie gut vertragen können. Und es gibt da diese wunderbaren, eisblauen Solitäre. Windstille, wolkenlose Tage, an denen der norddeutsche Winter für alles entschädigt, was er einem ansonsten abverlangt. Das sind die Stunden der Steinstrände. Während man nach längeren Regenfällen auf Feld-, Wald- und Wiesenwegen im Matsch versinkt, geht es sich auf Geröll auch nicht anders als im Sommer. Dafür braucht es ein wenig Trittsicherheit und ausnahmsweise auch Wanderschuhe. Darauf sind die wenigsten vorbereitet. Die meisten geben an Steinstränden daher bald auf. Immerhin: Sich auf einen Findling zu setzen und die Sonne ins Gesicht zu halten, ist eine sehr schöne Art des Aufgebens. Noch besser ist es aber, alle anderen hinter sich zu lassen. Hat man erst einmal den Bogen raus, läuft es ruckzuck wie bei einer Gämse. Bis man ins Stocken gerät und auf einmal nicht mehr weiterweiß. Wer dann innehält, um zu überlegen, welcher Stein sich für den nächsten Schritt anbietet, wird sich der Stille bewusst. Nichts ist zu hören als der ganz leichte Wellenschlag der Ostsee. Niemand zu sehen als ein, zwei Angler weit draußen. Aber die wollen ja auch bloß ihre Ruhe. In diesen Momenten fühlt Schleswig-Holstein sich an wie der ganz hohe Norden. Einen Wintertagtraum lang.

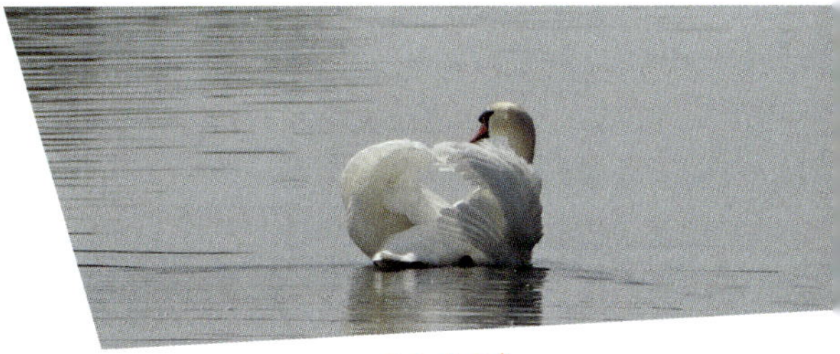

Schwan im Prachtkleid

ÜBER MICH

LIEBE LESERIN, LIEBER LESER, wie viele, die an der Ostsee aufgewachsen sind, habe ich sie lange als selbstverständlich genommen. Ganz schön zwar an den allerwärmsten Julitagen, aber unterm Strich nichts weiter Besonderes. Sommergäste blieben mir daher lange ein Rätsel. Ich selbst wäre nie auf die Idee gekommen, Ferien in Schleswig-Holstein zu machen. Urlaub fing für mich erst am Mittelmeer an, besser noch an den Stränden ferner Ozeane. Sogar zum Wandern musste ich auf dem spanischen Jakobsweg finden. In der Rückschau glaube ich, dass ich damals nur einem Trend gefolgt war. Eher durch Zufall entdeckte ich dabei meine Kraftquelle. Eine, die nie versiegt. Denn Wandern geht immer und überall.

Ob man wie der kleine Hobbit von zu Hause losläuft oder eine ausgefeilte Route irgendwo in der Ferne unternimmt, spielt keine Rolle. Ob die Kondition für drei oder 30 Kilometer reicht, ist erst einmal egal. Das wandertypische Glücksgefühl stellt sich einen Tick jenseits der eigenen Grenze ein. Wie von selbst findet man dabei zum eigenen Tempo und den innersten Bedürfnissen. Zu meinen gehören das Meer und der Norden. Darüber blogge ich seit vielen Jahren auf *indernaehebleiben.de*. Längst kenne ich jeden Küstenkilometer Schleswig-Holsteins und habe etliche Bücher über das kleine Land zwischen den Meeren geschrieben. Immer in der Hoffnung, anderen diese traumhaften Tage zu ermöglichen, in denen einfach alles einmal stimmt. In denen man genau da ist, wo man sein will. Vielleicht ja auch Du? Auf einer meiner Lieblingstouren oder anderswo an der Ostsee.

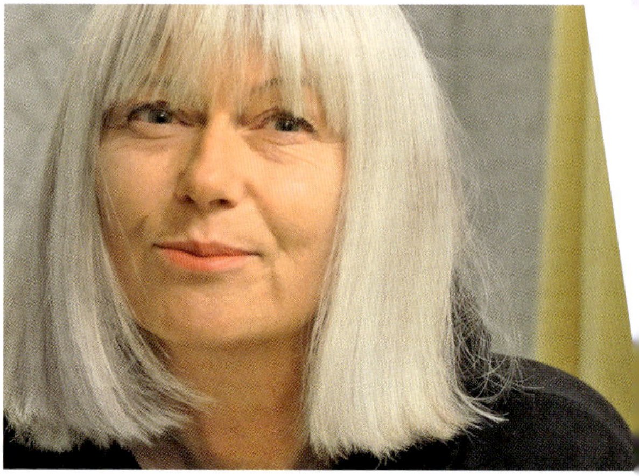

Meine Lieblingstour 1

Mein Bullerbü liegt in Angeln, und wer gern Astrid Lindgren (vor-)liest, wird sich auf Tour 22 wie Pippi beim Sachensuchen fühlen. Heil war die Welt aber nicht immer. In den letzten Tagen des Zweiten Weltkriegs spielten sich herzzerreißende Dinge ab, die auf einem Gedenkstein am ersten Strandzugang nachzulesen sind. Heute ist Norgaardholz prima für Familien, in denen nur eine Person wandert. Allen anderen wird die Wartezeit dank Strand, Spielplatz und Seebadeanstalt nicht lang. Laufen alle mit, empfiehlt sich kurz vor Tourende der Picknickplatz beim niedlichen Ziegenparadies an der fast unbefahrenen Straße Nordstern. Zurück am Strand, wird die Nacht noch so dunkel, dass Sterngucker ins Schwärmen geraten.

DIE HIGHLIGHTS

- Gedenkstein Norgaardholz
- Picknick mit Ziegen
- Sternenhimmel am Meer

Meine Lieblingstour 2

Ich werde nicht müde, ein Hohelied auf die Holsteinische Schweiz zu singen, und bin ganz zufrieden, dass kaum jemand darauf hört. So bleibt das Ziel von Tour 5 – Malente – einer der bekanntesten Geheimtipps im Norden und die traumhaften Sonnenuntergänge am Dieksee ein exklusives Vergnügen. Bis der rote Ball im Wasser versinkt, lassen Architektur und Landschaftsplanung des Kurparks im Sixties-Look die Augen von Designfans leuchten.

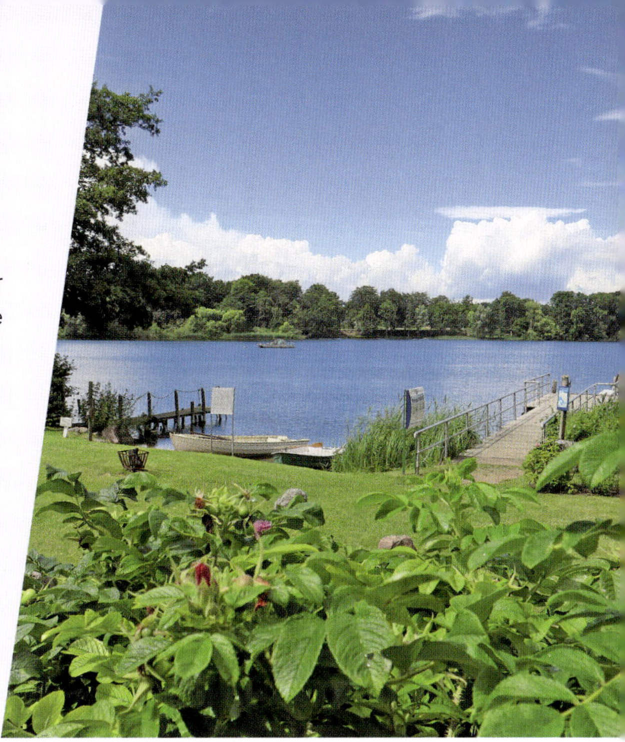

DIE SCHÖNSTEN PLÄTZE

- Haus des Kurgasts
- Liegehalle im Kurpark
- 2-Seenblick Louisenhöhe
- Sonnenuntergang am Dieksee

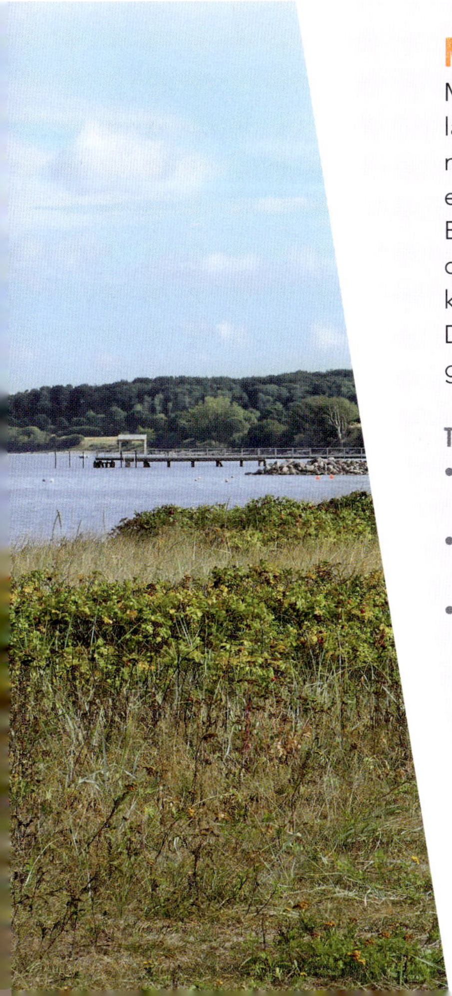

Meine Lieblingstour 3

Mit 26 Kilometern gehört Tour 9 zu den längsten in diesem Buch und ist damit manchen vielleicht zu anstrengend. Mit einem Zelt auf dem Rücken und zehn Euro im Portemonnaie lässt sich die Wanderung an Fehmarns wilder Nordwestküste zum Mikro-Abenteuer aufpeppen. Dann bleibt auch genügend Zeit, um das ganz große Garnichts voll auszukosten.

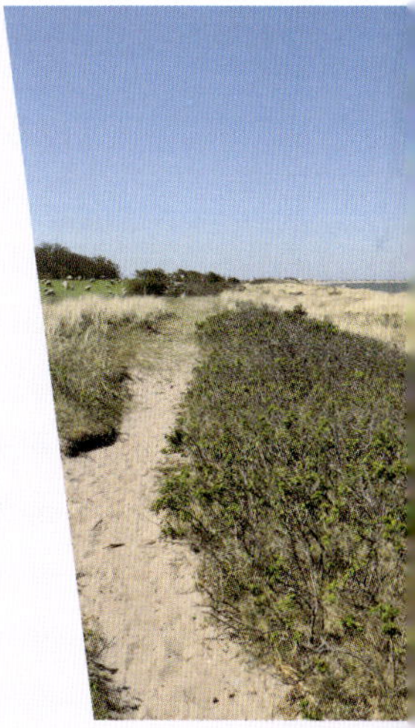

TOP-DREI-GENUSSMOMENTE

- Dänische Delikatessen: Bordershop Puttgarden
- Typisch norddeutsch: Restaurant am Niobe-Denkmal
- Sundowner im Sand-Topez: Ahoi Camp

DAS BESTE DER REGION

Schleswig und Holstein unterscheiden sich mindestens so sehr wie die raue Nordsee und die blaue Ostsee. Als das kleinere Meer gibt sie sich verspielt und bezaubert mit filigranen Küsten, muschelweißen Stränden und sanften Buchten.

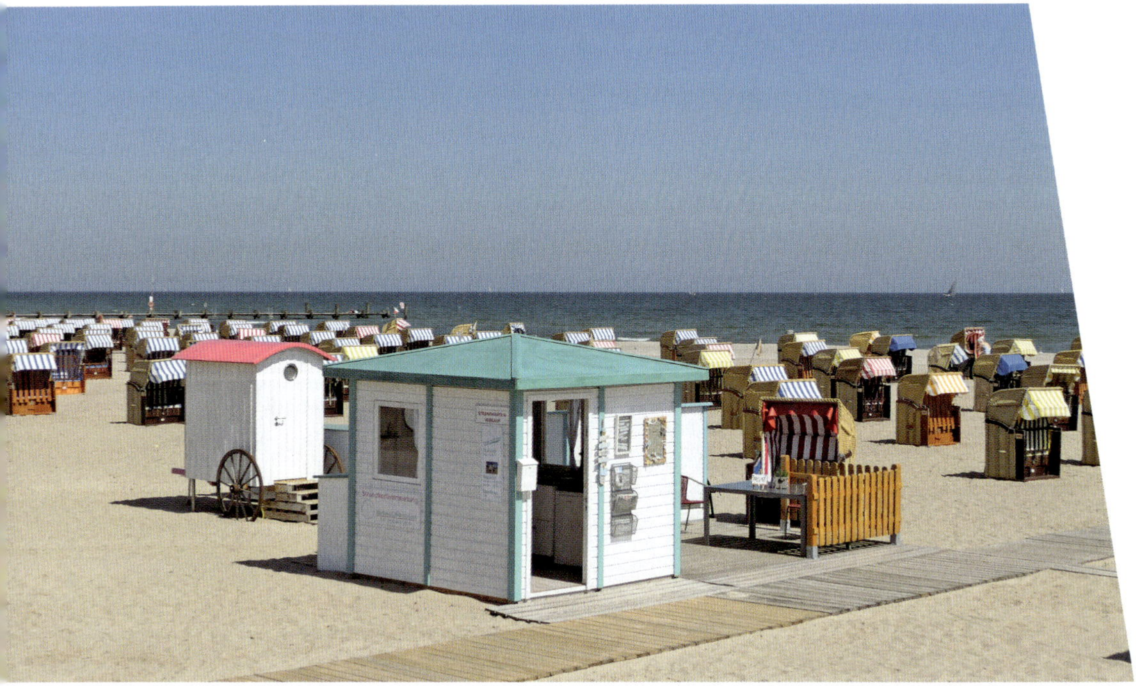

Kurstrand Travemünde

Ein wahres Badeparadies

Die großen Ostseebäder liegen fast alle in Holstein, also südlich von Kiel. Mit feinsandigen, familienfreundlichen Stränden gilt die Küste zwischen Travemünde und Laboe als ideales Urlaubsziel. Wird es im Sommer eng, weichen Ruhesuchende ins hügelige Hinterland aus, meist in die Holsteinische Schweiz, wo stille Feldwege, romantische Residenzstädtchen, lichtdurchflutete Wälder und rund 200 Seen darauf warten, dass jemand vorbeiwandert.

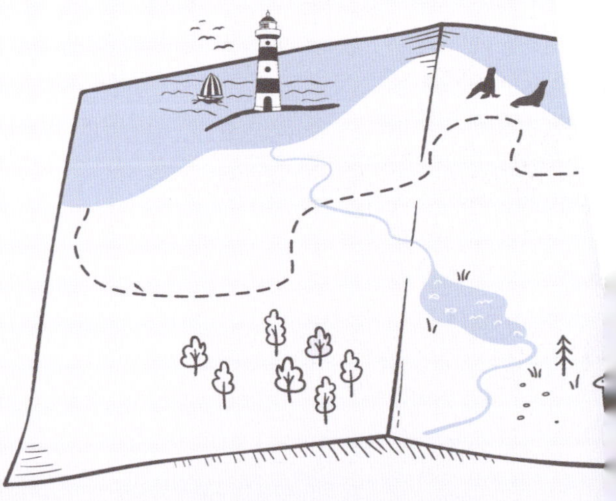

Wickie und die Angeliter

Im früheren Herzogtum Schleswig ist die dänische Vergangenheit noch immer in Kultur und Sprache lebendig. Hier sind die Küsten von Förden geprägt. Die Meeresarme ziehen sich weit in Märchenlandschaften hinein. Am längsten, der Schlei, liegt Haithabu, einst größte Wikinger-Metropole, heute UNESCO-Welterbe. Noch älter sind die Spuren der legendären Angeln, die bereits im 5. Jahrhundert auswanderten und England seinen Namen gaben.

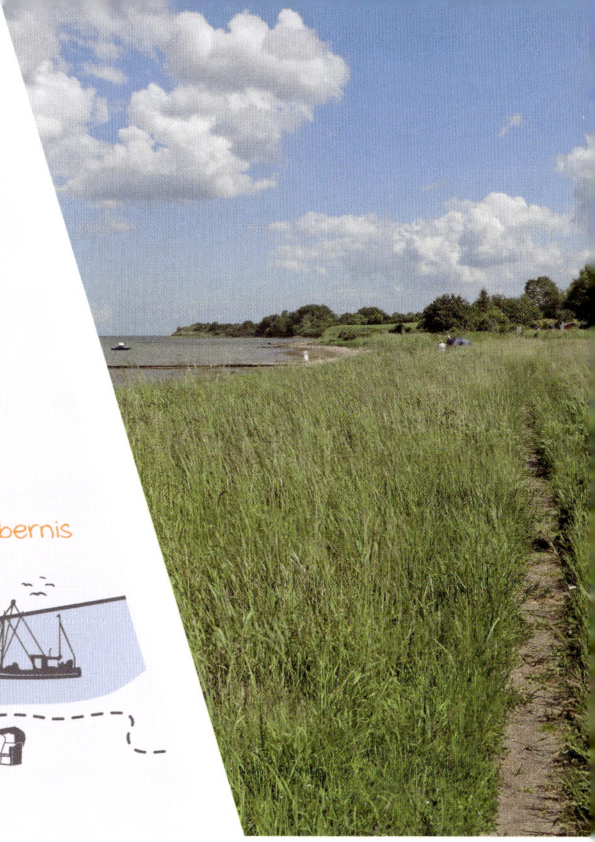
Naturstrand Habernis

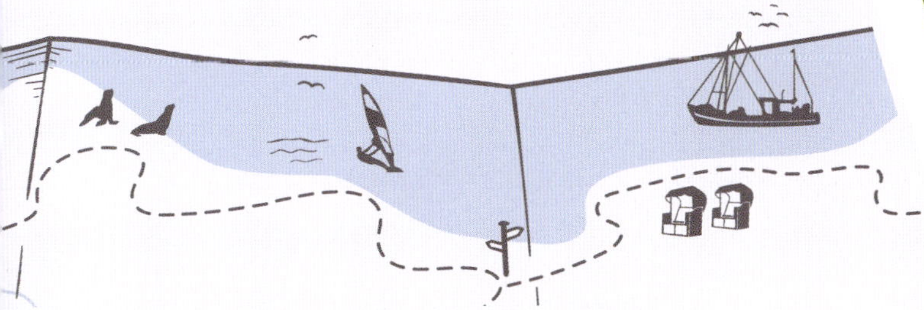

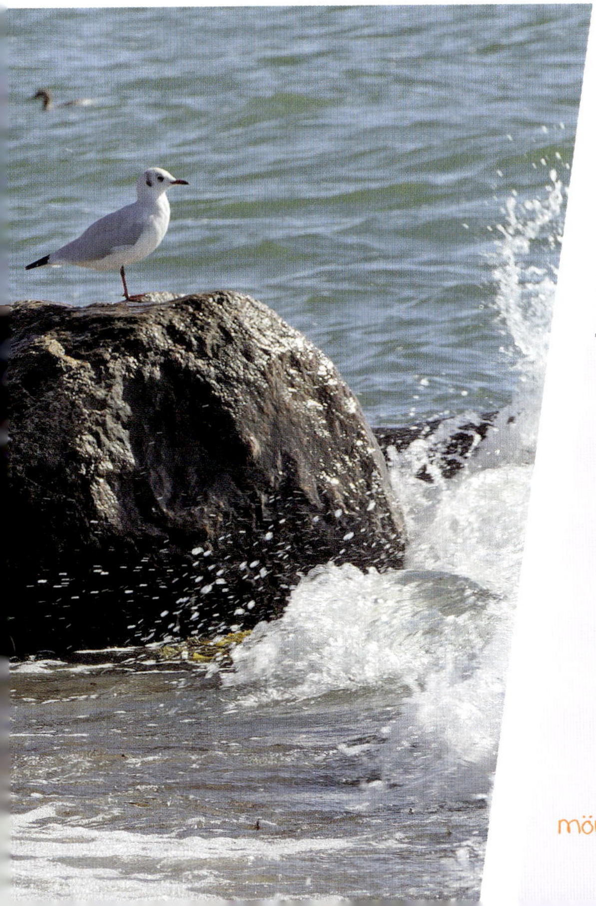

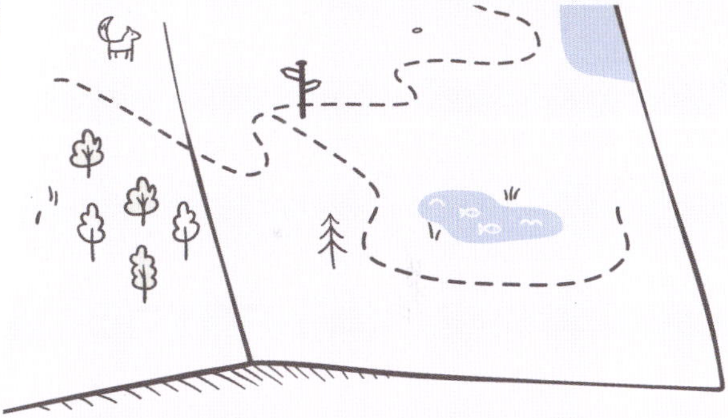

Küstenknigge

Im Norden sagt man »Moin«. Und zwar morgens, mittags und abends. Nicht zu grüßen, gilt als unhöflich, »Moin Moin« schon als Gesabbel. Gegessen wird deftig. Idealerweise dort, wo fangfrischer Fisch auf der Karte steht. Liest man daneben von Schnüüsch, Rübenmalheur oder Birnen, Bohnen und Speck, hat man ein authentisches Lokal gefunden. Was das ist und ob das schmeckt? Auch hier lautet die Devise: nicht lang schnacken. Probieren.

möwe am meer

TOUREN ZUM TRÄUMEN

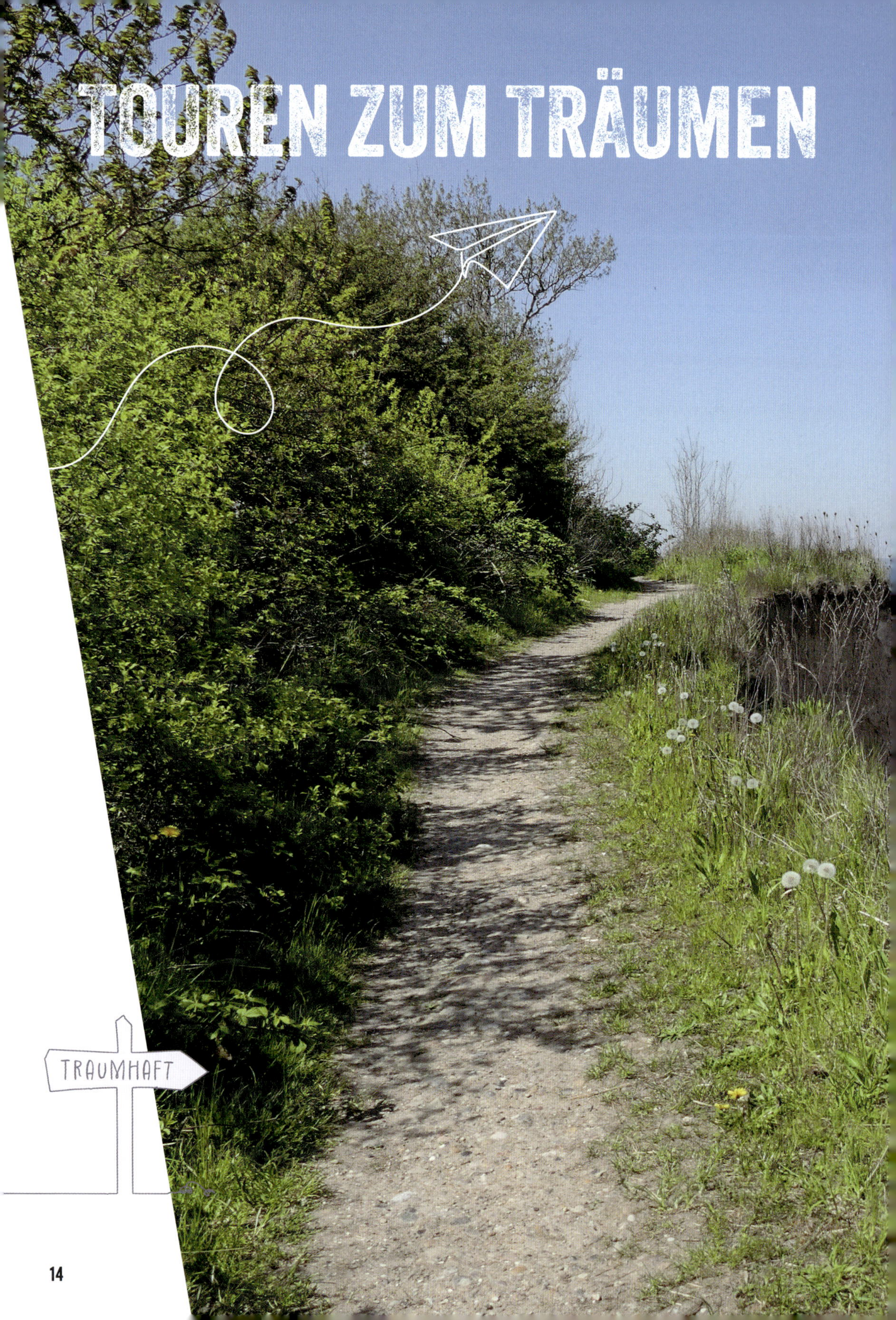

TRAUMHAFT

DER STRAND

Zauberhaft abgelegen, doch mit allem ausgestattet, was man sich an einem Ostseestrand erhofft: der Kurstrand von Surendorf auf dem Dänischen Wohld. (Tour 18)

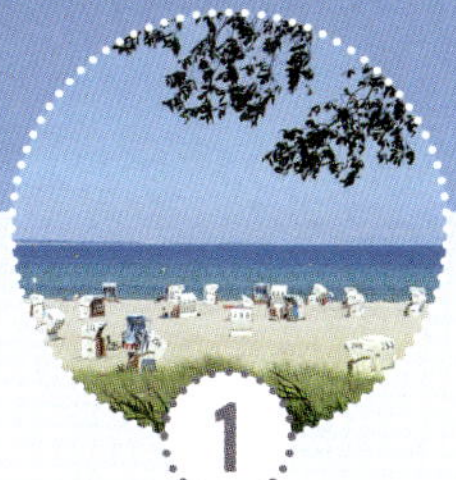

1

PERFEKTE HALBZEITPAUSE

Eckernförder Bucht mit Blick auf Schwansen

DIE BUCHT

Puderzuckersand, Küstenwäldchen, Strandseelandschaften und ein traumschönes Hinterland – in der Hohwachter Bucht bleibt man am besten gleich ein Wochenende lang. (Tour 12, 13, 14)

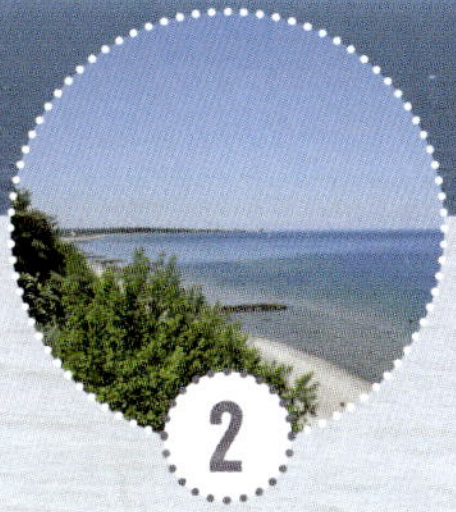

2

HOHWACHTER BUCHT

Natur-Aussichtsbalkon: die Steilküste

DAS KLIFF

Gegenüber von Dänemark, zwischen Flensburger Innen- und Außenförde, schuf die letzte Eiszeit eine wundervolle Halbinsel. Den Höhepunkt bildet das schroffe Holnis-Kliff. (Tour 23)

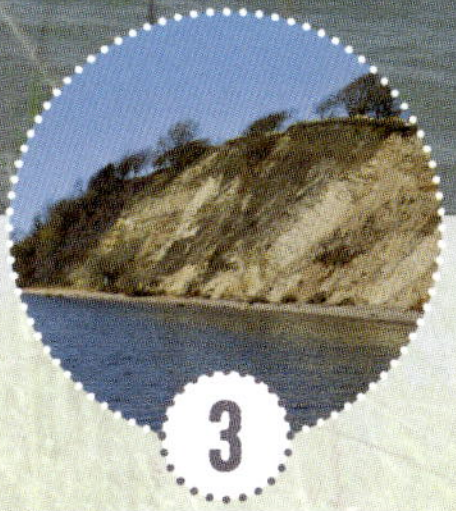

3

NATURDENKMAL

Das Kliff im Westen der Halbinsel Holnis

PIKANTE CANTUCCINI
MIT PISTAZIEN, OLIVEN UND PECORINO

BROTZEIT-TIPP

Klein und halbrund, sind die herzhaft-pikanten Cantuccini ideale Häppchen für unterwegs. Die knusprigen Kekse bieten eine leckere Mischung aus Kohlenhydraten, Proteinen und gesunden Fetten, sind kompakt und lange haltbar.

Zubereitungszeit: 25 Minuten
Backzeit: 35–40 Minuten
Für ca. 20 Stück

Zutaten

50 g	schwarze Oliven, entsteint
50 g	Pistazienkerne (gesalzen oder ungesalzen)
50 g	Pecorino, gerieben
1 TL	Meersalz
175 g	Weizenmehl
1 EL	Honig
1	Ei
25–50 ml	Wasser
1 TL	Backpulver

TRANSPORT: In einer Blechdose, Papiertüte oder einem Schraubglas.

TIPP: Die Cantuccini halten sich bei kühler und trockener Lagerung mehrere Wochen. Für größere Mengen einfach das Rezept beliebig vervielfachen.

Zubereitung

Den Backofen auf 175 °C Ober-/Unterhitze vorheizen. Die Oliven in kleine Stücke schneiden, die Pistazien grob hacken.

Alle übrigen Zutaten gut vermischen. **Hinweis:** Mit dem Wasser etwas vorsichtig umgehen. Je nach Größe des Eis benötigt man mehr oder weniger. Der Teig ist relativ zäh, ähnlich wie ein Brotteig, und sollte nicht zu flüssig sein. Am Ende die Pistazienkerne und Oliven unterkneten.

Zum Backen ein Backblech mit Backpapier auskleiden, aus dem Teig zwei Teile portionieren und auf einer bemehlten Arbeitsfläche die beiden Teil zu jeweils einer Rolle von ca. 4 cm Durchmesser formen. Die ganzen Rollen werden dann ca. 25 Minuten goldbraun gebacken.

Die Teigrollen kurz abkühlen lassen, dann in diagonale Stücke schneiden, mit der Schnittkante flach zurück aufs Blech legen und nochmals 10–15 Minuten backen.

Auf einem Gitter gut abkühlen lassen. Zur Aufbewahrung luftdicht verschließen. Die Cantuccini härten beim Abkühlen noch etwas aus. Die Bissfestigkeit kann durch die Backzeit variiert werden.

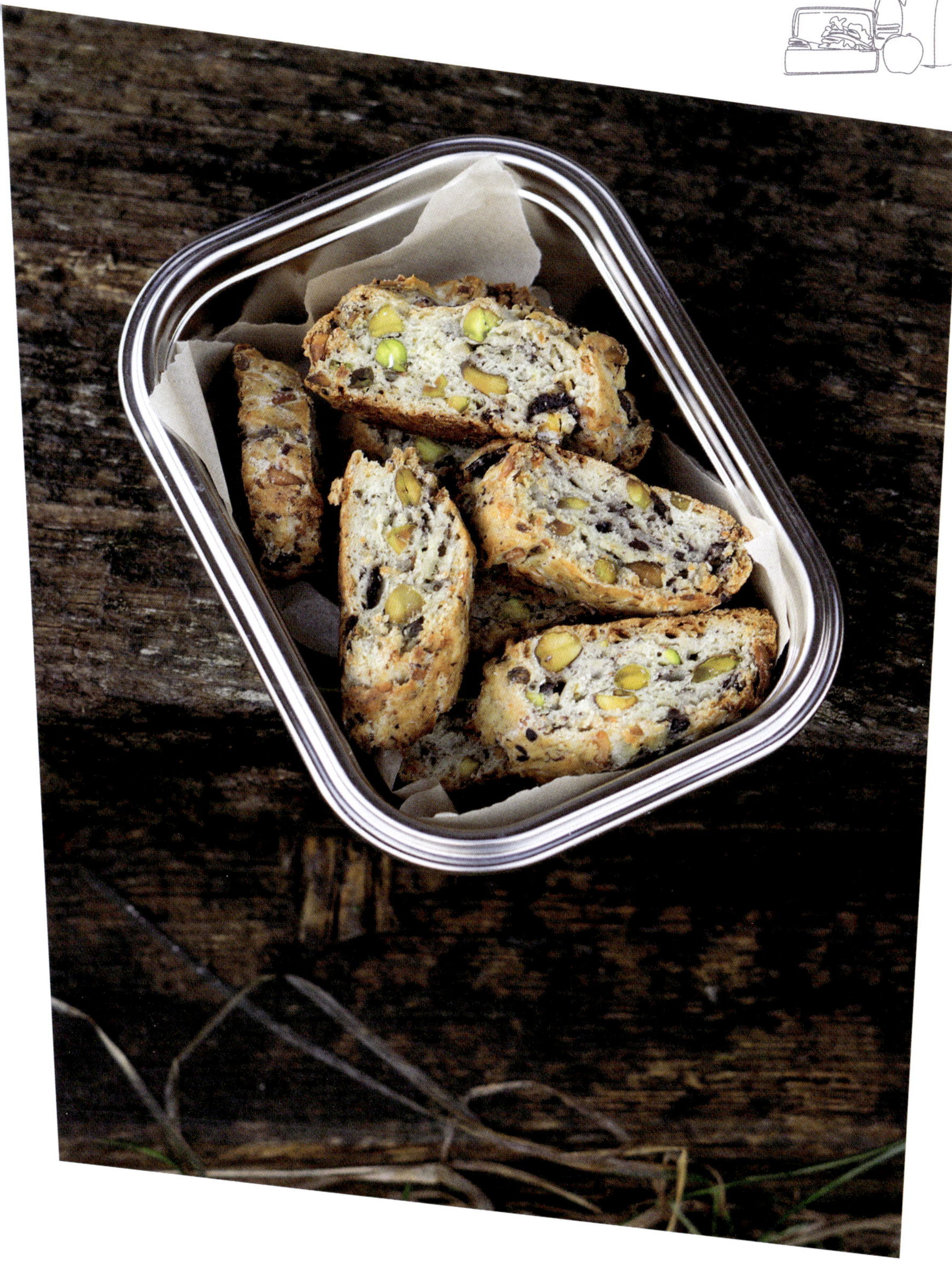

FÜR EINE PERFEKTE TAGESTOUR

ICH PACKE IN MEINEN RUCKSACK ...

Der Rucksack für eine Tagestour sollte ein Volumen zwischen 15 bis 30 Litern fassen und ein Gewicht von maximal sechs Kilogramm haben. Als Faustregel gilt: Schweres möglichst nah am Körper tragen.

1. Ganz oben / Zusatzfach

Wichtiger Kleinkram

- Handy
- Geldbeutel
- Schlüssel
- Sonnencreme & Sonnenbrille
- Wanderkarte/GPS-Gerät
- Taschentücher

2. Oben am Körper / Hauptfach

Schweres Gepäck

- (Zusatz-)Trinkflasche
- Proviant: Brotzeit, Müsliriegel, Snacks & Glücklichmacher
- Kamera

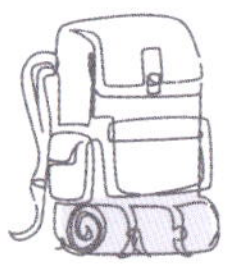

3. Oben weg vom Körper / Hauptfach

Mittelschweres Gepäck

- Ersatzkleidung
- Wetterschutzkleidung
- Mütze & Handschuhe
- Erste-Hilfe-Set
- Für die Berge: Biwak-Sack

4. Unten / Bodenfach

Leichtes Gepäck

- Daunenjacke
- Leichte Zusatzschuhe

5. Außen

Schnell zu greifen

- Trinkflasche (2–3 Liter)

TIPP: Packsäcke helfen, Ordnung zu halten!

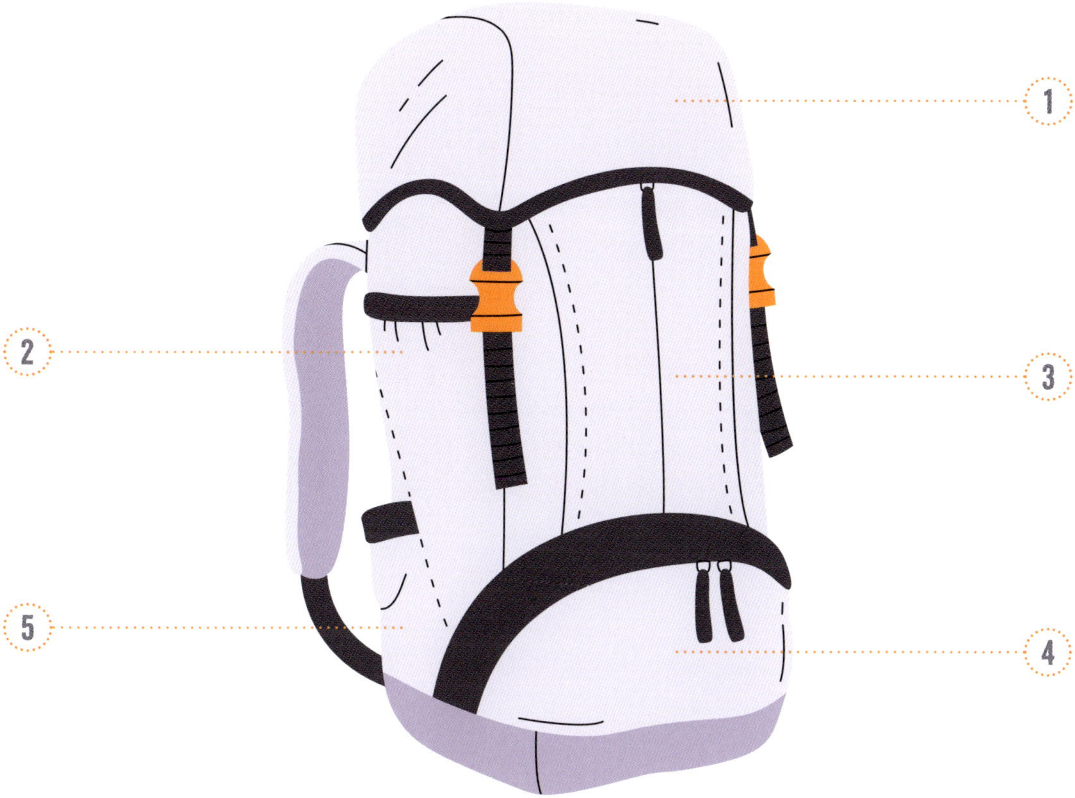

Das richtige Schuhwerk

Die Wahl des richtigen Schuhwerks ist entscheidend für ein angenehmes und sicheres Wandererlebnis. Je schwieriger das Gelände, umso wichtiger ist dabei die Bodenhaftung. Um das passende Modell für die individuellen Bedürfnisse zu finden, sollte man deshalb auf folgende Aspekte achten:

- Gute Passform
- Atmungsaktives Material
- Robuste Sohle mit gutem Profil für sicheren Halt auf verschiedenen Untergründen
- Gewicht des Schuhs (schwere Schuhe schränken die Bewegungsfreiheit ein)
- Wasserdicht

Die richtige Bekleidung

Um für alle Wetterkapriolen gerüstet zu sein, empfiehlt es sich, seine Auswahl nach dem Zwiebellook-Prinzip zu treffen – also mehrere Kleiderschichten von unterschiedlicher Dicke und Material zu kombinieren. Darüber hinaus sind neben persönlichen Vorlieben folgende Aspekte wichtig:

- Bequemer Tragekomfort
- Gute Passform
- Möglichst atmungsaktives Material
- Hose: robust und strapazierfähig
- Regenjacke nicht vergessen!

1

TRAVEMÜNDE UND PRIWALL

ÜBER DIE GRENZEN GEHEN

Travemünde ist eines der ältesten Seebäder Schleswig-Holsteins und gehört zur Hansestadt Lübeck. Dementsprechend quirlig geht es auf den Promenaden und an den Stränden an der Travemündung zu. Es ist trotzdem nur ein Katzensprung in die Seelenruhe – oder vielmehr eine Fährfahrt – rüber auf den Priwall. Die Halbinsel hat sich dank Naturschutzgebieten und kurioser Lage eine gewisse Ursprünglichkeit bewahrt. Bis zur Wiedervereinigung trennte der Eiserne Vorhang westdeutsche Sommerfrische von ostdeutscher Abgeschiedenheit. Die DDR nämlich musste auf Weisung der Sowjetunion eine beträchtliche Sperrzone einrichten. Anwohnende wurden zwangsumgesiedelt, ganze Dörfer verschwanden, der Strand war über Jahrzehnte tabu. Noch heute fühlt man den Unterschied bei einer Stippvisite im wilden Osten.

KM 1,5

Den Strandbahnhof im Rücken, geht es geradewegs ans Meer. Die Strandpromenade begleitet den Kurstrand in rechter Richtung bis zur Nordermole mit dem grün-weiß-geringelten Molenfeuer.

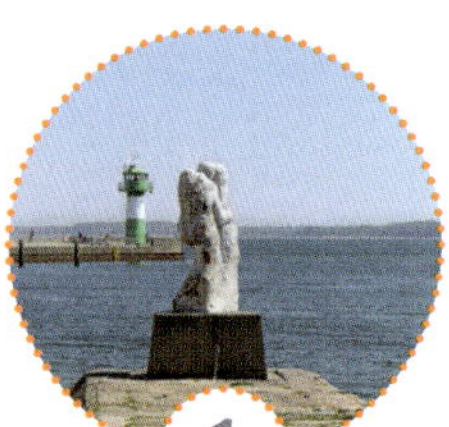

1

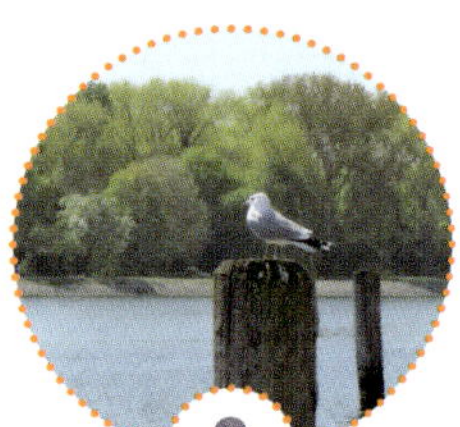

2

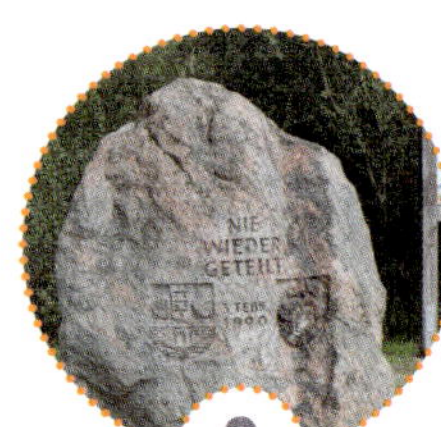

3

KM 1,5

NORDERMOLE

Mehr Meerblick für alle

KM 3

DER PRIWALL

Naturschätzchen im Windschatten

KM 9,5

FINDLING AN DER EHEMALIGEN GRENZE

Auf in den wilden Osten

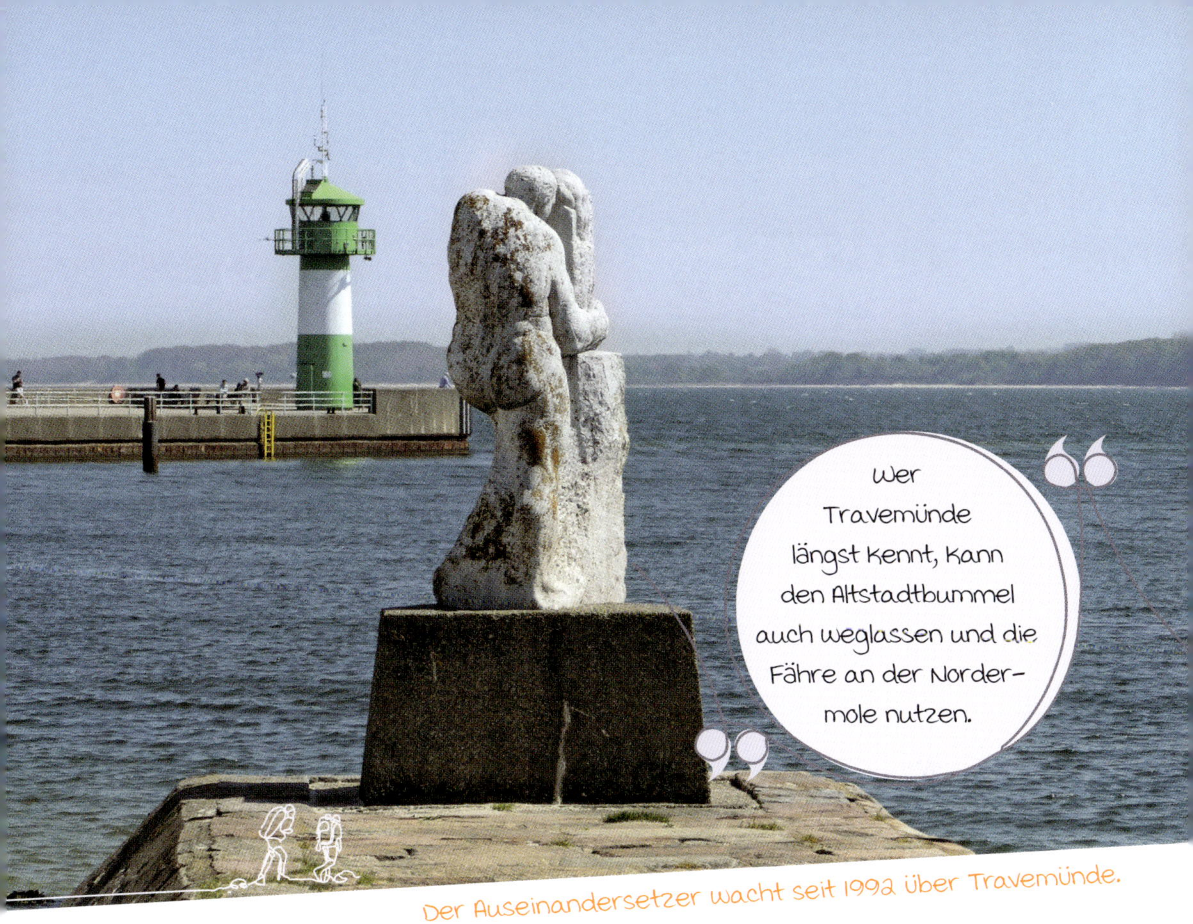

Der Auseinandersetzer wacht seit 1992 über Travemünde.

1 **Nordermole Travemünde** Molen sind wie Seebrücken oder Landzungen – man muss sie einfach bis zum Ende laufen! An der Spitze fühlt man das Meer besonders intensiv. Nichts versperrt den Horizont. Der Wind pustet die Gedanken frei. Wellen klatschen an Steine. Schiffsgiganten ziehen vorüber. Und hoch am Himmel kreist eine Möwe. Es ist fast so aufregend wie an Deck eines Ozeanriesen. Nur noch besser, weil man nicht seekrank wird und jederzeit den Landgang antreten kann.

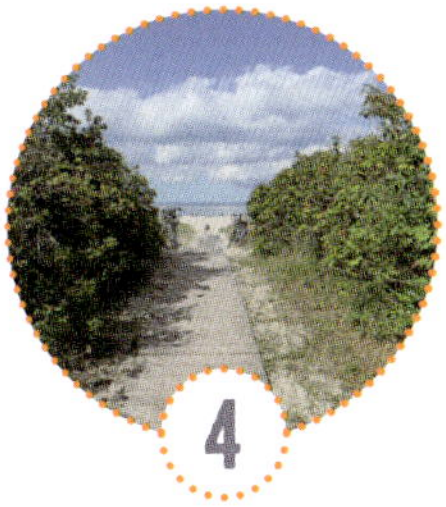

4

KM 12,5

AM PRIWALLSTRAND

Pack die Badelaken aus

5

KM 14

PASSATHAFEN

Die Priwall-Promenade

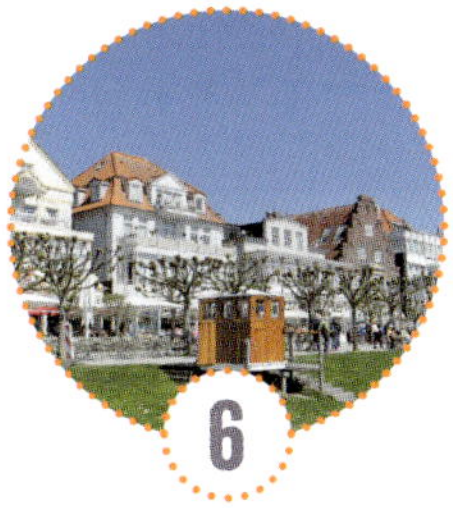

6

KM 15,5

VORDERREIHE

Platz auf dem Meeresparkett

FOTO STOPP

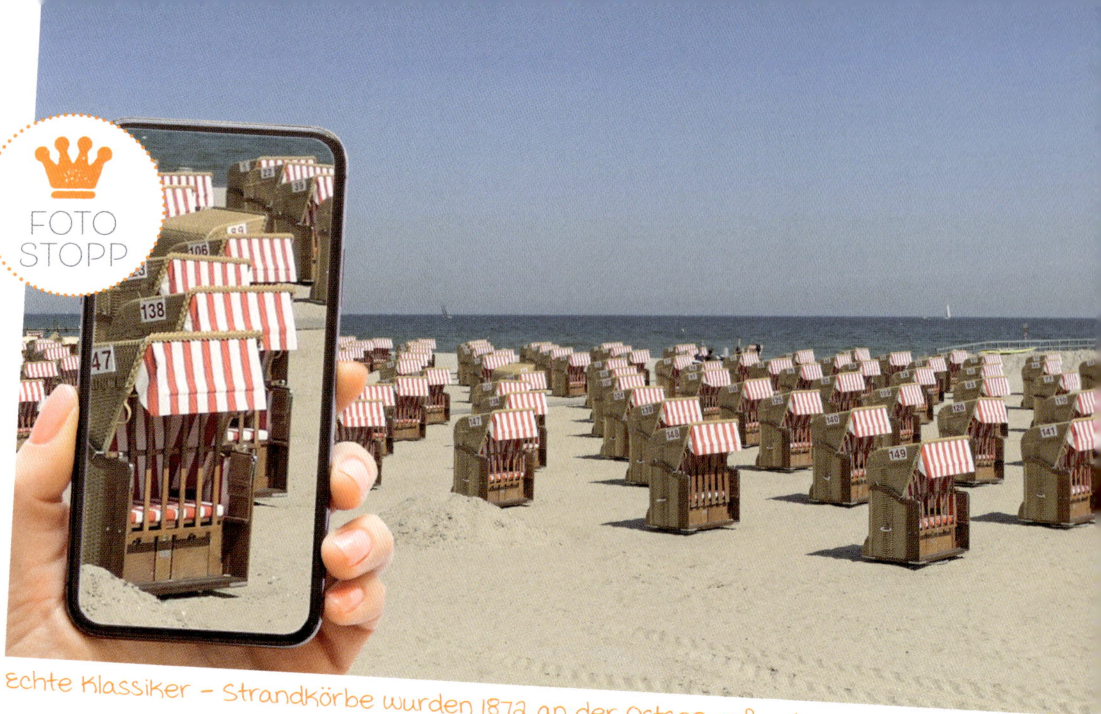

Echte Klassiker – Strandkörbe wurden 1872 an der Ostsee erfunden.

KM 3

Die Travepromenade zieht sich die Trave hinauf und viele Touristen an. Die malerische Altstadt von Travemünde wandert auf die Must-see-Liste am Ende der Tour. Jetzt geht es erst mal an Bord.

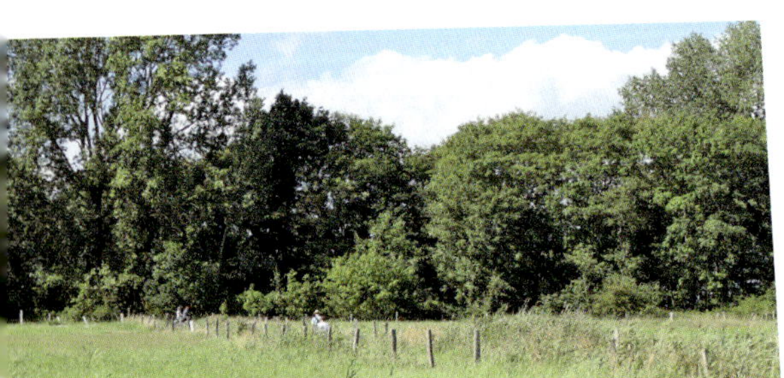

Wiesenweg zur Ziegenweide

2 Der Priwall Die Priwallfähre gehört zu den ältesten Schiffsverbindungen in Norddeutschland. Die Fahrt dauert nur einige Minuten. Obwohl eine Halbinsel, heißt es »der Priwall«. Und obwohl er keine Landverbindung nach Schleswig-Holstein hat, sondern nur nach Mecklenburg-Vorpommern, gehörte der Priwall während der deutsch-deutschen Teilung nicht zur DDR. Der ehemalige Nehrungshaken ist aus feinen Sanden und Kiesen entstanden und steht im Süden unter Naturschutz.

i-TÜPFELCHEN

BADETRÄUME

Gepflegter Kurstrand in Travemünde, beliebter Familienstrand auf dem Priwall, wilder Nautrstrand in Mecklenburg-Vorpommern – nach dieser Tour kennt man seine Vorlieben.

KM 9,5

Der ausgeschilderte »Natura-Trail« führt dicht an der Pötenitzer Wiek um das Naturschutzgebiet. Nach Querung der Mecklenburger Landstraße zieht er sich durch Sommerhausgebiete weiter.

3 **Ein Findling** markiert die ehemalige Grenze. Aber man würde es auch ohne merken. Abrupt endet die Bebauung. Heute hat die Natur wieder übernommen, was zu DDR-Zeiten kilometerlange Betonmauern, Stacheldraht und Schießbefehl zerstört hatten. Nachzulesen ist das an zwei Infotafeln, nachzuempfinden allerdings unmöglich. Selbst wenn man es noch erlebt hat. Zu friedlich scheint die Landschaft, zu unverletzt, als dass die düsteren Geschichten von Zwangsumsiedlungen der Aktion »Ungeziefer« und von Fluchten über die Ostsee real erscheinen könnten.

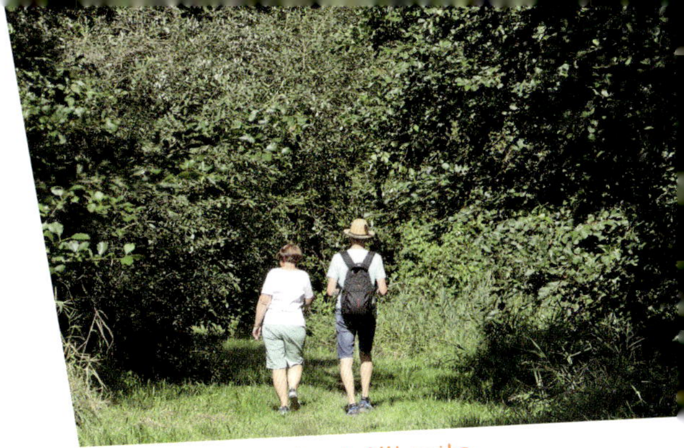

Naturschutzgebiet Pötenitz

KM 12,5

Vom Grenzstein geht es etwa 400 Meter entlang der Landstraße zur zweiten Infotafel. Dort ist der Wiesenpfad ins Land schon zu sehen. Ihm 800 Meter folgen, bis ein zweiter Pfad zurückleitet.

4 **Der Strand des Priwalls** ist feinsandig und familienfreundlich. Landseitig wird er von einem Dünengürtel beschützt, der nicht betreten werden darf, es sei denn, man wäre eine Kreuzkröte oder Bergeidechse. Denn die fühlen sich hier pudelwohl. Auf den Priwalldünen mischen sich Weißdünen mit Trockenrasengebieten. Beide Zonen gehören zu den bedrohten Landschaftsformen. Also unbedingt auf den Bohlenwegen bleiben, die ins Badeparadies führen. Dort ist Zeit für eine Pause mit Wellenrauschen im Ohr.

Strandzugang auf dem Priwall

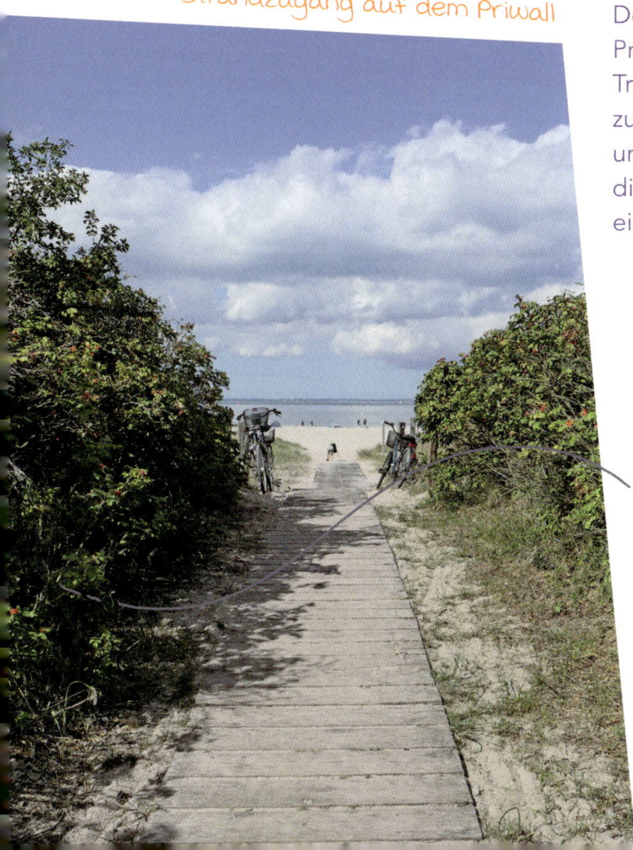

Der Strand auf dem Priwall ist kurabgabepflichtig. Jenseits der ehemaligen Grenze badet man kostenlos.

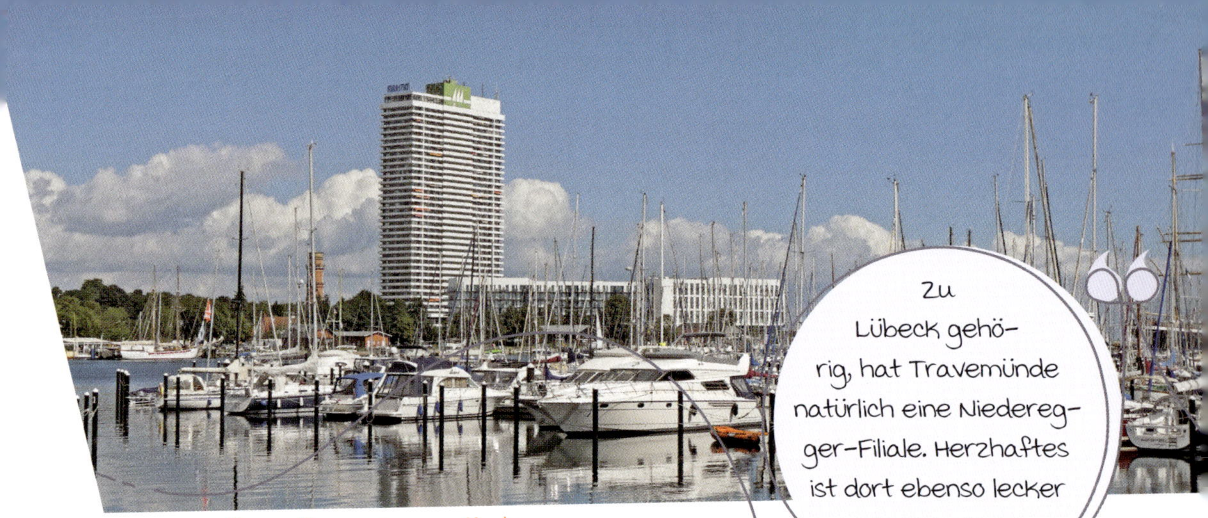

Passathafen Lübeck Travemünde

Zu Lübeck gehörig, hat Travemünde natürlich eine Niederegger-Filiale. Herzhaftes ist dort ebenso lecker wie Marzipan.

TRAUMHAFT

SEEBADHISTORIE

Lange galt das Baden im Meer als unkultiviert. Wie es dann zur Sensation und die Ostsee zum Sehnsuchtsziel wurde, erfährt man im kleinen Seebadmuseum in der Torstraße 1.

KM 14

Weiter geht es immer am Strand entlang, am besten mit den Füßen im Wasser, bis zum Beginn der Promenade (wer schon müde ist, kann hier dank einer kleinen Personenfähre die Wanderung früher beenden) und weiter zum Jachthafen.

5 Passathafen Es ist erst einige Jahre her, dass die alte Priwall-Promenade massiver Bebauung weichen musste. An der Neugestaltung scheiden sich die Geister. Manche mögen kühle Optik, Aussichtsterrassen und Eventcharakter. Andere hätten es lieber wie zur Kaiserzeit beibehalten. Aber alle lieben die Aussicht auf das alte, mondäne Travemünde gegenüber – und die Passat. Der über hundertjährige Viermaster aus der legendären Flying-P-Liner-Serie liegt hier schon seit Ewigkeiten vor Anker. Da kann keine moderne Jacht mithalten.

KM 15,5

Der Promenade folgend, ist schon bald wieder der Fähranleger erreicht. Hetzen muss sich übrigens niemand. Die Fähren pendeln, d. h. es gibt keinen festen Fahrplan und kaum Wartezeit.

6 Travemünde Vorderreihe Die Altstadt von Travemünde konnten wir schon zu Beginn dieser Tour bewundern – allerdings nur die Vorderreihe, die eigentlich das neue Travemünde ist. Ihre Jahrhundertwende-Architektur erzählt vom einsetzenden Badeboom, als behagliche Pensionen für illustre Gäste entstanden. Die Häuser dahinter sind teils Hunderte Jahre älter. Die ältesten stammen aus dem 16. Jahrhundert, als Travemünde noch ein Fischerdorf war. Wer noch Puste hat, lässt sich beides nicht entgehen und stärkt sich in Straßencafés, Fischbrötchenbuden und Restaurants unter Kastenlinden.

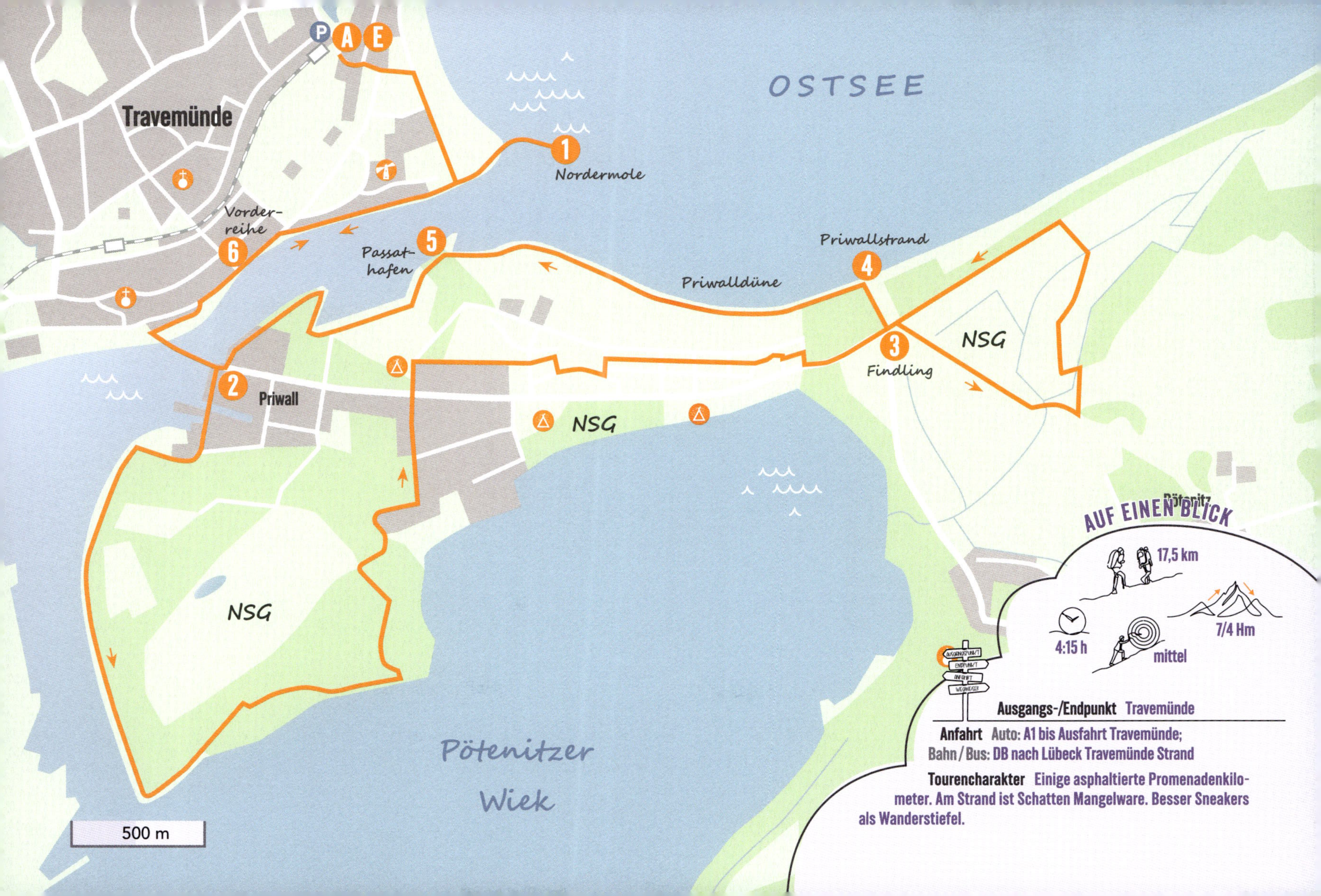

AUF EINEN BLICK

17,5 km · 4:15 h · mittel · 7/4 Hm

Ausgangs-/Endpunkt Travemünde

Anfahrt Auto: A1 bis Ausfahrt Travemünde; Bahn/Bus: DB nach Lübeck Travemünde Strand

Tourencharakter Einige asphaltierte Promenadenkilometer. Am Strand ist Schatten Mangelware. Besser Sneakers als Wanderstiefel.

2

BRODTENER UFER

STEILGEHEN ZWISCHEN SEEBÄDERN

Wenn an der Ostsee irgendwo Steilküste draufsteht, ist meist eine Rundtour drin. So auch zwischen dem Seebad Travemünde und dem ehemaligen Fischerdörfchen Niendorf. Zwischen den ganz unterschiedlichen Promenaden erstreckt sich auf etwa fünf Kilometern die Brodtener Steilküste. Sie entstand während der letzten Eiszeit und wird auf der gesamten Länge von einem Rad- und Wanderweg gekrönt. Die Ausblicke von der bis zu zwanzig Meter hohen Steilküste auf Ostsee und Lübecker Bucht sind zu jeder Jahreszeit und bei jedem Wetter wunderbar. Das zieht natürlich etliche Schaulustige an. Am besten sind daher die Abschnitte, die zu schmal für Räder sind und dicht an der Abbruchkante entlangführen. Da kann man sich ganz auf die Natur konzentrieren. Beim Rückweg am Fuß der Klippe gilt das auf der gesamten Länge.

KM 0,25

Wie bei Tour 1 geht es vom Strandbahnhof schnurstracks ans Meer, dieses Mal aber am Fontänenfeld links und bis zur nächsten freien Bank. Promenieren bedeutet schließlich Erholung.

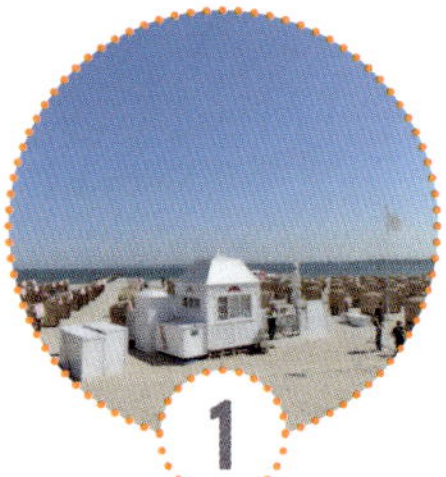

1

KM 0,25

PROMENADE TRAVEMÜNDE

Buddenbrooks Sommerfrische

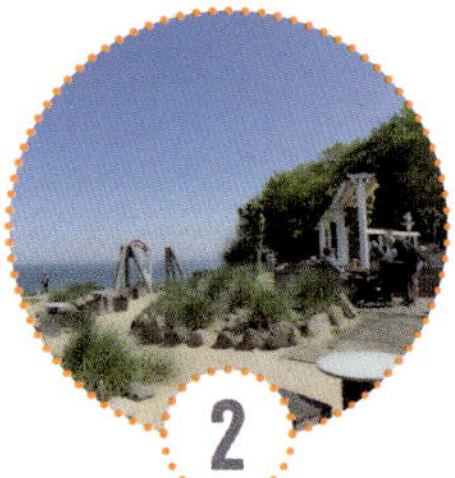

2

KM 3

HERMANNSHÖHE

Weitblick mit Tradition

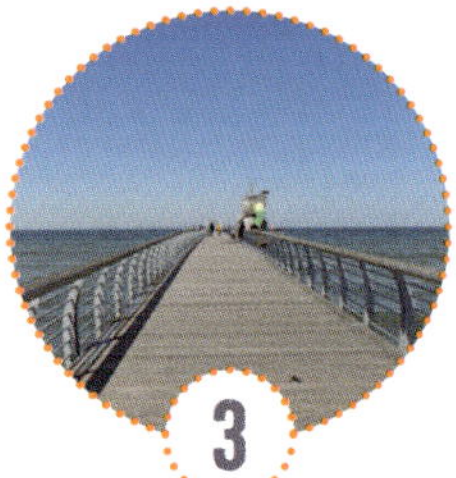

3

KM 6,5

NIENDORFER SEEBRÜCKE

Typisch Ostseeurlaub

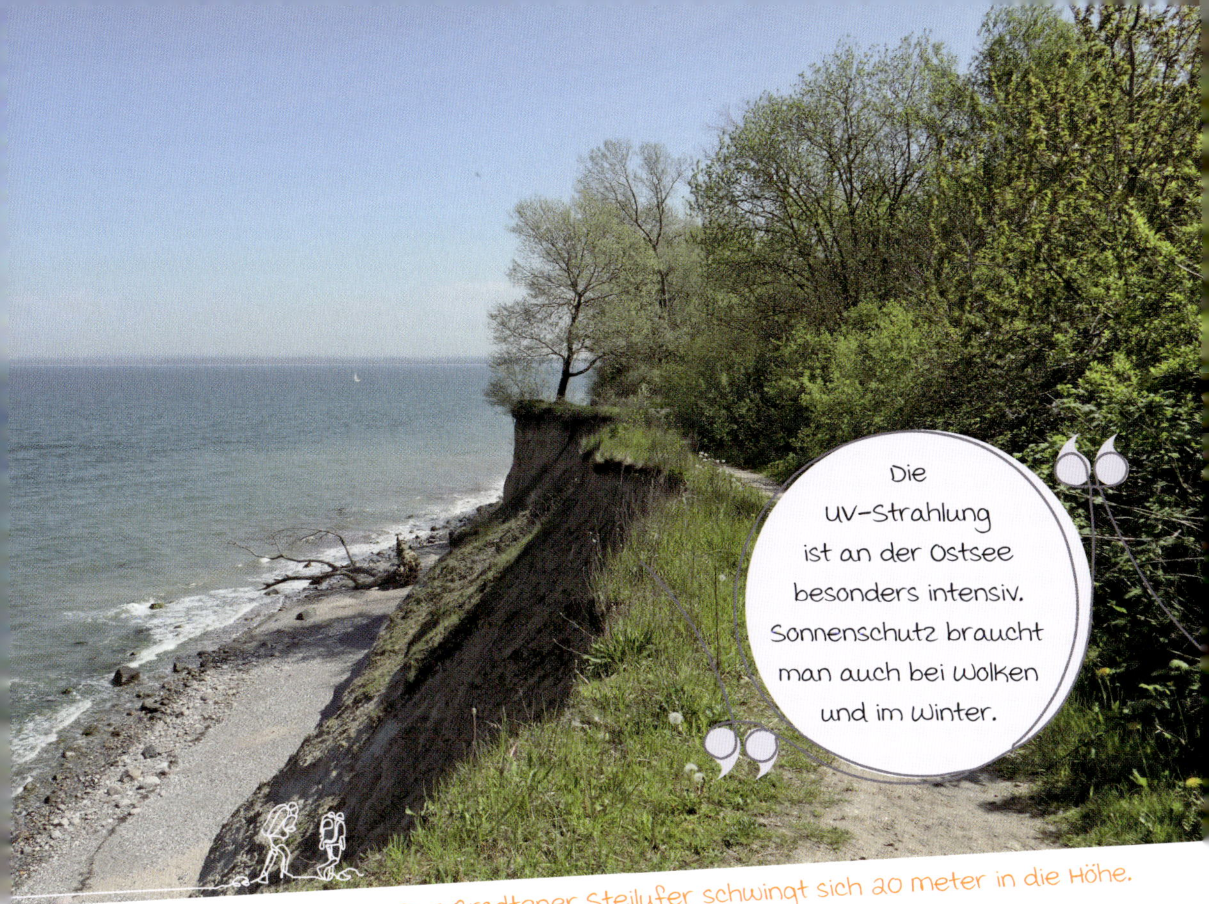

Das Brodtener Steilufer schwingt sich 20 meter in die Höhe.

1 Die Strandpromenade von Travemünde führt direkt in die Vergangenheit der Familie Buddenbrook. Ihr Sommerhaus verortete Thomas Mann eben hier. Zwar sind alle Orte und Personen in seinem Weltbestseller von 1901 fiktiv. Doch es braucht nicht viel Fantasie, um sich Tony und Thomas im Garten des mondänen Kurhotels (heute Atlantic Grand Hotel) vorzustellen. Die Eleganz der folgenden Strandvillen ist in Schleswig-Holstein nicht oft zu finden. Genießen ist angesagt.

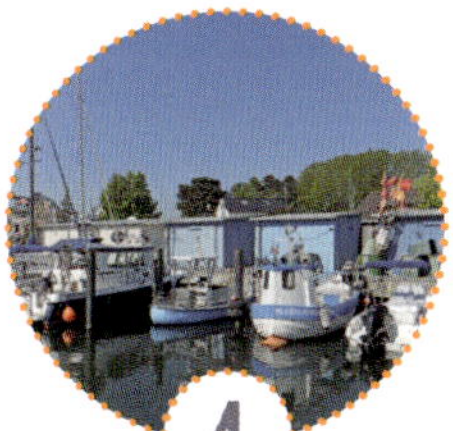

4

KM 8

NIENDORFER FISCHEREIHAFEN

Frisch vom Kutter

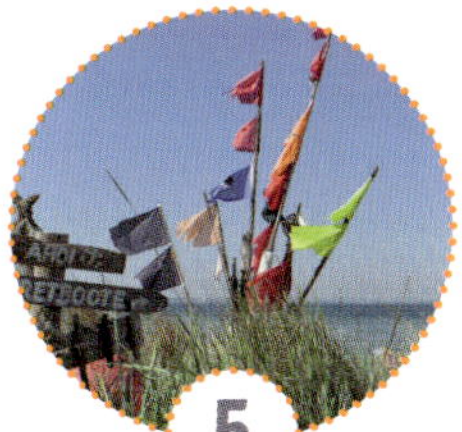

5

KM 8,5

NIENDORFER FREISTRAND

Rein ins Vergnügen

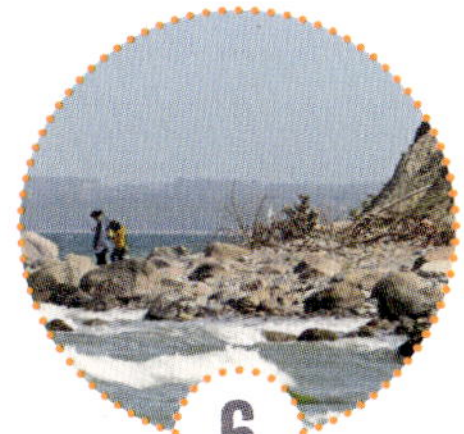

6

KM 11

BRODTENER UFER

Am Fuß der Steilküste

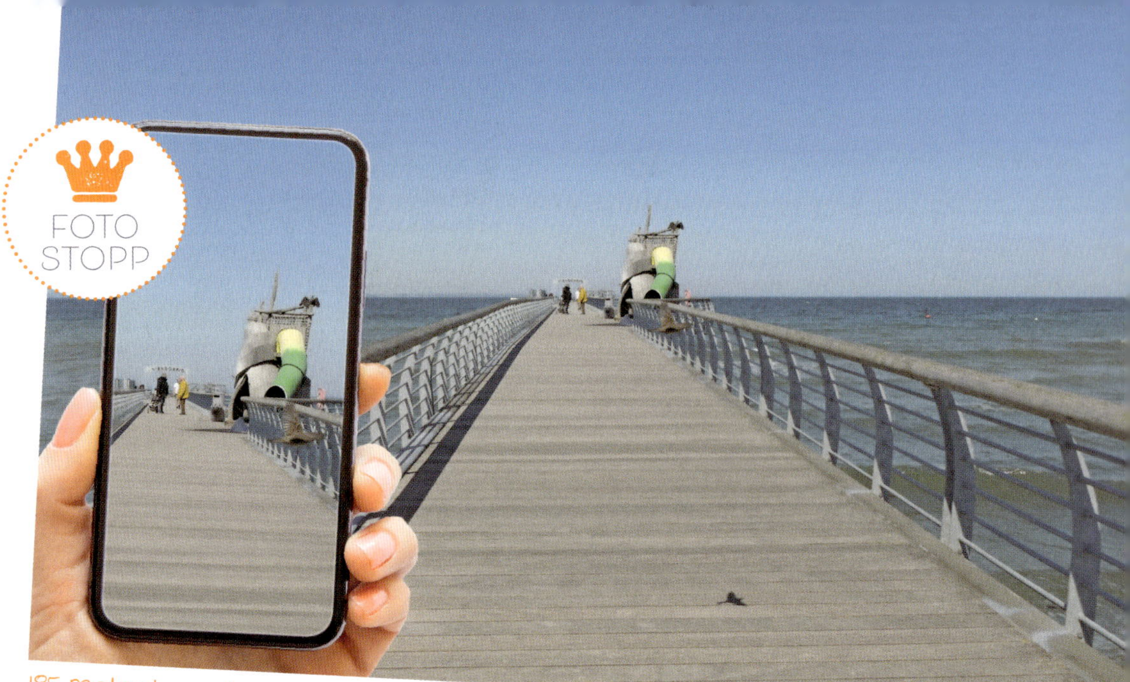

185 meter lang: die Fischkopf-Seebrücke von Niendorf

KM 3

Am Ende der Promenade führt ein Rad- und Wanderweg die Steilküste hinauf. Er zieht sich dicht an der Uferkante entlang. Bitte unbedingt vorsichtig sein! Abbrüche sind keine Seltenheit.

2 **Die Hermannshöhe,** ein legendäres Ausflugslokal seit 1915, musste leider in den 2010er-Jahren aufgrund von Sanierungsstau abgerissen werden. Die neuen roten Holzgebäude sind nicht ganz so pittoresk, passen aber auch auf die windverspielte Steilküste. Und der fulminante Blick ist natürlich geblieben. Es pausiert sich nicht schlecht in dem schön angelegten Außenbereich. Nach nunmehr drei Kilometern kann mindestens ein Getränk nicht schaden.

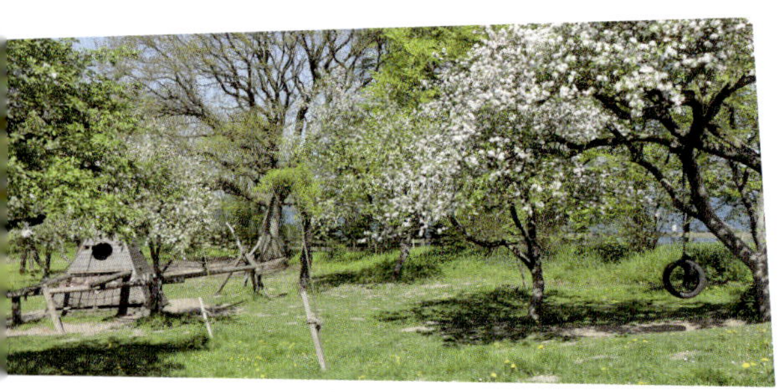

Spielplatz an der Hermannshöhe

i-TÜPFELCHEN

TRAUMAUSBLICK

Das Brodtener Ufer ist ein einziges fünf Kilometer langes Panoramafenster. Bei guter Sicht lässt sich die gesamte Lübecker Bucht übersehen und in der Ferne die Insel Fehmarn.

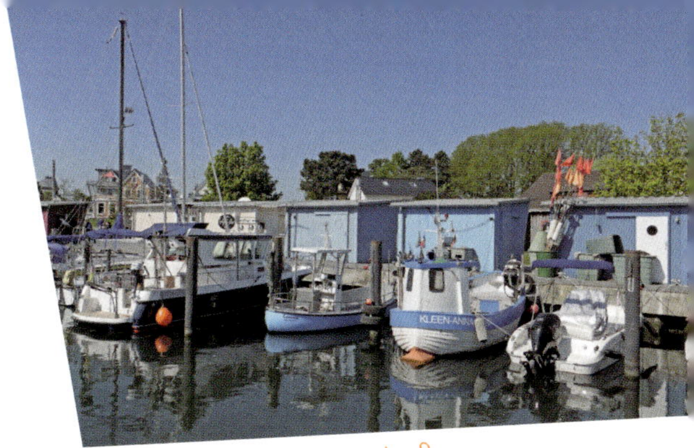

Fischereihafen Niendorf

KM 6,5

Etwa 2,5 Kilometer darf der Steilküstenpfad noch genossen werden. Er endet kurz nach den ersten Häusern von Niendorf. Nun geht es weiter am Strand bis zum Niendorfer Balkon.

3 Die Niendorfer Seebrücke bildet den Auftakt der Promenade und zieht sich 190 Meter in die Ostsee hinaus. An ihrem Ende befindet sich eine Aussichtsplattform, die wie ein Fischkopf geformt ist – ein Steinbutt, um genau zu sein. Mit Info-Tafeln, Spielgeräten, drehbaren Sonnenliegen und hydraulischem Badesteg ist sie ein beliebter Treffpunkt für Sonnenanbeter, Anglerinnen, Yoga-Gruppen, Gottesdienste, Schiffsausflügler und alle, die den Sonnenuntergang zelebrieren. Am Vorplatz, dem Niendorfer Balkon, beginnt ein wahrer Gastroreigen.

KM 8

Die Promenade von Niendorf verläuft zwischen Dünengürtel und liebevoll gepflegten Strandvillen und Logierhäuschen etwa einen Kilometer bis zum Hafen, am Ende auch über Bohlen.

4 Der Niendorfer Fischereihafen kann auf eine lange Tradition zurückblicken und präsentiert sich je nach Jahreszeit und Wetter ganz unterschiedlich. Mag sein, es herrscht Jahrmarktsstimmung rund um das Hafenbecken. Mag sein, er liegt wie ausgestorben. Vielleicht wird frischer Fisch direkt vom Kutter verkauft. Vielleicht drängeln sich die Jachten um Anlegeplätze. Egal, ob die Türen der Künstlerateliers geschlossen sind oder die Schlangen an den Imbissbuden zu lang: Ein Hafenbummel lohnt sich immer.

Wanderweg dicht am Klippenrand

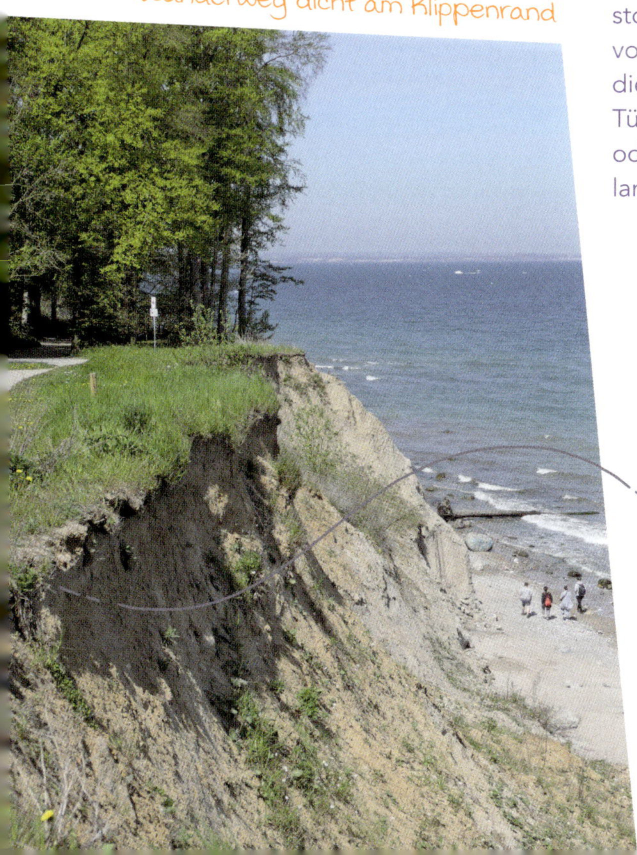

Am Niendorfer Hafen verlängert ein markierter Rundweg zur Aalbeek-Niederung die Tour um vier Kilometer.

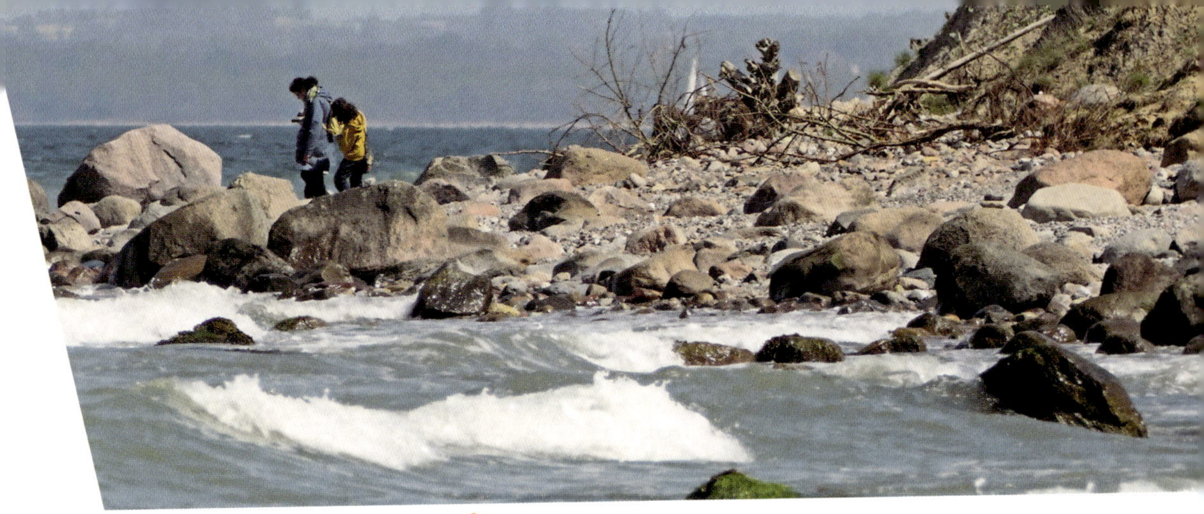

Die Brandung nagt am Steilufer.

TRAUMHAFT

ZUM AUSKLANG

Die blaue Stunde und das Abendrot stehen Niendorf besonders gut. Wer das Farbenspiel genießen möchte, lässt die Tour am besten hier beginnen und mit einem Sundowner enden.

KM 8,5

Folgt man der Kaikante von den Fischkuttern im Hafen bis zum Meer, erreicht man nach etwa 500 Metern den Freistrand. So werden Strände bezeichnet, die nicht kurabgabepflichtig sind.

5 Der Freistrand von Niendorf ist nicht der richtige Ort für Menschen, die etwas gegen Jugendliche haben. Denn die treffen sich logischerweise gern, wo es nichts kostet. Ein paar Hundertmeter weiter geht es ruhiger und komfortabler zu. Aber Sparsamkeit ist ohnehin nicht der Grund, warum man an dieser Stelle an den Strand wechseln sollte. Es ist vielmehr die Lage der äußersten Sandspitze, der ewig lange Bohlenweg, der die Mole begleitet, und der Blick Richtung Timmendorf. Und in der Ostsee baden kann man natürlich auch ganz famos.

KM 11

Zurück geht es jetzt immer am Strand. Das kann ein bisschen beschwerlich werden. Zunächst, weil man im Sand versinkt. Und ab dem Brodtener Steilufer stolpert man über Steine.

6 Brodtener Ufer Am Fuß der Steilküste ist es deutlich leerer als oben auf dem Klippenpfad. Hat man erst einmal die Holztreppe hinter sich, die etwa bei Kilometer 10,5 den einzigen Abgang von der Steilküste darstellt, ist die Strecke hier unten noch besser als die vermeintlich spektakulärere oben. Sobald man die Meute hinter sich gelassen hat, setzt man sich idealerweise auf einen der mächtigen Findlinge oder gefallenen Baumriesen am Strand. Und lauscht. Dem Meeresrauschen. Den Schwalben, die zu Hunderten in der Steiluferwand nisten. Oder der Stille.

AUF EINEN BLICK

Ausgangs-/Endpunkt Travemünde

Anfahrt Auto: A1 bis Ausfahrt Travemünde; Bahn / Bus: DB nach Lübeck Travemünde Strand

Tourencharakter Promenaden und Wanderwege sind leicht zu gehen. Am Strand wird es anstrengender, und für Geröllfelder unterwegs braucht es Trittsicherheit.

16 km

20/20 Hm

4:00 h

mittel

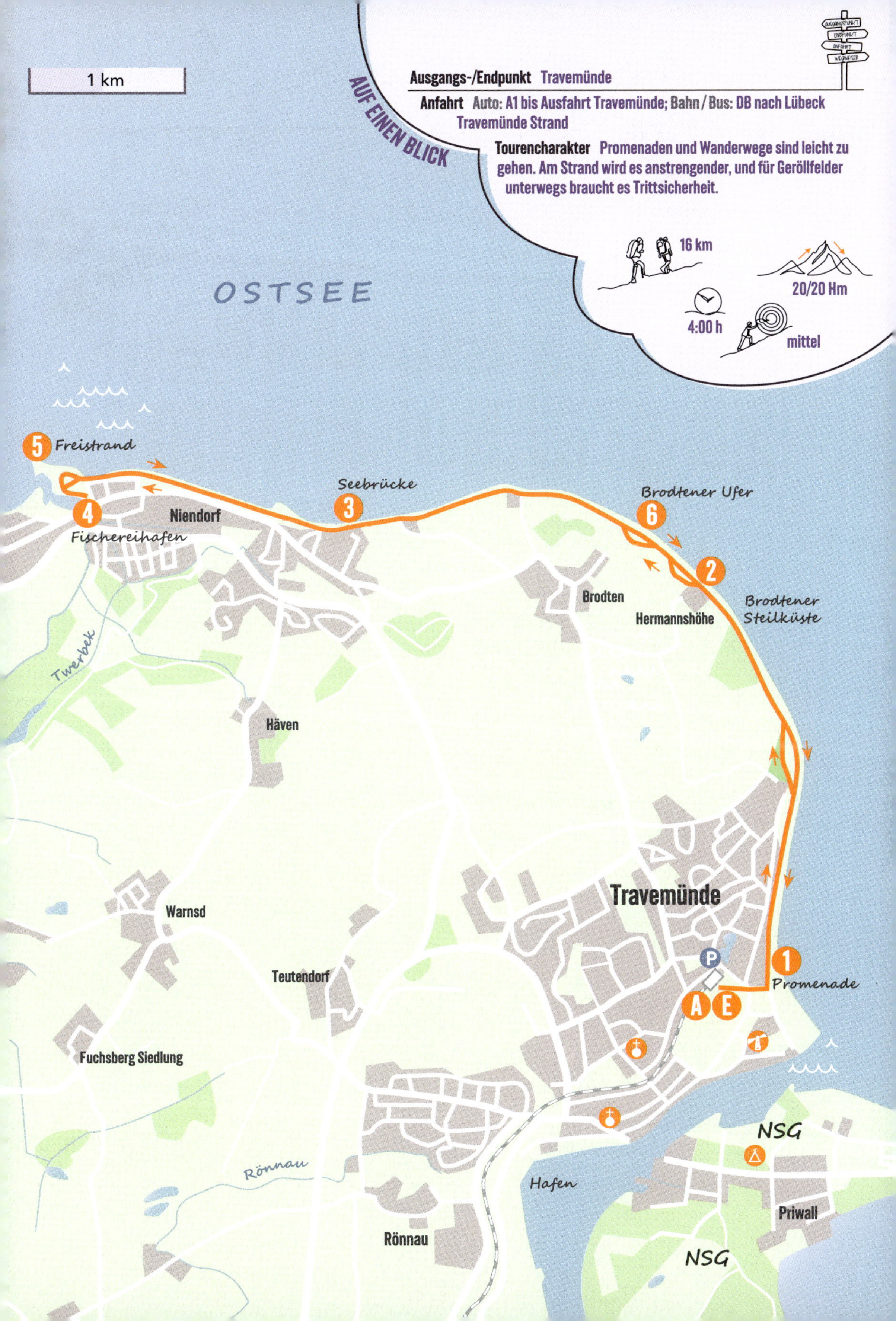

3

DIE LÜBECKER BUCHT

VON STRANDBAHNHOF ZU STRANDBAHNHOF

Die Lübecker Bucht zieht sich von der Hansestadt Lübeck bis zur Insel Fehmarn. Unter ihren Seebädern gelten die Strandparadiese dieser Tour als der Inbegriff des klassischen Ostseeurlaubs. Dementsprechend krachen die Hotspots um Scharbeutz und Timmendorfer Strand oft aus allen Nähten. Allemal am Wochenende. Auch im Winter. Die Tour bringt aber trotzdem Spaß. Die Leute strömen ja nicht umsonst hierher. Es ist gut möglich, dass man unterwegs einen Lieblingsplatz entdeckt, den man überhaupt nicht mehr verlassen möchte. Muss man auch nicht. Denn jede Perle ist – ungewöhnlich für Schleswig-Holstein – an die Bahn angeschlossen. Die Kilometerangaben markieren den Punkt, von dem man den jeweiligen Bahnhof am schnellsten erreicht.

KM 2,5

Vom Bahnhof Neustadt (in Holstein) rechts der Wieksbergstraße folgen. Nach ca. 400 Metern rechts auf den Wanderweg »An den Gleisen«. Weiter über »Am Holm«. Am Ende links auf dem Holmer Weg ans Wasser.

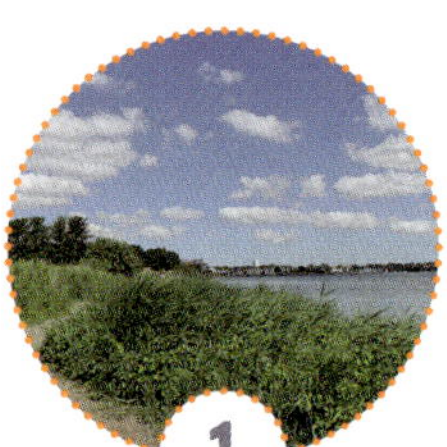

1

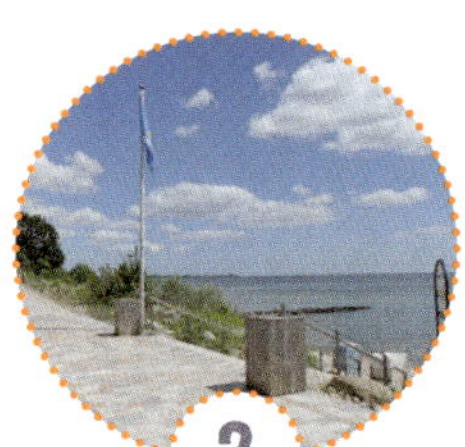

2

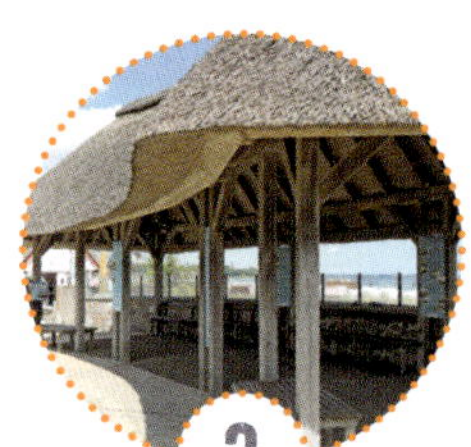

3

KM 2,5
NEUSTADT
Der erste Meerblick

KM 5
SIERKSDORF
Die erste Promenade

KM 8,5
HAFFKRUG
Der Beginn des Badebooms

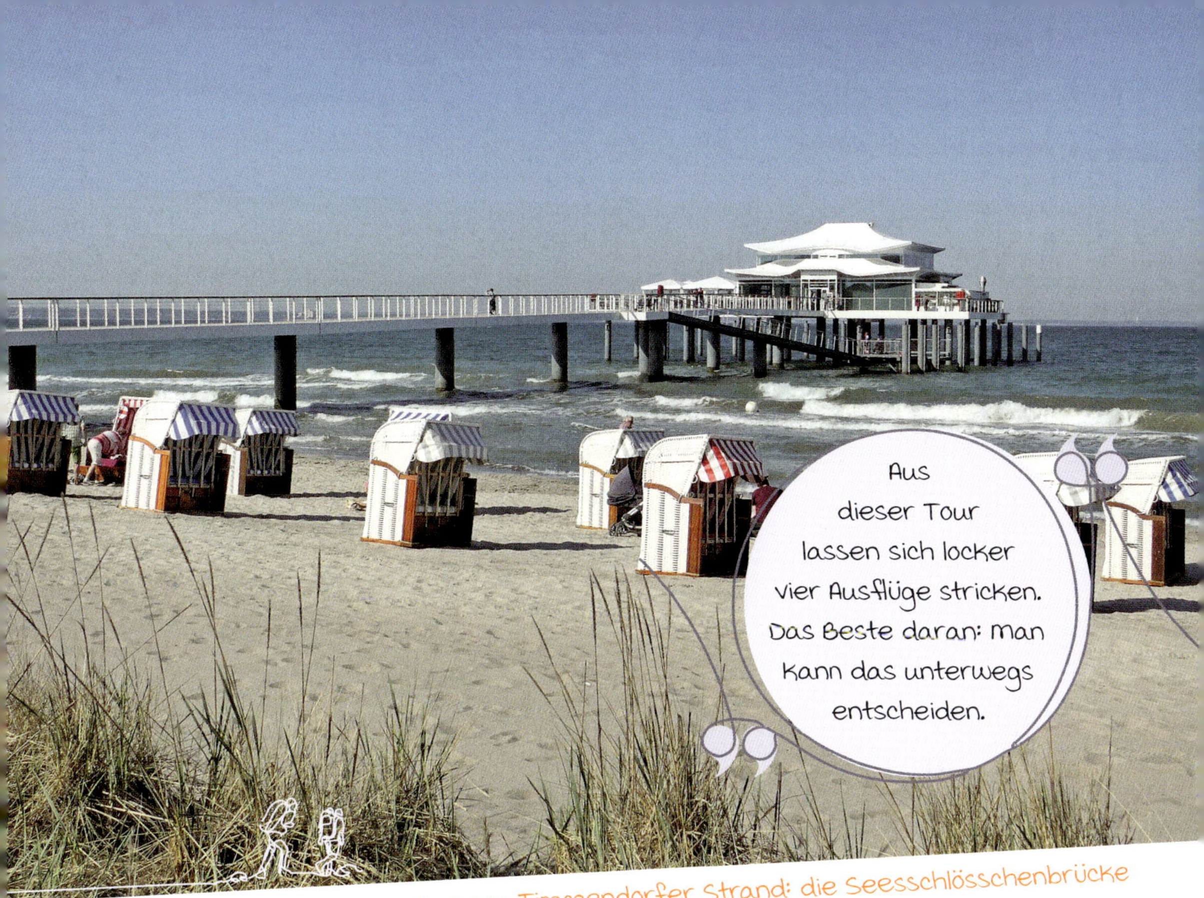

Beliebter Hingucker am Timmendorfer Strand: die Seesschlösschenbrücke

1 **Neustadt (in Holstein)** hat den tollsten Bahnhof von allen. Denn hier stolpert man vom Abteil quasi auf die Kaikante. Noch toller sind die südlichen Strandniederungen, geschützte Salzwiesen, die nicht betreten werden dürfen. So dauert es einige Kilometer bis zum ersten Blick auf die offene See. Und weil dazu nicht alle Lust haben, geht es hier recht entspannt zu. Die wilde Ursprünglichkeit des Naturstrandes ist wirklich bezaubernd. Und definitiv die erste Pause wert.

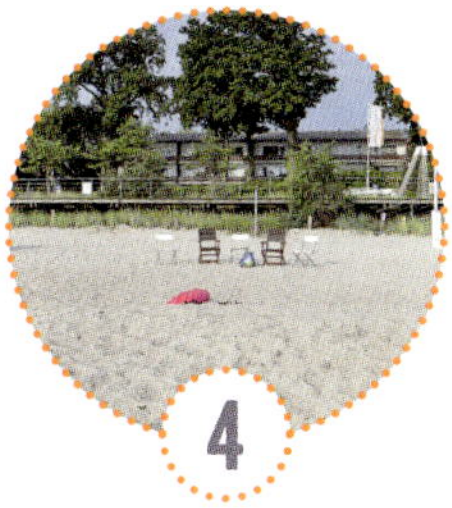

4

KM 11,5

SCHARBEUTZ

Im Auge des Taifuns

5

KM 15

TIMMENDORFER STRAND

Unter hohen Kiefern

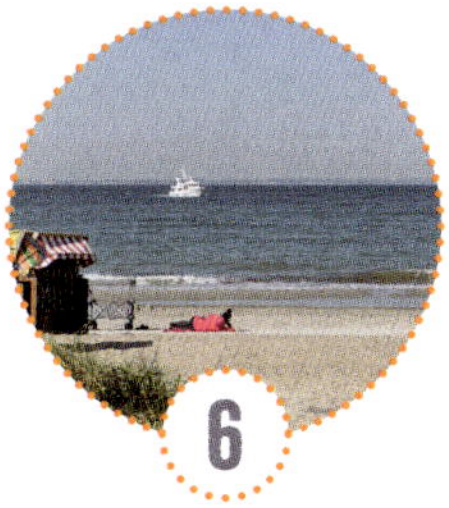

6

KM 17

NIENDORF

Lieblingsplätzchen gesucht

FOTO STOPP

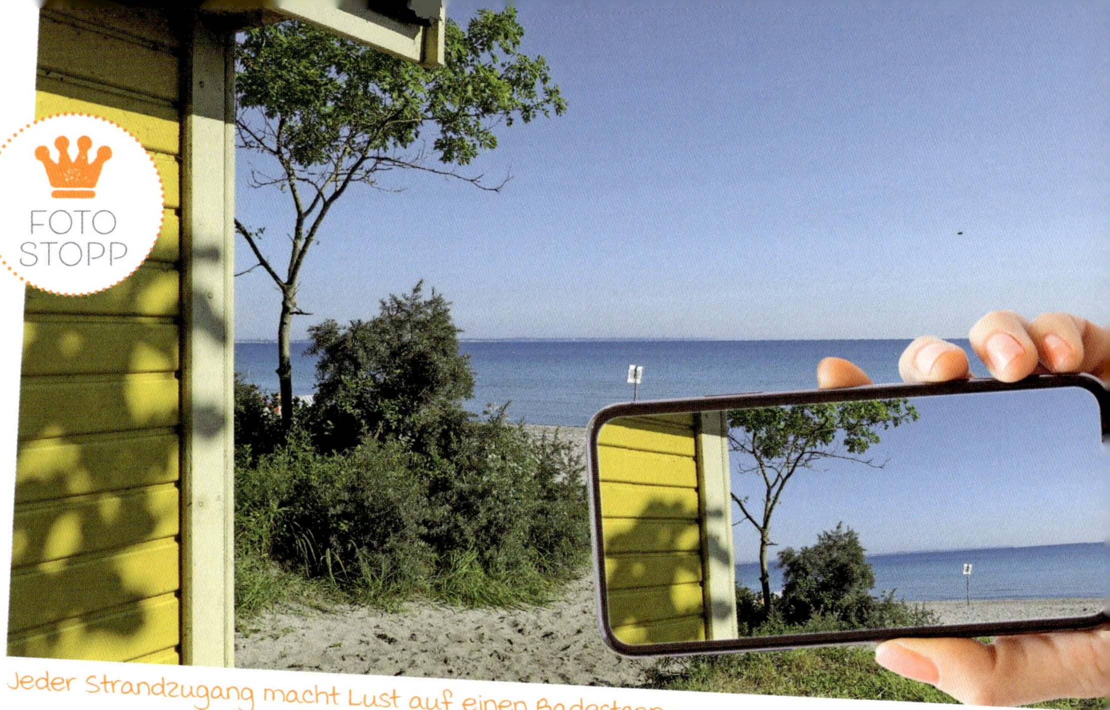

Jeder Strandzugang macht Lust auf einen Badestopp.

KM 5

Etwa zwei Kilometer zieht sich ein Pfad entlang der Steilküste, bis Hansapark und Hochhäuser die Promenade von Sierksdorf ankündigen. An ihrem Ende wechselt man an den Strand.

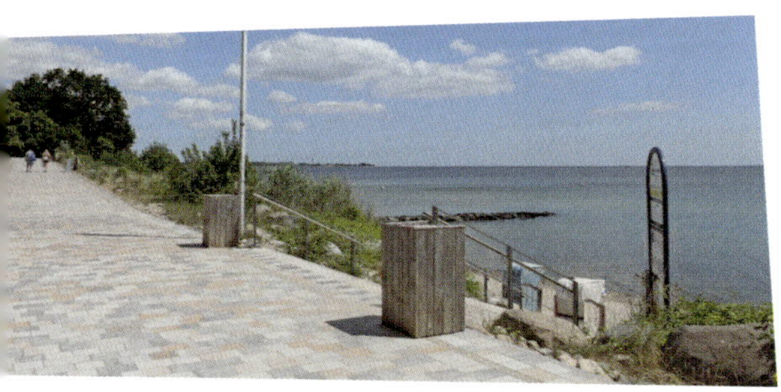

Promenade Sierksdorf

2 Sierksdorf wird von einer Steilküste beschützt, die eine gewisse Ruhe garantiert. Es gibt nur sehr wenige Parkmöglichkeiten in direkter Nähe, und der relativ lange Anmarsch ist manchen zu beschwerlich. Trotzdem sind alle Annehmlichkeiten vorhanden, als da wären: Strandkörbe, SUP- und Bootsverleih, Gastronomie und die DLRG. Wer es hier gut sein lassen möchte, erreicht den Bahnhof von der Treppe am Freistrand, etwa an Kilometer 6,5, nach gut 500 Metern.

i-TÜPFELCHEN

TRAUMBILDER

15 Werke ansässiger Künstlerinnen und Künstler – von Karl Schmidt-Rottluff bis Armin Mueller-Stahl – thematisiert die acht Kilometer lange audiovisuelle Kunstwanderung durch Sierksdorf.

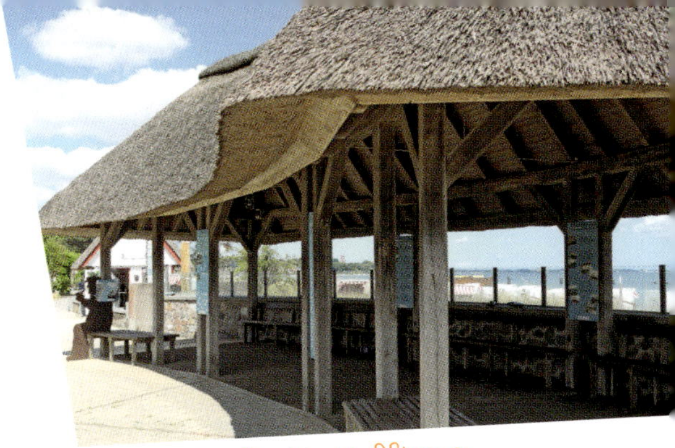

Fisch-Infopfad in Haffkrug

KM 8,5

500 Strandmeter weiter geht es ins tobende Leben. Ab hier zieht sich die Straße direkt am Meer entlang und ein begleitender Rad- und Fußweg am Dünenrand.

3 **Haffkrug** ist das älteste Seebad der Lübecker Bucht und bewahrt noch eine leise Ahnung an das einstige Fischerdorf. Zumindest im Winter. Ab Frühsommer 2024 will die erste der drei neuen fulminanten Seebrücken erobert werden, der Strand wird zunehmend breiter, und das Ocean's eröffnet den Reigen der Restaurants direkt am Meer. (Von dort läuft man über die Bahnhofstraße einen knappen Kilometer bis zu eben jenem.) Haffkrug ist der erste Ort, der auch im Winter ein Fischbrötchen garantiert. Ab hier kennt die Lübecker Bucht keine Nebensaison mehr.

Die Badende von Timmendorf

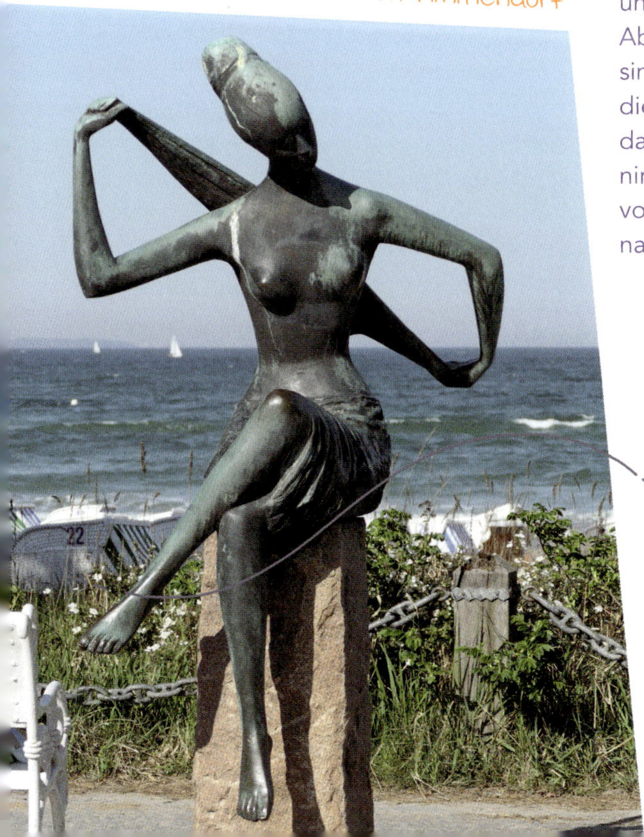

KM 11,5

Außerhalb der Badesaison kann man am Strand weiterwandern. Im Sommer ist es dafür zu voll. Die Promenade schwingt sich aber auch sehr schön durch strandtypisch angelegte Grünstreifen.

4 **Scharbeutz** ist das Epizentrum der Lübecker Bucht. Und das aus guten Gründen. Hier spielt die Strand-Lounge-Musik das ganze Jahr, reiht sich eine Beach-Bar an die andere, warten Day-Beds im Sand und Dünengolf und Skaterbahn auf Aktive. Aber das ist nur Geplänkel. Das Besondere sind der feinsandige Strand und die Ostsee, die hier steinlos und seicht wie im Bilderbuch daherkommt. Wer hier nicht badet, badet nirgends. Wer bleibt, erreicht den Bahnhof vom Seebrückenvorplatz über den Badeweg nach 1,5 Kilometern.

Kinder wandern anstandslos mit, wenn es über die Scharbeutzer Bohlenwege mit jeder Menge Spielmöglichkeiten geht.

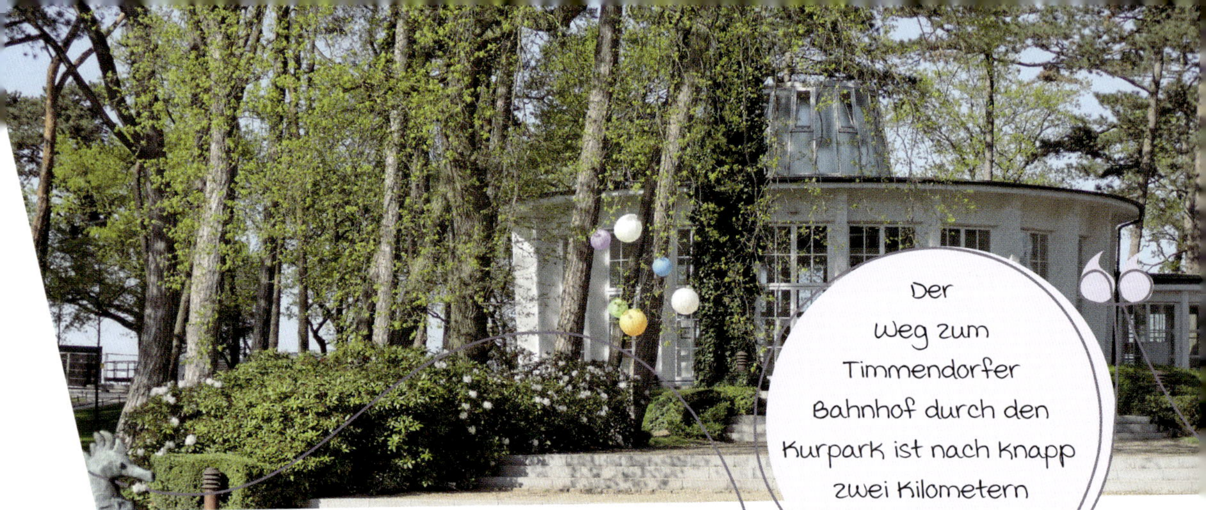

Trinkkurhalle Timmendorfer Strand

> Der Weg zum Timmendorfer Bahnhof durch den Kurpark ist nach knapp zwei Kilometern erreicht.

TRAUMHAFT

SONNENAUFGANG

Morgens um 6 ist die Welt noch in Ordnung und die Strände sind leer – selbst in Scharbeutz und Timmendorf. Dann gibt es keinen besseren Ort, um in den Sonnenaufgang zu schwimmen.

KM 15

Weiter auf der Promenade. Sie verläuft jenseits von Scharbeutz parallel zur Straße. Dann kündigt die Ostsee-Therme Timmendorf an, und der Weg taucht unter Kiefern.

5 **Timmendorfer Strand** war schon immer etwas exklusiver. Das spiegelt sich nicht nur in der neuen Seebrücke. Um einiges länger als die der Nachbarorte, lädt die Schleifenkonstruktion zu einem Rundlauf auf dem Meer ein. Der Seebrückenvorplatz dockt direkt an den Kurpark mit der Trinkkurhalle an. Es ist der neue Kurpark, 1896 extra angelegt für die Rotunde. Der alte Kurpark, mit Bogenbrücken, Teichen und Wasserspielen, schließt sich auf der gegenüberliegenden Seite der Strandallee an. Durch ihn geht es zum 1,5 Kilometer entfernten Bahnhof. Später.

KM 17

Gut zwei Kilometer zieht sich die sandige Promenade in den Ortsteil Niendorf. Diesen Abschnitt geht man im Sommer gern auf gleichem Weg hin und zurück. Im Winter eine Strecke am Strand.

6 **Niendorf** war schon in Tour 2 das Ziel, nicht jedoch der Teil nördlich des Hafens. Hier geht es weitaus gediegener zu. Die Grenze zu Timmendorfer Strand ist nicht auszumachen. Die Bäume wachsen hier genauso hoch. Die Villen sind genauso prächtig, die Promenade ebenso von Kunst gesäumt. Und am Ende wartet wieder ein Park. Dort endet der Strand, und der Blick geht weit über die Bucht und ihre Seebäderperlen. Kaum zu glauben, dass man sie alle durchwandert hat. Und irgendwo auf der Strecke wartet der eigene Lieblingsplatz – bis zum nächsten Mal.

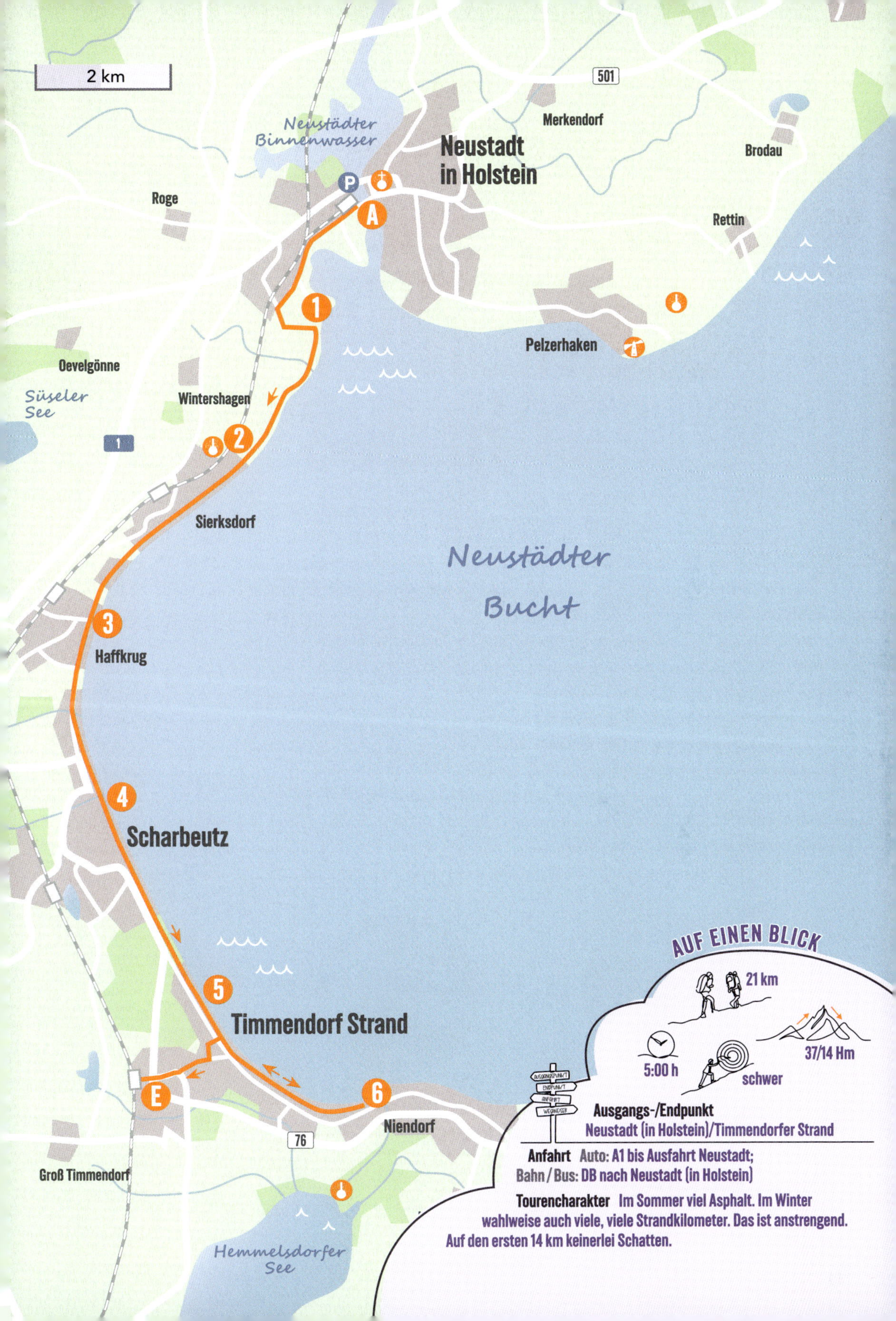

AUF EINEN BLICK

21 km

5:00 h

schwer

37/14 Hm

Ausgangs-/Endpunkt Neustadt (in Holstein)/Timmendorfer Strand

Anfahrt Auto: A1 bis Ausfahrt Neustadt; Bahn/Bus: DB nach Neustadt (in Holstein)

Tourencharakter Im Sommer viel Asphalt. Im Winter wahlweise auch viele, viele Strandkilometer. Das ist anstrengend. Auf den ersten 14 km keinerlei Schatten.

4

GROSSER PLÖNER SEE

SEENRUNDEN AM SCHLOSS

Weil alle Bundesländer schöne Seen haben, aber nur Schleswig-Holstein zwei Meere, knubbeln sich die allermeisten Urlaubenden an den Stränden von Nordsee und Ostsee. Rund um die Seen bleibt die Lage daher entspannt. Selbst zur Hochsaison und bei allerfeinstem Wetter. Sogar der größte See Schleswig-Holsteins, bundesweit gesehen auf Platz zehn, kann fast als Geheimtipp durchgehen. Dabei hat er alles zu bieten, was ihn andernorts zum Sehnsuchtsort machen würde: glasklares Wasser, naturbelassene Ufer, einsame Ecken, versteckte Badestellen genauso wie beliebte Strandbäder. Und hoch über allem thront ein Schloss, fast wie im Märchen. Wer am Ende dieser Tour durch kopfsteingepflasterte Gassen zurück zum Bahnhof hinabsteigt, hat den nächsten Besuch in Plön ziemlich sicher schon geplant.

KM 1

Vom Bahnhof leitet rechts die Unterführung zur Eutiner Straße. Nach ca. 200 Metern links über die Wilhelmstraße, nach Querung der B76 leicht rechts auf der Friedrichstraße zum Schöhsee.

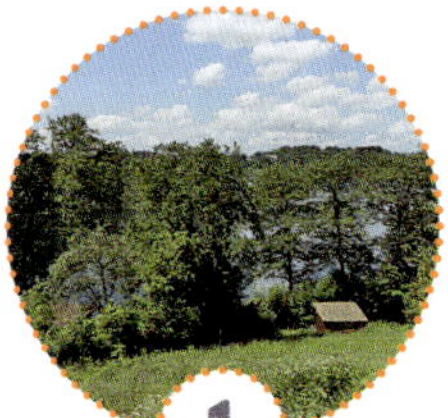

1

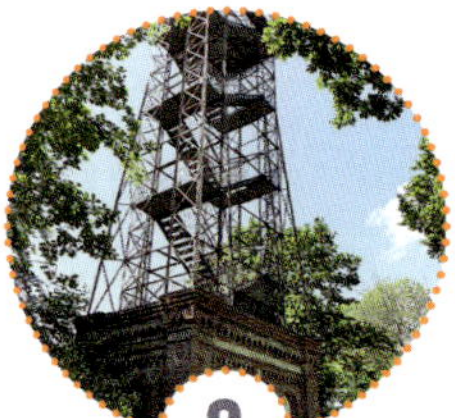

2

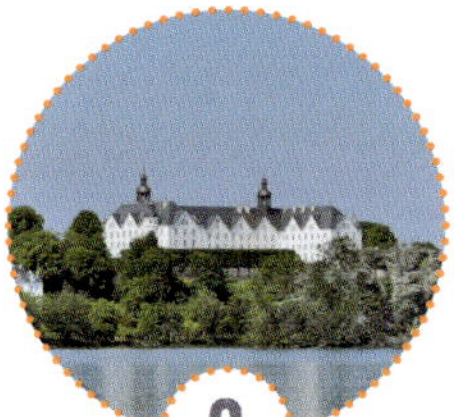

3

KM 1

SCHÖHSEE

Seen sammeln

KM 2

PARNASSTURM

Abstecher zum Traumblick

KM 8

STRANDWEG

Sandige Promenade

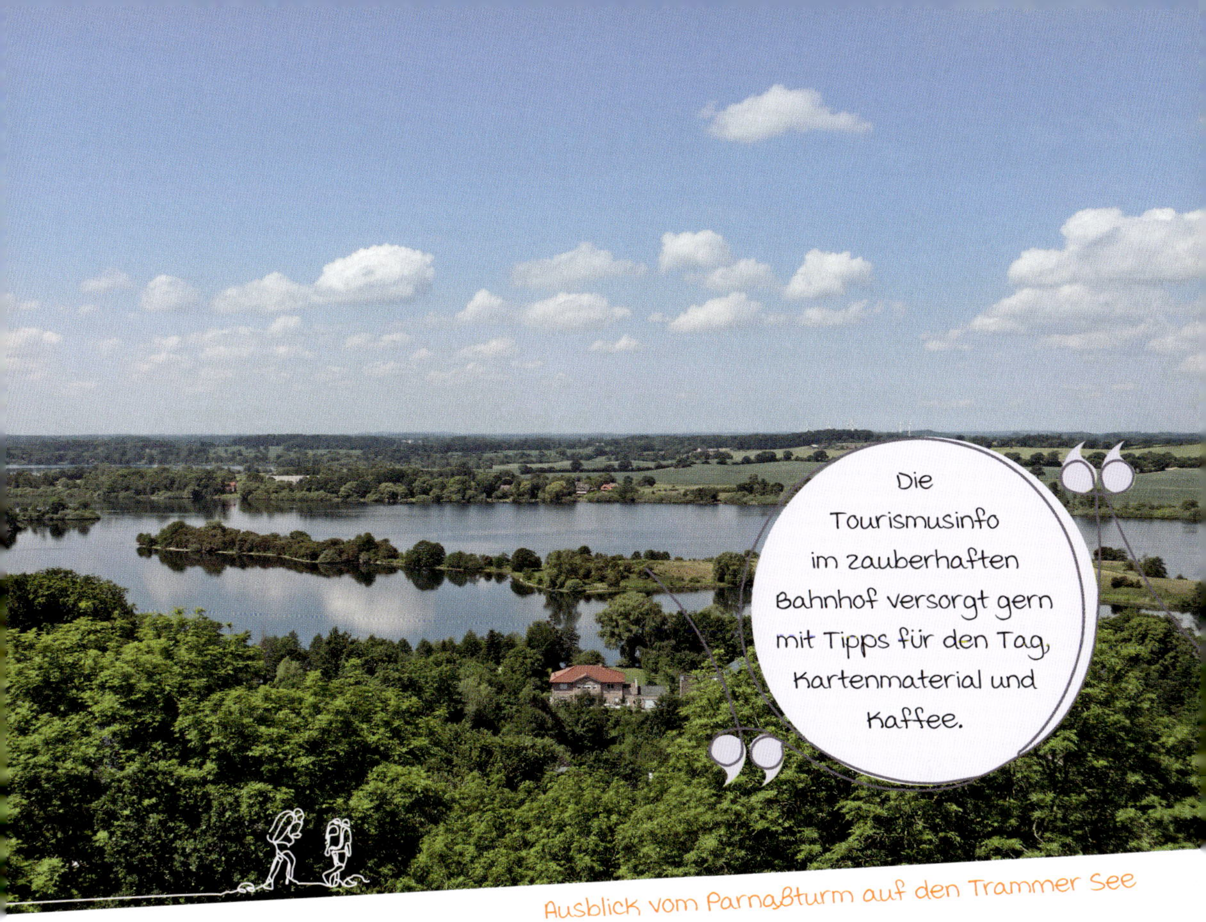

Ausblick vom Parnaßturm auf den Trammer See

1 **Der Schöhsee** ist mit seinen baumbestandenen Ufern ganz typisch für die Holsteinische Schweiz. Eingebettet in sanft schwingende Landschaft, spiegelt er den Himmel, und auf seinen kleinen Inseln brüten Eiderenten, Haubentaucher, Eisvögel, Austernfischer und andere Wasservogelarten. Auch den majestätischen Seeadler kann man über dem 80 Hektar großen und 30 Meter tiefen Klarwasserkleinod kreisen sehen. Für den eigenen Adlerblick braucht es einen Abstecher.

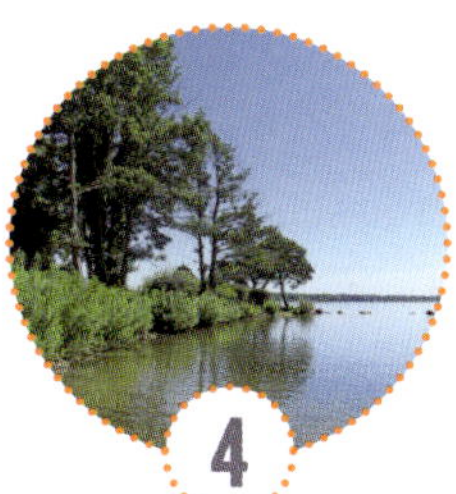

4

KM 11,5

PRINZENINSEL

Lieblingsplatz der Kaiserin

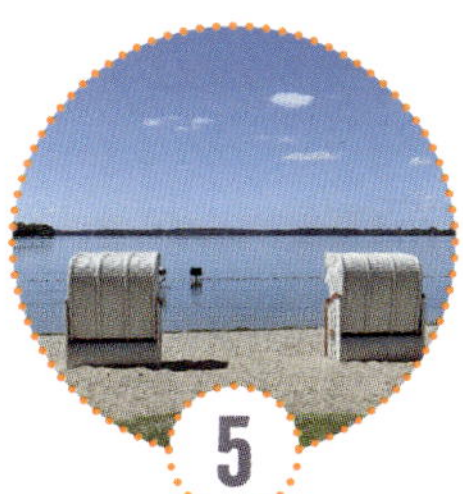

5

KM 12,5

PRINZENBAD

Kostenfreies Badevergnügen

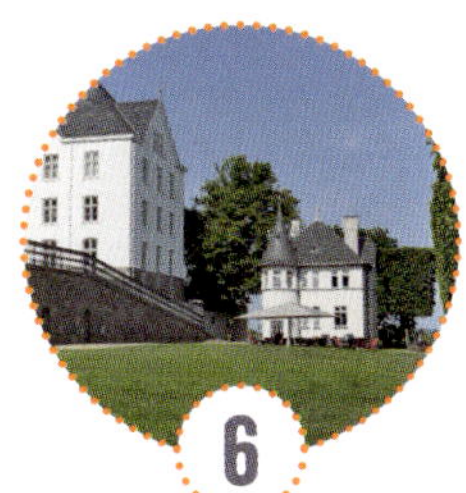

6

KM 14,5

PLÖNER SCHLOSS

Highlight über dem See

FOTO STOPP

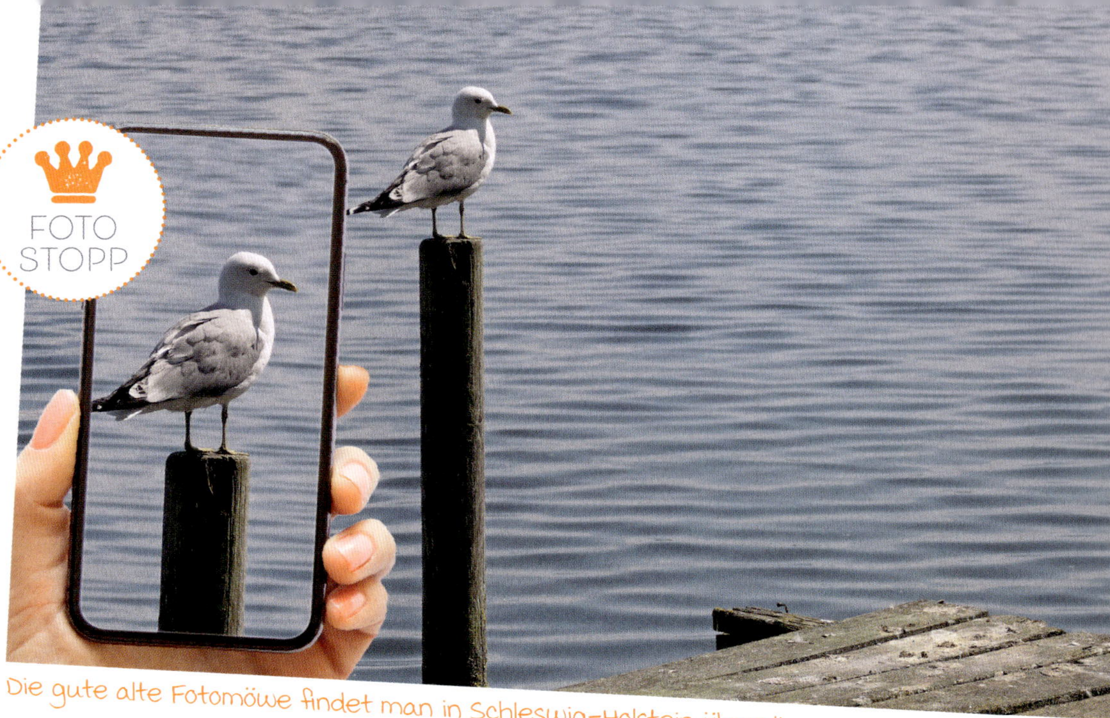

Die gute alte Fotomöwe findet man in Schleswig-Holstein überall.

KM 2

Nach 600 Meter Uferpfad ist linker Hand der Parnaßturm ausgeschildert. Er führt zur lauten Lütjenburger Straße. Hier geht es links und nach 200 Metern rechts auf den Finkenweg hinauf.

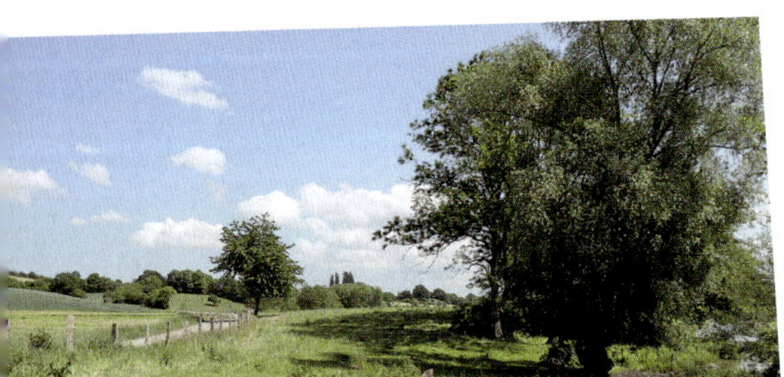

Wanderweg am Schöhsee

2 **Der stählerne Parnaßturm** begeistert schon seit 1888 Schwindelfreie. Auf einer 65 Meter hohen Endmoräne erbaut, bietet die Aussichtsplattform 20 Meter höher herrliche Ausblicke in jede Richtung. Plön ist nämlich nicht nur mit dem größten See des Landes beschenkt, sondern auch mit zwölf weiteren. Zwei Drittel des Stadtgebiets bestehen aus Wasserflächen. Geöffnet ist der Turm von Ostern bis Oktober zwischen 9 und 19 Uhr.

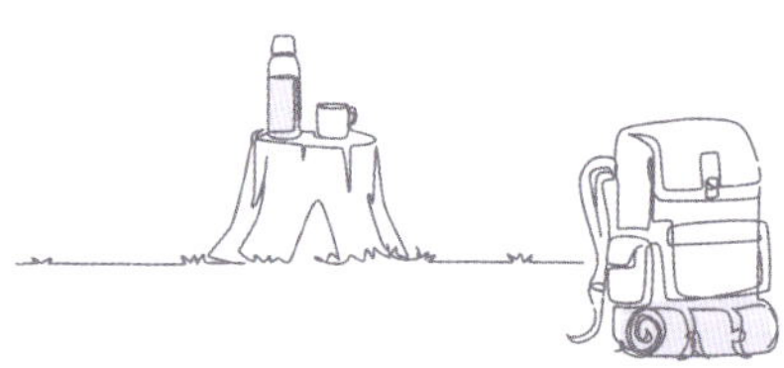

TRAUMHAFT

ALLES IM BLICK

In voller Pracht sieht man das Plöner Schloss von der Prinzeninsel aus. Dafür wird beim Aussichtspavillon im hinteren Teil des Alten Apfelgartens die Natur ein wenig in Form gebracht.

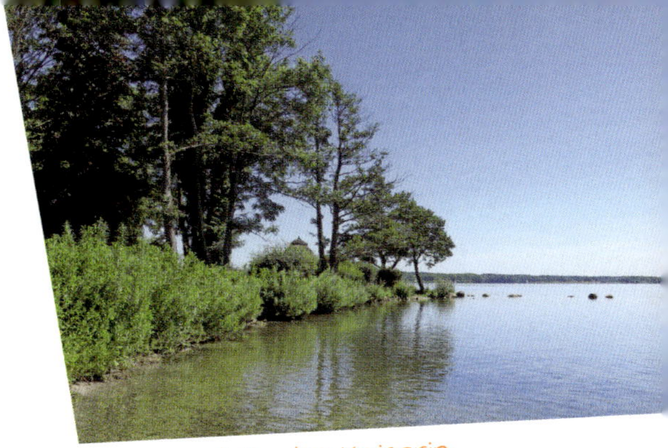

Lieblingsplatz der Kaiserin

KM 8

Zurück am Uferpfad, kann jetzt der mit grünem Balken markierte »Schöhseerundweg« in allergrößter Seelenruhe umrundet werden, bis der Strandweg des Großen Plöner Sees erreicht ist.

3 Der Strandweg zieht sich als sandige Promenade vom Prinzenbahnhof bis zur Prinzeninsel. Es ist nicht leicht zu entscheiden, wohin der Blick wandern soll. Der Große Plöner See ist eine ebensolche Augenweide wie die höher gelegene malerische Altstadt und das strahlendweiße Schloss. Am besten, man macht erst mal Pause auf einer der vielen Ruhebänke. Ein leerer Rucksack ist auch kein Unglücksfall. 500 Meter weiter sitzt man im Pfahlbauten-Restaurant Seeprinz mitten im Wasser. Wie überall in Plön kann es nicht schaden, zuvor die Öffnungszeiten zu checken.

Herrlich klar: der Große Plöner See

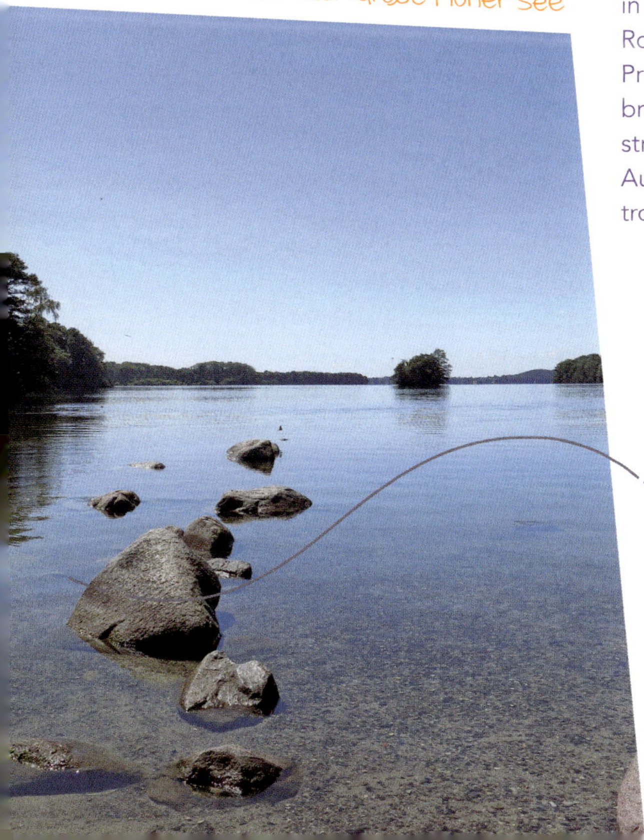

KM 11,5

Dem Strandweg bis zum Alten Apfelgarten folgen. An seinem Ende rechts über die Brücke auf die Prinzeninsel. An der Weggabelung den linken Uferpfad nehmen.

4 Prinzeninsel Der Lieblingsplatz der Kaiserin liegt an der Spitze der Prinzeninsel. Hier soll Auguste Viktoria gern in einem kleinen Pavillon gesessen haben, wenn sie ihre Söhne besuchte. Alle sechs Nachkommen des Kaisers Wilhelm II. wurden in Plön erzogen. Als Prinzenschule diente ein Rokokoschlösschen oben am Hang. Auf der Prinzeninsel, die sich bis zu drei Kilometer breit und zwei Kilometer lang in den See streckt, erhielten sie ihre landwirtschaftliche Ausbildung. Der Bauernhof wird heute gastronomisch genutzt.

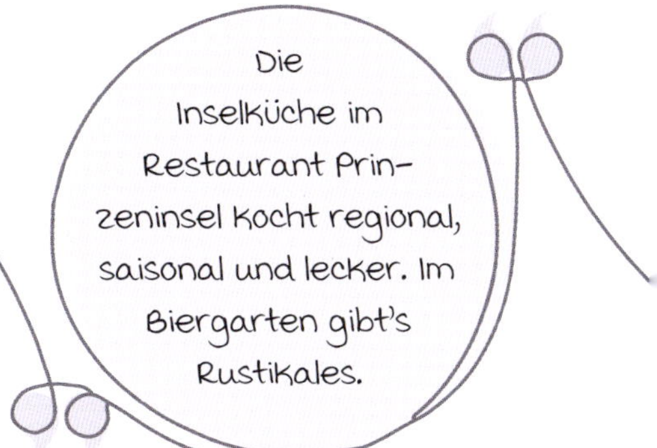

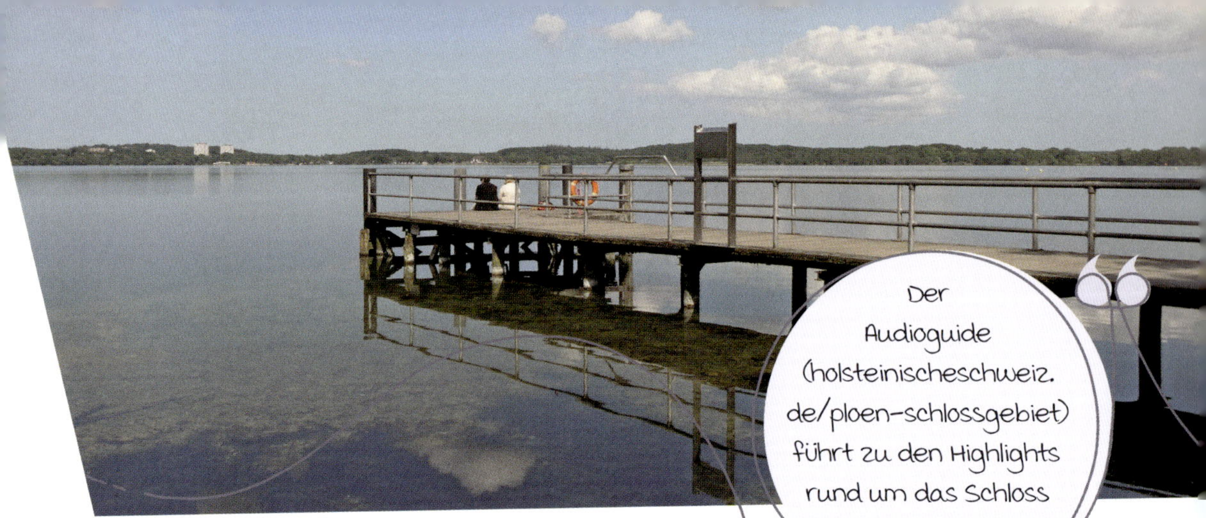

Am Ausflugsdampfer-Anleger

Der Audioguide (holsteinischeschweiz.de/ploen-schlossgebiet) führt zu den Highlights rund um das Schloss und im Park.

i-TÜPFELCHEN

TRAUMSCHLOSS

Die frühere Residenz der Herzöge dient heute einer Optikerfirma als Akademie. Eine Führung durch die herzoglichen Gemächer ist bei vorheriger Anmeldung dennoch möglich.

KM 12,5

Dicht am Wasser geht es nun auf einem Pfad auf der anderen Inselseite weiter – aber lediglich einen Kilometer.

5 **Das Prinzenbad** ist eine öffentliche und kostenfreie Badestelle. Mit kleinem Sandstrand, drehbaren Liegen und Strandkörben, entspanntem Kiosk und Steg für Kanus und SUP-Boards ist es hier zwar nie einsam, aber für ein Bad unterwegs genau richtig. Die Wasserqualität des Großen Plöner Sees ist laut EU-Qualifizierung mit der Bestnote »ausgezeichnet« klassifiziert worden. Im frühen Sommer lässt man sich hier schon in die Fluten gleiten, wenn einem in der Ostsee noch die Füße abfrieren. An heißen Tagen spenden Bäume ihren kühlenden Schatten.

KM 14,5

Erfrischt schlendert es sich herrlich auf dem Inselpfad weiter ins ausgeschilderte Schlossgebiet. Ein gelber Balken auf weißem Grund weist hinauf in den Park und bis zum Schloss.

6 **Auf dem Gelände des Plöner Schlosses** kann man ganz gut verstehen, warum der dänische König Christian VIII. Plön zu seinem Sommersitz gemacht hat. Das Schloss ist nicht nur aufgrund der Toplage über dem See ein echtes Highlight. Hier reihen sich Schlosspark, Amtsgefängnis und herrschaftlicher Reitstall, Kommandeursvillen und Lazarett, kaiserliche Schwimmhalle, Gartenhäuschen mit Barockgarten und das Prinzenhaus – ein Lustschloss im Rokoko, das besichtigt werden kann. Falls die Alte Schlossgärtnerei geöffnet hat: unbedingt durch den wild wuchernden Hanggarten streifen!

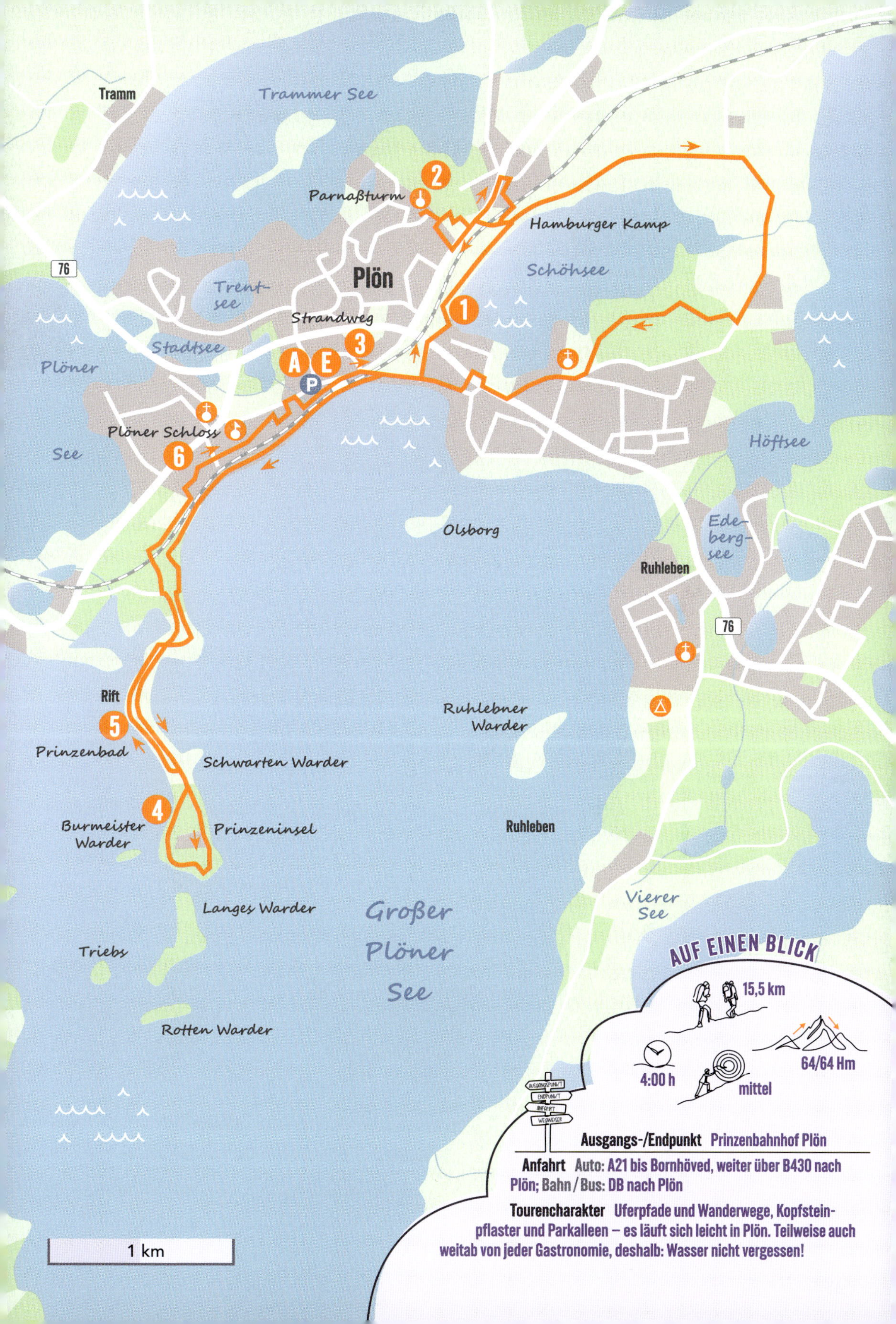

AUF EINEN BLICK

15,5 km

4:00 h

64/64 Hm

mittel

Ausgangs-/Endpunkt Prinzenbahnhof Plön

Anfahrt Auto: A21 bis Bornhöved, weiter über B430 nach Plön; Bahn / Bus: DB nach Plön

Tourencharakter Uferpfade und Wanderwege, Kopfsteinpflaster und Parkalleen – es läuft sich leicht in Plön. Teilweise auch weitab von jeder Gastronomie, deshalb: Wasser nicht vergessen!

VON PLÖN NACH MALENTE

BEST OF HOLSTEINISCHE SCHWEIZ

Wo Schweiz drauf steht, sind Traumwanderwege selbstverständlich. Das gilt sogar im Norden. Zwar sind die Hügel der Holsteinischen Schweiz nicht gerade Gebirgsmassive. Doch darüber helfen rund 200 Seen hinweg, manche mit Promenaden, Badestellen und Bootsanlegern ausstaffiert, andere ganz verschwiegen. Etliche passiert man auf dem 53 Kilometer langen »Holsteinischen Schweiz-Weg«, dessen erste Etappe sich prima für einen Tagestrip eignet. Von der ehemaligen Residenzstadt Plön bis ins malerische Malente sind es nicht einmal 14 Kilometer. Sie bieten genügend Abwechslung, um sich von morgens bis abends an den Seeufern herumzutreiben. Die Rückreise per Bahn oder Dampfer ist ein Highlight für sich. Schöner wäre nur noch eine Übernachtung am Etappenziel, um am nächsten Tag weiterzuwandern.

KM 0,3

Den Bahnhof im Rücken, halten wir uns rechts und wandern durch die Unterführung ans Ufer des Großen Plöner Sees.

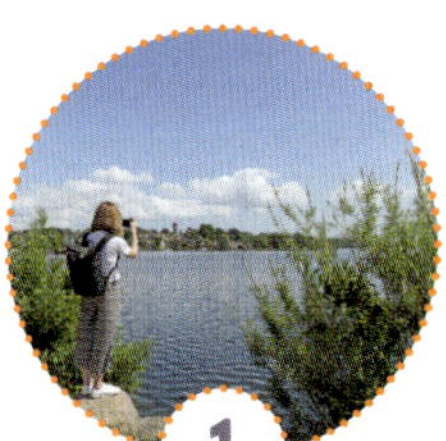

1

KM 0,3

GROSSER PLÖNER SEE

Pause am See

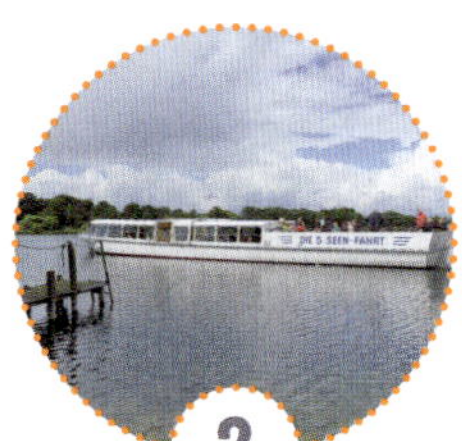

2

KM 2,5

EDEBERGSEE

Fünf-Seen-Rundfahrt

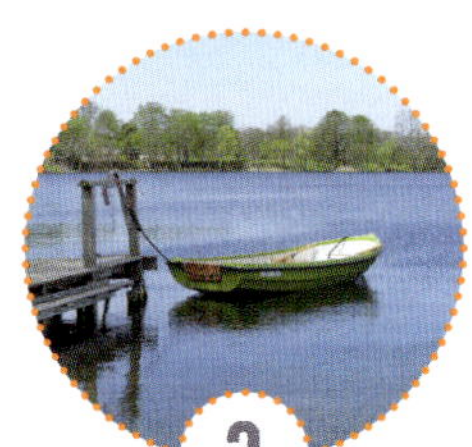

3

KM 7,5

DIEKSEE

Einkehr im Fährhaus

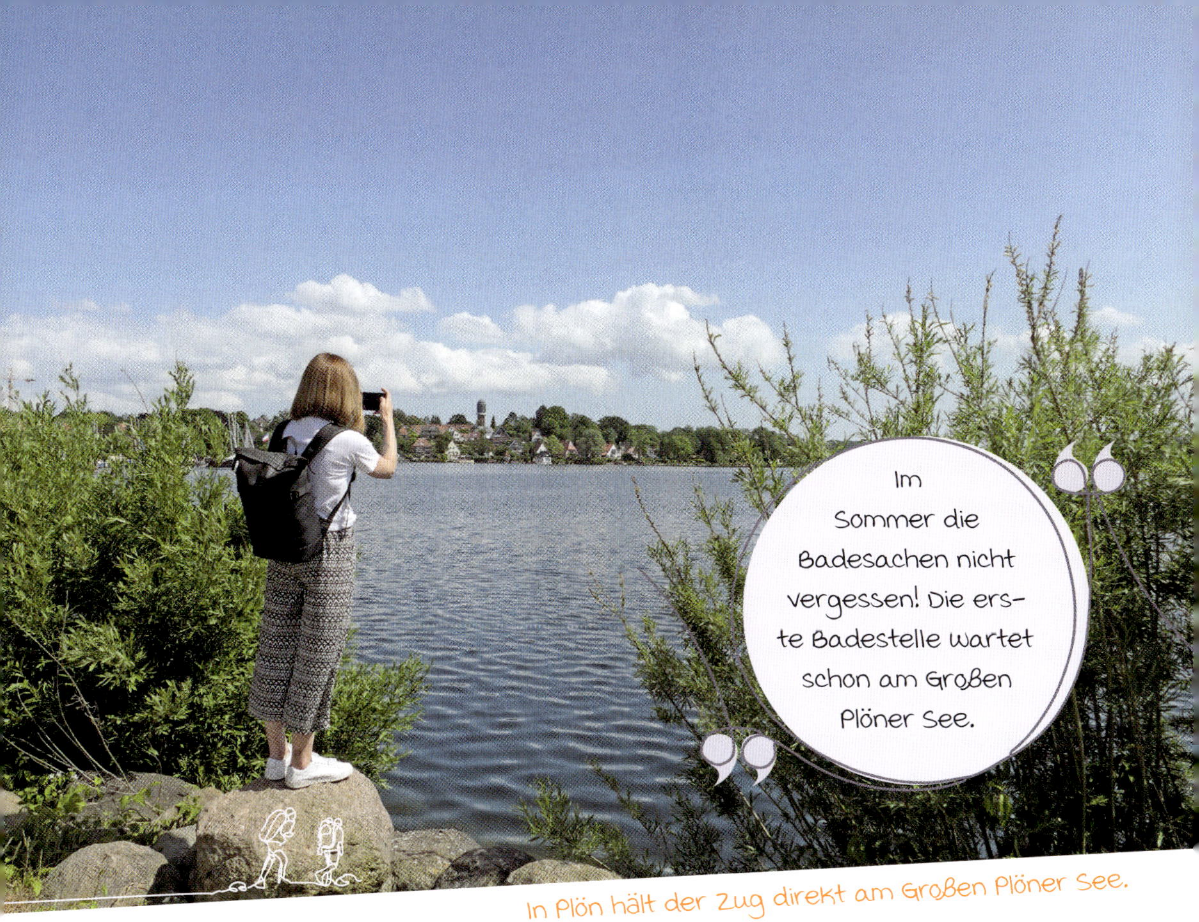

Im Sommer die Badesachen nicht vergessen! Die erste Badestelle wartet schon am Großen Plöner See.

In Plön hält der Zug direkt am Großen Plöner See.

1 **Der Große Plöner See** bietet mit 30 Quadratkilometer Wasserfläche und einer Tiefe von 58 Metern viel Platz zum Segeln, Tauchen oder Angeln. Rund um unzählige bewaldete Landzungen, Warder genannt, und zwanzig kleine Inseln finden Kanuten und SUP-Boarder kleine, versteckte Paradiese. Und selbst an Land muss kein Gedränge befürchtet werden, auch nicht in allernächster Nähe zum Bahnhof, wo die Ausflugsdampfer starten und Picknicktische zur ersten Pause mit Seeblick auffordern.

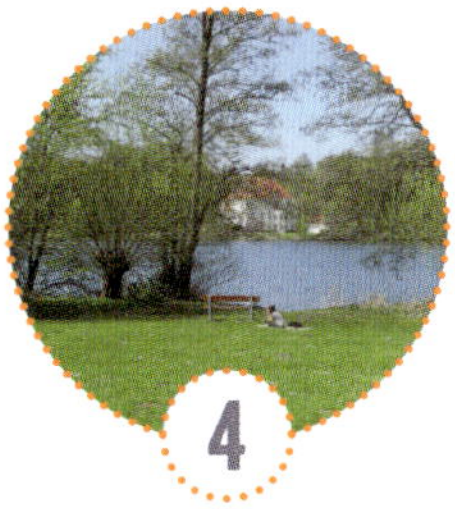

4

KM 8,5

SUHRER SEE

Baden im Glasklaren

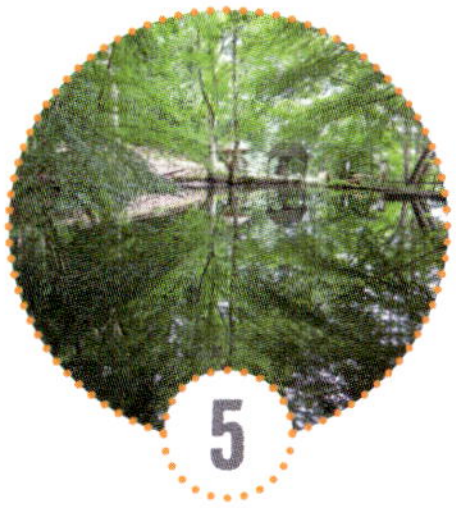

5

KM 12

SPIEGELTEICHE

Kneippen mit Onkel Pankratz

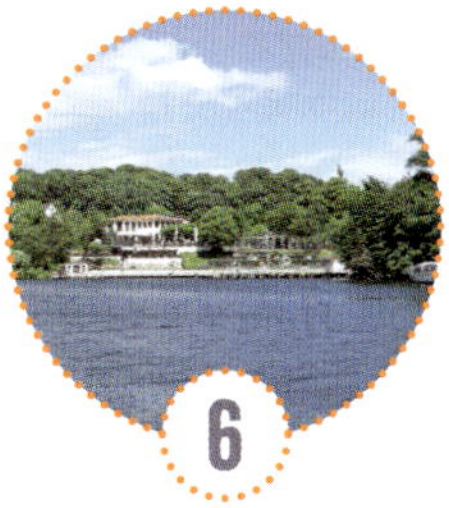

6

KM 13,5

BAD MALENTE-GREMSMÜHLEN

Der Geist der Siebziger

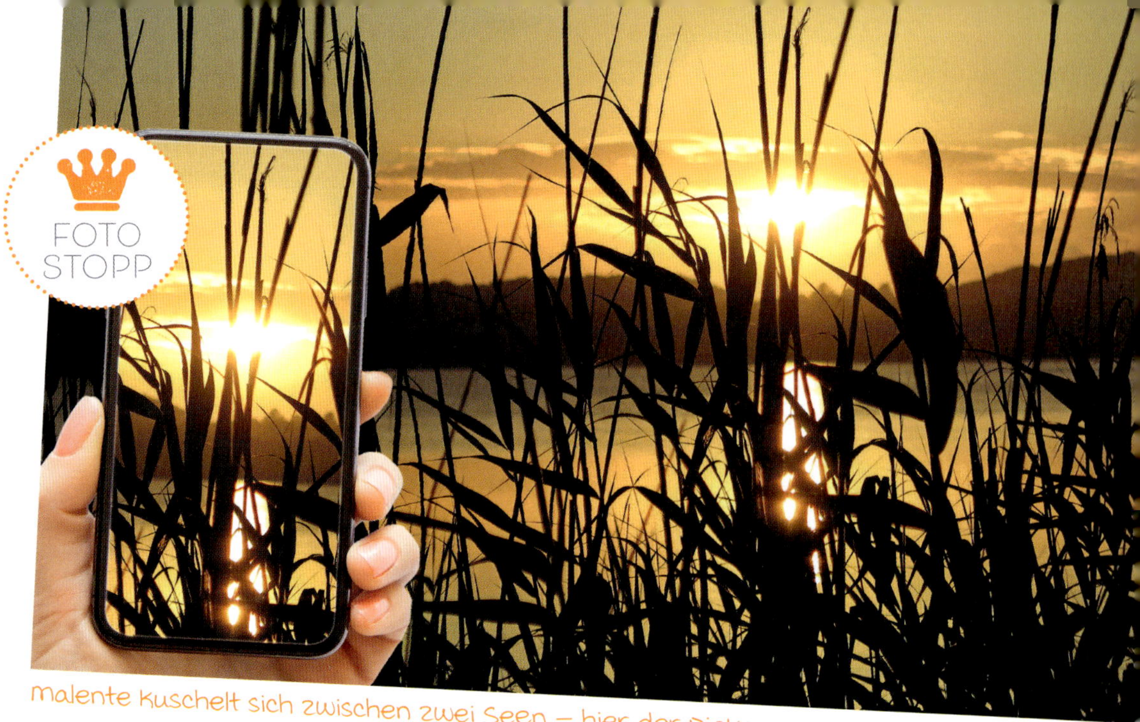

Malente kuschelt sich zwischen zwei Seen – hier der Dieksee.

KM 2,5

Der Eutiner Straße ca. 500 Meter bis zur Rosenstraße folgen. An ihrem Ende führt ein Uferpfad durchs Stadtwäldchen zum Fegetascher Strand. Jenseits der lauten B76 wartet der Edebergsee.

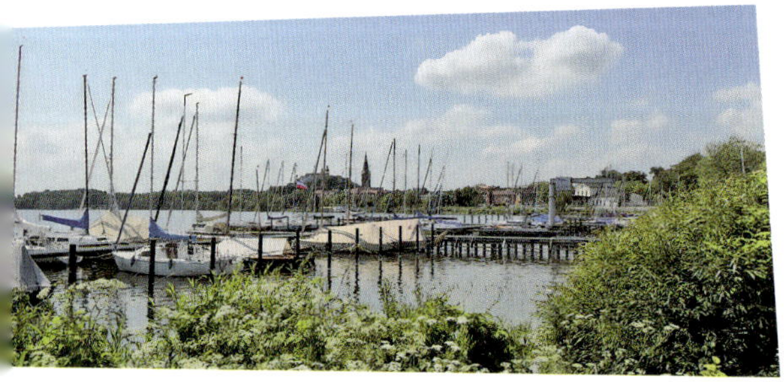

Auf dem Strandweg in Plön

2 **Der Edebergsee** ist winzig, nicht besonders tief, und wer auf Lautstärke empfindlich reagiert, würde ihn vielleicht lieber schnell passieren, um dem Verkehrsgebrause zu entkommen. Auf der Terrasse des Lake-House tritt der aber in den Hintergrund. An der ehemaligen Zollstation Fegetasche landen die Ausflugsschiffe der 5-Seen-Rundfahrt an. Sie starten am Ziel dieser Tour in Malente, lassen sich also prima für die Rückfahrt nutzen.

TRAUMHAFT

ZEIT ZUM ABSCHALTEN

Die Holsteinische Schweiz eignet sich hervorragend, um sich treiben zu lassen. Wer vergessen hat, wie's geht, legt an jedem See eine Pause ein und gelangt dabei zum perfekten sanften Tempo.

KM 7,5

Auf die Markierung des Fernwanderweges, eine grün-blau stilisierte Welle, kann man sich verlassen – oft ufernah leitet sie vom Großen Madebrökensee über Höftsee und Langensee zum Dieksee.

3 Der Dieksee gehört zu den Diamanten im Schatzkästchen der Holsteinischen Schweiz. Wie die gesamte Region ist er ein Produkt der letzten Eiszeit; von Gletschern gegraben und durch Toteis konserviert. Er lässt sich auf einem zwölf Kilometer langen Weg umrunden. Einen sehr schönen Blick verspricht der Steg beim Fährhaus Niederkleveez. Auch hier legt die 5-Seen-Rundfahrt einen Stopp ein. Verständlicherweise – denn Küche und Garten sind prima. Offen ist nur die Frage, ob man das vor oder nach dem Abstecher zum Suhrer See genießt.

Badestelle am Suhrer See

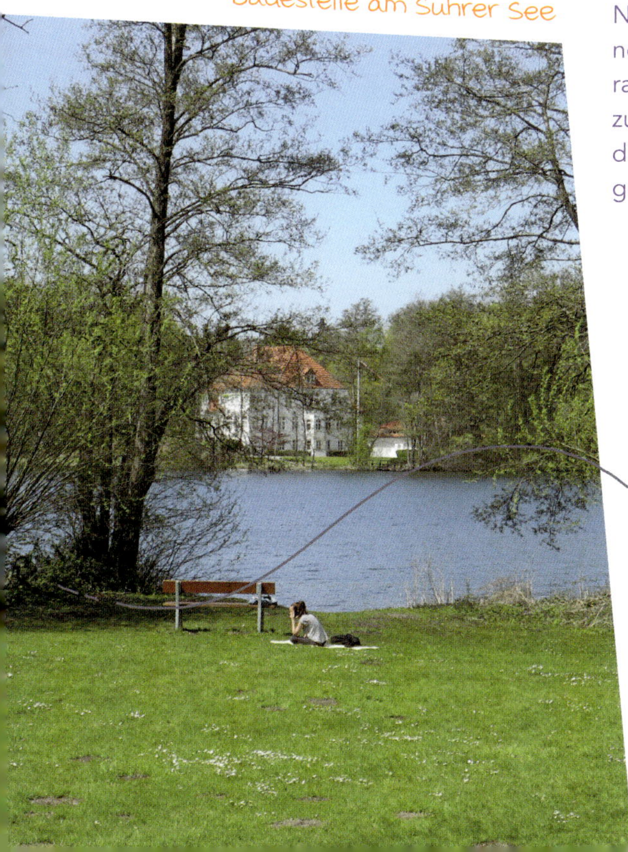

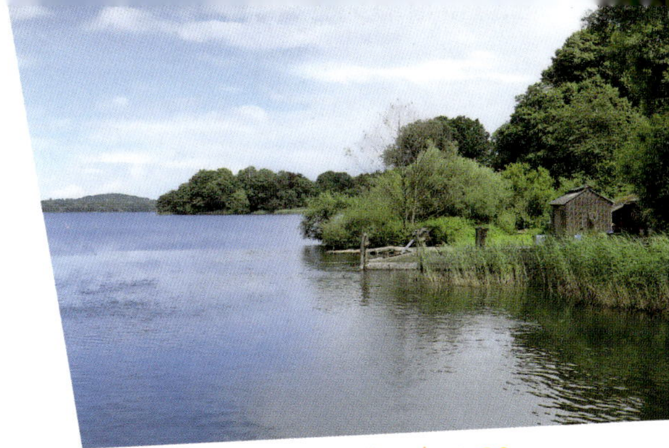

Beim Fischer in Niederkleveez

KM 8,5

Am Hang geht es zur Kirche hinauf. Vom Kirchhof kann man den Suhrer See schon sehen. Am Ende des sandigen Parkplatzes führt ein Wiesenpfad zur Badestelle hinunter.

4 Der Suhrer See ist einer der klarsten Seen Schleswig-Holsteins. Anders als die Vorgänger gehört er nicht zur Seenkette, die von der Schwentine durchflossen wird, sondern glänzt für sich. Als Teil eines Naturschutzgebiets muss er mit wunderbar wenig Nährstoffeintrag kämpfen und bietet seltenen Ufer- und Unterwasserpflanzen Lebensraum. Die (unbewachte) Badestelle gehört zu den »Dass es so etwas noch gibt«-Orten, die in der Holsteinischen Schweiz für einen geradezu nostalgischen Zauber sorgen.

Wer privates Baden bevorzugt, findet am Ziel den Bootsverleih der Villa Colonial und Tretboote mit Baderutschen.

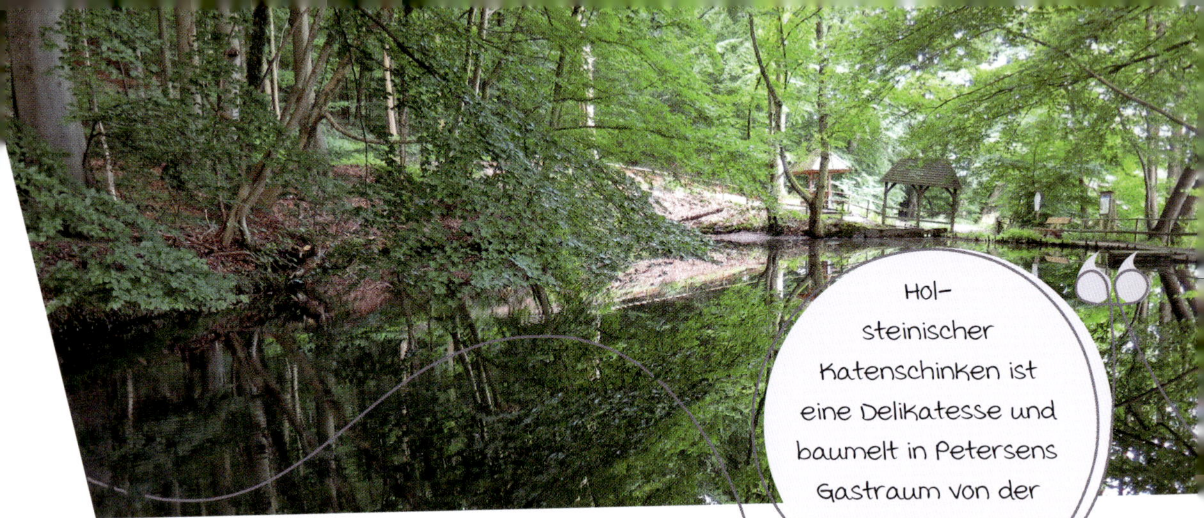

Die Spiegelteiche in Malente

Holsteinischer Katenschinken ist eine Delikatesse und baumelt in Petersens Gastraum von der Decke.

i-TÜPFELCHEN

KINDHEITSTRAUM

Vom Bahnhof ist Gut Immenhof, Drehort der »Dick und Dalli«-Filme aus den 1950er-Jahren, drei Kilometer entfernt. Ponys, Pferde, Kellersee und Einkehr sind den Spaziergang wert.

KM 12

Über den Kirchenweg zurück. Kurz vor dem Fährhaus knickt rechts der Holmweg ab, der am Ende in einen Wanderweg übergeht. Er leitet bald in den Wald Diekseeholm.

5 Die Spiegelteiche gehören schon seit 1896 zu den großen Attraktionen von Malente. Damals dienten sie allerdings noch der Fischaufzucht. Heute sind sie einfach ein Spazierziel mit dem Prädikat »märchenhaft verwunschen«. Die natürliche Kneippanlage, die seit 1955 zum Wassertreten einlädt, scheint nostalgisch, ist aber speziell an heißen Tagen eine echte Wohltat. Wie's geht, steht an einer Infotafel geschrieben. Wer es liebt, findet weitere Kneippanlagen in Malente, etwa im sehenswerten Kurpark oder an der Quelle der Gebrochenen Herzen.

KM 13,5

Wo der Wanderweg aus dem Wald tritt, übernimmt die Promenade von Malente. Sie zieht sich etwa einen Kilometer vom ersten Gebäude bis zu einem terrassierten Sonnenplatz am See.

6 Bad Malente-Gremsmühlen Der »Geist von Malente« wurde 1974 geboren und verhalf der Deutschen Nationalelf zur Weltmeisterschaft. Ihr Trainingslager heißt heute Uwe Seeler Fußballpark. Aber sonst hat sich wenig verändert in Bad Malente-Gremsmühlen, wo man den Tag herrlich vertändeln kann. Vom Anleger der 5-Seen-Rundfahrt sind es nur einigen Schritte zum kostenfreien Strandbad mit Duschen und Sprungturm. Der ebenfalls kostenfreie Wildpark liegt auch ganz in der Nähe. Genau wie der Bahnhof, wo Züge im Halbstundentakt nach Plön zurückpendeln.

AUF EINEN BLICK

Ausgangs-/Endpunkt Bhf Plön/Bhf Bad Malente-Gremsmühlen

Anfahrt Auto: A21 bis Bornhöved, weiter über B430 nach Plön; Bahn/Bus: DB nach Plön

Tourencharakter Leicht zu laufen, viel Waldschatten und andere Erfrischungsmöglichkeiten – perfekt für heiße Tage.

13,5 km

29/26 Hm

3:30 h

leicht

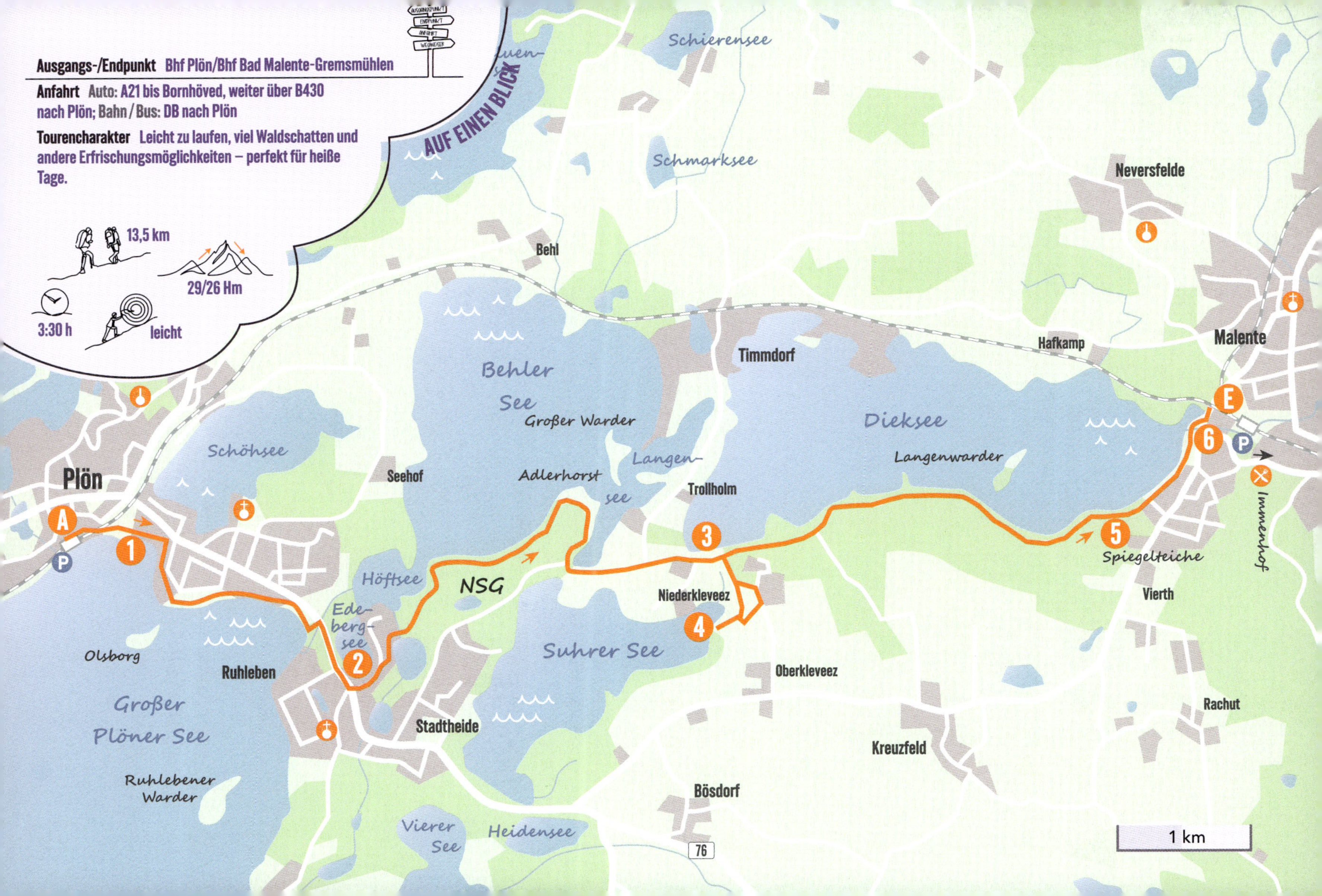

6

EUTIN

VERTRÄUMTE ROMANTIK-RUNDE

Eutin ist dritte Seekönigin der Holsteinischen Schweiz und als Rosenstadt und »Weimar des Nordens« bekannt. Eingebettet zwischen Kleinem und Großem Eutiner See, erzählt die Altstadt mit klassizistischen Fassaden und Fachwerkhäusern von der Blütezeit im 18. und 19. Jahrhundert. Die Herzöge von Oldenburg holten Maler wie Johann Heinrich Tischbein und Dichter wie Friedrich Gottlieb Klopstock an ihren Hof. Katharina die Große traf hier zum ersten Mal auf Zar Peter. Und der Komponist Carl Maria von Weber wurde in Eutin geboren. Sein *Freischütz* wird bis heute jeden Sommer als Open Air aufgeführt. Durch Felder, Wiesen und Wälder führt diese ausgedehnte Runde zu einem versteckten Jagdschlösschen und dem Ursprung der Holsteinischen Schweiz am Kellersee. Am schönsten ist die Tour zwischen Frühling und Herbst.

KM 0

Die Tour startet am Eingang zum Schlossgarten am Jungfernstieg. Vom Bahnhof ist er über Peterstraße, Marktplatz, Dr. Evers Gang nach 800 Metern erreicht.

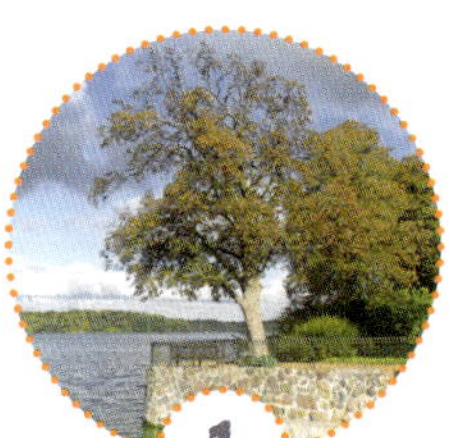

1

KM 0

EUTINER SCHLOSSGARTEN

Floras Liebestempel

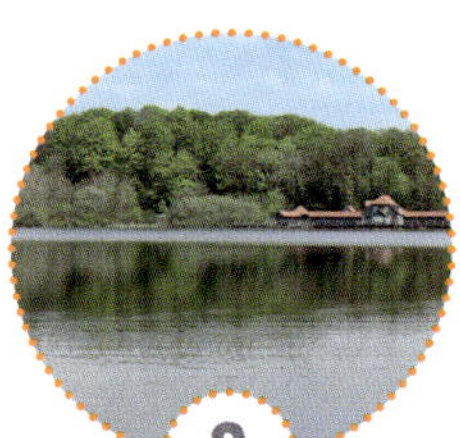

2

KM 2,5

SEEPARK

Brücke am Bebensund

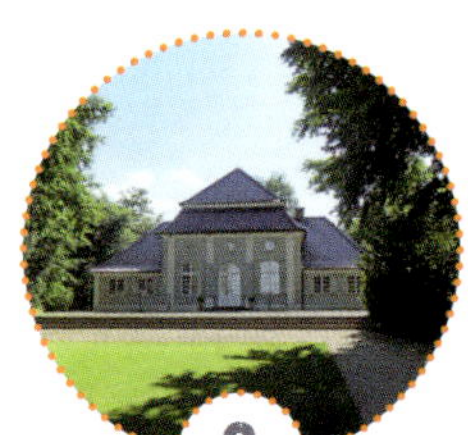

3

KM 12,5

JAGSCHLÖSSCHEN

Kleinod am Ukleisee

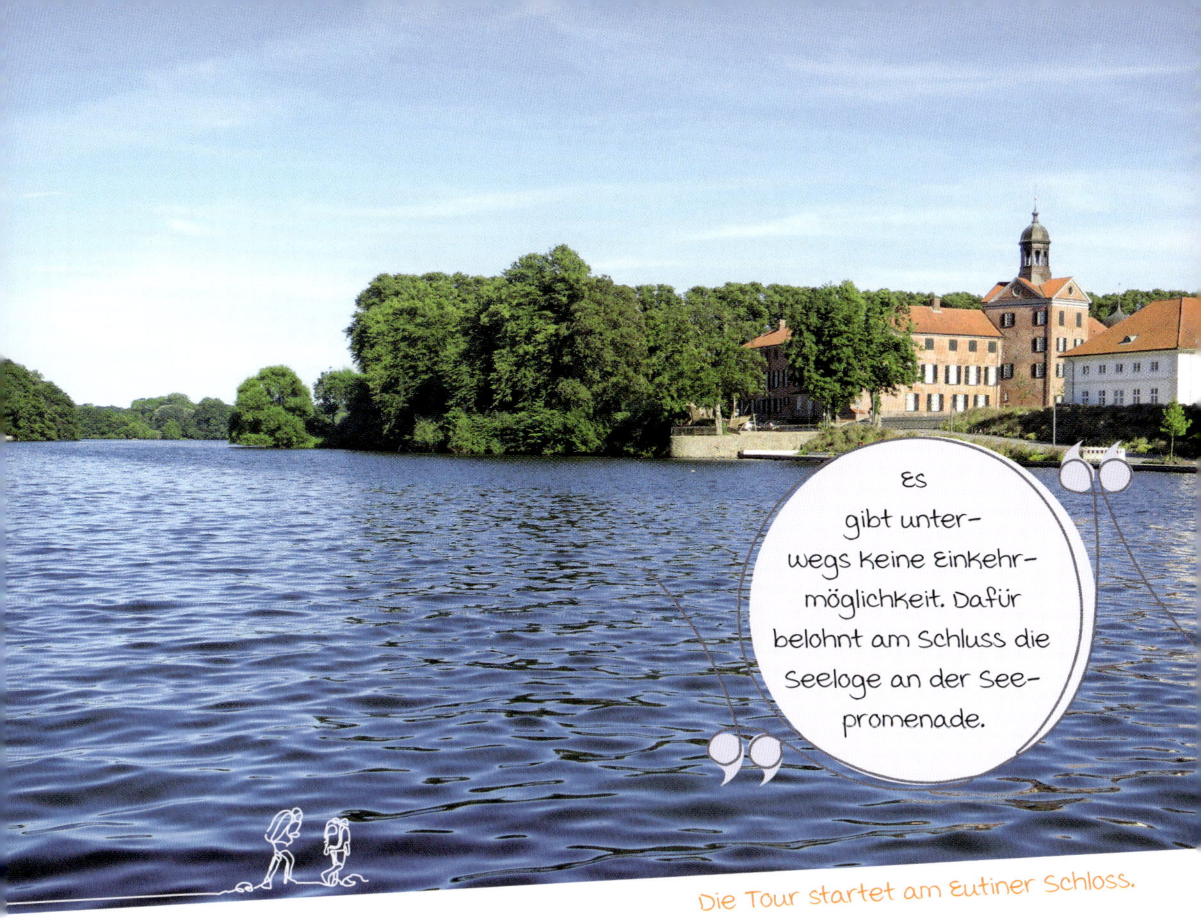

Die Tour startet am Eutiner Schloss.

1 **Der Eutiner Schlossgarten** zählt zu den schönsten klassischen Landschaftsgärten in Norddeutschland. Dem Hauptweg im Uhrzeigersinn und der Nummerierung der Gartenelemente rückwärts folgend, beginnt die Runde beim Großen Wasserfall mit der Nummer zehn und führt über Monopteros, Küchengarten, Seebühne und andere Highlights zur Statue der Flora am Ende der Lindenallee. Sie läuft auf den Liebestempel am Großen Eutiner See mit der Nummer eins zu.

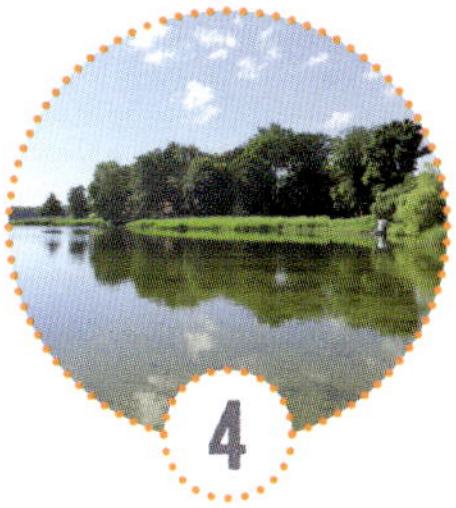

4

KM 13,5

AM KELLERSEE

Herz der Holsteinischen Schweiz

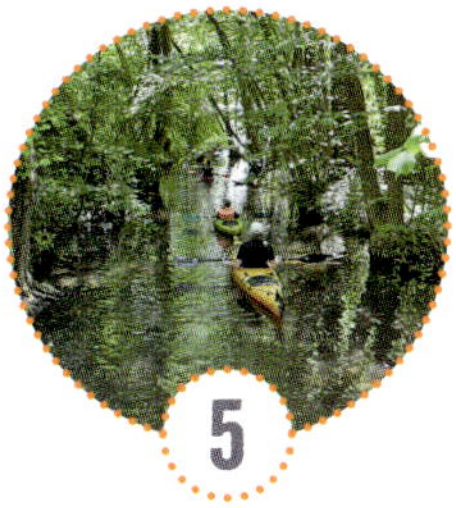

5

KM 17

FISSAU NEUMÜHLE

Wasserwanderweg de luxe

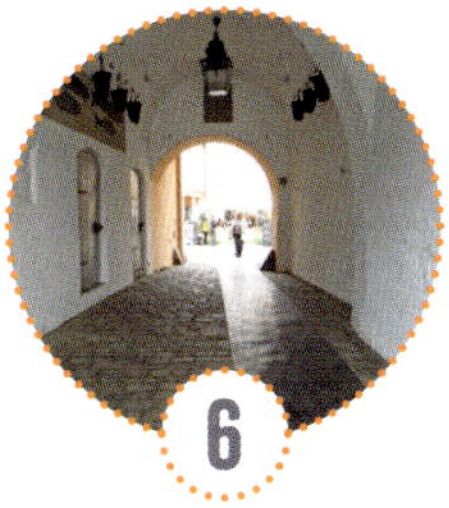

6

KM 20

EUTINER SCHLOSS

Weimar des Nordens

FOTO STOPP

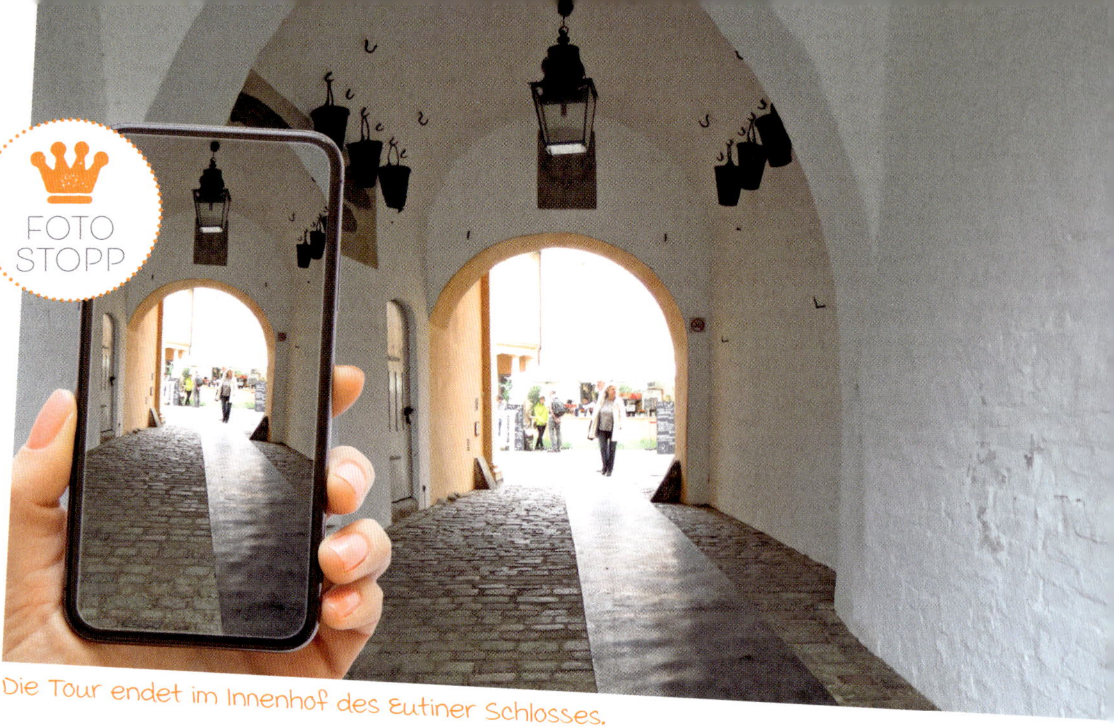

Die Tour endet im Innenhof des Eutiner Schlosses.

KM 2,5

Über die Seepromenade geht es entlang der Stadtbucht in den Seepark. Für den kürzesten Weg zur Bebensundbrücke immer am Ufer bleiben. (Umwege lohnen sich allerdings auch.)

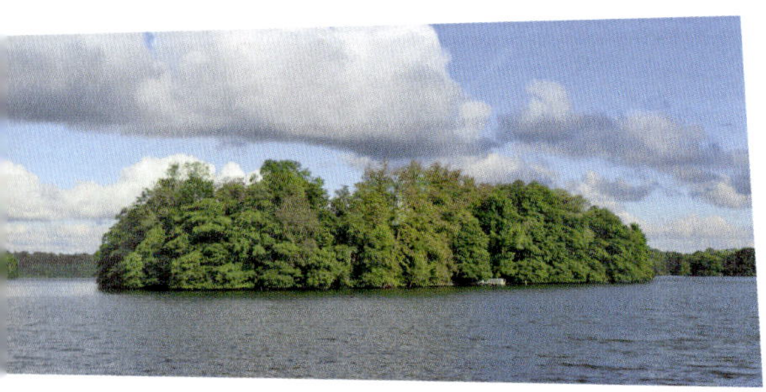

Fasaneninsel im Großen Eutiner See

2 **Der Seepark** entstand auf Drängen des großherzoglichen Hofgarteninspekteurs Heinrich Lüth und erinnert mit seinen verschlungenen Pfaden bewusst an den Schlossgarten. Er stellt einen sanften Übergang vom städtischen Bereich in den Seescharwald dar, wo die historische Freibadeanstalt schon seit 1914 kostenloses Badevergnügen bietet. Seit der Landesgartenschau 2016 liegt der Schwerpunkt auf Aktivangeboten für alle Altersgruppen.

i-TÜPFELCHEN

TRAUMMOTIVE

Auf der Bebensundbrücke hat man sie alle vor der Linse: die historische Freibadeanstalt in der Fissauer Bucht, die Fasaneninsel im See und natürlich – das Eutiner Schloss.

KM 12,5

Ein grüner Balken auf weißem Grund schickt auf eine lange Landpartie durch den Seescharwald über Sibbersdorf zum kleinen Ukleisee. Dort dem Uferpfad im Uhrzeigersinn folgen.

3 **Jagdschlösschen** Der erste Hinweis auf das Jagdschlösschen ist der weiße Seebalkon mit Ruhebänken. Sie eignen sich bestens, um die besondere Stimmung des Ukleisees zu genießen, um den sich Legenden ranken. Tiefliegend und von dichtem, naturbelassenem Wald umstanden, hat sich wenig verändert, seit Jagdgesellschaften des Eutiner Hofs im Lusthaus logierten. Treppen führen zu dem spätbarocken Bau hoch über dem See. Dort finden sich weitere Bänke mit herrlichem Ausblick. Das Schlösschen kann für Feierlichkeiten gemietet, doch leider nicht besichtigt werden.

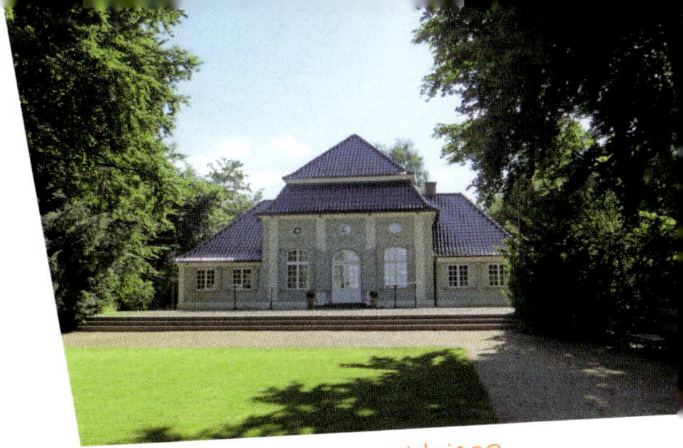

Jagdschlösschen am Ukleisee

KM 13,5

Über die Auffahrt des Jagdschlösschens geht es auf die Straße »Zum Ukleisee«. Sie leitet hinunter in den Ortsteil Sielbeck zum Ursprung der Holsteinischen Schweiz, dem Kellersee.

4 **Am Kellersee** hinkt Eutin ein wenig der Zeit hinterher. Wundervolle Gebäude der Jahrhundertwende verschwinden neuerdings zugunsten funktionaler Neubauten wie andernorts zuletzt in den 1960er-Jahren. Etwa das Fährhaus im historischen Schweizer Stil beim Zugang in Sielbeck; oder das frühere Seeschloss am Kellersee, drei Uferkilometer weiter. Bleibt nur der See selbst, der mit seinen lichten Ufern und verschwiegenen Buchten vielen als der schönste in der Holsteinischen Schweiz gilt.

Gesamtkunstwerk Eutiner Schlossgarten

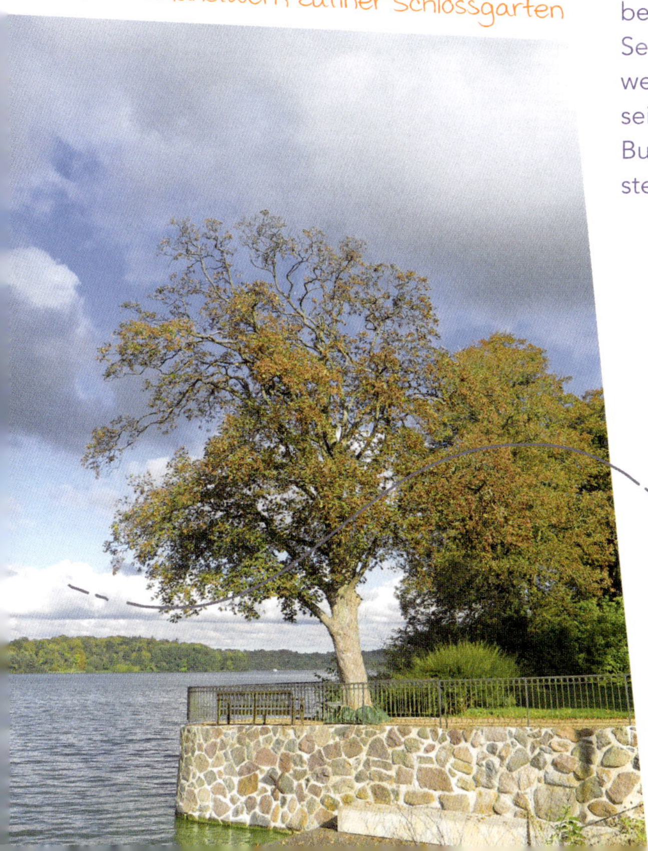

Die Kellerseefahrt ist ein nostalgisches Vergnügen. Salondampfer *Luise* steuert im Sommer unter anderem Fissau an.

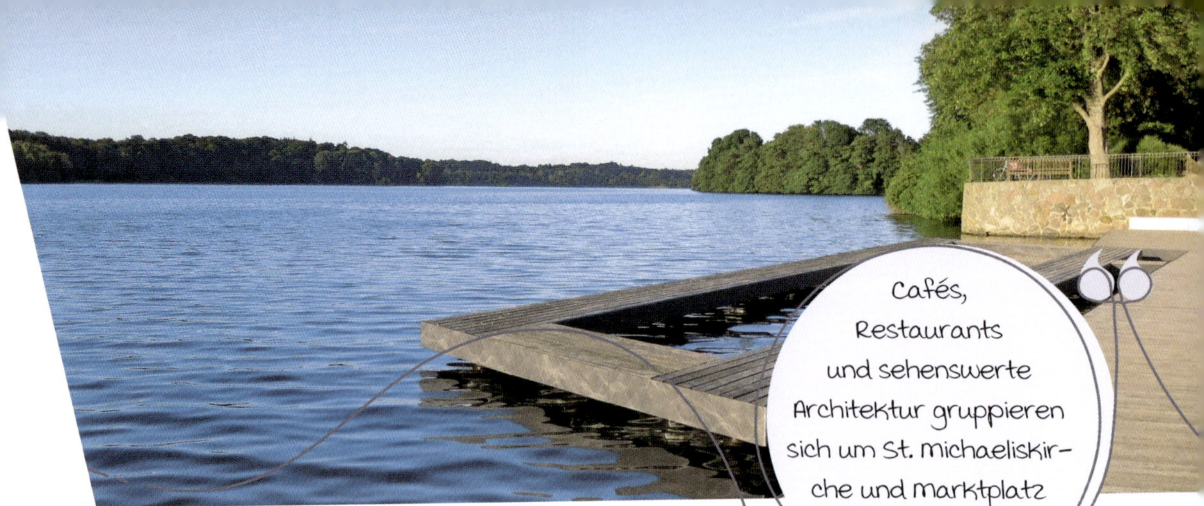

Pontons an der Seepromenade

Cafés, Restaurants und sehenswerte Architektur gruppieren sich um St. Michaeliskirche und Marktplatz in Schlossnähe.

i-TÜPFELCHEN

SOMMERNACHTSTRAUM

Unter freiem Himmel werden die Eutiner Festspiele auf der Seebühne zelebriert. Höhepunkte sind die Freischütz-Inszenierungen des Eutiner Komponisten Carl Maria von Weber.

KM 17

Auf dem naturnahen Uferweg lädt nach ca. einem Kilometer die kleine Badestelle Hamburger Strand zur Pause ein. Von Fissau über den Christine-Bölck-Weg weitermäandern.

5 In Fissau plätschert die Schwentine in den Kellersee. Das macht sie ständig so auf ihrem Weg vom Bungsberg zur Kieler Förde. 17 Seen durchströmt Schleswig-Holsteins längster Fluss vom höchsten Berg des Landes, bis er nach 62 Kilometern ins Meer mündet. 55 Kilometer sind befahrbar. Ein bisschen viel für den heutigen Tag. Aber eine Kellerseefahrt wäre drin. Zumal es von der Einsatzstelle Neumühle bis zum Bootsverleih Keusen nur wenige Schritte sind. Vielleicht geht es ja zu Dick und Dallis Immenhof auf Gut Rothensande?

KM 20

Der Wanderweg schlängelt sich mit der Schwentine zum Eutiner See. Zum Abschluss geht es auch endlich in den Schlosshof hinein – und über eine zweite Brücke zurück in den Garten.

6 Das Eutiner Schloss ist einer der bedeutendsten höfischen Profanbauten Schleswig-Holsteins. Die eher strenge Backsteinanmutung macht im Schlosshof einer verspielten Atmosphäre Platz. Die Besichtigung der barocken Anlage mit Führung oder Audio-App lohnt sich ebenso wie ein Besuch der wechselnden Ausstellungen, kulturellen Veranstaltungen samt Einkehr in der Schlossküche. Kunst spielt im Ostholstein-Museum im ehemaligen Marstall die Hauptrolle. All das braucht einen eigenen Ausflug und – anders als diese Tour – kein gutes Wetter.

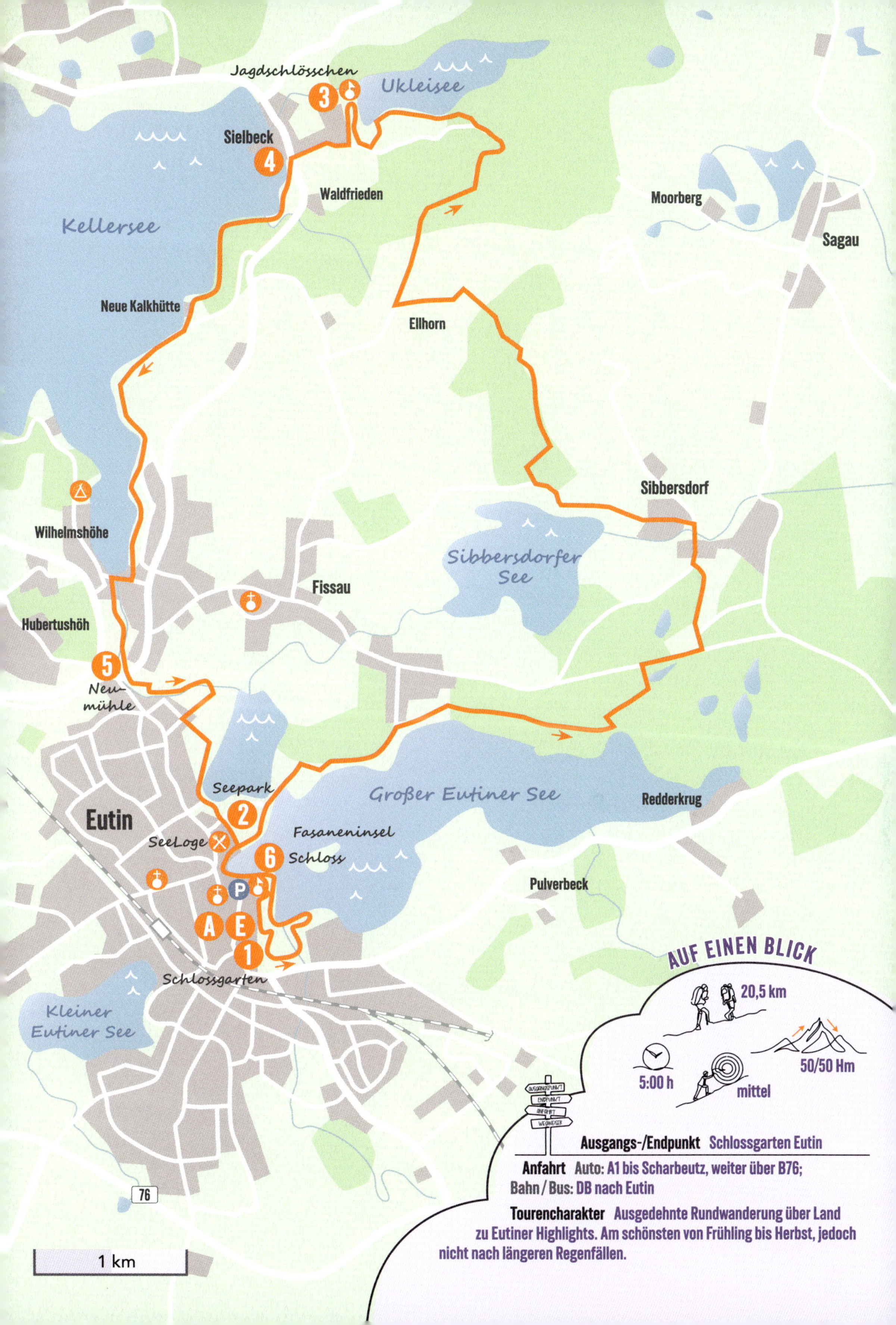

AUF EINEN BLICK

20,5 km

5:00 h

mittel

50/50 Hm

Ausgangs-/Endpunkt Schlossgarten Eutin

Anfahrt Auto: A1 bis Scharbeutz, weiter über B76; Bahn / Bus: DB nach Eutin

Tourencharakter Ausgedehnte Rundwanderung über Land zu Eutiner Highlights. Am schönsten von Frühling bis Herbst, jedoch nicht nach längeren Regenfällen.

7

HALBINSEL WAGRIEN

SUNDLAUF IN GROSSENBRODE

Die Halbinsel Wagrien bildet die nordöstliche Landspitze Holsteins. Auf ihrem äußersten Zipfel streckt sich die Gemeinde Großenbrode in den Fehmarnsund. An drei Seiten von Wasser umplätschert und mit zwei feinen Sandstränden beschenkt, ist Großenbrode im Sommer vor allem bei Familien beliebt. In der Nebensaison ticken die Uhren deutlich langsamer, und im Winter können sie sogar ganz stehenbleiben. Für alle Jahreszeiten gilt: Je weiter man sich vom Ferienzentrum entfernt, desto größer die Chance auf vollkommen einsame Meermomente.

Ganzjährig ist ein gut bestückter Rucksack wichtig. Einkehrmöglichkeiten findet man nur zu Beginn und zum Ende dieser Tour. Im Winter wie Sommer eignet sie sich am besten bei stabilem Wetter. Unterwegs gibt es kaum Schutz – ob vor Regen oder der Sonne.

KM 3

Vom Bahnhof links knapp 700 Meter die Kreisstraße begleiten, bis die Schienen überquert werden können. 200 Meter zurücklaufen, bis rechts ein Naturerlebnispfad zum Jachthafen leitet.

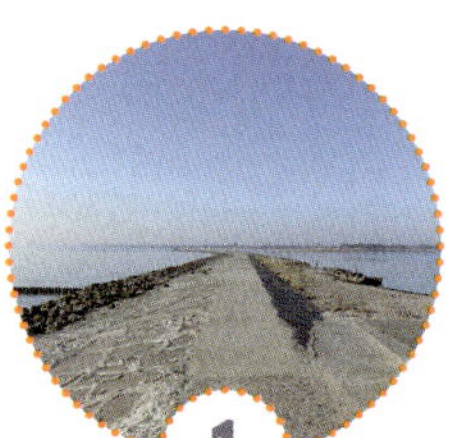

1

KM 3

GROSSENBRODER BINNENSEE

Aufs Meer hinaus

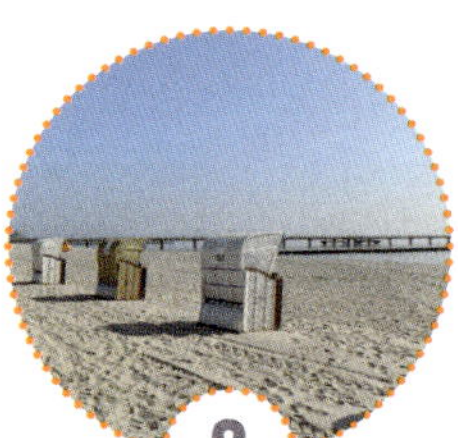

2

KM 6

SÜDSTRAND

Wo, wenn nicht hier?

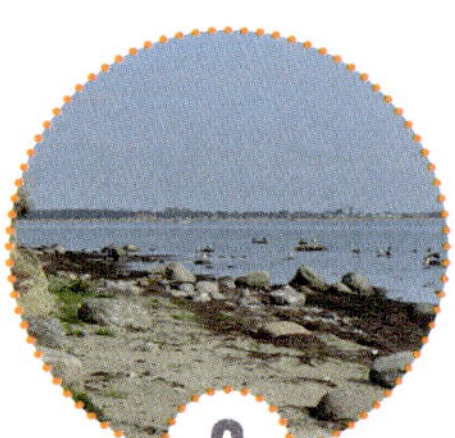

3

KM 11

STEILKÜSTE

Die Stille von Heinrichsruh

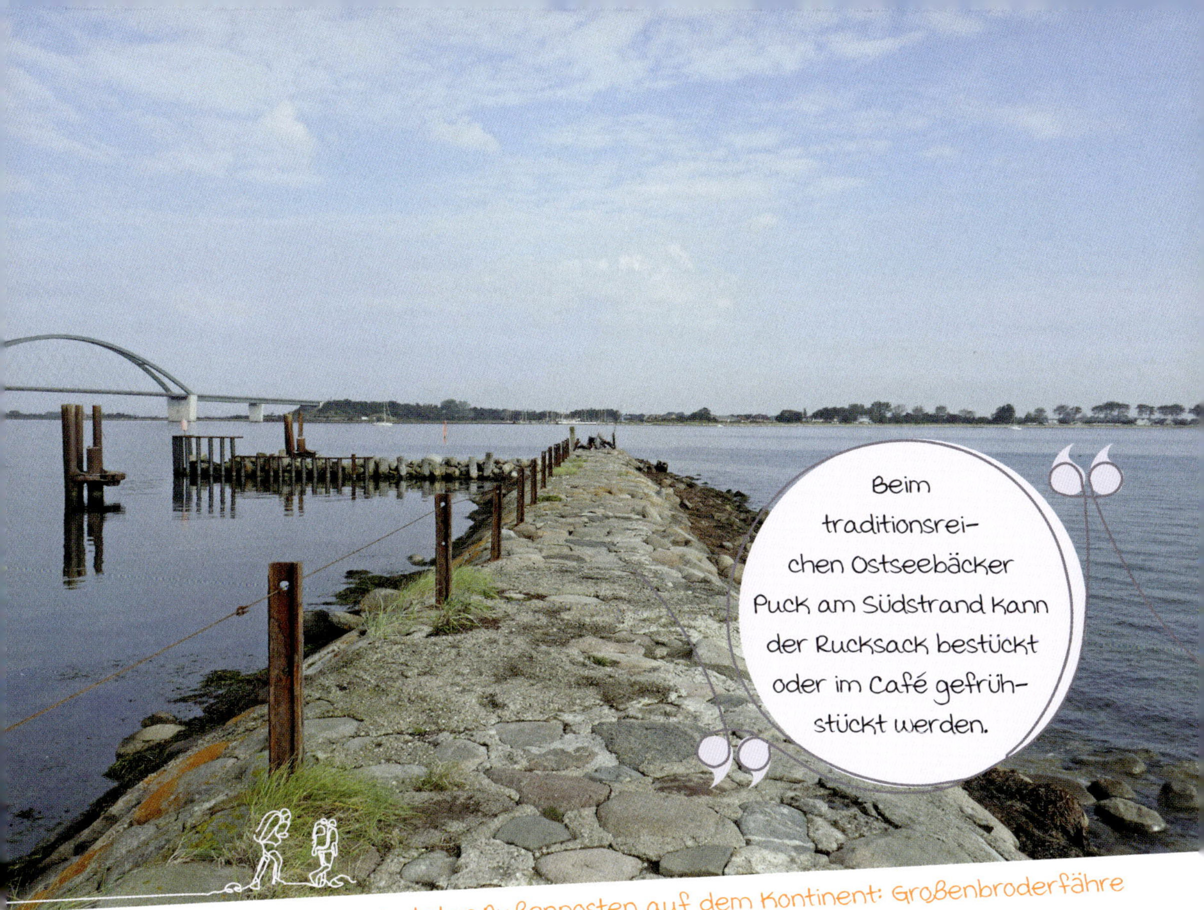

Letzter Außenposten auf dem Kontinent: Großenbroderfähre

1 **Der Großenbroder Binnensee** wurde in den 1930er-Jahren als Segelfliegerhorst erbaut. Die eher unrühmliche Geschichte nahm eine bessere Wendung mit dem Fährbahnhof ins dänische Gedser im Jahr 1951. Zwölf Jahre später jedoch wurde er bereits wieder stillgelegt und als Marine-Ausbildungsort für die Allgemeinheit verschlossen. Erst seit 1997 dürfen Wassersportler den Binnensee nutzen und Nordic-Walker die einen Kilometer lange Mole mit Blick auf Sütel erobern.

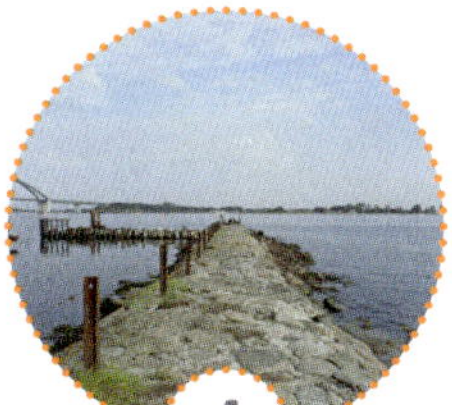

4

KM 13

GROSSENBRODERFÄHRE

Früher war mehr los

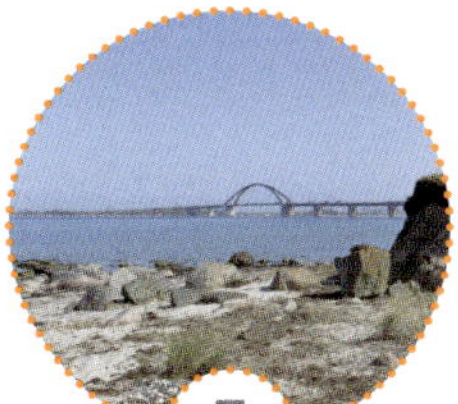

5

KM 16

FEHMARNSUNDBRÜCKE

Pflicht-Fotostopp

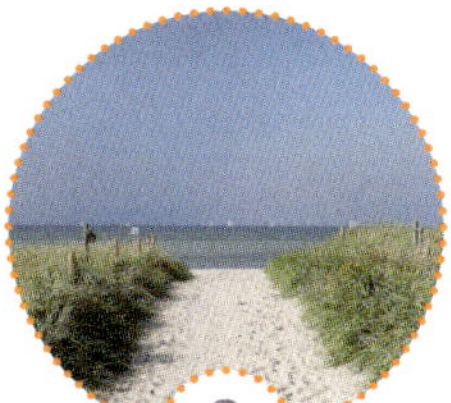

6

KM 18

WESTSTRAND ORTHFELD

Letzter Strand vor dem Ziel

FOTO STOPP

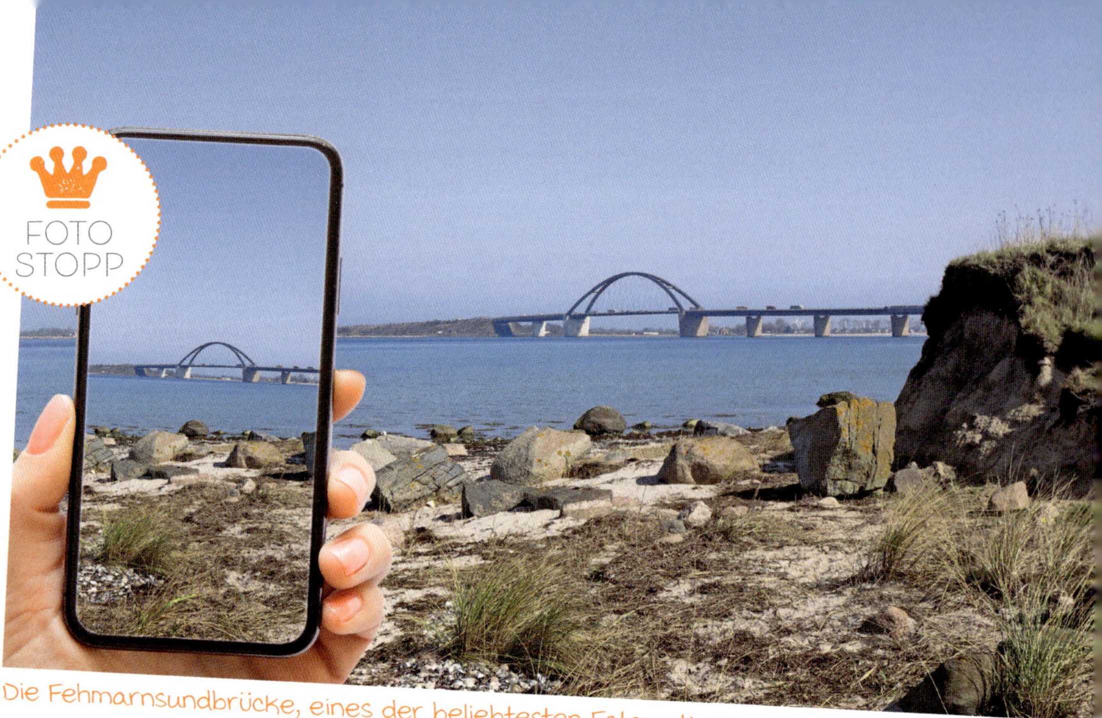

Die Fehmarnsundbrücke, eines der beliebtesten Fotomotive im Norden

KM 6

Die noch recht neue Erlebnispromenade von Großenbrode lenkt von der funktionalen Bebauung ab und punktet mit Spielplätzen, Sonnenliegen, Aussichtspunkten in strandtypischer Vegetation.

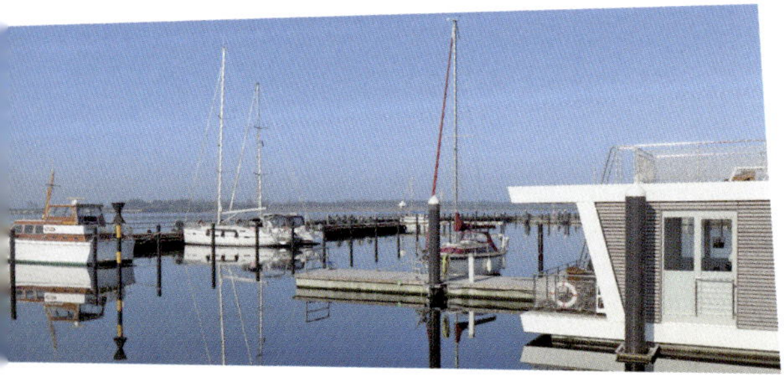

Hausboot im Jachthafen

2 **Der Südstrand von Großenbrode** ist feinsandig und der beste Spot für ein Bad. Echte Nordlichter wagen sich auch im Winter in die Fluten, normale Menschen höchstens von Juli bis September. Aber dann ist es wirklich ein Vergnügen, denn die Ostsee läuft außergewöhnlich flach an das steinlose Ufer. Danach können sich Badenixen und Wassermänner auf der 350 Meter langen Seebrücke das Salz vom Körper duschen – in einer umfunktionierten Telefonzelle.

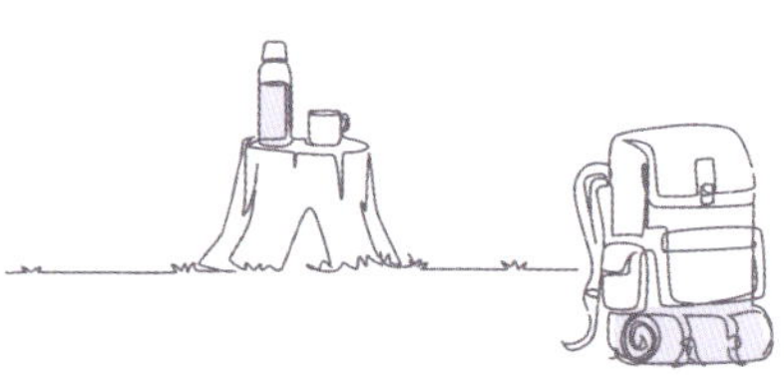

i-TÜPFELCHEN

TRAUMSTRAND TO GO

Trubelige Strände sind beim Wandern kein Problem. Man taucht ja nur kurz ein, genießt die Gastro und andere Annehmlichkeiten – und ist auch schon wieder weg, bevor es zu viel wird.

KM 11

Am Ende der Promenade über »Am Hohen Ufer« aus der Bebauung herauswandern und dann an den Strand wechseln. Von nun an zieht er sich naturbelassen an der Abbruchkante weiter.

3 **Steilküste** ist ein dehnbarer Begriff. An der Spitze Wagriens zeigt sie sich beispielsweise nicht mal mannshoch. Doch setzt man sich in ihrem Schutz auf einen Findling mit Blick auf die Insel Fehmarn, wo man nichts hört als sanften Wellenschlag und vielleicht das »Räb Räb Räb« einer Ente, dann packt einen doch dieses Gefühl der Ewigkeit, das Steilufern zu eigen ist. Mit viel Glück kann man sogar eine Robbe entdecken. Ansonsten genießt man einfach das Wetter. Wagrien gehört zu den sonnenreichsten Gebieten der gesamten Bundesrepublik.

Seebrücke am Südstrand

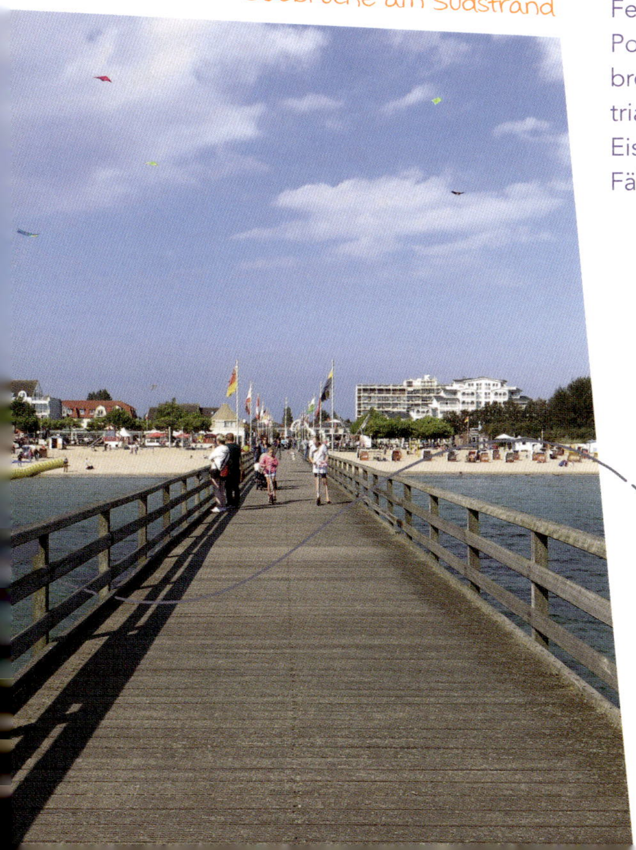

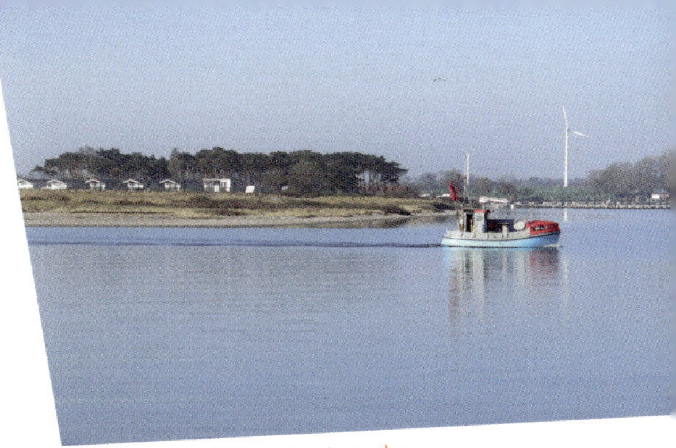

Binnensee Großenbrode

KM 13

Wenn die ersten Häuser auftauchen, auf die Straße wechseln. Dem Rothsollskamp bis zum Ende folgen. Dann rechts runtertrudeln zum Alten Fährhafen von Großenbroderfähre.

4 **Großenbroderfähre** war über Jahrhunderte ein wichtiger Verkehrsknotenpunkt. Kein Mensch kann sich das heute noch vorstellen, wenn er den entspannten Sportboothafen erreicht. Doch vom 12. Jahrhundert bis 1984 machten hier die Schiffe von und nach Fehmarn fest. Ab 1647 wurde der gesamte Postverkehr nach Dänemark über Großenbroderfähre abgewickelt, und mit der Industrialisierung kamen die großen Dampfer und Eisenbahnen – die hier tatsächlich mittels Fähren über den Sund transportiert wurden.

Ab und zu (wann genau, ist leider nirgends herauszufinden) öffnet im Sommer ein Imbiss in Großenbroderfähre.

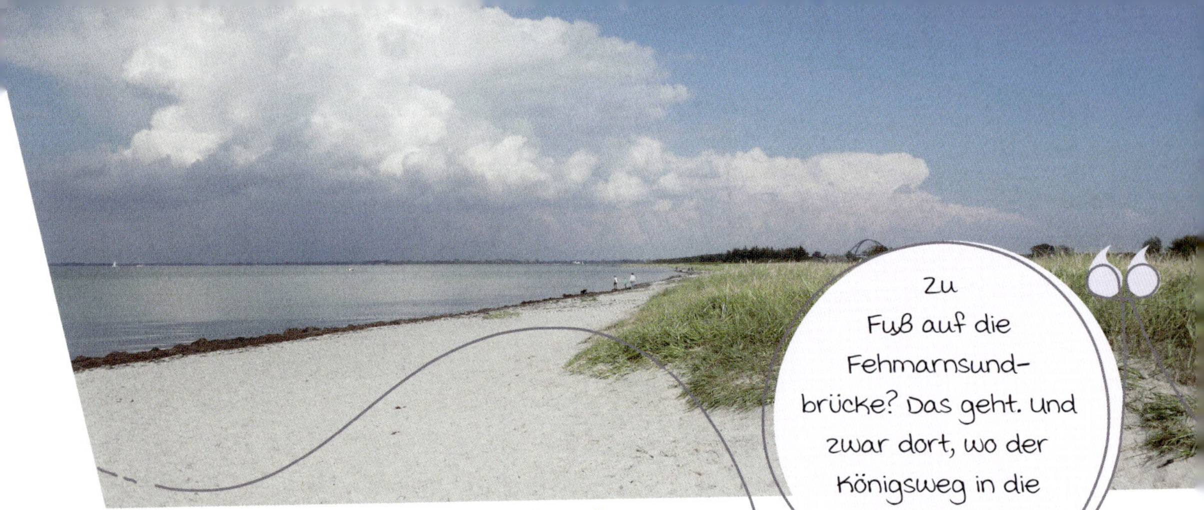

Abgelegenes Plätzchen: der Weststrand

Zu Fuß auf die Fehmarnsundbrücke? Das geht. Und zwar dort, wo der Königsweg in die Felder knickt.

TRAUMHAFT

FARBENSPIEL

Aquamarin, leuchtend türkis, smaragdgrün, himmelblau, lichtgrau, beinahe weiß … der Farbreichtum am Fehmarnsund ist unvergleichlich und wechselt bei Wind und Wolken im Minutentakt.

KM 16

Vom Hafen der Straße »Großenbroder Fähre« folgen. Nach etwa 1,5 Kilometer zweigt rechter Hand ein Rad- und Wanderweg ab. Auf ihm ist die Fehmarnsundbrücke nach weiteren 1,5 Kilometern erreicht.

5 **Die Fehmarnsundbrücke** gehört zu den Wahrzeichen Schleswig-Holsteins, streckt sich seit 1963 elegant über die Ostsee und steht schon unter Denkmalschutz. Mag sogar sein, dass »der Kleiderbügel« ab 2029 überhaupt nicht mehr gebraucht wird. Dann eröffnet möglicherweise der (sehr umstrittene) Fehmarnbelt-Tunnel. Sicher ist bisher nur, dass der größte Absenktunnel der Welt sich erst einmal beweisen muss, bevor er genauso geliebt wird wie die knapp einen Kilometer lange Stahlfachwerkbrücke.

KM 18

Unter der Brücke hindurch und dem Königsweg zunächst entlang der Autobahn, dann rechts in die Felder folgen. Wo er links abknickt, auf den Pfad wechseln, der geradeaus führt – an einem kleinen See vorbei zum Strand.

6 **Der Weststrand im Ortsteil Orthfeld** ist eine Art Exklave. Von Großenbrode abgetrennt durch die Autobahn, muss man sich schon auskennen, um den Weg mit dem Auto zu finden. Wandern ist hingegen gar kein Problem. Möglich wäre es zum Beispiel auch, direkt von der Fehmarnsundbrücke am Meeressaum entlangzuspazieren. Der Weg durch die Felder ist aber einfacher zu gehen. Dann erreicht man den abgelegenen Weststrand in etwa dort, wo er sich von ziemlich steinig zu fein sandig wandelt, für den letzten Badestopp.

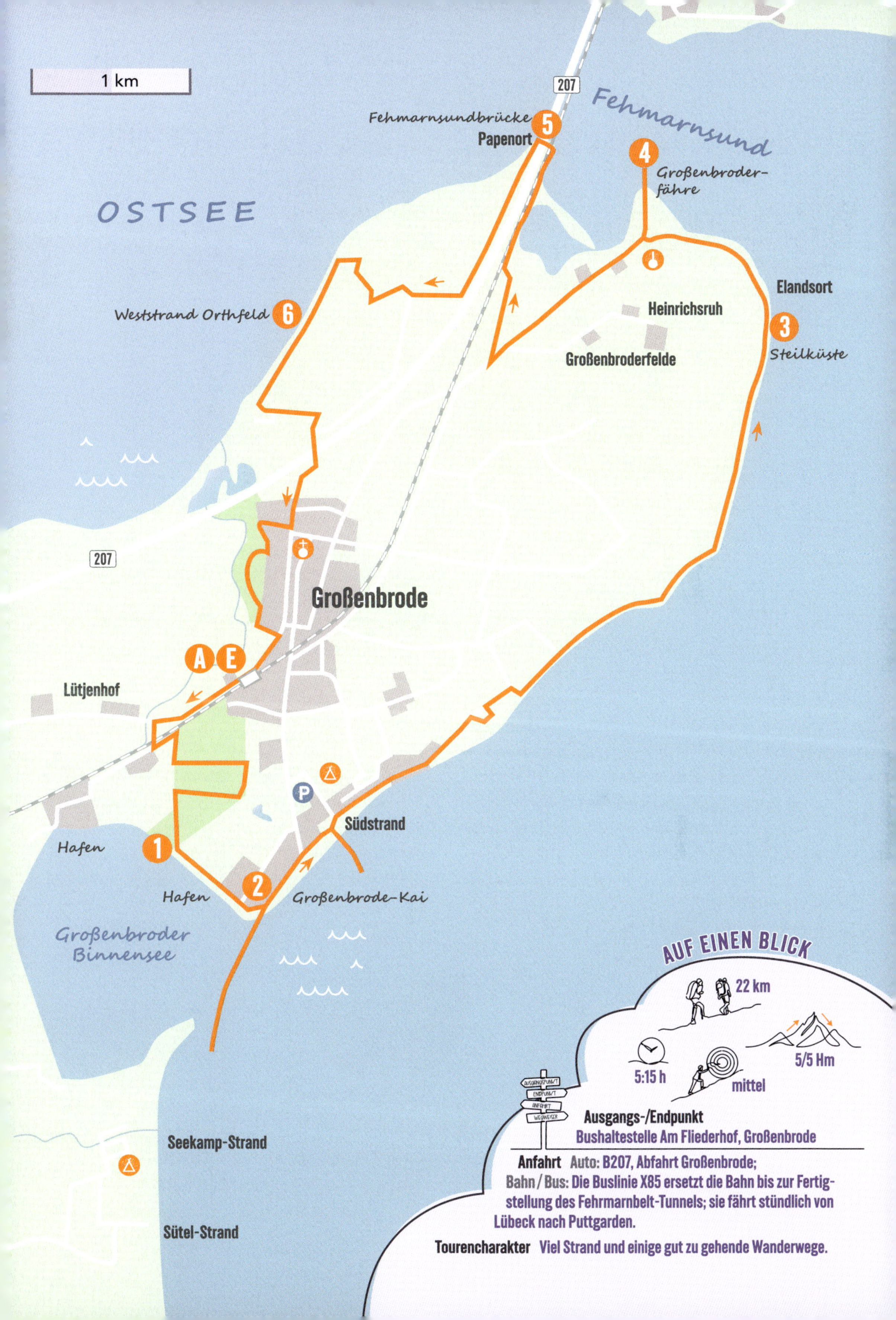

AUF EINEN BLICK

22 km

5:15 h

mittel

5/5 Hm

Ausgangs-/Endpunkt Bushaltestelle Am Fliederhof, Großenbrode

Anfahrt Auto: B207, Abfahrt Großenbrode; Bahn / Bus: Die Buslinie X85 ersetzt die Bahn bis zur Fertigstellung des Fehrmarnbelt-Tunnels; sie fährt stündlich von Lübeck nach Puttgarden.

Tourencharakter Viel Strand und einige gut zu gehende Wanderwege.

8

FEHMARN

AUFTAKT IN FEHMARNSUND

Schleswig-Holsteins einzige Ostseeinsel ließe sich mit dem Rad prima an einem sportlichen Tag umrunden und gibt sich längst nicht so prätentiös wie ihre Nordseeschwestern. Statt Luxusherbergen prägen Campingplätze das Bild. Anstelle gewaltiger Dünen säumen meist nur schmale Naturstrände die Ufer. Noch besser als Fahrräder passen Wanderschuhe zur Sonneninsel: Die Wege verlaufen nämlich vielfach dicht beieinander – hinter, vor oder auf dem Deich, entlang kleiner Steilküsten, durch Salzwiesen oder am Strand. Was auf Karten oder Luftbildern nach Streckentouren aussieht, ist aus der Wanderperspektive daher häufig für eine Rundwanderung gut. Die erste startet gleich hinter der Fehmarnsundbrücke. Auch wenn diese Ecke von Tagestouristen meist übersehen wird, ist die Tour am schönsten außerhalb der Badesaison.

KM 0,3

Von der Bushaltestelle oder dem nahe gelegenen Parkplatz ist die Bootswerft schon zu sehen. Ein Trampelpfad zieht sich am kleinen Naturhafen zum besten Fotospot für die Fehmarnsundbrücke.

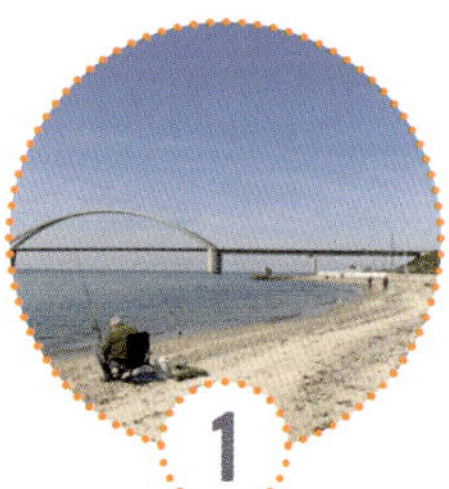

1

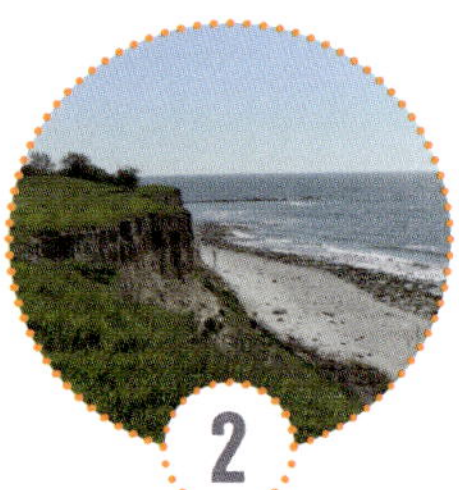

2

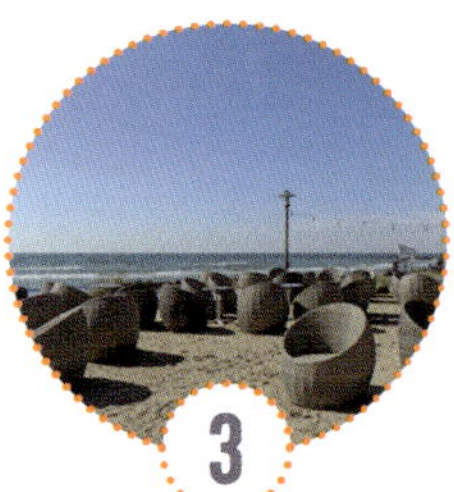

3

KM 0,3

FEHMARNSUND

Unter dem Kleiderbügel

KM 3

WULFENER STEILKÜSTE

Klippenpfad in den Bergen

KM 4,5

RESTAURANT SEEBLICK

Einkehr am Meer

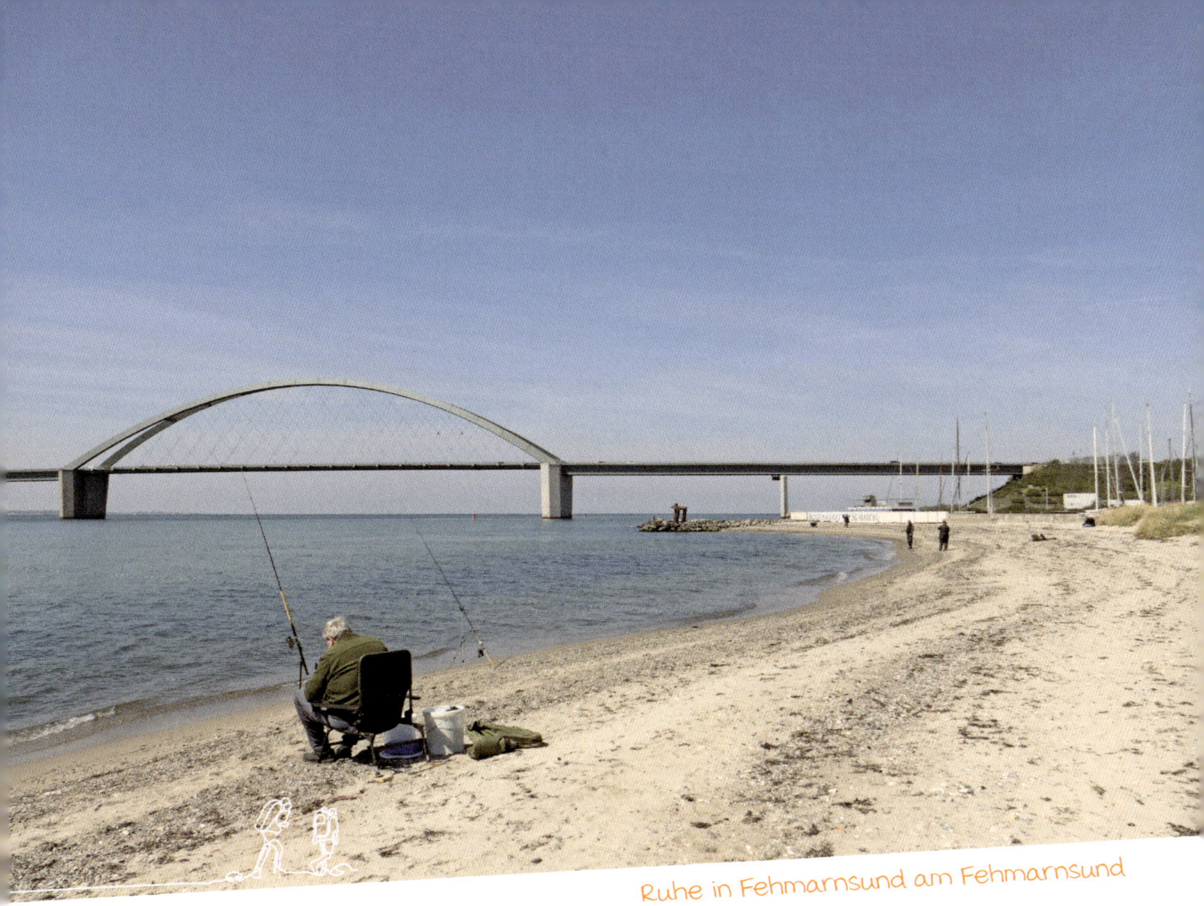

Ruhe in Fehmarnsund am Fehmarnsund

1 **Fehmarnsund** ist nicht nur der Name der Meerenge zwischen Schleswig-Holsteins einziger Ostseeinsel und dem Festland, sondern auch ein Mini-Örtchen unterhalb der Fehmarnsundbrücke. Beim kleinen, herrlich aus der Zeit gefallenen Werfthafen wuchert eine Wildnis im Westentaschenformat mit bestem Blick auf den »Kleiderbügel«, der für die Fehmaraner Europa mit dem sechsten Kontinent, ihrer Insel, verbindet. Und wirklich hat man das Gefühl, in einem anderen Weltteil gelandet zu sein.

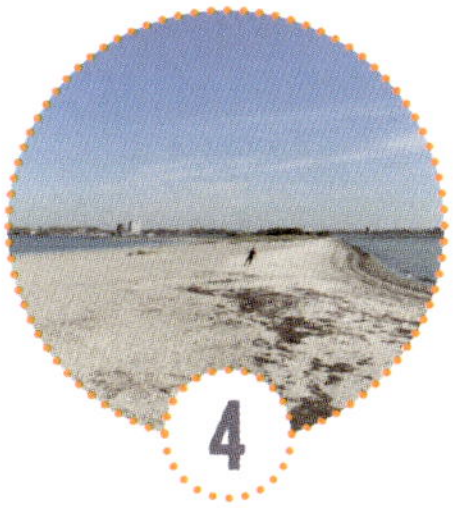

4

KM 5,5

WULFENER HALS

Die Bucht
Burger Binnensee

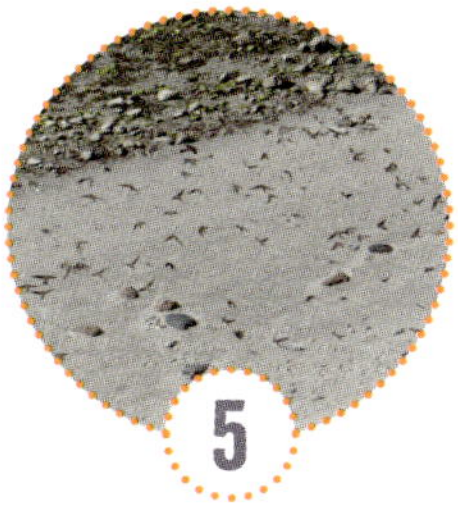

5

KM 6,5

UFERSCHWALBEN-KOLONIE

Die Letzten ihrer Art

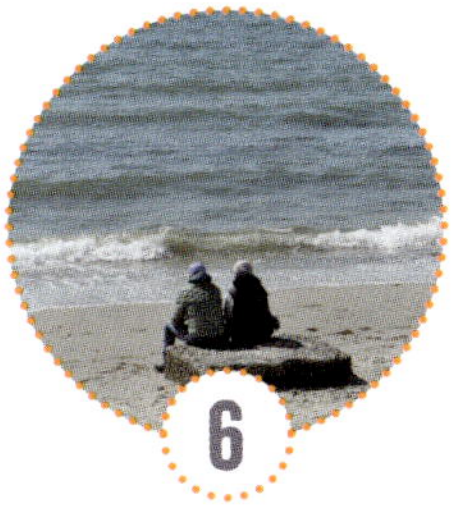

6

KM 7,5

STRANDZUGANG BARGMÖHL

Variationen zum Schluss

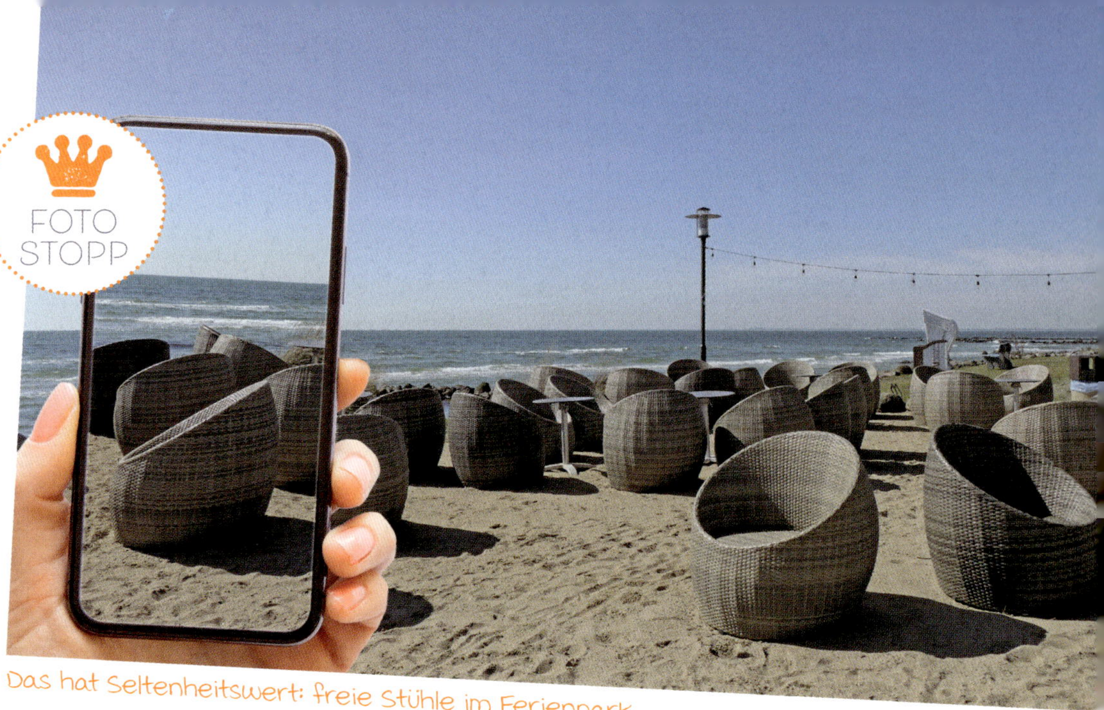

Das hat Seltenheitswert: freie Stühle im Ferienpark.

KM 3

Die Straße »Fehmarnsund« leitet Jakobspilger einige Hundert Meter landeinwärts, umrundet einen Campingplatz und führt dann als schmaler Pfad weiter bis zu einer Treppe.

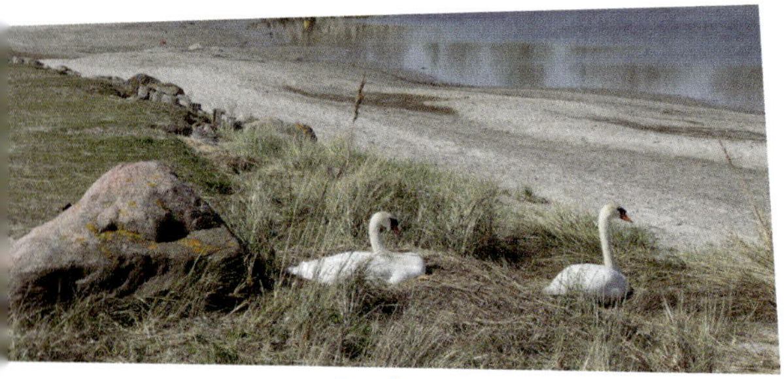

Schwäne sind lebenslang treu.

2 **Die Wulfener Steilküste** am Rande der Wulfener Berge bietet zwei gleichermaßen empfehlenswerte Wandervarianten für den Rückweg. Soll er oberhalb des Golfplatzes durch Greens mit Meerblick schwingen oder unten am Strand, mit den Füßen in den Wellen? Darüber kann man eine Weile am Picknickplatz Bargmöhl sinnieren. Der Hinweg allerdings versteht sich von selbst, denn es ist der spektakulärste: der Pfad ganz dicht am Klippenrand.

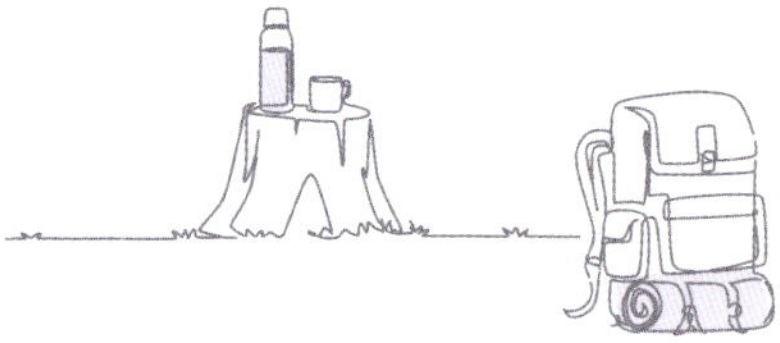

i-TÜPFELCHEN

TRAUMPLATZ

Meerblick von fast jedem Tee und Green gibt es selbst in Schleswig-Holstein nicht so häufig. Mitglieder anerkannter Golfclubs sind im Golf Club Fehmarn als Tagesgäste willkommen.

KM 4,5

Der Pfad zieht sich als Weg in den Camping- und Ferienpark Wulfener Hals. Hinter dem großartigen Spielplatz auf der Steilküste führt eine Treppe zum Hafenweg.

3 **Der Seeblick** im gleichnamigen Restaurant ist unschlagbar. Es gehört zu den insgesamt sechs Gastronomiebetrieben auf dem weitläufigen Gelände, das so ungefähr alles bietet, was unter der Überschrift Camping läuft. Zwischen offener Ostsee und Binnensee reihen sich klassische Wohnwagen und Wohnmobile, Glamping-Schlafstrandkörbe und komfortable Ferienhäuser. Dazwischen sporteln Rüstige zu Italo-Pop auf der Sportwiese, buddeln Kinder im Sand, locken Wake-Park und Tauchbasis, tummeln sich Surfer und Stand-up-Paddler, flattern Kites und Drachen am Himmel.

Strandzugang Bargmöhl

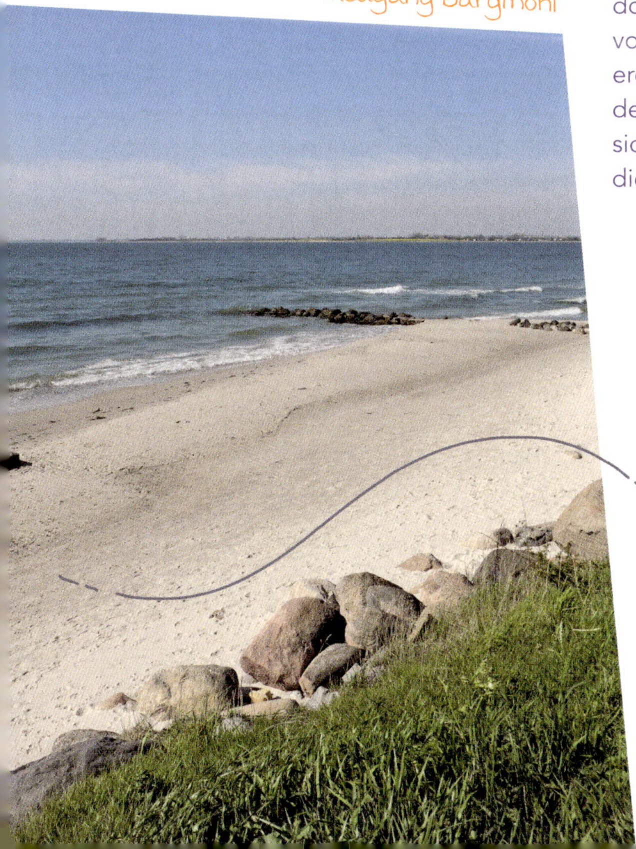

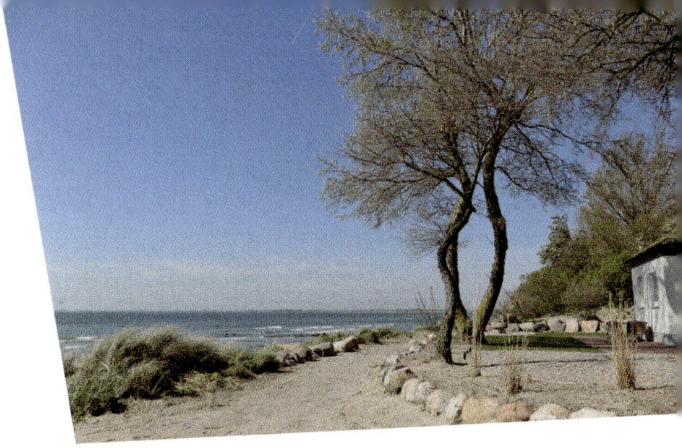

Wulfener Hals

KM 5,5

Wo das Campingareal endet, zieht sich der Wulfener Hals als schmale Sandzunge weiter. Sie streckt sich in den Burger Binnensee. Die Spitze ist nach rund einem Kilometer erreicht.

4 **Wulfener Hals** Der Burger Binnensee ist eigentlich eine Bucht. Vom Wulfener Hals hat man den haffartigen See fast zur Gänze im Blick. Rechter Hand liegt der Jachthafen Burgtiefe, an den sich der beliebteste Strand der Insel anschließt. Die dortigen Hochhäuser mit Fernblick wurden vom dänischen Architekten Arne Jacobsen erdacht. Hinter dem Jachthafen Burgstaaken, dem man direkt gegenübersteht, versteckt sich die niedliche Inselhauptstadt Burg. Aber die ist einen eigenen Ausflug wert.

Lust auf Hafenflair? Einfach am Ufer halten, die Straße wird bald vom Pfad nach Burgstaaken abgelöst.

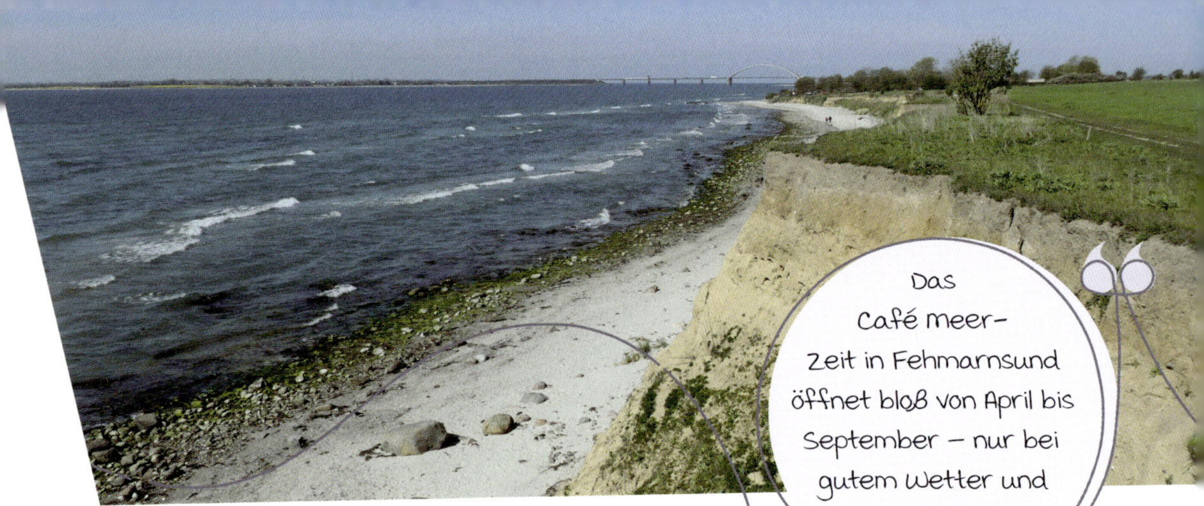

Klippenpfad Wulfener Steilküste.

Das Café meer-Zeit in Fehmarnsund öffnet bloß von April bis September – nur bei gutem Wetter und sonnabends nie.

TRAUMHAFT

SONNE SATT

Von wegen Schietwetter – von den sonnenreichsten Urlaubsorten Deutschlands liegen vier an der Ostsee. Fehmarn schafft es mit mehr als 1700 Sonnenstunden pro Jahr auf Platz acht.

KM 6,5

Zurück geht es zunächst wie gekommen, bei der Treppe zum Spielplatz aber nicht hinauf, sondern geradeaus weiter zur zweitgrößten Uferschwalbenkolonie in Schleswig-Holstein.

5 **Die Uferschwalbenkolonie** an der Wulfener Steilküste ist zur Brutzeit von 500 bis 2000 Paaren bevölkert. Wie viele es werden, hängt vom Wetter und damit vom Nahrungsangebot ab. Auch wann die Flugkünstler ihre rund 4000 Kilometer entfernten Winterrefugien für die Schleswig-Holsteinische Sommerresidenz verlassen, ist von den Temperaturen abhängig. Irgendwann zwischen April und Mai kommen die Vöglein geflogen. Irgendwann zwischen August und September zwitschern sie wieder ab. Und dazwischen gilt: Abstand und Respekt. Sie sind die Letzten ihrer Art.

KM 7,5

Einen guten Kilometer geht es am Fuß der Steilküste weiter, bis wieder die Treppe am Aussichtspunkt/Picknickplatz Bargmöhl erreicht ist, wo es sich so herrlich sinnieren lässt.

6 **Am Strandzugang Bargmöhl** kann man entscheiden, ob man noch eine kleine Schleife durch die Wulfener Berge ziehen will. Folgt man dem zubringenden Weg hinauf, schickt am Parkplatz ein Wegweiser zu der Replik eines Langbetts; die kleine Runde am Rande des Golfplatzes ist etwa zwei Kilometer lang. Ohne diesen Abstecher folgt man dem bereits bekannten Jakobsweg und erreicht den Ausgangspunkt nach etwa drei Kilometern. Einige Hundert Meter kürzer ist es am Strand, dafür dauert es etwas länger, über Findlinge und Geröll zu balancieren.

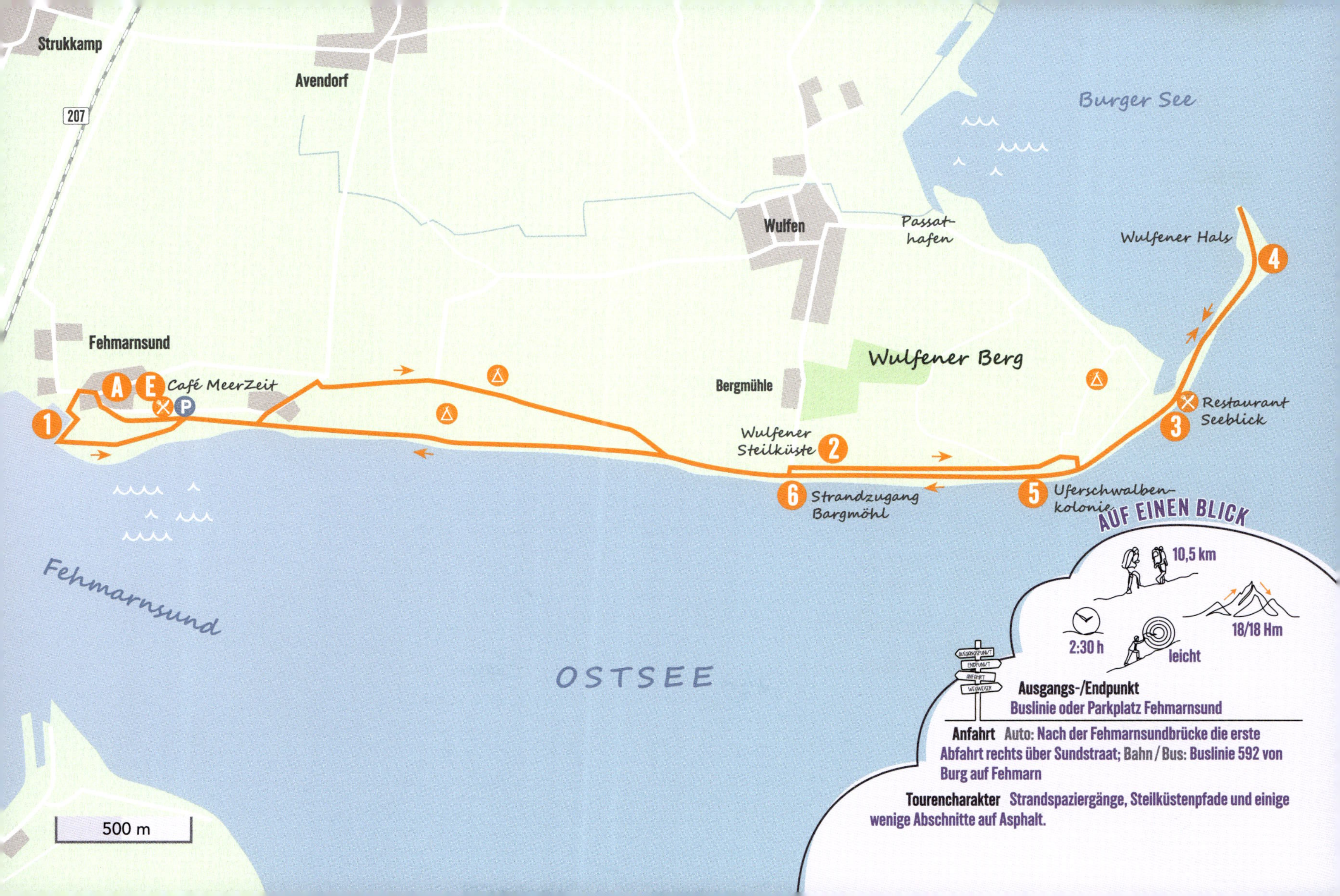

AUF EINEN BLICK

10,5 km

2:30 h

leicht

18/18 Hm

Ausgangs-/Endpunkt Buslinie oder Parkplatz Fehmarnsund

Anfahrt Auto: Nach der Fehmarnsundbrücke die erste Abfahrt rechts über Sundstraat; Bahn / Bus: Buslinie 592 von Burg auf Fehmarn

Tourencharakter Strandspaziergänge, Steilküstenpfade und einige wenige Abschnitte auf Asphalt.

9

FEHMARN

STRECKE MACHEN AM FEHMARNBELT

Warum sollte man stundenlang geradeaus spazieren und die ganze Strecke wieder zurück? Die Antwort liegt im wilden Nordwesten der Insel Fehmarn. Selbst Skandinavienfans wünschen sich auf dieser Tour nicht nach Dänemark. Dabei ist das kleine Königreich näher als das Ziel dieser Tour. Nur neun Kilometer trennen Fehmarn und die dänische Insel Lolland. Fast dreizehn sind es hingegen von Puttgarden bis zum Drehpunkt an der Westermarkelsdorfer Huk. Übermäßige Attraktionen darf man auf der Strecke nicht erwarten. Aber das ist ja gerade das Besondere der windzerzausten Strandseenlandschaft am Fehmarnbelt. In der Reduktion auf das Wesentliche wirkt diese Wanderung wie Meditation. Ob man die Strecke am Strand, auf Deichwegen und Dünenpfaden in Gänze geht, entscheidet sich unterwegs.

KM 1

Von der Bushaltestelle oder dem nahe gelegenen Parkplatz sind es nur einige Schritte bis zur 500 Meter langen Mole, die den Fährhafen im Westen begrenzt.

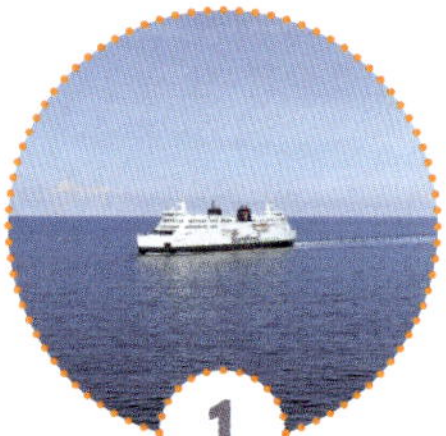

1

KM 1

PUTTGARDEN MOLE

Endstation Fernweh

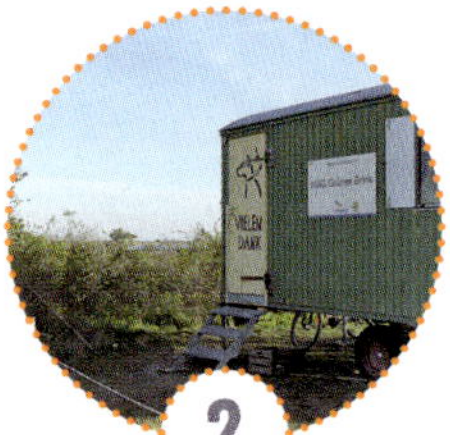

2

KM 3,5

GRÜNER BRINK

Wild und windzerzaust

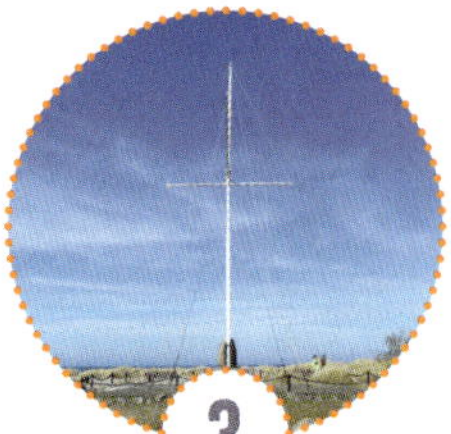

3

KM 6,5

NIOBE-DENKMAL

Innehalten zur Halbzeit

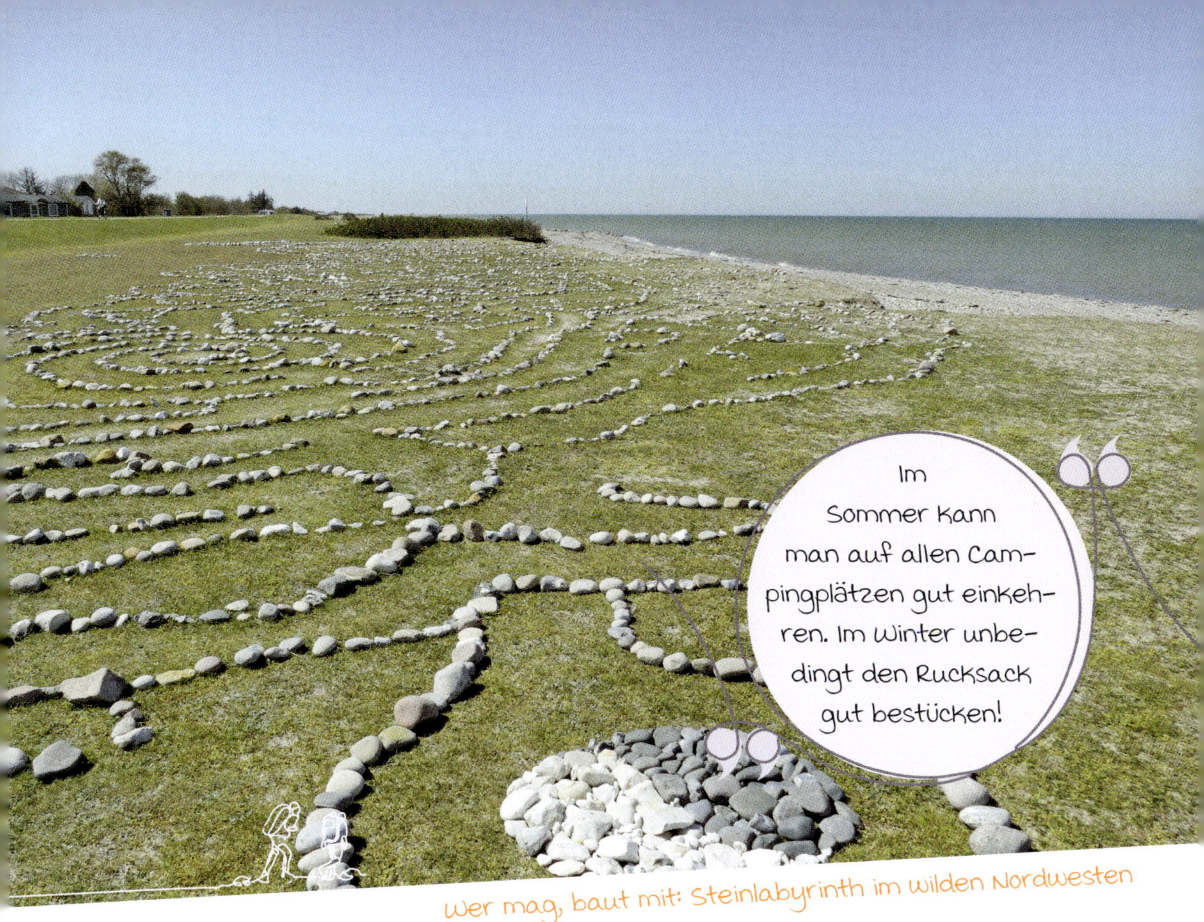

Wer mag, baut mit: Steinlabyrinth im wilden Nordwesten

1 Puttgarden Mole Wie alle Häfen weckt auch der Fähranleger von Puttgarden Fernweh in der Seele. Am Molenkopf könnte man kurz in Versuchung geraten, sich auf die Fähre rüber nach Rødby zu wünschen. Denn das ist schon eine angenehme Art zu reisen – auf einer Bank auf Deck mit Sonne im Gesicht. Allerdings: Selbst moderne Fähren haben hörbare Motoren. Und das haben Wandernde Schiffsreisenden voraus. Auf sie wartet nur das Konzert von Wind, Wellen und Vogelstimmen.

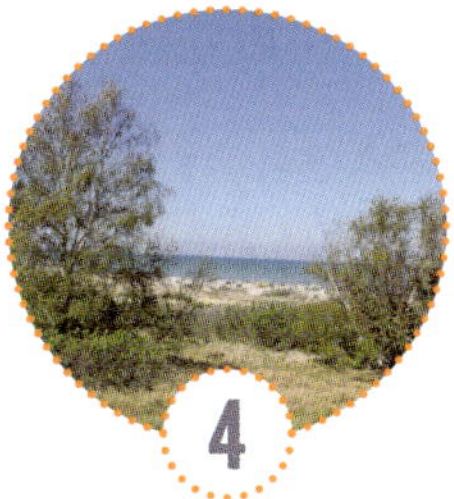

4

KM 8

NÖRDLICHE SEENIEDERUNG

Paradies hinterm Deich

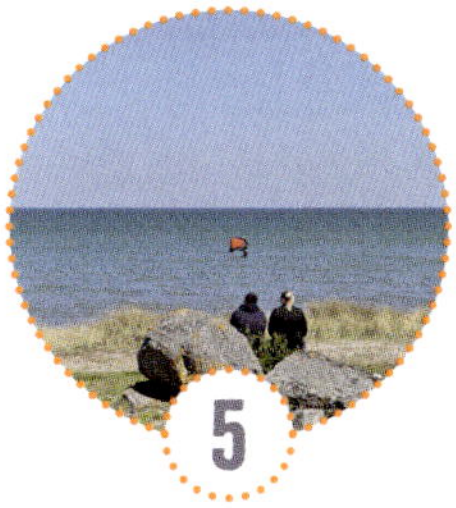

5

KM 11

ALTENTEIL

Wassersport ahoi!

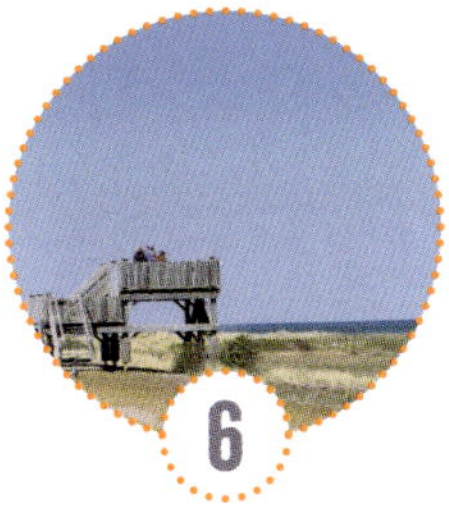

6

KM 13

MARKELSDORFER HUK

An der Nordwestspitze

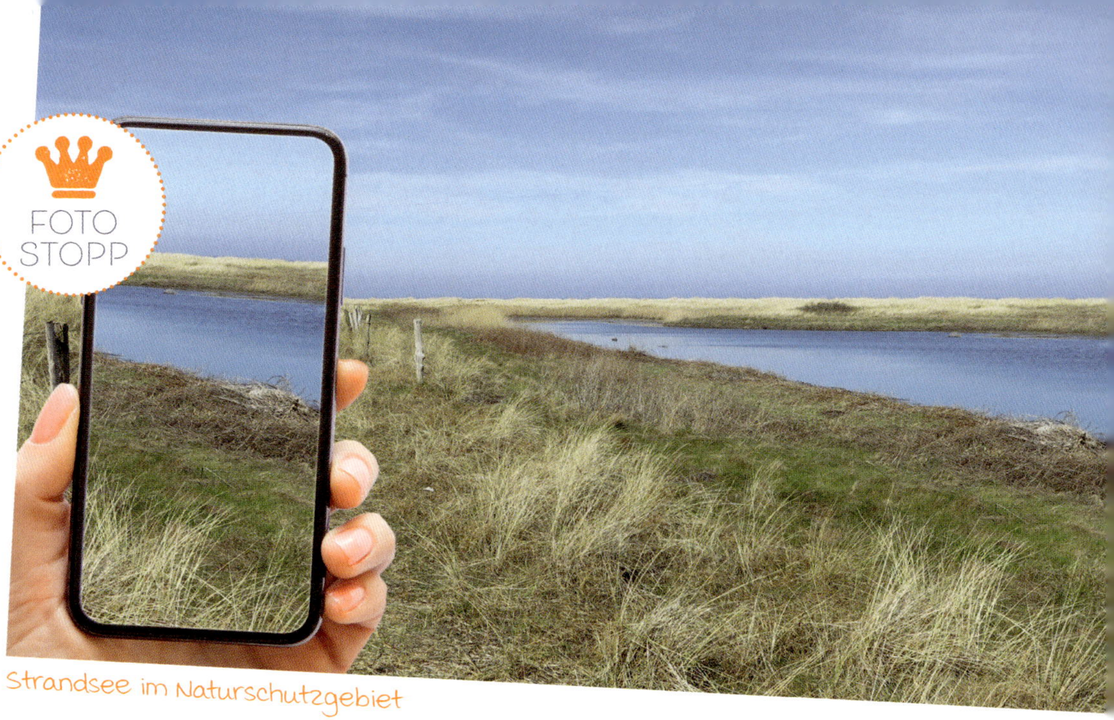

Strandsee im Naturschutzgebiet

KM 3,5

Am Zugang zur Mole schickt eine Holzfigur Radfahrende auf den Mönchsweg und Wandernde auf die Via Scandinavica. Letztere knickt schon bald landeinwärts ab. Schöner ist es aber geradeaus.

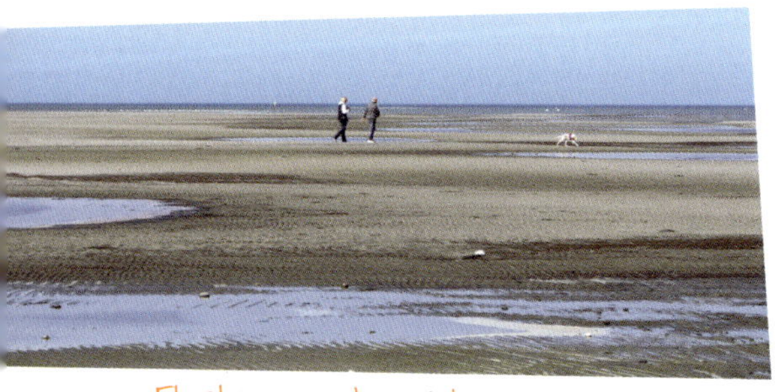

Flachwasserbereiche am Grünen Brink

2 **Der Grüne Brink** öffnet sich als Badestrand. Mit seinen Flachwasserbereichen ist er besonders für Kinder prima. Noch toller ist das anschließende Naturschutzgebiet. Der Grüne Brink steht schon seit 1938 unter Schutz und gibt sich dementsprechend prächtig verwildert. An den Strandseen mit Toplage am Fehmarnbelt und somit auf der Vogelzugroute, sind hier über das Jahr fast die Hälfte aller europäischen Vogelarten bei Balz, Brut oder Rast zu beobachten.

TRAUMHAFT

VOLLKOMMEN STILL

An Wintertagen hört man am Fehmarnbelt manchmal gar nichts. Im Sommer unterstreicht entferntes Kinderlachen die Ruhe, im Frühling und Herbst das Rufen Tausender Seevögel.

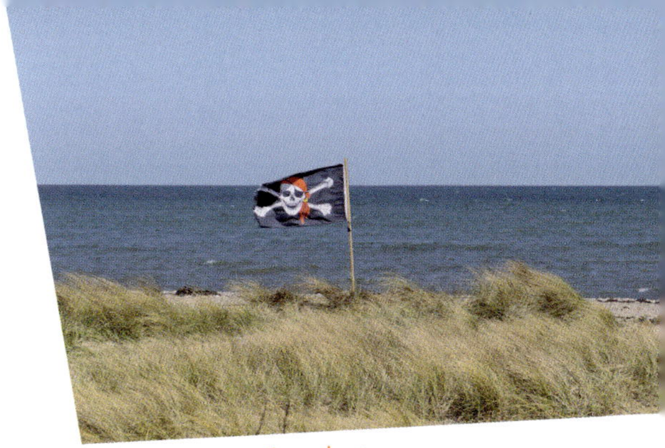

Platz für Freibeuter

KM 6,5

Am Strand, auf dem Deich, mitten hindurch: Verschiedene Wege und Pfade ziehen sich westwärts durch den Grünen Brink – nicht alle sind bei jedem Wasserstand begehbar und nicht zu jeder Jahreszeit erlaubt. Verlaufen ist aber unmöglich.

3 **Das Niobe-Denkmal,** ein meterhoher Mast nebst Gedenkstein, erinnert an ein Schiffsunglück im Jahr 1932. Das Segelschulschiff *Niobe*, auf dem sich vor allem Offiziersanwärter befanden, kenterte nach einem Wetterumschwung. Die Tragödie fand vor den Augen etlicher Schaulustiger statt, die den Vorbeiflug des damals größten Verkehrsflugschiffs der Welt bestaunen wollten. Obwohl sich das Schiff in Sichtweite befand, konnten nur 40 der 109 Männer gerettet werden. Die Bergung des Wracks und der Toten war erst vier Wochen später möglich.

KM 8

Etwa 500 Meter westwärts wartet vielleicht Stärkung in der Gastro des Campingplatzes. Läuft man von dort einen weiteren Kilometer auf dem Deich, ermöglicht ein Pfad einen Abstecher zum ersten Strandsee.

4 **Die Nördliche Seeniederung** ist eigentlich eine ganze Seenkette, deren Gewässer allesamt unter dem Namen Nördlicher Binnensee laufen. Die Wasserflächen ziehen sich parallel zum Deich, und das Naturschutzgebiet ist mit seinen ausgedehnten Schilfzonen und Wiesen in weiten Teilen vollkommen unberührt. Seeschwalbe und Seeadler, Kammmolch und Kreuzkröte, Stranddistel und Strandplatterbse sowie unzählige andere spezialisierte Lebensformen wissen das zu schätzen. Darunter auch alle, die sich gern abseits von Verkehrslärm bewegen.

Die Nördliche Seeniederung

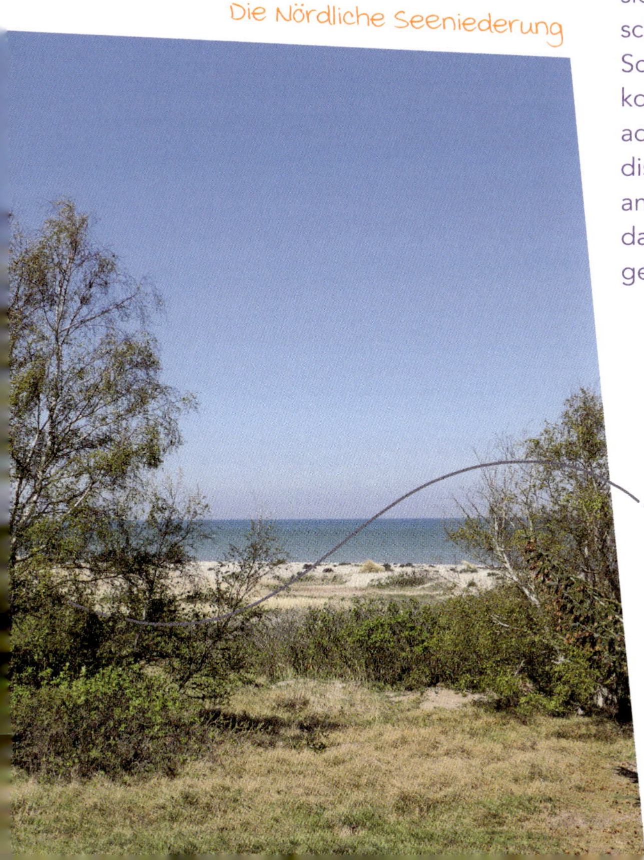

Birdwatcher aufgepasst: Die Seeufer sind vielfach unzugänglich. Daher gehört das Fernglas ins Gepäck.

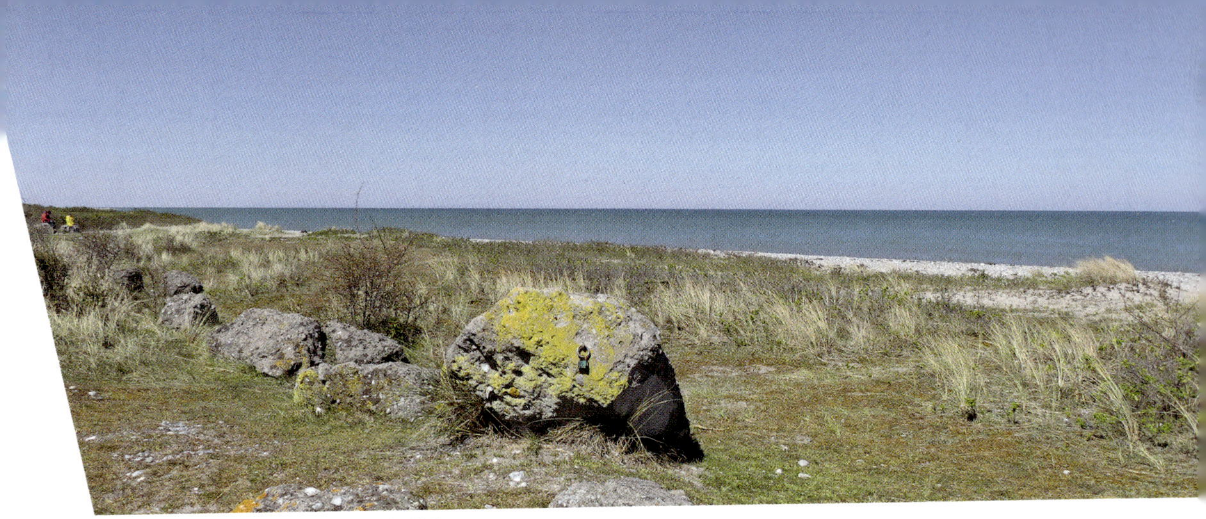

Steine ersetzen Strandkörbe.

i-TÜPFELCHEN

TRAUMWANDLERISCH

Entspannt auf oder unter dem Deich, geschützt im Vorland, mit Rückenwind am Strand – die Wegführung dieser Tour kennt viele Alternativen, bei denen man nie den Überblick verliert.

KM 11

Bis Teichhof bei Kilometer 9,5 lohnt es sich, für das Steinlabyrinth durchs Vorland zu streifen. Der Strand ist auf diesem Abschnitt allerdings auch besonders reizvoll.

5 Altenteil klingt nicht unbedingt nach Hotspot, ist aber dennoch ein angesagter Surf- und Kite-Spot auf Fehmarn. Das eigentliche Dorf liegt 800 Meter weiter im Landesinneren. Baden kann man in Altenteil natürlich auch. Es gilt jedoch, einige Kiesel- und Steinstreifen zu überwinden, bevor die Sandbank erreicht ist. Das erklärt die relative Ruhe am Strand, obwohl sich hinter dem Deich zwei Campingplätze (mit Gastronomie) ducken. In Laufrichtung wird es belebter. Dort zielt ein recht großer Campingplatz (ebenfalls mit Gastronomie) auf ein junges Publikum.

KM 13

Es geht mitten durch das Camp Ahoi. Hinter den letzten Bullis öffnet sich die Markelsdorfer Huk. Sie darf nur auf dem Rad- und Wanderweg erkundet werden.

6 Markelsdorfer Huk Huk bezeichnet im topografischen Sinne einen Vorsprung an der Küste. Und so zirkelt sich auch die Markelsdofer Huk wie die Hakenhand eines Piraten in die Ostsee. Bäume wachsen auf so disponierten Stellen schwerlich. Darum geht der Blick auch weit auf den schwach überdünten Strandwällen zwischen Meer und Nördlichem Binnensee. Insbesondere von der Aussichtplattform beinahe am Ende der Huk. Gleich daneben laden drehbare Riesenliegen aus Holz zur Pause ein. In Sichtweite haben seltene Seeschwalben ihre Nester auf einem Brutfloß gebaut.

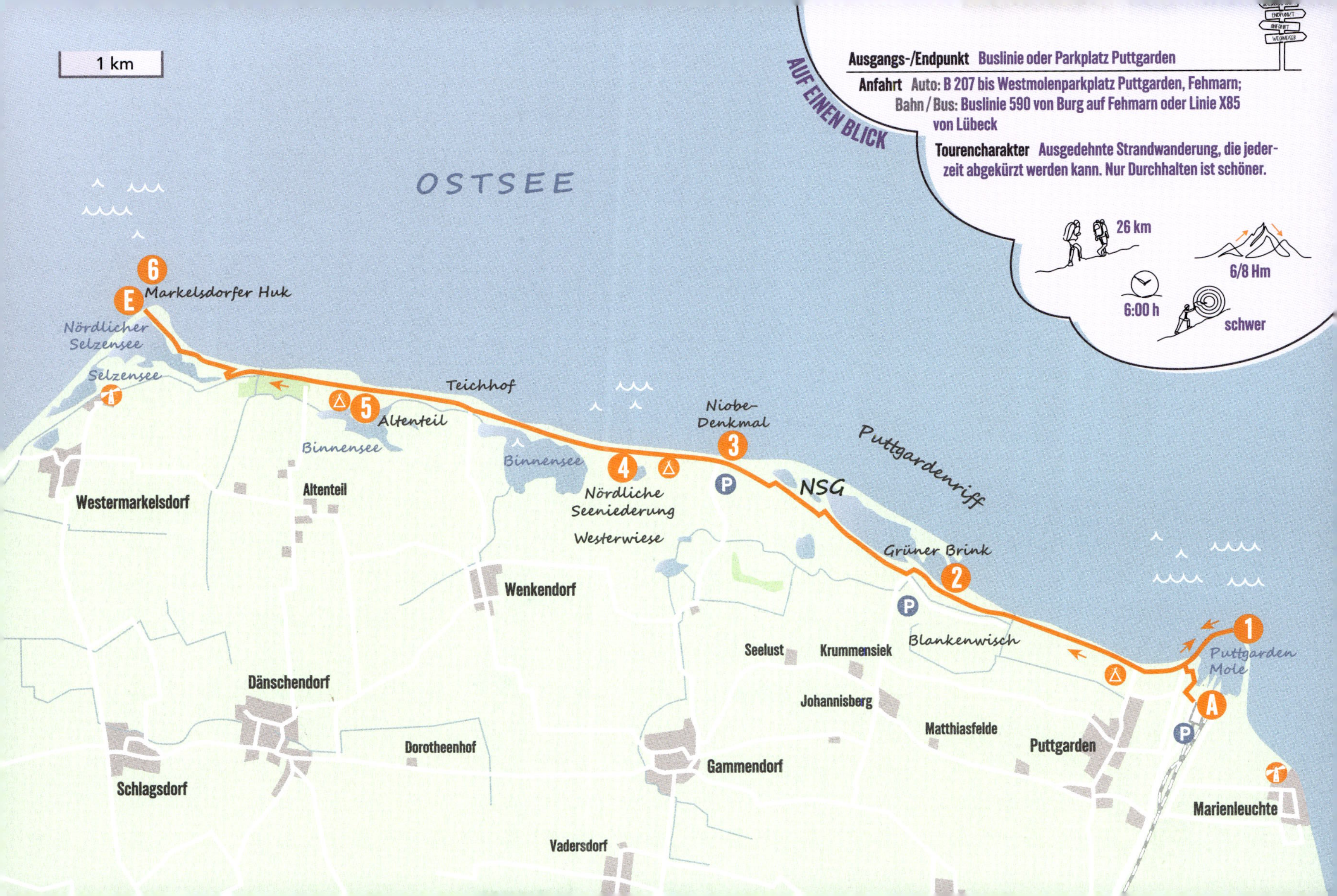

AUF EINEN BLICK
Ausgangs-/Endpunkt Buslinie oder Parkplatz Puttgarden
Anfahrt Auto: B 207 bis Westmolenparkplatz Puttgarden, Fehmarn; Bahn / Bus: Buslinie 590 von Burg auf Fehmarn oder Linie X85 von Lübeck
Tourencharakter Ausgedehnte Strandwanderung, die jederzeit abgekürzt werden kann. Nur Durchhalten ist schöner.
26 km
6:00 h
6/8 Hm
schwer
1 km
OSTSEE
Markelsdorfer Huk
Nördlicher Selzensee
Selzensee
Teichhof
Altenteil
Binnensee
Niobe-Denkmal
Puttgardenriff
NSG
Binnensee
Nördliche Seeniederung
Westerwiese
Grüner Brink
Blankenwisch
Puttgarden Mole
Westermarkelsdorf
Altenteil
Wenkendorf
Seelust
Krummensiek
Johannisberg
Matthiasfelde
Puttgarden
Dänschendorf
Dorotheenhof
Gammendorf
Schlagsdorf
Vadersdorf
Marienleuchte

10

HEILIGENHAFEN

ORIENTIERUNGSRUNDE AUF DEN WARDERN

Menschen sind unterschiedlich. Wandernde auch. Aber eines haben sie gemeinsam: In Heiligenhafen kommen alle auf ihre Kosten. Das wird schon bei dieser kurzen Tour deutlich. Maritime Atmosphäre, historische Architektur, malerische Naturoasen, Strand- und Vogelparadiese, wilde Ostseewellen und ein Binnensee – die charmante Kleinstadt gegenüber der Insel Fehmarn hat für jeden etwas anzubieten. Einsam wird es in Heiligenhafen darum selten. Auf der Habenseite bedeutet das auch Einkehrmöglichkeiten rund ums Jahr und jede Menge Angebote für Aktive und Genießer. Gut möglich daher, dass schon die halbe Runde (fünf Kilometer) den ganzen Wandertag füllt. Sie funktioniert auch super als Abendbummel. Dann hebt man sich die zweite Halbzeit – die Umrundung des Binnensees – für das nächste Mal auf.

KM 0,2

Der Parkplatz/die Bushaltestelle Am Strande liegt am Binnensee von Heiligenhafen. Beim Ponton und der Bronzefigur eines Fischers dem Fußweg folgen, der zum Fischereihafen führt.

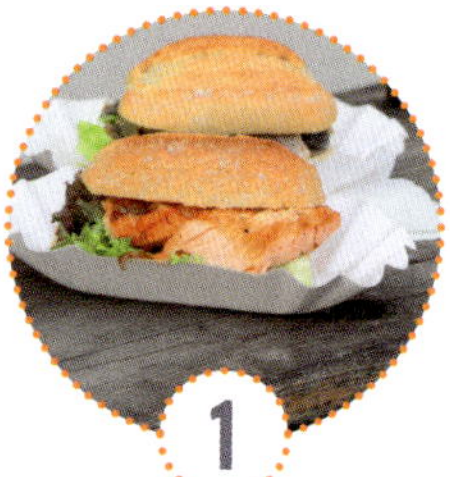

1

KM 0,2

DER HAFEN

Fischbrötchenzentrale

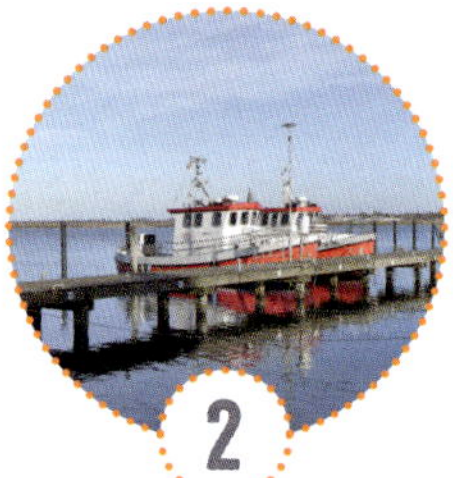

2

KM 1,5

DIE MARINA

Unter 1000 Masten

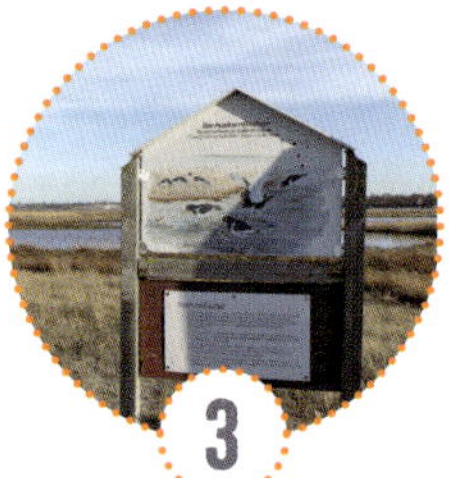

3

KM 2,9

NSG GRASWARDER

Blick aufs Totalreservat

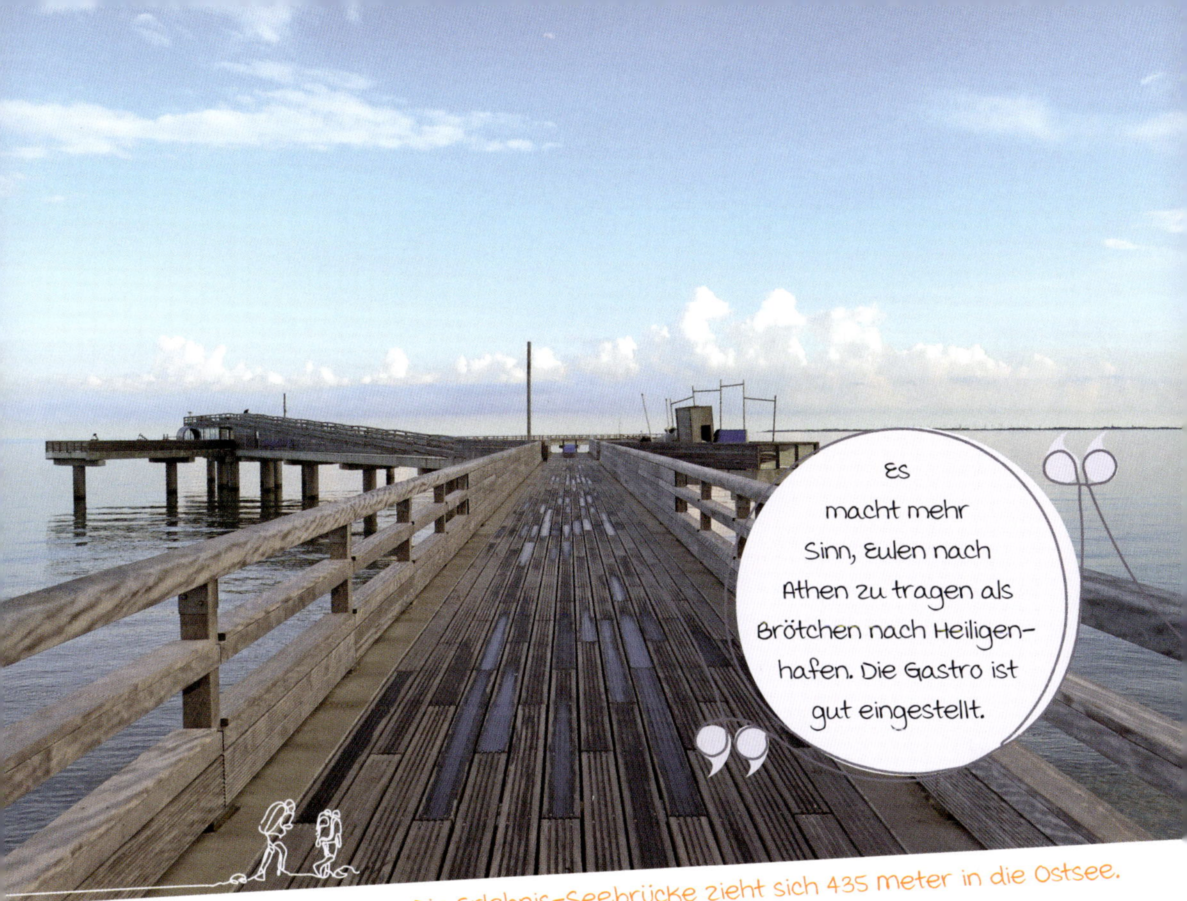

Die Erlebnis-Seebrücke zieht sich 435 Meter in die Ostsee.

1 So soll ein Hafen aussehen. Nicht geschniegelt, sondern ein bisschen verbaut und schrabbelig. Genau solche Kutter sollen am Kai ankern, Möwen sollen sich um Krümel streiten und Fischbrötchen nicht die Welt kosten. Zugegeben, auch in Heiligenhafen reichen die Fangquoten nicht mehr aus, um eine ganze Stadt satt zu machen. Aber immerhin: Es gibt noch echte Fischer, Hochseefahrten, eine Fischereigenossenschaft mit Tradition … und einen Hafen, um den sich vieles dreht.

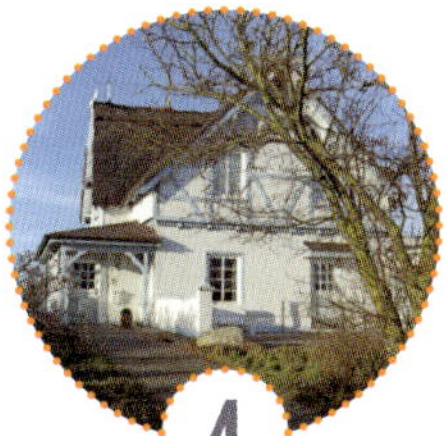
4

KM 3

BADEVILLEN

Nur ein Schritt zum Meer

5

KM 5

ERLEBNIS-SEEBRÜCKE

Spiel, Sport, Spaß

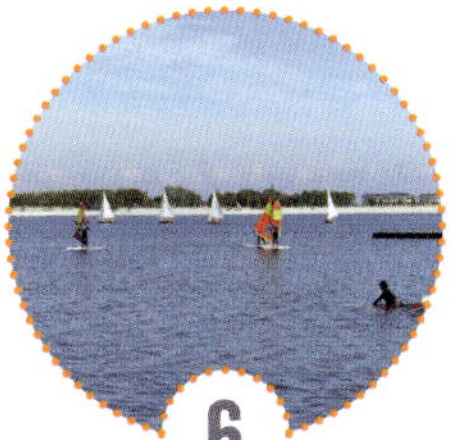
6

KM 9

BINNENSEE STEINWARDER

Absacker bei Fischer Stüben

FOTO STOPP

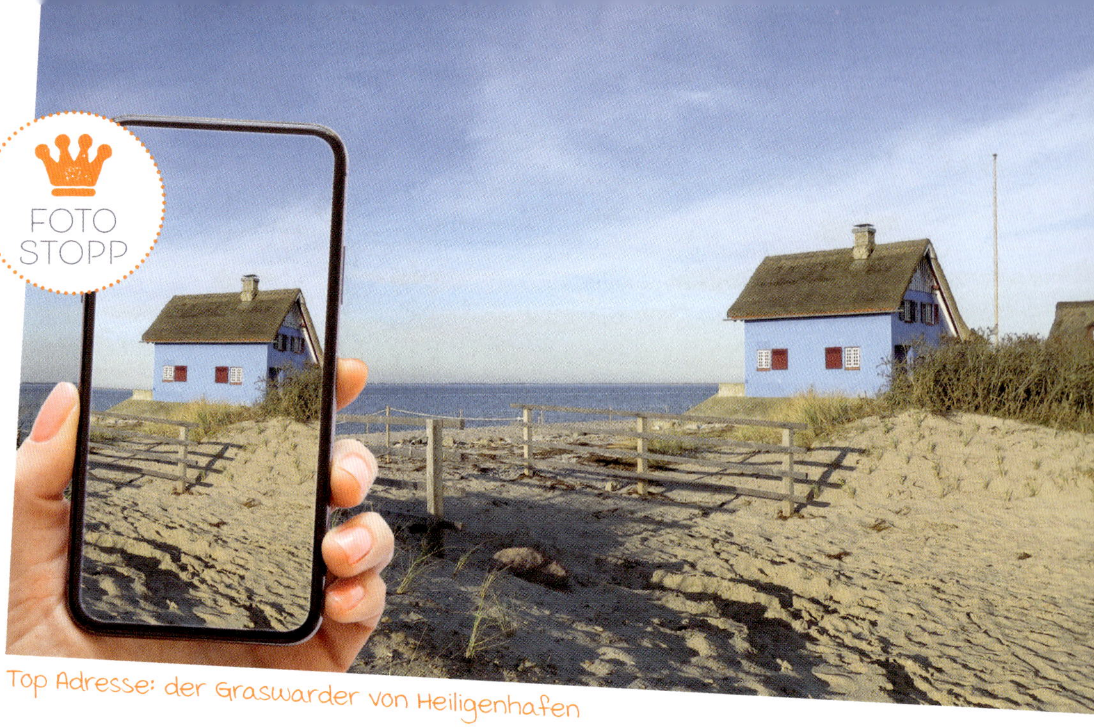

Top Adresse: der Graswarder von Heiligenhafen

KM 1,5

Den Hafen linker Hand an der Kaikante umrunden bis zum Jachthafen. Der Promenade folgend, ist nach knappen 1,5 Kilometern ein Ponton mit Ruhebänken und super Aussicht erreicht.

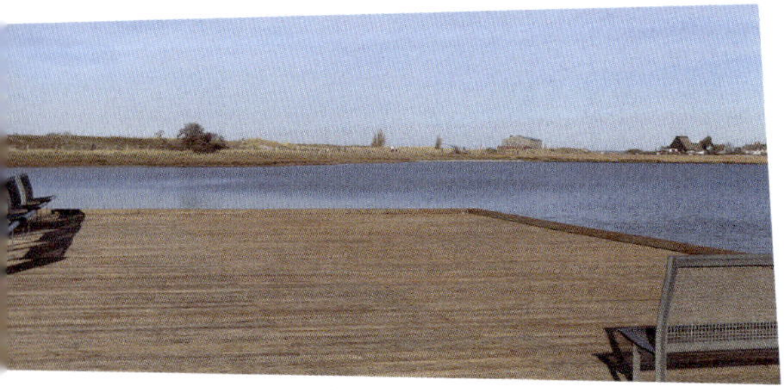

Ponton am Ende der Marina

2 **Die Marina von Heiligenhafen** gehört zu den größten im Land. Ausgezeichnet mit fünf Sternen und ausgestattet mit allem, was die Seglergemeinde liebt, bietet der Jachthafen Platz für rund 1000 Boote. Riesige Motorjachten schaukeln neben kleinen Optimisten, die Promenade ist mit Cafés und Geschäften, Spiel- und Grillplatz gesäumt. Es ist also echt was los. In den Sommermonaten. Außerhalb der Segelsaison ist schon mal der Hund begraben. Was auf eigene Art herrlich ist.

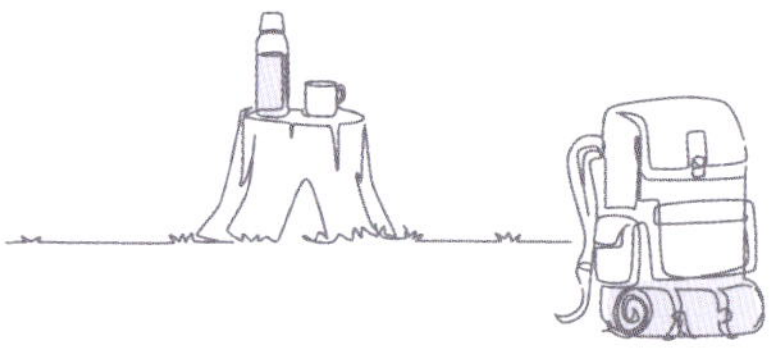

i-TÜPFELCHEN

TRAUMHÄUSER

Manche Träume sind auf Sand gebaut. Zum Beispiel die Bädervillen auf dem Graswarder. Die Jahrhundertwende-Schönheiten stehen so dicht an den Wellen, dass man lieber doch keine hätte.

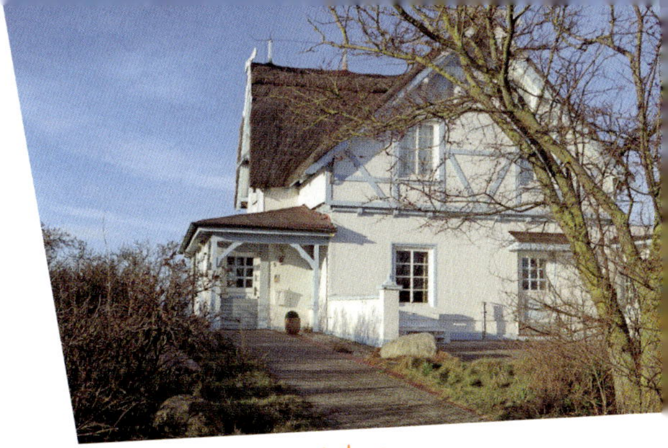

Badevilla Haus Wotan

KM 2,9

Ein Trampelpfad zieht sich vom Aussichtsponton auf den Graswarder. Hier geht es rechts auf den Graswarderweg bis zum NABU-Beobachtungsturm. Jenseits ist der Graswarder Totalreservat.

3 Der Graswarder ist ein langer, schmaler Nehrungshaken. Er bildete sich vor ungefähr 1500 Jahren und wandert seitdem von Westen nach Osten. Dabei profitiert er von den Abbrüchen der Steilküste und von den vom Seegrund gelösten Sandmassen. Zwischen den so entstandenen Strandwällen haben sich Lagunen gebildet. Aus der Luft sieht der Graswarder etwa aus wie ein Kamm. Und noch immer bilden sich neue Zinken. Die Unterschutzstellung des Gebiets gelang dem NABU 1968. Gerade noch rechtzeitig vor dem Bau des brachialen Ferienzentrums auf dem Steinwarder.

Liegeplatz mit Weitblick

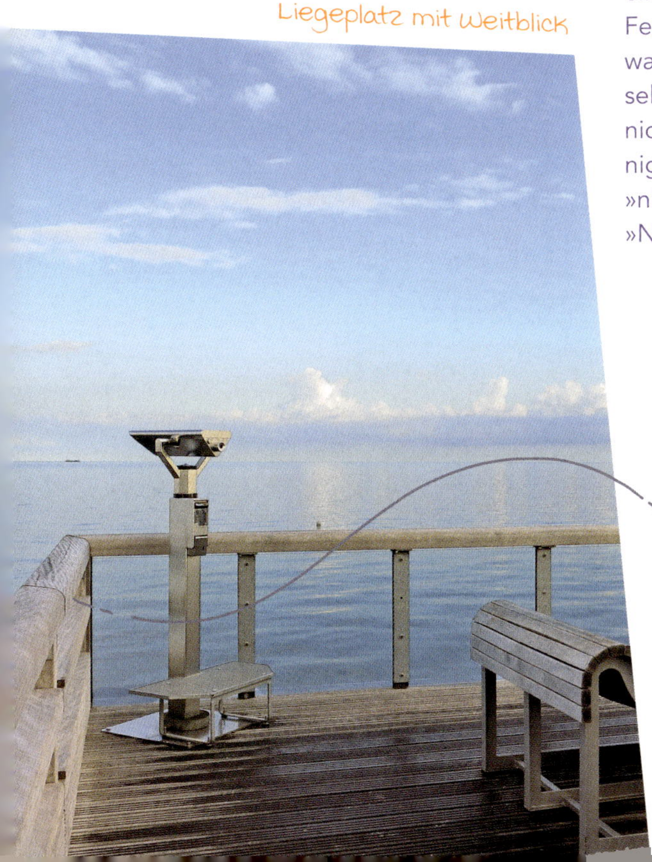

KM 3

Zwischen dem letzten und dem vorletzten Haus führt ein schmaler Pfad an den Strand. Wind und Wellengang können dafür sorgen, dass es nur noch mit Gummistiefeln oder barfuß weitergeht.

4 Badevillen Der Graswarder ist nicht nur eines der schönsten Naturschutzgebiete Schleswig-Holsteins, sondern auch eine der allerbesten Adressen. Die Badevillen spielen in jedem zweiten Krimi aus Norddeutschland eine tragende Rolle. Einige befinden sich in Ferienvermietung. Preise? Auf Anfrage! Das war bei Gründung der Deutschen Badegesellschaft Heiligenhafen im Jahr 1895 noch nicht abzusehen. Sie verlangte einen Pfennig für einen Quadratmeter Baugrund für »niedliche Badevillen« und verkaufte nur an »Nichtspekulanten«.

Von Ostern bis Ende Oktober finden im NABU-Zentrum täglich Führungen statt, im Sommer sogar zwei Exkursionen.

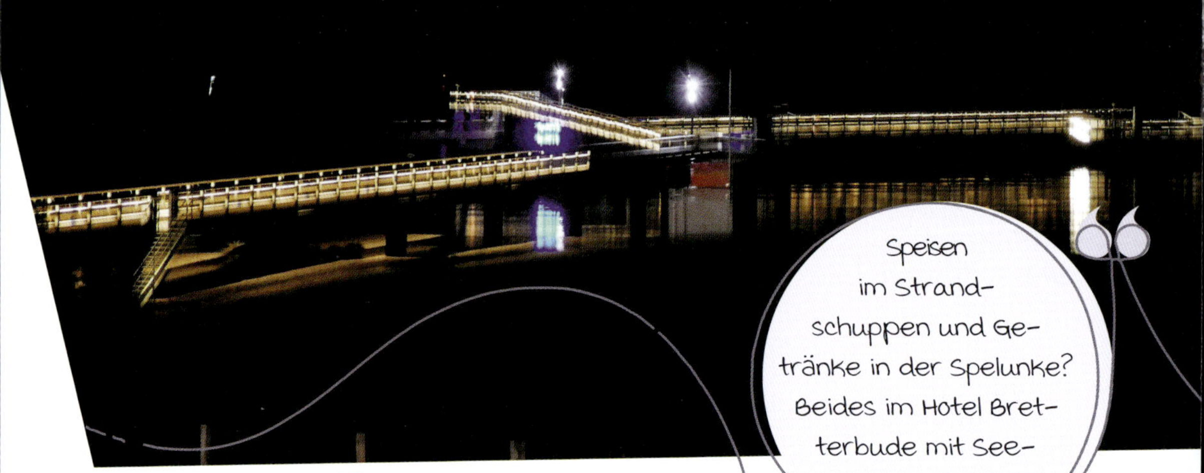

Seebrücke bei Nacht

Speisen im Strandschuppen und Getränke in der Spelunke? Beides im Hotel Bretterbude mit Seebrückenblick.

TRAUMHAFT

ERLEUCHTUNG

Wer die Seebrücke oder den Strand gar nicht mehr verlassen will, bleibt einfach, bis es dunkel wird. Dann wird die Brücke illuminiert und der Rückweg zum Ausgangspunkt beleuchtet.

KM 5

Zurück am Strand bis zum letzten Haus, dann weiter auf der Graswarderstraße. Jedenfalls im Sommer, um die FKK-Gemeinde nicht zu stören. Im Winter kommt man auch am Wellenrand weiter.

5 **Erlebnis-Seebrücke** Nicht überall, wo Erlebnis draufsteht, ist in Schleswig-Holstein auch eins drin. Aber bei der Erlebnis-Seebrücke von Heiligenhafen gibt es keine zwei Meinungen. Spielplätze, Wasserschaukel, Sonnenliegen, Badepontons, Aussichtsplätze usw. machen das 435 Meter lange, verzweigte und zum Teil zweigeschossige Bauwerk zu einem regelrechten Ausflugsziel. Wer das nicht aufregend genug findet, findet in der Meereslounge vielleicht sein Glück. Hier kann man nämlich heiraten.

KM 9

Der Strandpromenade bis zum Parkplatz Seepark folgen. Links über die Elefantenbrücke und weiter mitten durch das Ferienzentrum. Hat man es erst mal hinter sich, ist der Fußweg begrünt und ruhig.

6 **Binnensee Steinwarder** Bei Umrundung des Binnensees ist beinahe unvorstellbar, dass der natürliche Look des Steinwarders der Schönheit des Graswarders gleichkommen würde. Zu heftig ist dieser Teil des Nehrungshakens dem Tourismus unterworfen. Aber wo sollten sie sonst alle unterkommen, die hier kiten, surfen, segeln, sonnenbaden, schwimmen, wandern, angeln oder ausspannen? Und man kann es ja auch niemandem verdenken, wenn man wieder am Ponton bei der Bronzefigur von Fischer Stüben steht und nun weiß, was Heiligenhafen zu bieten hat.

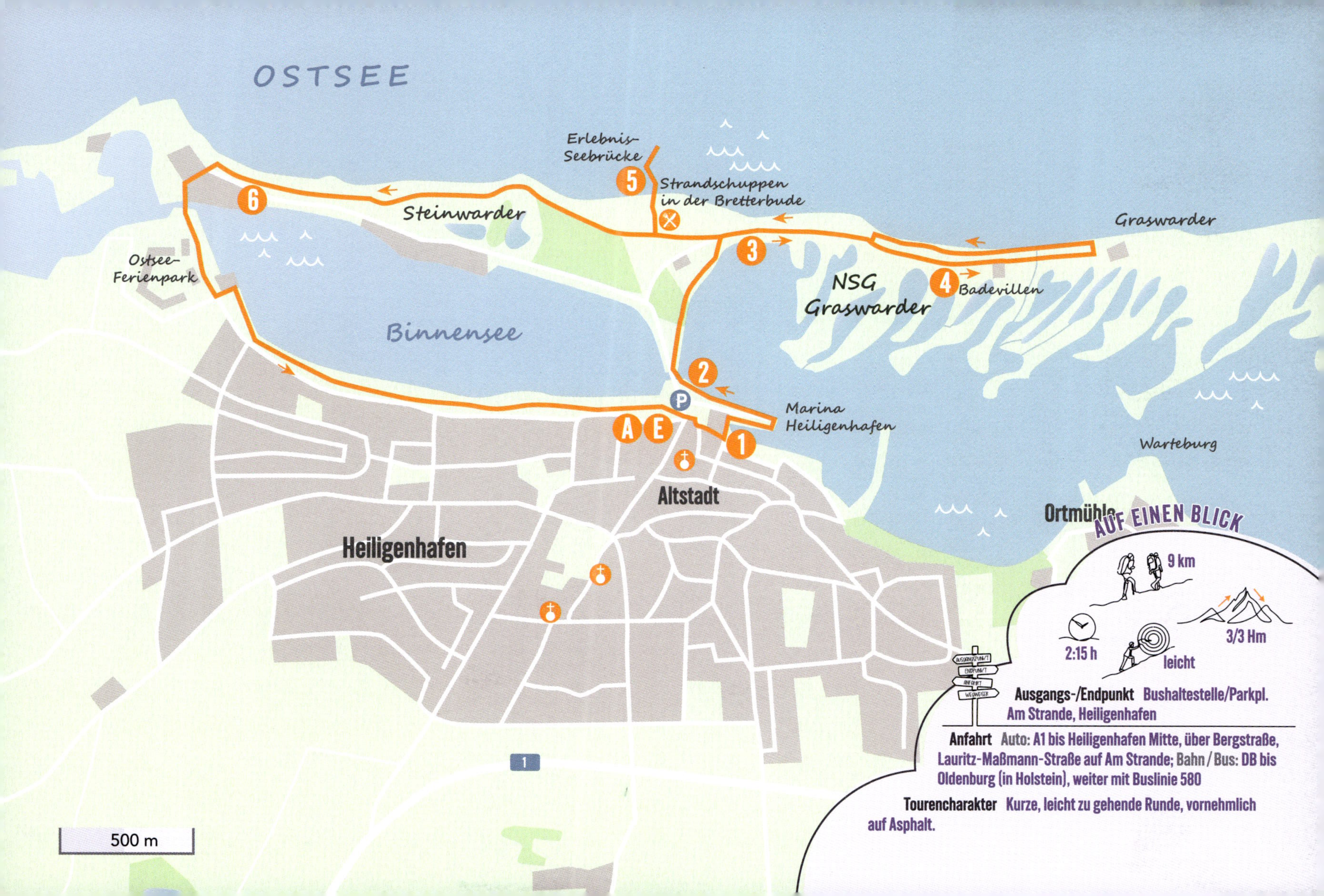

AUF EINEN BLICK

9 km · 2:15 h · 3/3 Hm · leicht

Ausgangs-/Endpunkt Bushaltestelle/Parkpl. Am Strande, Heiligenhafen

Anfahrt Auto: A1 bis Heiligenhafen Mitte, über Bergstraße, Lauritz-Maßmann-Straße auf Am Strande; Bahn/Bus: DB bis Oldenburg (in Holstein), weiter mit Buslinie 580

Tourencharakter Kurze, leicht zu gehende Runde, vornehmlich auf Asphalt.

11

STEILKÜSTE HEILIGENHAFEN

STRECKENTOUR AM KLIPPENRAND

Die kilometerlange Steilküste von Heiligenhafen eignet sich prima, um der Meute davonzulaufen. Sind Strand und Klippenpfad zunächst noch stark frequentiert, ändert es sich bald, denn es führen nur zwei – eher komplizierte – Wege mit dem Auto in die Gegend. Zudem sind die Strände wild, und von Pommesbuden hat hier noch nie jemand etwas gehört. Da kann man sich ganz auf die ökologischen Nischen der Kliffspalten konzentrieren. Ein Höhepunkt ist der Steilhang von Kembs, wo die Natur ganz anders daherkommt als im Rest von Schleswig-Holstein. Wer in den Nachmittagsstunden den Rückweg antritt, kann ein wahres Farbspektakel erleben. Dann leuchten die rauen Gesteinsformationen in den Tönen der untergehenden Sonne. Aber auch bei rauer Witterung, wenn die Wellen hochschlagen, ist diese Tour ein Erlebnis.

KM 1,5

Links neben den Bettenburgen des Ferienzentrums auf dem Steinwarder zieht sich ein Weg durch die Wiesen und Weiden eines kleinen Naturschutzgebietes bis ans Meer.

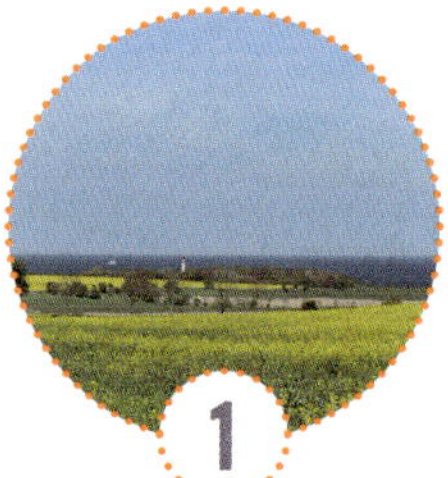

1

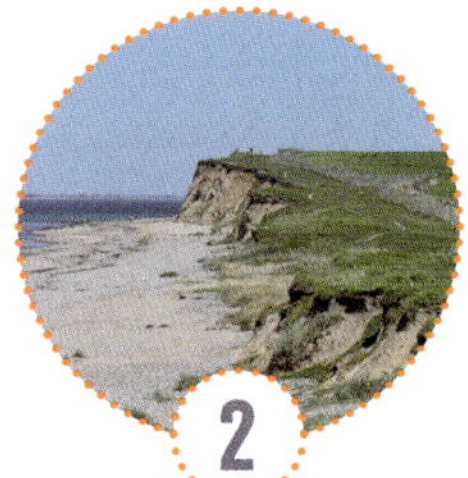

2

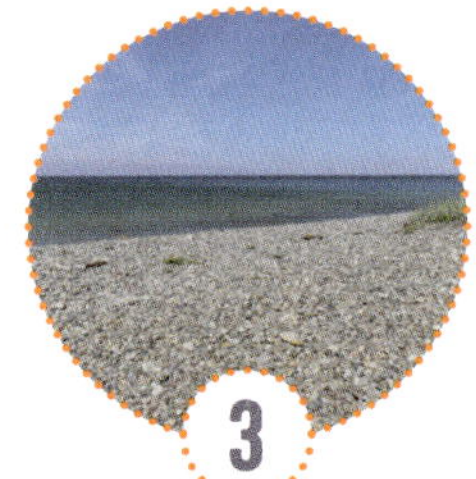

3

KM 1,5

LEUCHTFEUER

Der perfekte Fotostopp

KM 2

STEILKÜSTE

Auf Kliffkantenkurs

KM 3,5

GERÖLLSTRAND

Fossilien sammeln

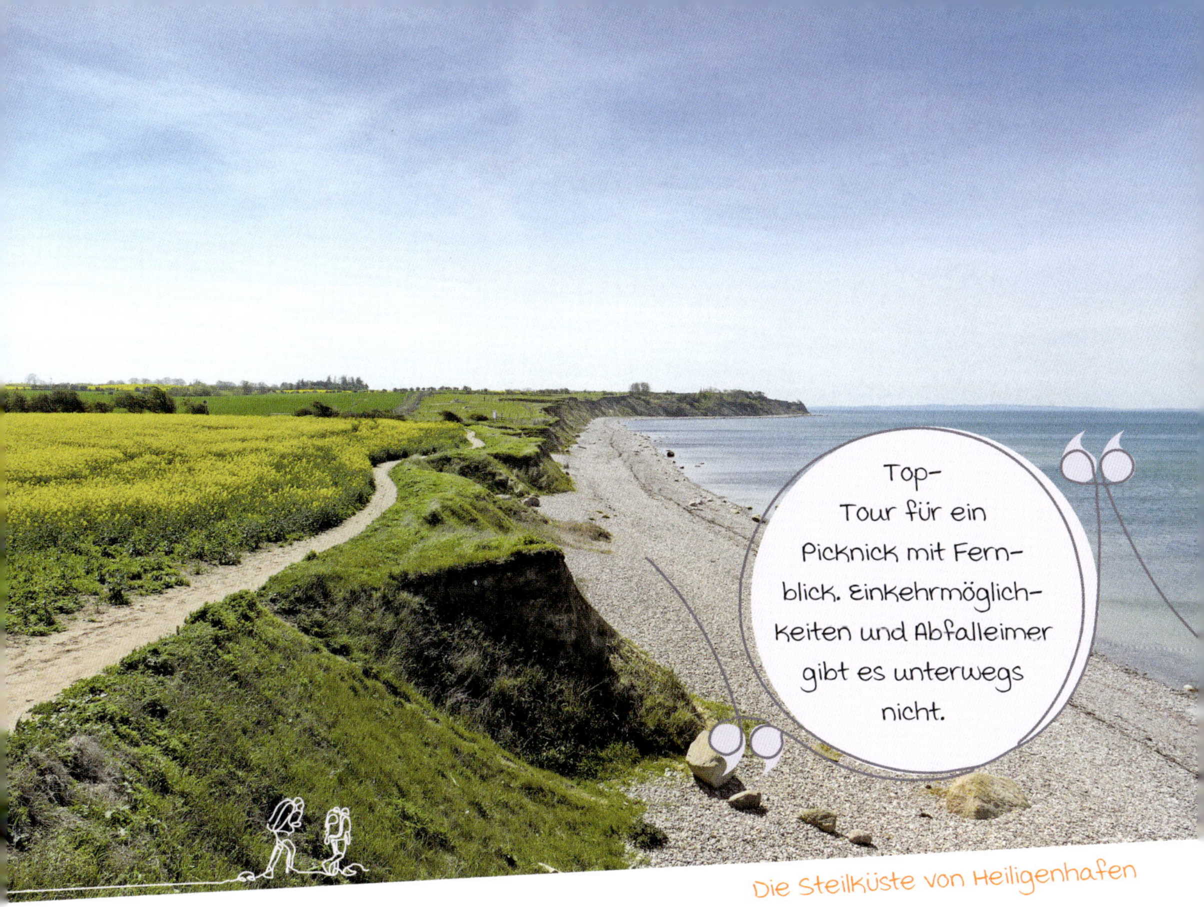

Die Steilküste von Heiligenhafen

1 Leuchtfeuer Das ist schon ein interessanter Kontrast. Sobald der Hochhauskomplex im Rücken liegt, gibt es nur noch sanft geschwungene Landschaft und die Ostsee. Das Warnfeuer wäre nach ca. 1,5 Kilometern über einen Stichweg zu erreichen, aber schöner ist das Motiv aus der Ferne. Der Turm ist sowieso nicht besonders charmant, sondern ein funktionales Betonding. Er ist der östlichste von sechs Türmen der Marine, deren Lichtsignale Schießübungen anzeigen. Das erklärt auch, warum die Gegend so wunderbar unbebaut ist.

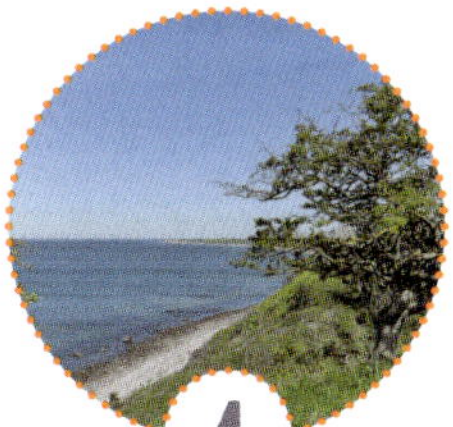

4

KM 5

KEMBS

Versteck am Steilhang

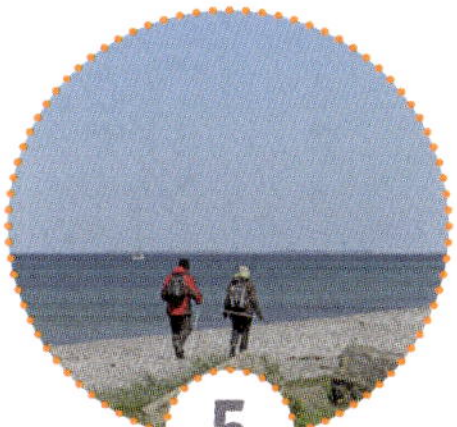

5

KM 6,5

BLANK ECK

Volle Kraft zurück

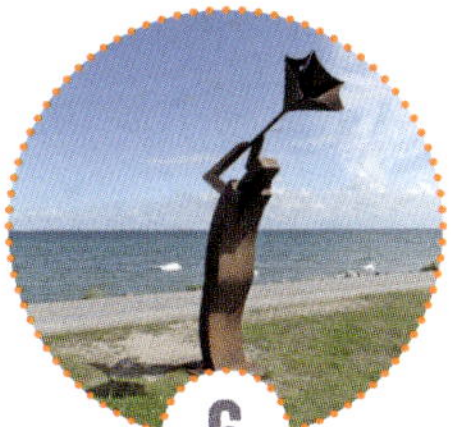

6

KM 13

MANN IM STURM

Relaxen im Meeresparkett

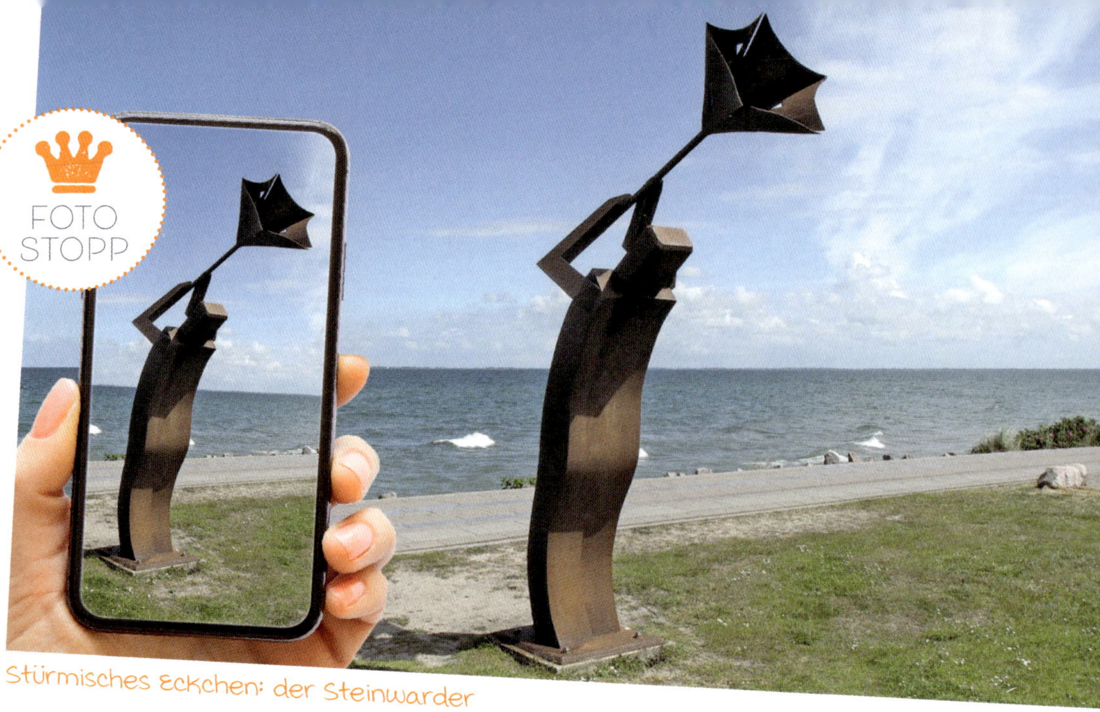

Stürmisches Eckchen: der Steinwarder

KM 2

Der Weg geht geradeaus aus weiter auf die wahlweise glitzernde, tobende oder auch silberstille Ostsee zu.

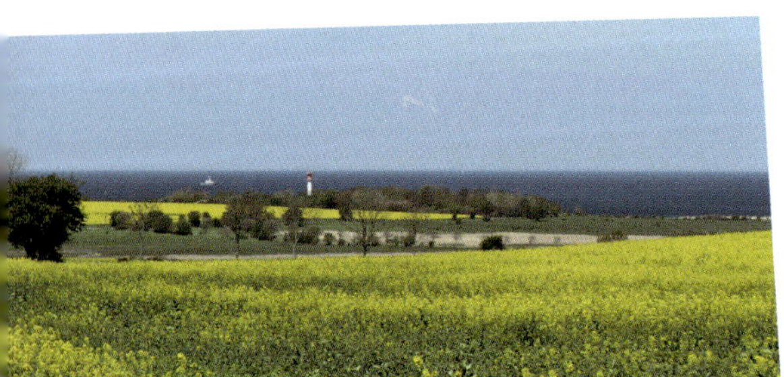

Rapsblüte in Heiligenhafen

2 Als Steilküste bezeichnet man alle Küstenabschnitte, an denen das Land nicht allmählich ins Meer übergeht, sondern abrupt. Die Steilküste in Heiligenhafen ist noch lebendig beziehungsweise aktiv. Das bedeutet, die Wellen nagen ganz gewaltig an der Kliffkante. Darum ist es auch keine schlechte Idee, auf dem Weg zu bleiben. Abbrüche sind immer drin. Wen es runter an den Strand zieht, der wartet besser bis zur nächsten sicheren Möglichkeit.

i-TÜPFELCHEN

RAPSBLÜTENTRAUM

Die Rapsblüte wird in Schleswig-Holstein traditionell sehnlichst erwartet, läutet sie doch den Frühling ein. Irgendwann Ende April oder Anfang Mai beginnt das gelbe Leuchten.

KM 3,5

Während Spaziergänger für die kleine Runde nach Osten laufen, geht es für Wandernde nach Westen. Nach 1,5 Kilometern ist ein kleiner Parkplatz erreicht, der eher Eingeweihten bekannt ist.

3 **Geröllstrände** entsprechen nicht dem Massengeschmack. Wie herrlich. So bleiben Fossilienfreunde unter sich. Die Feuersteine, Granite, Basalte, Gneise, Sandsteine und Migmatite sind als eiszeitliche Geschiebe vor Urzeiten aus dem Baltikum und Skandinavien nach Norddeutschland gelangt. Manche der steinernen Zeugen sind Teile von Hochgebirgen, andere gelangten aus 25 Kilometer Tiefe an die Erdoberfläche. Bodenbrüter wie Zwergseeschwalben oder Sandregenpfeifer können sich keine besseren Nistplätze vorstellen. Gespannte Leinen markieren die Brutplätze.

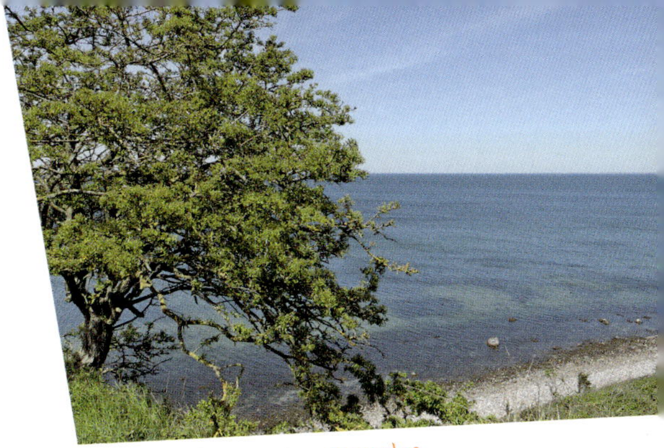

Am Steilhang von Kembs

KM 5

Der Klippenpfad steigt bis zu einem Gatter an. Dort wird er von einem Wiesenweg abgelöst. Mag sein, man trifft hier auf Galloways. Sie laufen recht frei in der Miniwildnis herum.

4 **Auf dem Steilhang von Kembs** lässt sich erahnen, wie die Gegend einmal aussah, als sie noch nicht von Landwirtschaft domestiziert wurde. Hier leben Pflanzen und Tiere, die sonst nur in der ungarischen Steppe vorkommen. Sie gelangten in einer Wärmephase vor rund 10#000 Jahren über das damals noch baumfreie Europa an die Ostsee. Während sie andernorts der zunehmenden Bewaldung weichen mussten, überlebten sie an der Steilküste aufgrund der spärlichen Vegetation und überdurchschnittlichen Sonneneinstrahlung.

Geröllstrände haben eine Ruhegarantie.

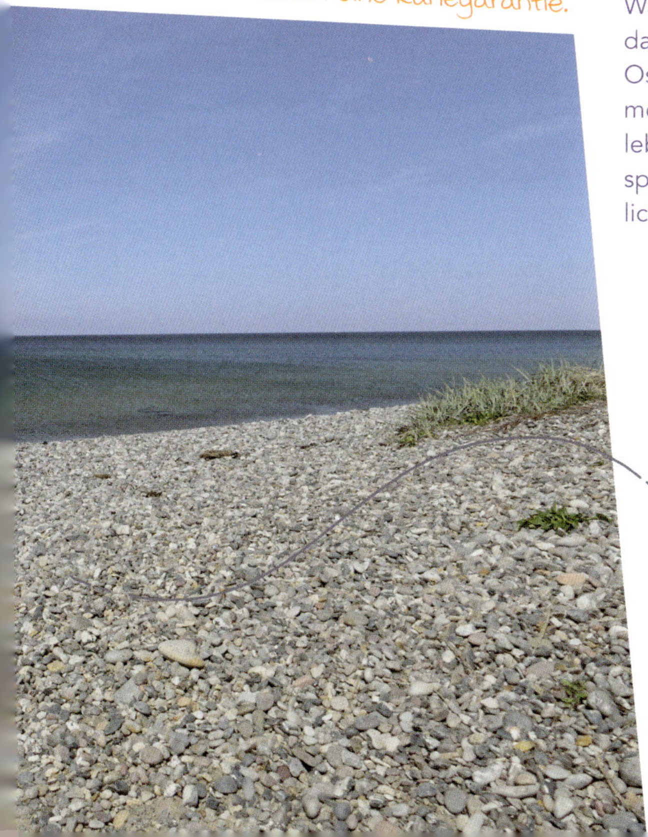

Keine Angst vor frei laufenden Robustrindern. Die Landschaftspfleger sind zwar keine Streicheltiere. Aber friedlich.

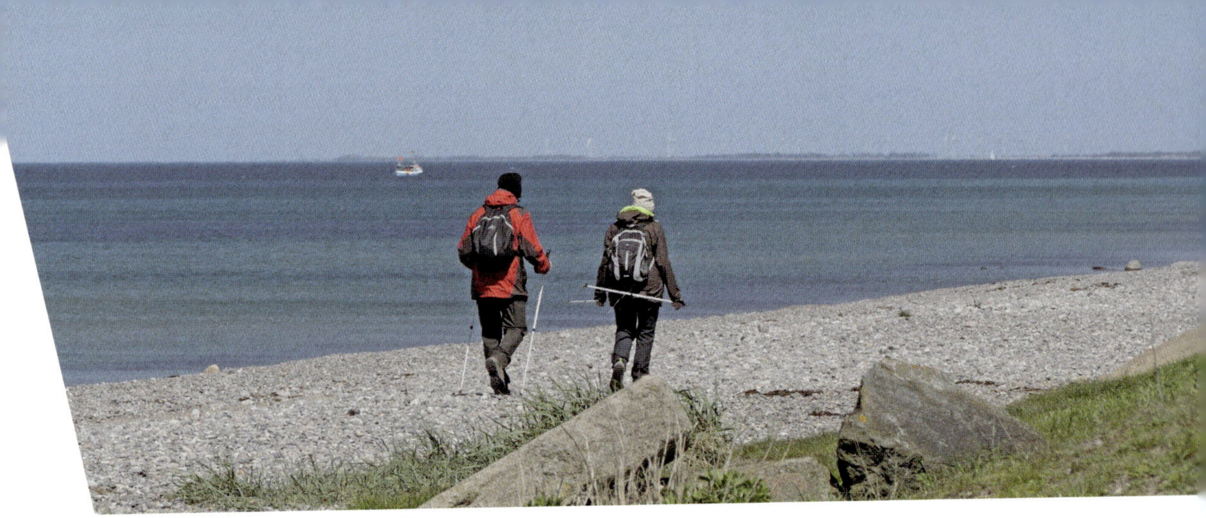

Wandern am Steinstrand

TRAUMHAFT

SUNSET DE LUXE

Wenn in Heiligenhafen die rote Sonne im Meer versinkt, ist das schon ganz großes Kino. In den Sommermonaten gilt die Sunset Strandbar im Westen des Steinwarders als Place-to-be.

KM 6,5

Vom höchsten Steilhang zieht sich der Weg wieder als Klippenpfad weiter. Nach gut 1,5 Kilometern ist dann aber wirklich Schluss mit der Herrlichkeit.

5 **Blank Eck** heißt der letzte begehbare Winkel dieser Tour, heißt auch der Campingplatz, heißt auch das Leuchtfeuer. Das Leuchtfeuer gehört zum Truppenübungsgelände Puttlos. Die Umrundung des weitläufigen Geländes wäre nicht nur viel zu weit, sondern auch sinnlos. Jenseits liegt das Ferienzentrum Weißenhäuserstrand, das ganz auf Familienaction eingestellt ist. Also lieber auf dem Campingplatz Blank Eck gucken, ob das Restaurant geöffnet hat, und dann den Rückweg antreten.

KM 13

Zurück geht es so wie auf dem Hinweg oder direkt am Strand – spätestens ab der Stelle, wo die Steilküste zu Beginn erreicht wurde. Am Wellenrand ist nach zwei Kilometern die Promenade erreicht.

6 **Der Mann im Sturm** von Heiko Voss illustriert, woran man bei Regen Auswärtige erkennt: am Schirm. Der wird schnell nutzlos in stürmischen Gegenden. Besonders bei Westwind. Dann rast die perfekte Welle ungebremst auf den Steinwarder und fordert Surfer und Kiter heraus. Ab Windstärke 5 ist sogar das Zugucken richtig aufregend. Der Sandstrand für das Abbaden wird mit jedem Meter nach Osten immer breiter, feiner, weißer. Wem die Wanderung bis hierher viel zu kurz war, kann gleich noch Tour 10 dranhängen.

AUF EINEN BLICK

Ausgangs-/Endpunkt Ostsee-Ferienzentr., Steinwarder, Heiligenhafen

Anfahrt Auto: A1 bis Heiligenhafen Mitte, über Bergstraße, Lauritz-Maßmann-Straße, Eichholzweg; Bahn / Bus: DB bis Oldenburg (in Holstein), weiter mit Buslinie 580

Tourencharakter Auf dem Steilküstenpfad kann es nach Regenfällen matschig werden. Geröllstrand erfordert Trittsicherheit.

14 km · 26/26 Hm · 3:30 h · mittel

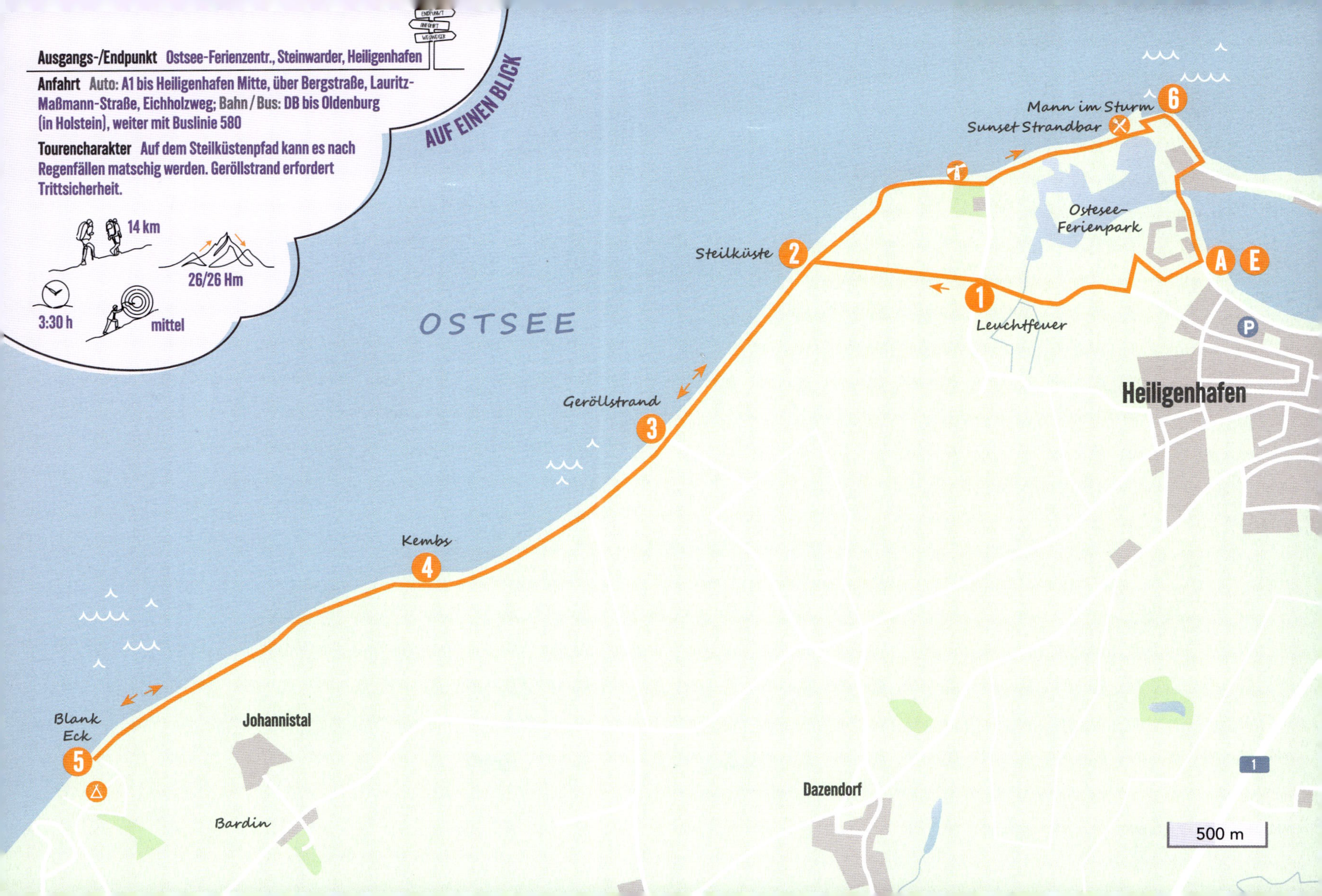

12

DIE HOHWACHTER BUCHT

SEHLENDORFER SANDSICHELTOUR

Die Hohwachter Bucht liegt den entscheidenden Tick ab vom Schuss. Wer aus Lübeck, Kiel oder Hamburg an die Ostsee strömt, passiert eine ganze Reihe schöner Urlaubsorte, bevor das Seebad Hohwacht erreicht ist. Die meisten Tagestouristen biegen darum vorher ab zum Strand. Das schützt Hohwacht in den Sommermonaten vor dem ganz großen Ansturm und im Winter, wenn die Camper ihrer Plätze räumen, erst recht. Besonders Bahnreisende tun gut daran, ein, zwei Nächte in Hohwacht einzuplanen. Dann lohnt sich die etwas komplizierte Anreise gleich doppelt und dreifach. Mit den Ausläufern der Holsteinischen Schweiz im Rücken und fünf Naturschutzgebieten in Wandernähe ist Hohwacht ein prima Ausgangspunkt für mehrere Touren. Diese führt von einer Steilküste zur nächsten und zurück (vielleicht) am Strand.

KM 0,5

Autofahrende gehen vom Parkplatz ans Meer und folgen dem Dünenweg rechts zur Flunder. Busfahrende erreichen die Aussichtsplattform geradeaus über die Straße »Am Kurpark«.

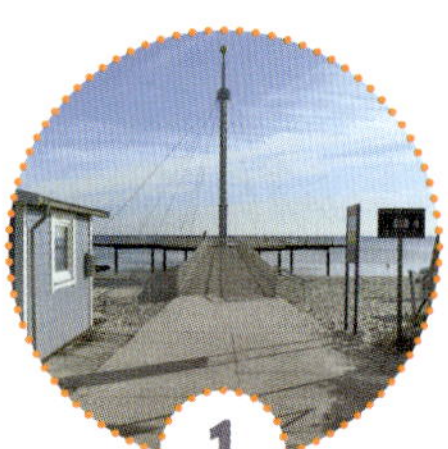

1

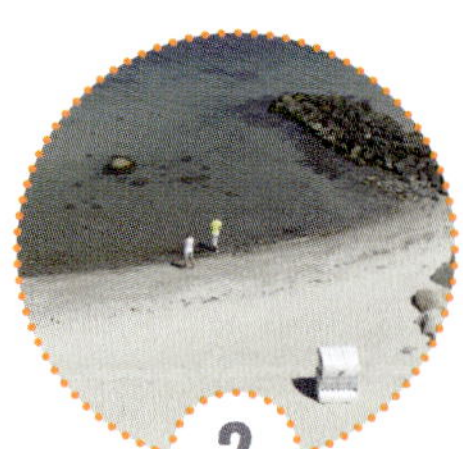

2

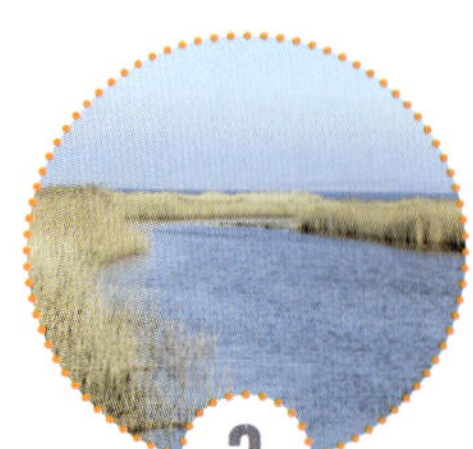

3

KM 0,5

KURSTRAND HOHWACHT

Eine Flunder als Wahrzeichen

KM 1,5

AUSSICHTSPLATTFORM

Fotostopp

KM 3

SEHLENDORFER BINNENSEE

Alles wird gut

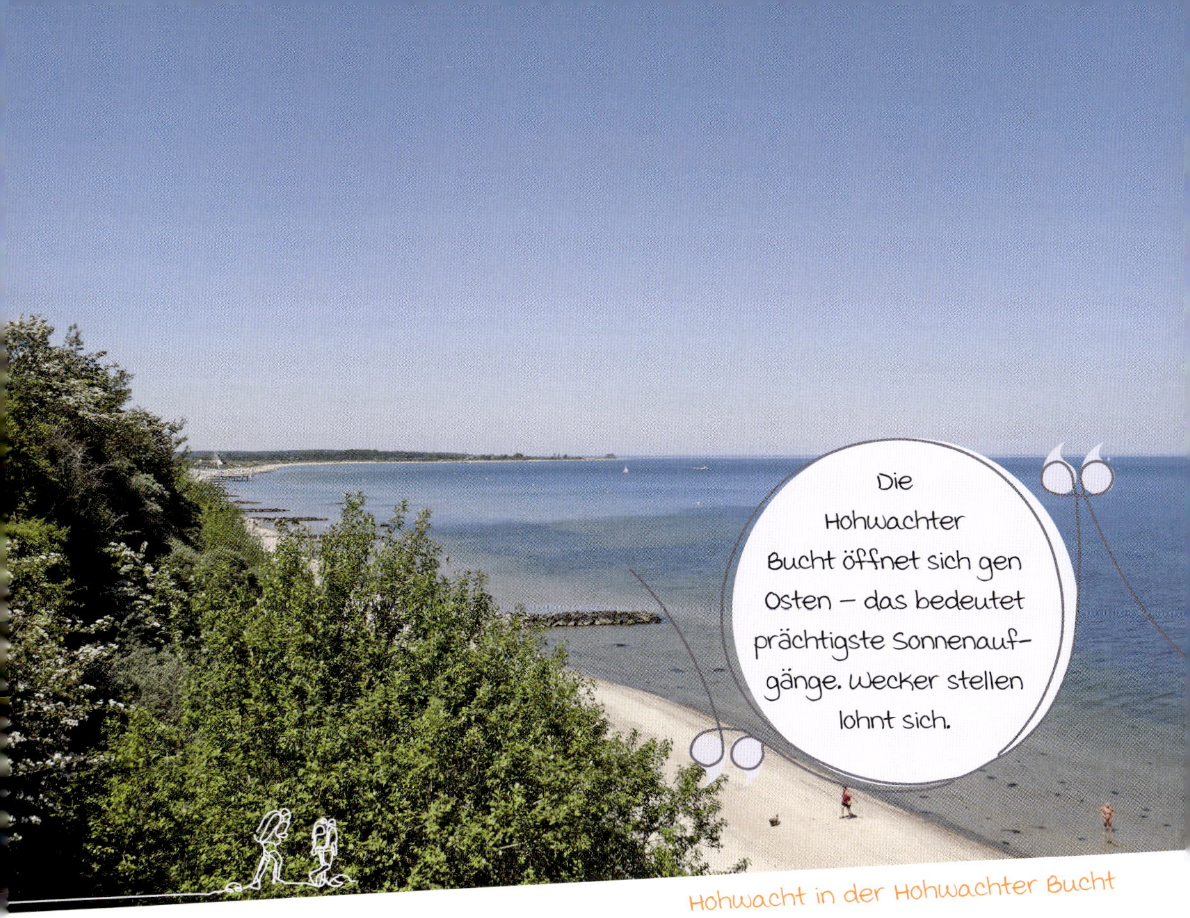

Hohwacht in der Hohwachter Bucht

1 Kurstrand Hohwacht Über Hohwacht wird häufig gesagt oder geschrieben, es sei immer ein wenig Fischerdorf geblieben. Doch davon ist am Kurstrand wenig zu fühlen. Schon eher kann man sich rund um die Seeplattform »Hohwachter Flunder« in die Zeiten des einsetzenden Badebetriebes um die Jahrhundertwende hineinversetzen. Das liegt an den historischen Badehütten, die es einmal überall in Schleswig-Holstein gab, die aber nur hier heute noch zu finden sind.

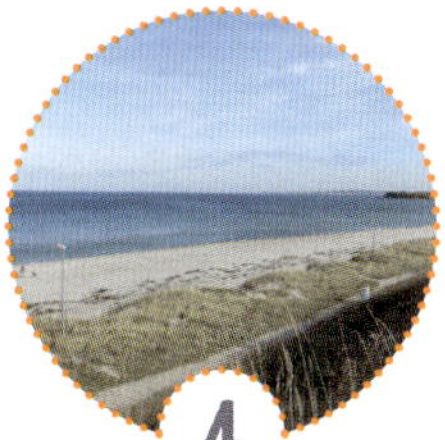

4

KM 3,5

SEHLENDORFER STRAND

Badestopp

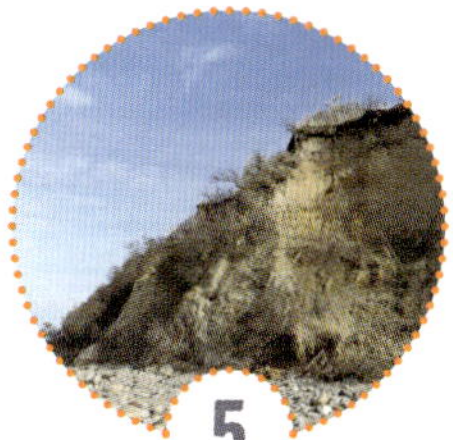

5

KM 7

STEILKÜSTE WANGELS

Hoch hinauf

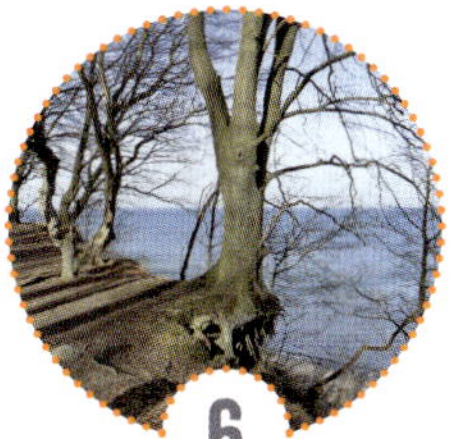

6

KM 8

KÜSTENWÄLDCHEN »AM EITZ«

Freden op'n Kliff

FOTO STOPP

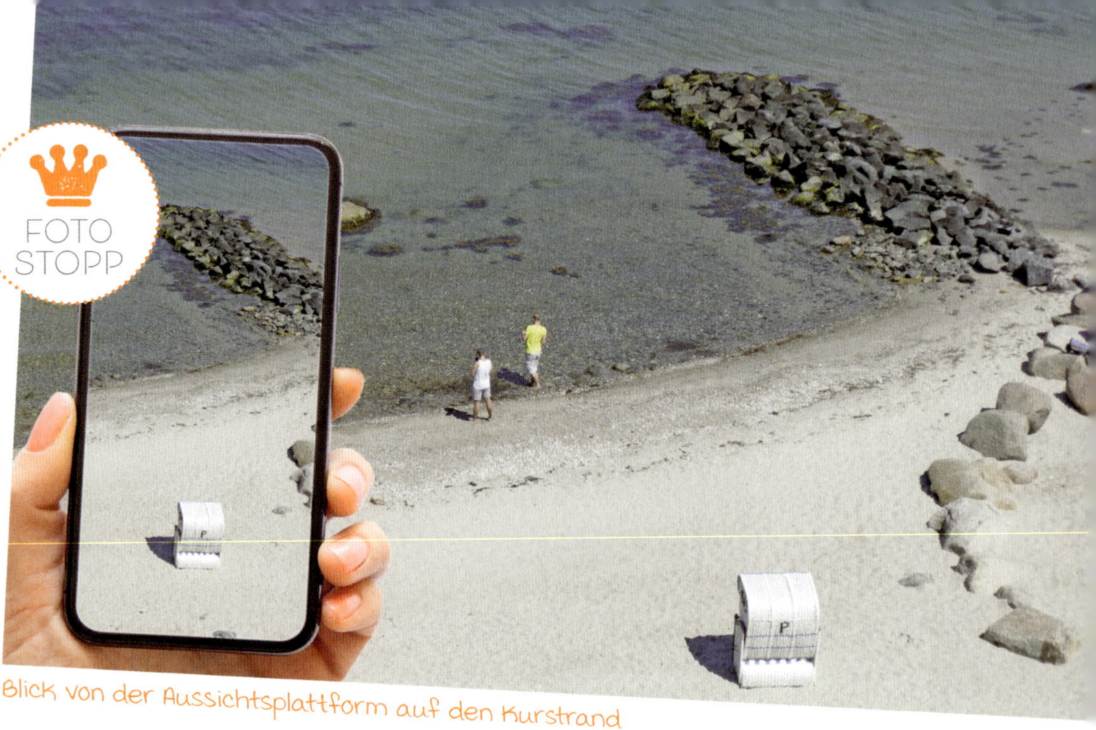

Blick von der Aussichtsplattform auf den Kurstrand

KM 1,5

An den urigen Strandhütten vorbei geht es auf dem Dünenweg bis zu seinem Ende. Dort führt eine Treppe die Steilküste hinauf. Links halten bis zur Aussichtsplattform beim Richtungsmast.

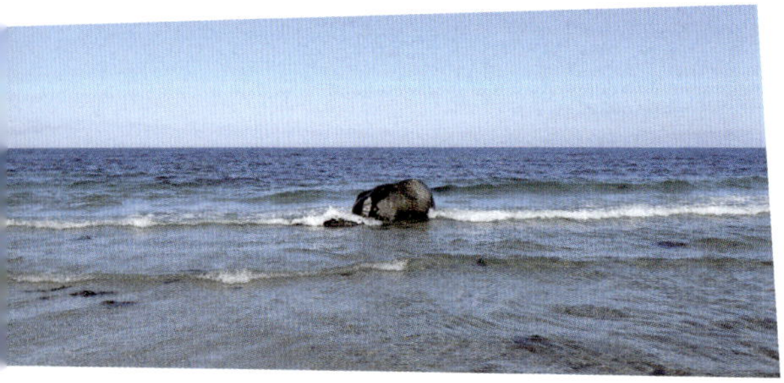

Seichte Ostsee

2 Aussichtsplattform Dass die Steilküste bis heute nur locker bebaut wurde, ist einer alten Verordnung zu verdanken. Kein Haus darf hier höher wachsen als die Bäume, die zur Seeseite in den Himmel ragen. Landeinwärts reihen sich Einzelhäuser, kleinere Pensionen und Hotels. Der Steilküstenweg führt direkt zum Ausgangspunkt, kann also auf der Rücktour erkundet werden. Besonders im Sommer, wenn im kleinen Kurpark Strandkörbe stehen, ein entzückender Schlusspunkt.

i-TÜPFELCHEN

TRAUMAUSSICHT

Von der Aussichtsplattform hat man die heutige Tour fast zur Gänze im Blick. Die Aussicht linker Hand macht unbedingt Lust, morgen über den Hafen von Lippe hinauszuwandern.

KM 3

Bei der nächsten Treppe geht es wieder an den Strand und ein paar Schritte durch den Sand, um die alte Seebrücke nicht zu verpassen. Dann dem ufernahen Rad- und Wanderweg folgen.

3 Der Sehlendorfer Binnensee ist durch einen kleinen Wasserlauf, den Broek, mit der Ostsee verbunden. So etwas gibt es nicht mehr oft an der meist eingedeichten Küste Schleswig-Holsteins. Und das ist nicht der einzige Grund, warum das wirklich zauberhafte Schutzgebiet ganz oben auf der Liste von Naturliebhabern und Vogelfreunden steht. Zu allen Jahreszeiten schwärmen typische Seevogelarten ein. Und seit zudem die Kraniche auf ihren Zügen hier Rast einlegen, sind die Wanderwege und Aussichtsplattformen auch im Winter gut frequentiert.

Rundweg am Sehlendorfer Binnensee

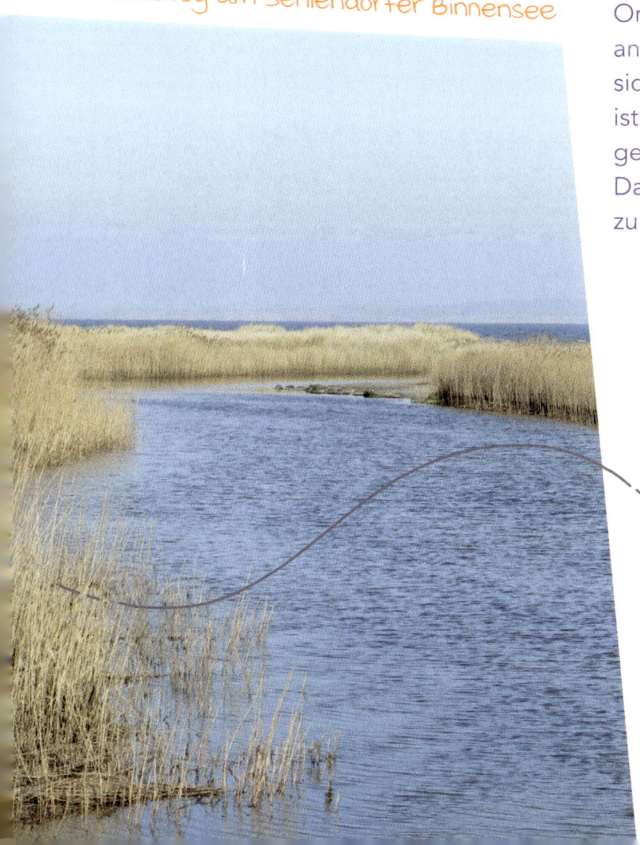

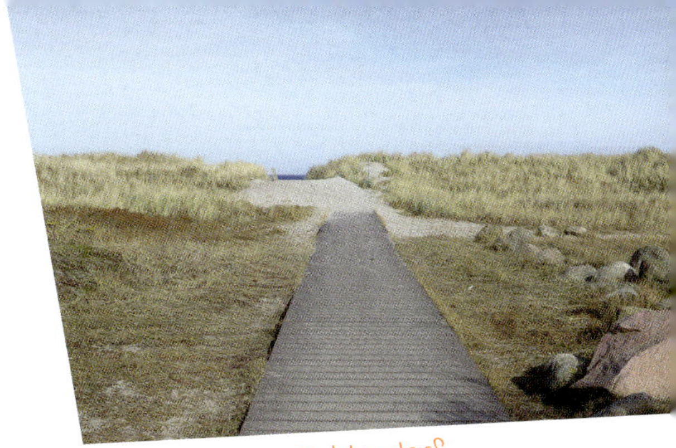

Strandzugang Sehlendorf

KM 3,5

Am schnellsten ist man auf dem Uferweg. Irgendwann im Jahr 2024 wird der ersehnte Naturerlebnispfad eingeweiht, der einen kilometerlangen Umweg rund um den Binnensee ermöglicht.

4 Der Sehlendorfer Strand profitiert von seiner abgeschiedenen Lage. Klar, es gibt, wie überall in Schleswig-Holstein, Campingplätze. Daneben aber kaum ein Haus und keine Durchgangsstraße. DLRG und Touristinformation sind allerdings vor Ort. Und auch Gastronomie kuschelt sich an den Dünenrand. Die Betreibenden sind sich bewusst, welches Privileg die Naturnähe ist. Darum verzichten auch alle auf Plastikgeschirr, Plastikstrohhalme, Plastiktüten usw. Das gilt von der Strandkorbvermietung bis zur Surfschule.

Der Sehlendorfer Strand zeichnet sich durch Puderzuckersand und ganz seichtes Wasser aus. Badezeug einpacken!

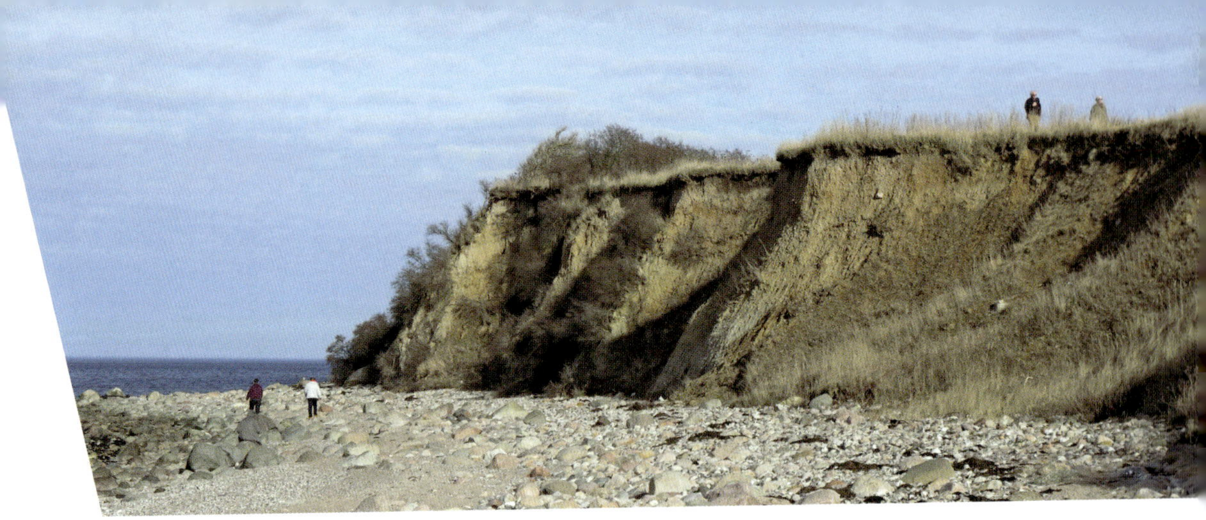

Steilküste von Wangels

TRAUMHAFT

LUXUS ODER ACTION?

Das perfekte Domizil liegt für die einen 700 Meter jenseits des Ruhewaldes im luxuriösen Gut Weissenhaus. Andere begeistert die Action im Ferienpark Weissenhäuser Strand nach 2,5 Kilometern.

KM 7

Hinter dem letzten Campingplatz verwandelt sich der Weg in einen Pfad. Er taucht in einen Heckentunnel, zwei feuchte Senken müssen gemeistert werden, dann geht es über freies Feld die Steilküste hinauf.

5 **Die Steilküste von Wangels** ist zwar nicht lang, aber eine der höchsten in Schleswig-Holstein. Auch streckt sie sich schön weit in die Ostsee hinein, sodass man sich auf dem ungesicherten Pfad zwischen Feldrand und Abbruchkante wie auf einem Ausguck fühlt. Der höchste Punkt ist etwa bei Kilometer sieben erreicht. Dieser Wegabschnitt bringt richtig Spaß, während es sich auf den Wackersteinfeldern unten am Strand regelrecht mühselig wandert. Und es lohnt sich doch, auf dem Rückweg diese einsamsten Küstenkilometer der Hohwachter Bucht zu meistern.

KM 8

Der Wanderweg führt direkt in das Küstenwäldchen »Am Eitz«. Der Begräbnis- und Geschenkewald kann auf einem kleinen Rundweg erkundet werden.

6 **Küstenwäldchen »Am Eitz«** »Frieden auf dem Kliff« heißt der kleine Ruhewald am Ende der Steilküste. Warum sich immer mehr Menschen für die Natur als letzte Ruhestätte entscheiden, ist hier nicht schwer zu verstehen. Wie verwunschen wirken die knorrigen Baumpersönlichkeiten entlang des Klippenrands. Die Blätter rauschen mit den Wellen im Einklang. Der Andachtsplatz, gleich nach Eintritt rechts, schickt auf einen Waldpfad, vorbei an zwei Ruhebänken. Da kann man gut darüber nachdenken, für welchen Rückweg man sich entscheidet. Wie gekommen, weil's ja herrlich war? Oder am Strand zurück?

AUF EINEN BLICK

Ausgangs-/Endpunkt Parkplatz, Dünenweg 1, 24321 Hohwacht

Anfahrt Auto: A1 bis Oldenburg (in Holst.), B202 bis Hohwacht, über Eichenallee zum Ziel; Bahn/Bus: DB bis Plön, weiter mit Buslinie 350 nach Hohwacht, Berliner Platz

Tourencharakter Bis Sehlendorf easy. Auf dem Steilküstenpfad etwas unwegsamer. Der Geröllstrand geht in die Beine.

16,5 km · 4:00 h · 17/17 Hm · mittel

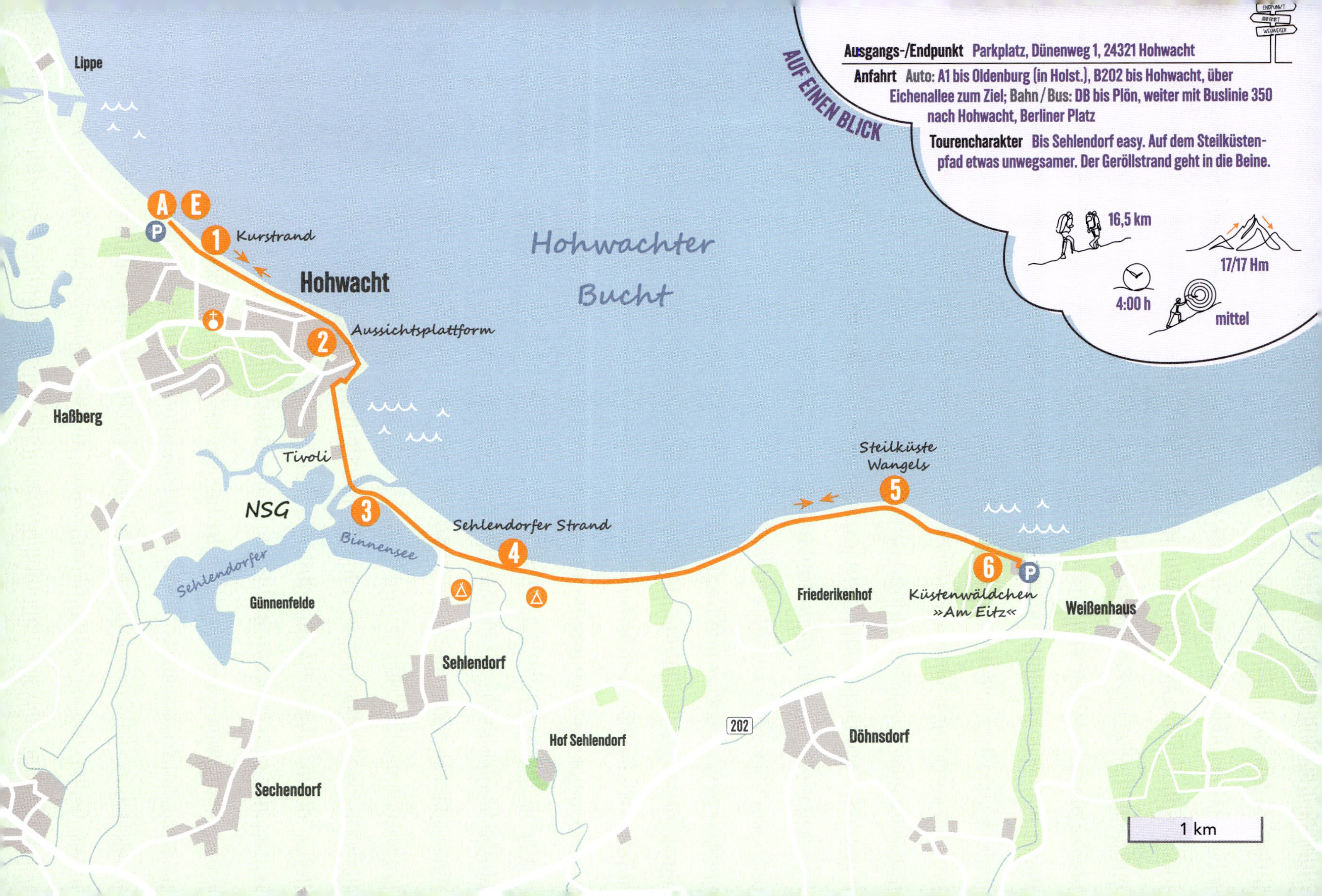

13

HOHWACHT UND BEHRENSDORF

SONNENAUFGANGS-RUNDE

Im Osten geht die Sonne auf. Und als Erstes sieht man sie dort, wo nichts den Blick versperrt, also am Meer. Den Moment, wenn sie sich als glühender Ball über den Horizont schiebt, sollte man sich mindestens einmal im Leben gönnen. Selbst wenn es schwerfällt. Das Grauen beim Klingeln des Weckers ist bei dieser Tour schon am Startpunkt vergessen. Die Strecke von Hohwacht nach Behrensdorf eignet sich dafür besonders, weil man etwa die Hälfte der Strecke am oder parallel zum Strand spaziert. Da muss man weder auf den Sonnenaufgang warten noch kann man ihn verpassen. Zudem ist der Weg auch im Dämmerlicht gut zu gehen, und gerade im beliebten Naturschutzgebiet »Kleiner Binnensee und angrenzende Salzwiesen« freut man sich, dass die E-Biker noch nicht unterwegs sind.

KM 0

Wie in Tour 12 starten wir auch unsere Sonnenaufgangsrunde an der Seeplattform Flunder (Wegbeschreibung s. S. 86).

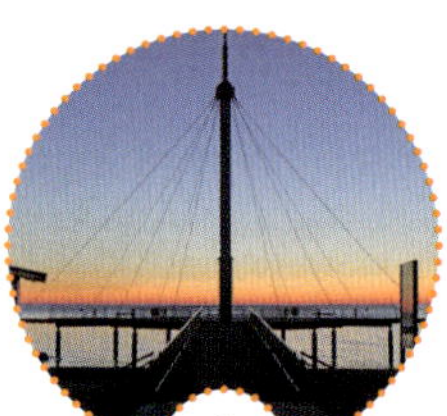

1

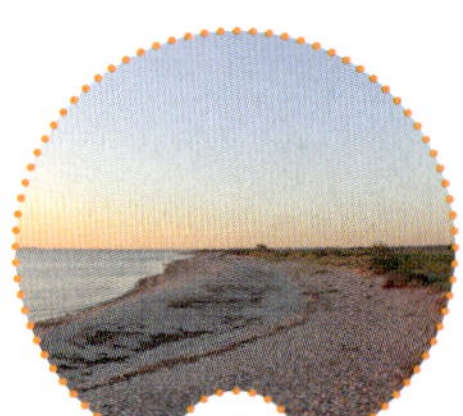

2

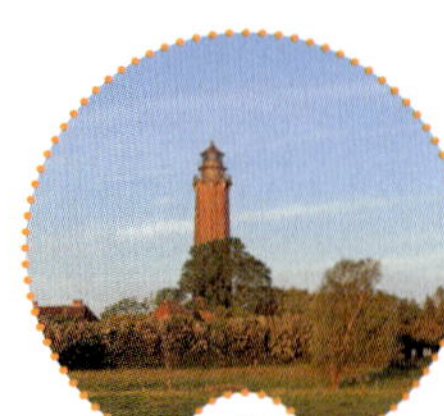

3

KM 0

FLUNDER

Morgens am Meer

KM 3

NSG SEESEITE

Zwischen See und See

KM 7

LEUCHTTURM NEULAND

Es werde Licht

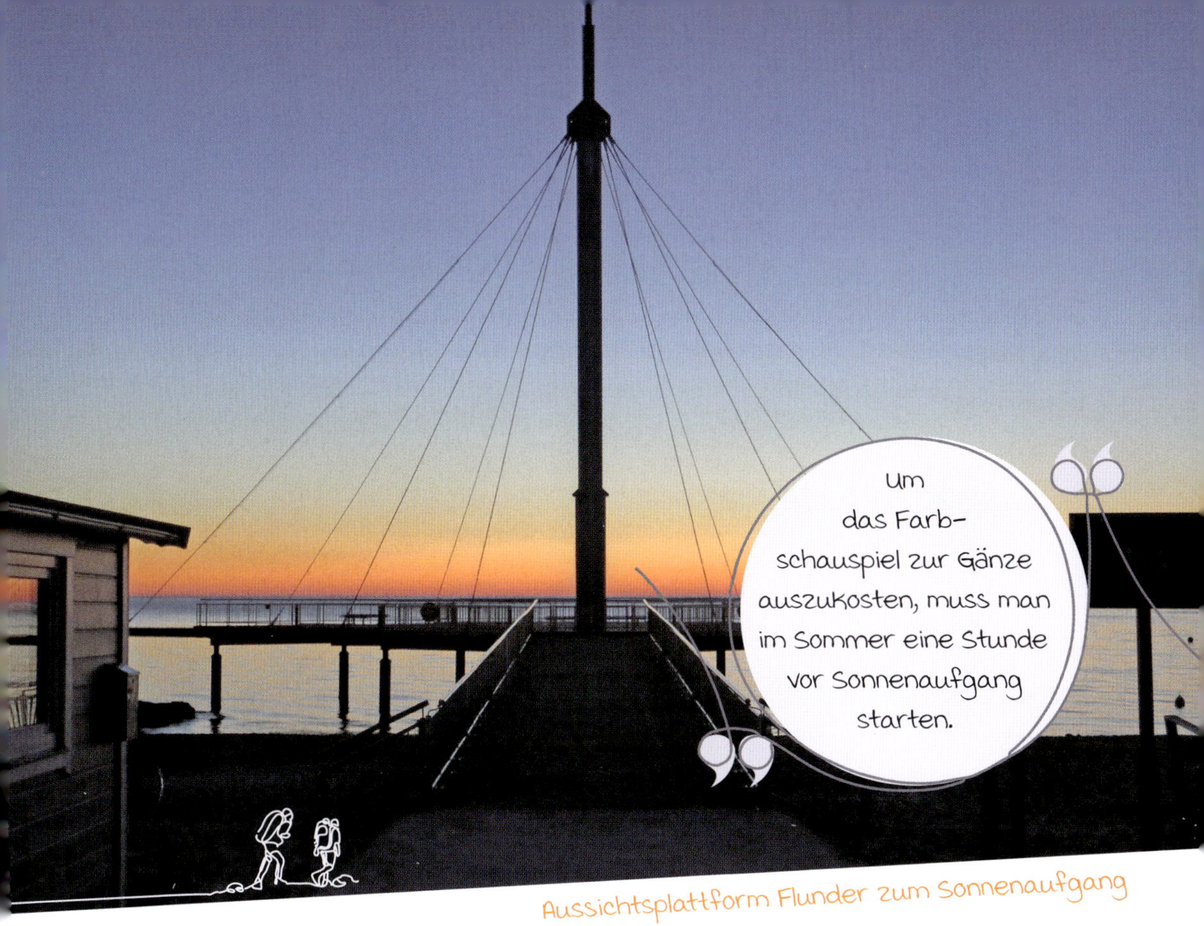

Aussichtsplattform Flunder zum Sonnenaufgang

1 Hohwachter Flunder Die Morgendämmerung dauert in den Tropen nur einen Augenblick und am Nordpol bis zu 32 Stunden. In Schleswig-Holstein sind es im Sommer gute 60 Minuten. Dann ist diese Tour am schönsten. So ungefähr um Viertel vor vier sollte man sich auf die Wandersocken machen. Auf dem Weg zur Flunder ist es dann noch stockdunkel und sehr still. Am Wasser kann man aber schon seine Hand vor Augen sehen. Der Horizont leuchtet – in zartem Rosé, glühend rot, knallorange. Kein Morgen gleicht dem anderen.

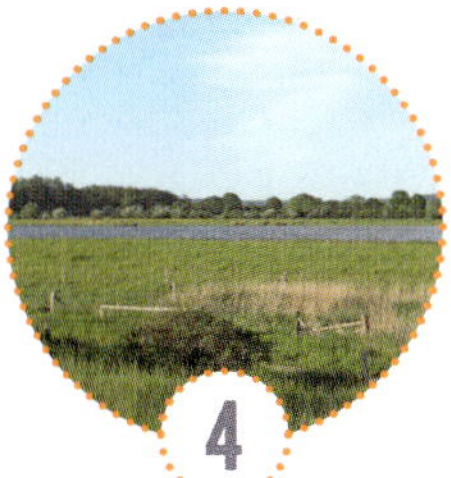

4

KM 9

NSG LANDSEITE

Frühe Vögel unter sich

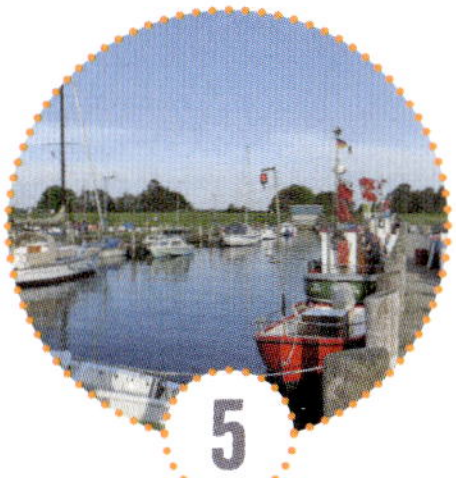

5

KM 12

HAFEN LIPPE

Einlaufparade

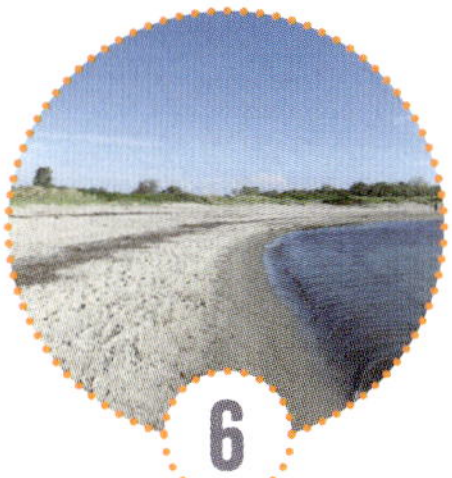

6

KM 13

FREISTRAND HOHWACHT

Abkühlung gefällig?

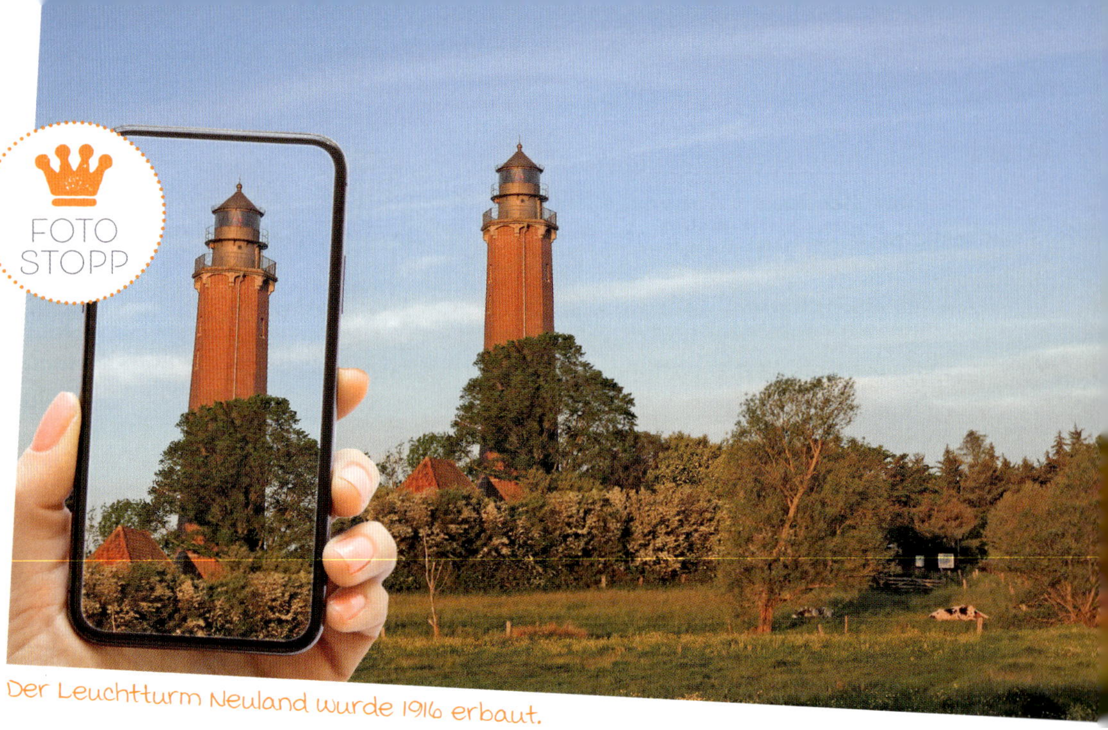

Der Leuchtturm Neuland wurde 1916 erbaut.

KM 3

Dem Dünenweg etwa zwei Kilometer bis zum Hafen von Lippe folgen. Hinter den Bootsstegen quer über den Parkplatz. Von hier führt der Weg »Lippe« zum Naturschutzgebiet.

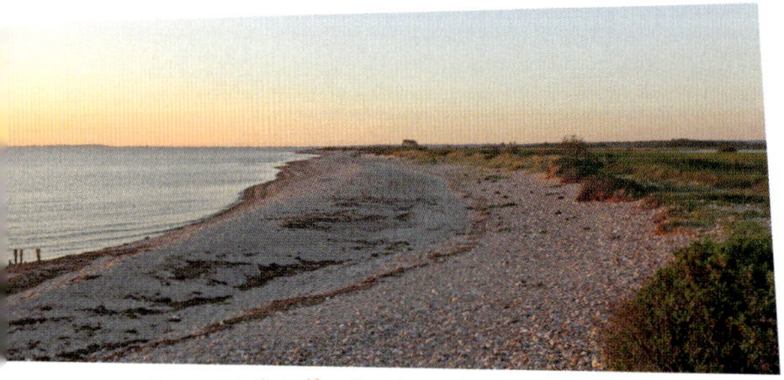

Das Licht ändert sich mit jedem Schritt.

2 **Das Naturschutzgebiet Seeseite** umfasst den Kleinen Binnensee, angrenzende Salz- und Sumpfwiesen im Deichvorland und auch einen Teil des vorgelagerten Strandes. Etliche Tier- und Pflanzenarten der Roten Liste haben hier ein Rückzugsgebiet gefunden. Es gilt also unbedingt, Absperrungen zu achten. Für Wandernde ist aber gut gesorgt. Zehn hölzerne Überwege ermöglichen es, an den Strand zu wechseln. Den großen Moment, wenn sich die Sonne dann wirklich über den Horizont schiebt, kann man also gar nicht verpassen.

i-TÜPFELCHEN

TRAUMSTUNDE

Stillsitzen oder weitergehen? Den Sonnengruß praktizieren oder in den Sonnenaufgang schwimmen? – Die Morgendämmerung am Meer ist ein intensives Naturerlebnis, ein echtes Geschenk.

KM 7

Dem Strandweg über Behrensdorf bis zum Ende folgen. Ein Zaun markiert hier Militärgebiet. Parallel zum Schießplatz Todendorf führt der Weg landeinwärts zum Leuchtturm.

3 Leuchtturm Neuland Die 40 Meter hohe Backsteinschönheit von Behrensdorf wirkt wie der Inbegriff eines kultivierten Hanseaten. Allerdings liegt die maritime Karriere des Leuchtturms Neuland nun schon Jahrzehnte zurück. Sie begann im Ersten Weltkrieg, als mit dem Bau die letzte dunkle Ecke zwischen Kieler Förde und Fehmarnsund erhellt wurde. Heute dient der historische Turm der Bundeswehr als Frühwarnsystem und dem Standesamt Lütjenburg als extrem beliebte Außenstelle. Besichtigt werden kann der Leuchtturm nur zweimal im Jahr beim Tag der Offenen Tür.

Bohlenweg nach Behrensdorf

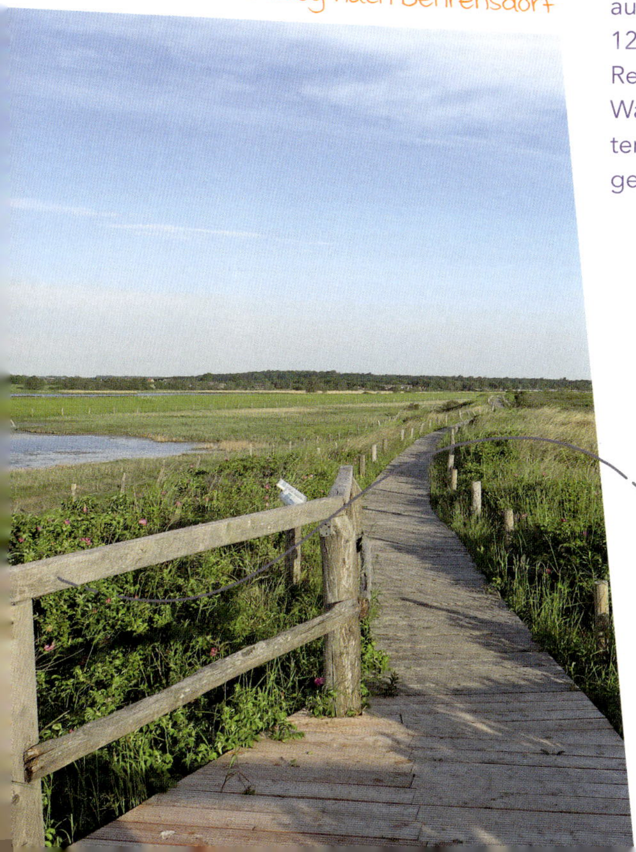

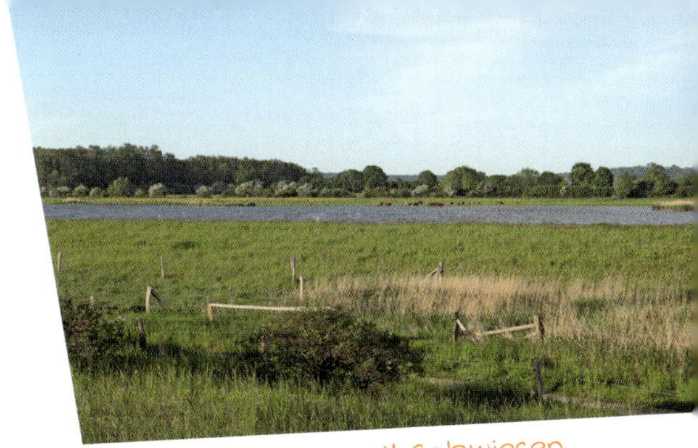

Kleiner Binnensee mit Salzwiesen

KM 9

Der Straße »Neuland« bis zur Strandstraße folgen. Weiter landeinwärts. Nach 500 Metern links über Hainholtshöh zum Wanderweg, der wieder an den Kleinen Binnnensee führt.

4 NSG Landseite Mittlerweile ist der Morgen in den Tag übergangen. Die Vögel singen, die Sonne wärmt, und alles, was man auf dem Hinweg im Dunkeln kaum erkennen konnte, kann man jetzt nachholen. Nach etwa 800 Metern können Birdwatcher auf der Beobachtungsplattform mitzählen. 120 Arten nennen das Vogelschutzgebiet ihr Revier. Dank kleinräumigen Wechsels von Wasser- und Schlickflächen finden auch Kröten, Molche, Frösche, Eidechsen und Schlangen einen idealen Lebensraum.

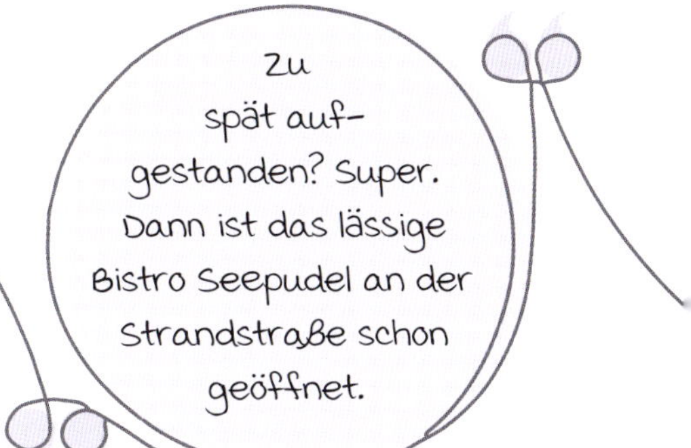

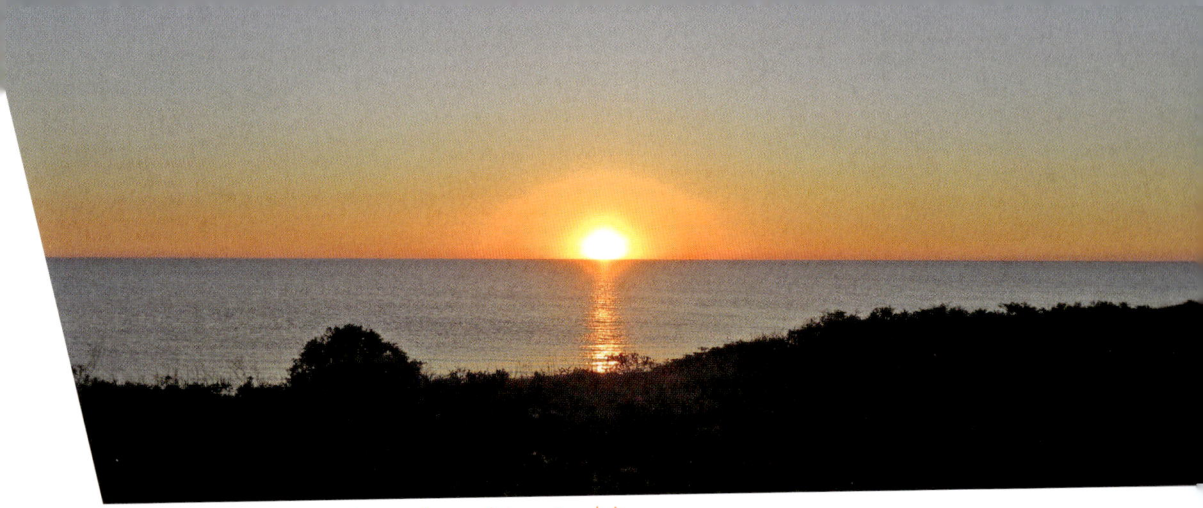

Sonnenaufgang in der Hohwachter Bucht

TRAUMHAFT

STRANDSCHIFF

Ob Frühstück im Strandkorb oder Tea Time bei Sturm, die Küche im Hotel und Restaurant Genueser Schiff am Freistrand von Hohwacht kann es mit jedem Luxusliner aufnehmen.

KM 12

Gute 500 Meter nach der Vogelbeobachtungsplattform gabelt sich der Weg. Hier geht es links. Zwei Kilometer später trifft man auf den Weg zum Hafen, den man schon einmal gegangen ist.

5 **Der Hafen Lippe** befindet sich in Privatbesitz und hat Platz für gut 200 Boote. Sie ankern zwischen Ostsee und Großem Binnensee, der hier über die Kossau ins Meer entwässert. Verglichen mit seinen nächsten Nachbarn in Laboe und Heiligenhafen wirkt der kleine Hafen Lippe auf wunderbarste Weise aus der Zeit gefallen. Und niemand rümpft die Nase, wenn man auf unbefestigten Wegen und struppigen Wiesen ein bisschen Hafenluft schnuppert. Die sehr schmale Hafeneinfahrt eignet sich beidseitig prima als Picknickplatz oder um die letzten ruhigen Minuten zu genießen.

KM 13

Jetzt ist es hell genug, um am Meeressaum zu spazieren, ohne über den spitzen Stein zu stolpern oder auf eine Feuerqualle zu treten. Schuhe aus und rein ins Vergnügen.

6 **Am Freistrand von Hohwacht** ist es selten nötig, schon am Morgen einen Platz mit Badelaken zu besetzen. Aber da man nun schon mal da ist, lohnt sich das Ausbreiten absolut. Was für ein Gefühl, wenn der Tag gerade erst beginnt und erste Strandläufer sich für Frühaufsteher halten, während man selbst schon so viel gesehen und erlebt hat! Wer im Morgengrauen aufgebrochen und zügig gegangen ist, hat jetzt im Sommer noch unfassbare 14 helle Stunden vor sich. Ein guter Plan, bis dahin durchzuhalten. Die Sonnenuntergänge sind in Hohwacht nämlich auch großes Kino und der Freistrand das Parkett.

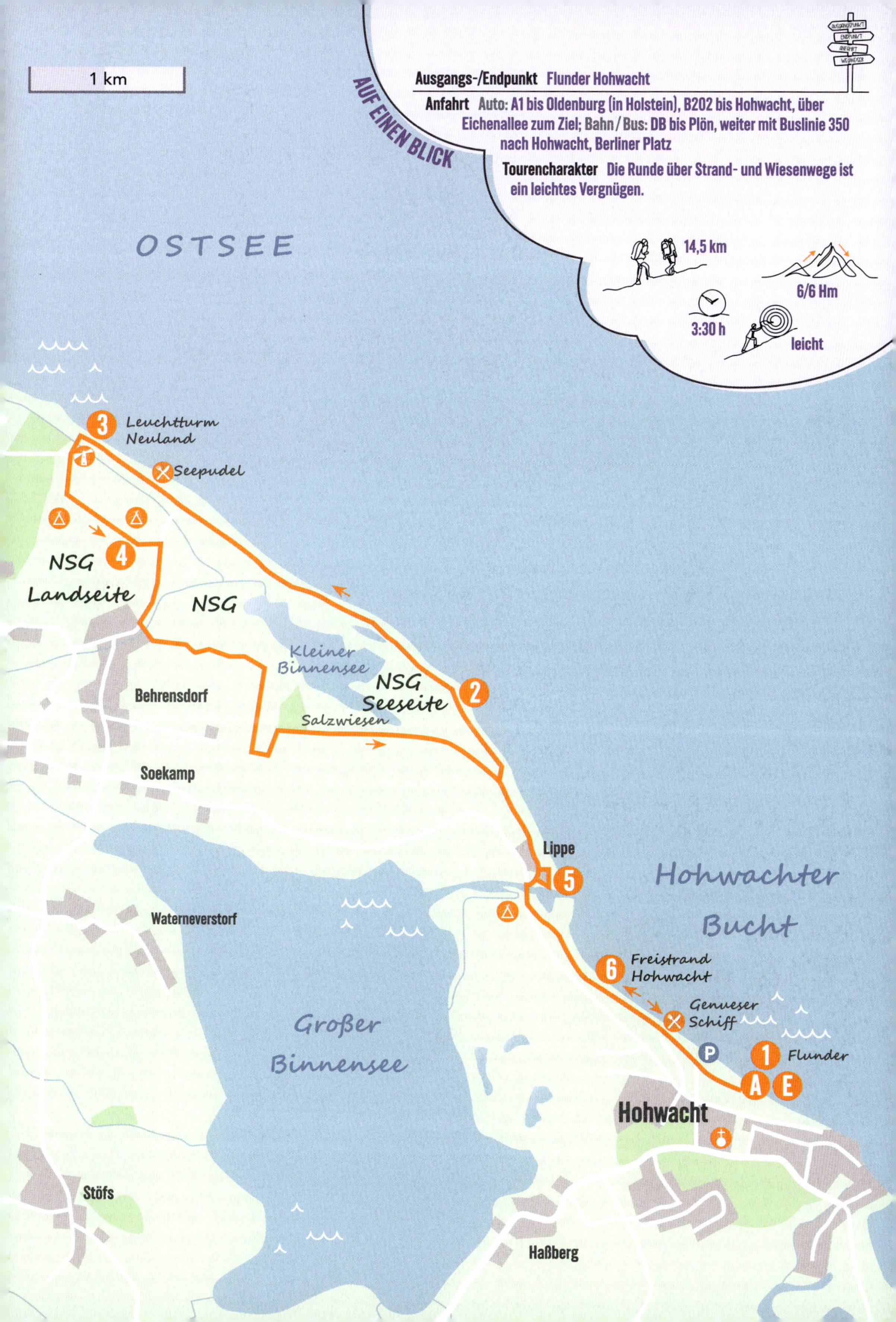
1 km
AUF EINEN BLICK
Ausgangs-/Endpunkt Flunder Hohwacht
Anfahrt Auto: A1 bis Oldenburg (in Holstein), B202 bis Hohwacht, über Eichenallee zum Ziel; Bahn / Bus: DB bis Plön, weiter mit Buslinie 350 nach Hohwacht, Berliner Platz
Tourencharakter Die Runde über Strand- und Wiesenwege ist ein leichtes Vergnügen.
14,5 km
6/6 Hm
3:30 h
leicht
OSTSEE
3 Leuchtturm Neuland
Seepudel
4
NSG Landseite
NSG
Kleiner Binnensee
NSG Seeseite
2
Behrensdorf
Salzwiesen
Soekamp
Lippe
5
Hohwachter Bucht
Waterneverstorf
6 Freistrand Hohwacht
Genueser Schiff
P
1 Flunder
A E
Großer Binnensee
Hohwacht
Stöfs
Haßberg

14

RUND UM PANKER

GUTSRUNDE ZUM HESSENSTEIN

Auf dieser Tour wäre man fast geneigt, sich ein bisschen schicker in Schale zu werfen, startet und endet sie doch in stilvoller Atmosphäre auf einem der schönsten Güter Holsteins. Andererseits gilt es auf der Rundwanderung durch die hügeligen Felder und Wälder 112 Höhenmeter zu überwinden. Für Schleswig-Holstein ist das beinahe schon schwindelerregend, und da spielt die Optik unterwegs nicht die wichtigste Rolle. Wichtiger sind gute Schuhe, eine Jacke für schattige Wälder, eine Kopfbedeckung für sonnige Abschnitte, eine Kamera mit Zoom für Fernsichten, viel Wasser und ein Butterbrot. Denn eine Einkehr ist höchstens zum Ende der Wanderung möglich – und dann auch nicht gerade günstig. Gourmets freuen sich allerdings schon tagelang darauf. Und reservieren in jedem Fall im Vorwege.

KM 0

Vom Parkplatz/der Bushaltestelle an der alten Schmiede passiert man den Wegweisern nach: Hessenstein Stift, Meierei, Pferdestall, Remise, Torhaus, Haus am See.

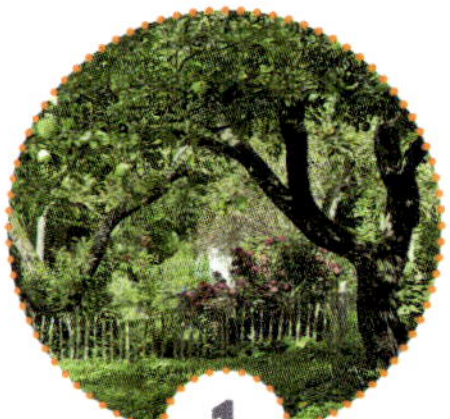

1

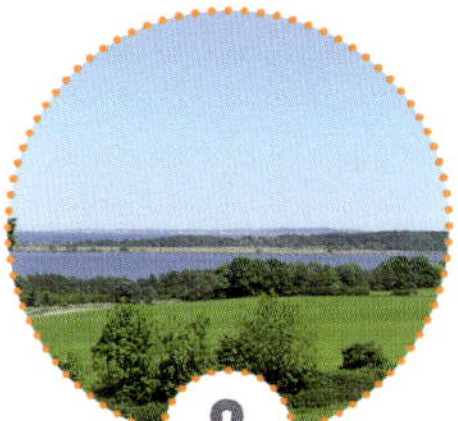

2

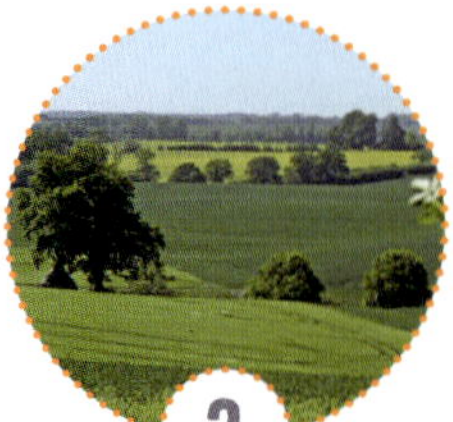

3

KM 0

DORF PANKER

Exklusives Idyll

KM 3

STÖFS

Dorf mit Aussicht – Fotostopp

KM 6

DARRY

Wandern auf Wellen

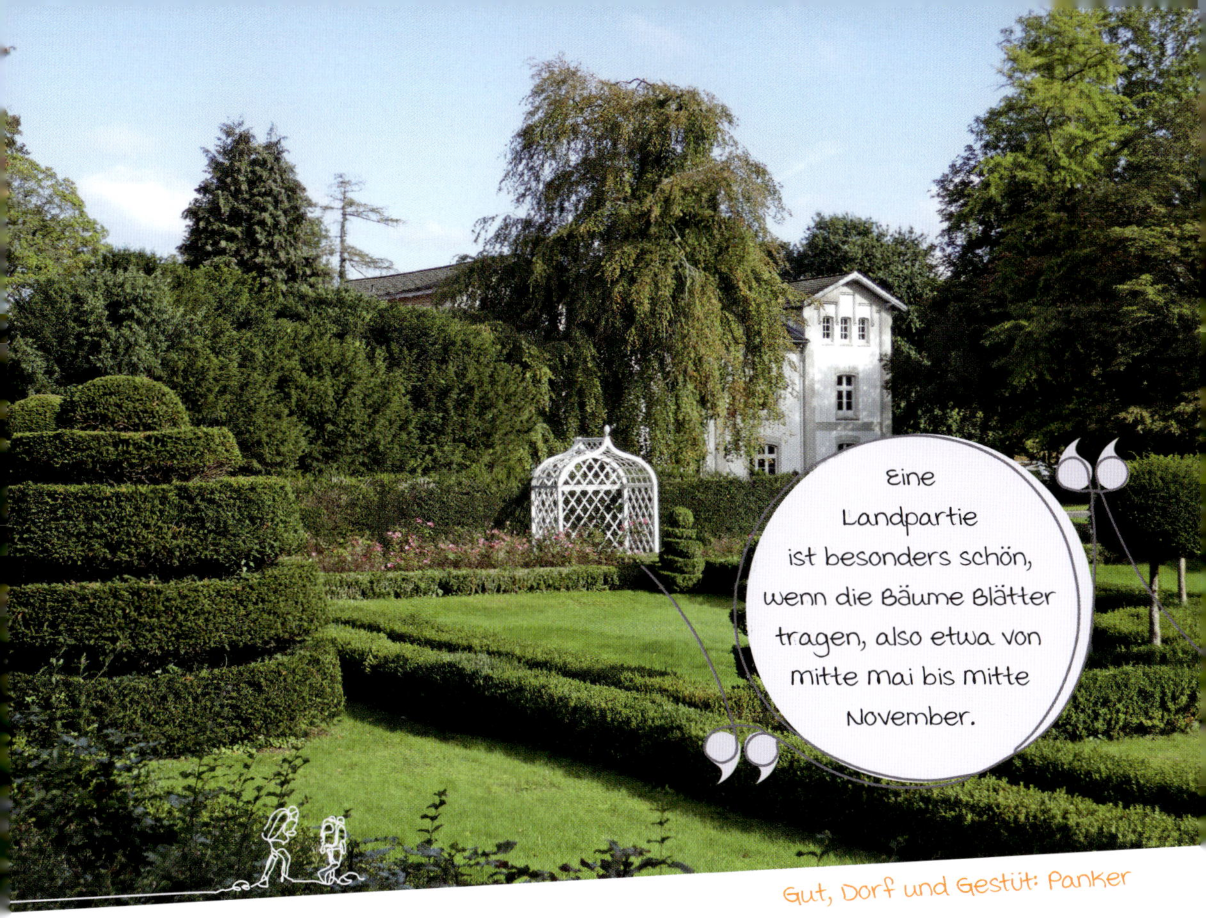

Gut, Dorf und Gestüt: Panker

1 Panker ist ein Gut, eine Gemeinde und ein Dorf – und in eben jenem startet diese Tour mit einem ersten innerlichen »Hach«, weil jedes Gebäude entlang der Dorfstraße Wohlgefallen auslöst. Dabei sind es ja noch gar nicht die hochherrschaftlichen Anwesen. Doch die Galerien und exklusiven Geschäfte in den alten Wirtschaftsgebäuden und Ställen sind auch schon eine Klasse für sich. Hinter dem letzten Atelier weckt der Ausblick auf Hofsee und Parkanlagen die Vorfreude auf die Rückkehr.

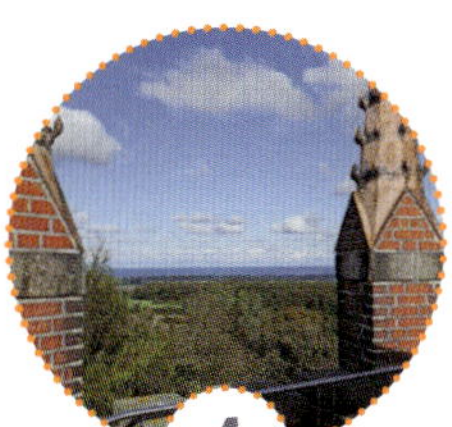
4

KM 9,5

DER PILSBERG

Der Hessenstein ruft

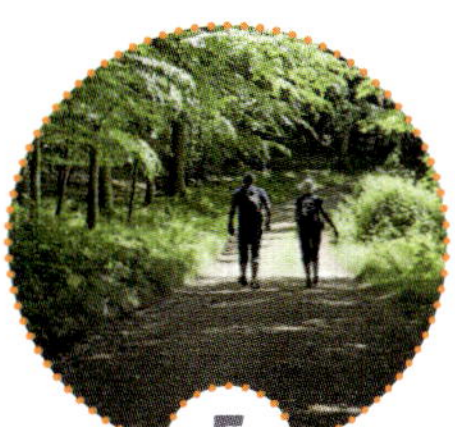
5

KM 11,5

RUHEWALD

Rauschen im Blätterwald

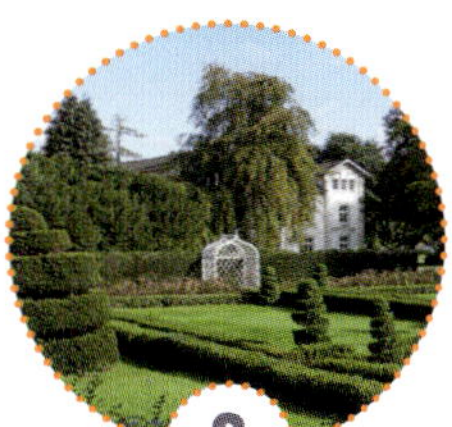
6

KM 12

GUT PANKER

Edle Schönheiten

FOTO STOPP

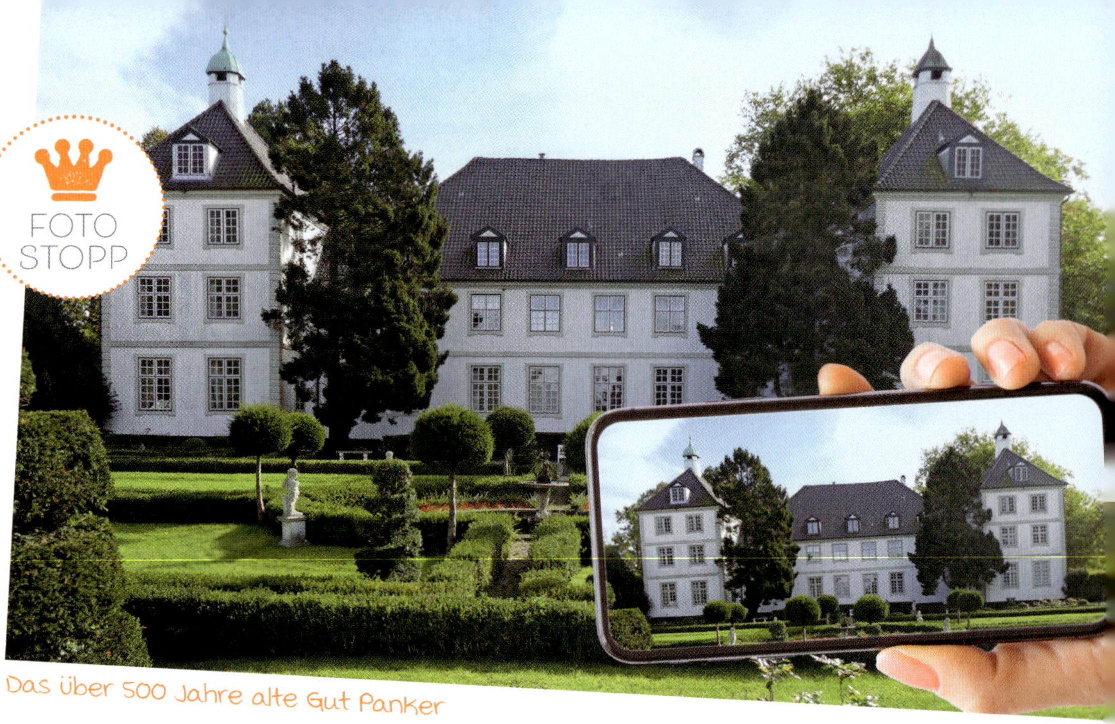

Das über 500 Jahre alte Gut Panker

KM 3

Beim Geschenkeladen Pauline zeigt ein Wegweiser die Richtung an: querfeldein auf Wanderwegen durch die geschwungene Landschaft und das kleine Wäldchen Dohl.

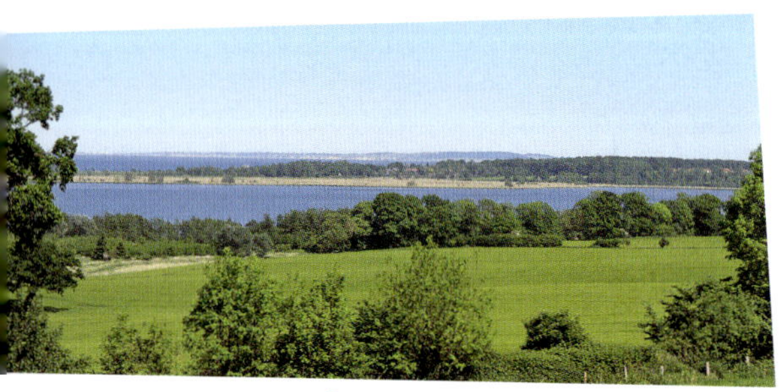

Großer Binnensee bei Hohwacht

2 Stöfs Bis der Weg in Stöfs aus dem Wald tritt, hat man schon einige Male das Meer gesehen. Der beste Fotostopp befindet sich ausgerechnet an der Kreisstraße. Beim Überqueren aufgepasst! Autofahrende tun es hier nicht zwingend. Vor der Linse hat man nun den Großen Binnensee von Hochwacht. Mit Adleraugen ist der Hafen von Lippe zu erkennen (Tour 13), in jedem Fall die Ostsee und bei klarer Sicht die Steilküste von Heiligenhafen (Tour 11).

i-TÜPFELCHEN

TRAUMPANORAMA

Mindestens zwei weitere Spots sind genauso prächtig wie der in Stöfs: der Aussichtspunkt Friedrichshof/Hessenstein bei Kilometer neun und der Hessenstein selbst (Stopp 4).

KM 6

Der Kreisstraße 500 Meter bis zur Gabelung folgen, dann rechts halten auf Langenbusch. Nach 400 Metern wieder rechts bis Stöfser Weg. Er leitet links nach Darry. Dort links auf die Seebrook.

3 Darry Bis zum Aussichts- und Picknickplatz »Auf der Höhe« hat man längst begriffen, dass Holstein mehr als Meer zu bieten hat. Zum Beispiel Höhenmeter und Dörfer, die sich nicht die Bohne um Massentourismus scheren. So eines ist Darry, 87 Meter über NHN, eingebettet in eiszeitliche Hügel, die sich hier stolz Berge nennen, und durchschnitten von der Hauptstraße, auf der die Lütjenburger zum Strand brausen. Es gibt ja auch keinen Laden oder eine Einkehrmöglichkeit, die zum Anhalten auffordern würde. Bloß gute Landluft, direkt von den Bauernhöfen.

Nordrand Holsteinische Schweiz

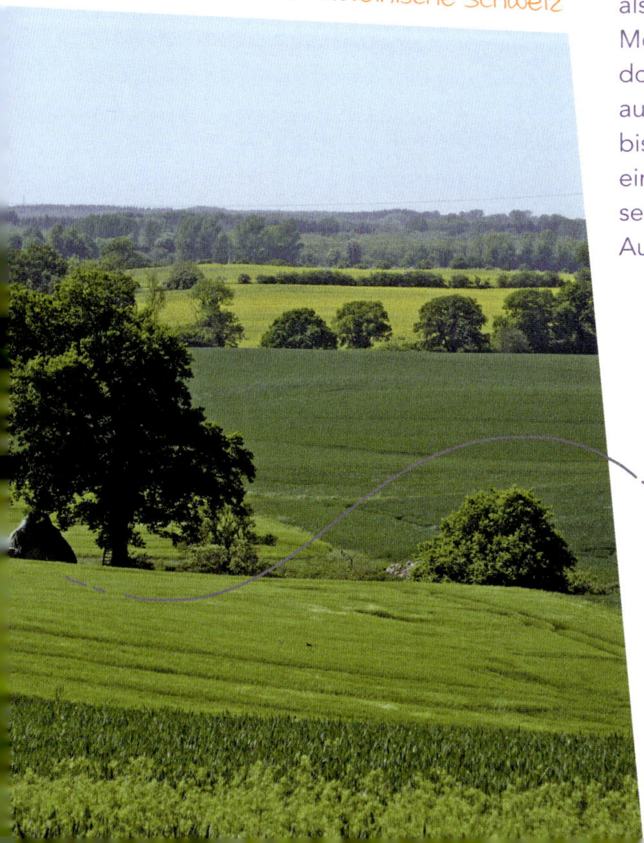

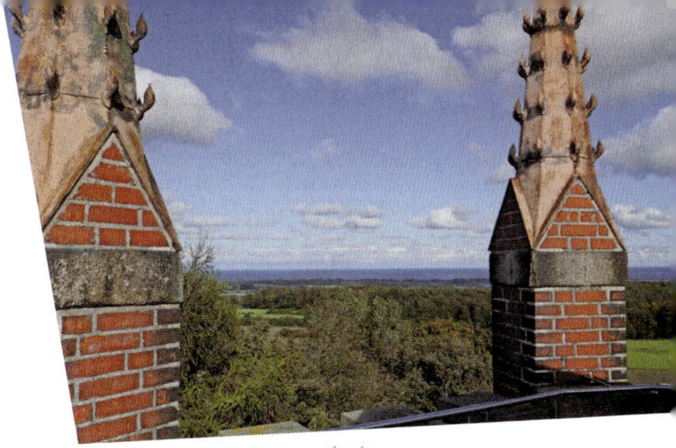

Auf dem Hessenstein

KM 9,5

Über »Auf der Höhe« zur Hauptstraße, jenseits leicht links auf Hühnerbusch, zwischen Hausnummer 10 und 11 zur Straße Sehden. Dort links halten und dem Weg in den Wald hinauf zum Hessenstein folgen.

4 Pilsberg Der Hessenstein liegt auf dem zweithöchsten Berg Schleswig-Holsteins. Natürlich ist der Pilsberg genauso wenig ein Berg wie der unterwegs bezwungene Strezerberg und noch mal 40 Meter niedriger als Schleswig-Holsteins »Zugspitze«, der 168 Meter hohe Bungsberg. Aber schön ist er doch mit seinem historischen Aussichtsturm auf dem Gipfel. Der Hessenstein wurde 1839 bis 1841 im neugotischen Stil erbaut und war ein Geschenk des Königs von Schweden an seine Geliebte. 111 Stufen spindeln sich zur Aussichtsplattform mit Weitblick.

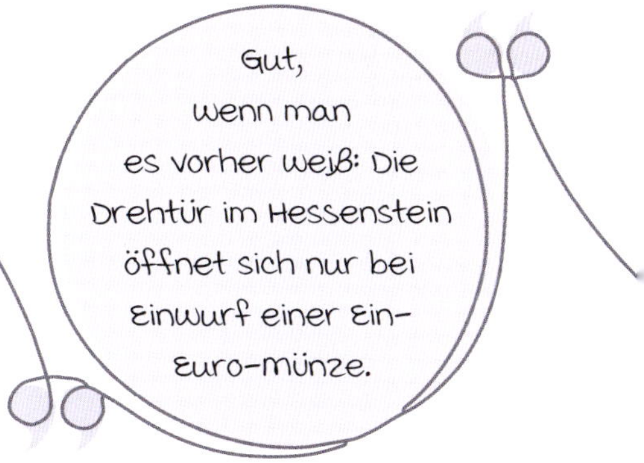

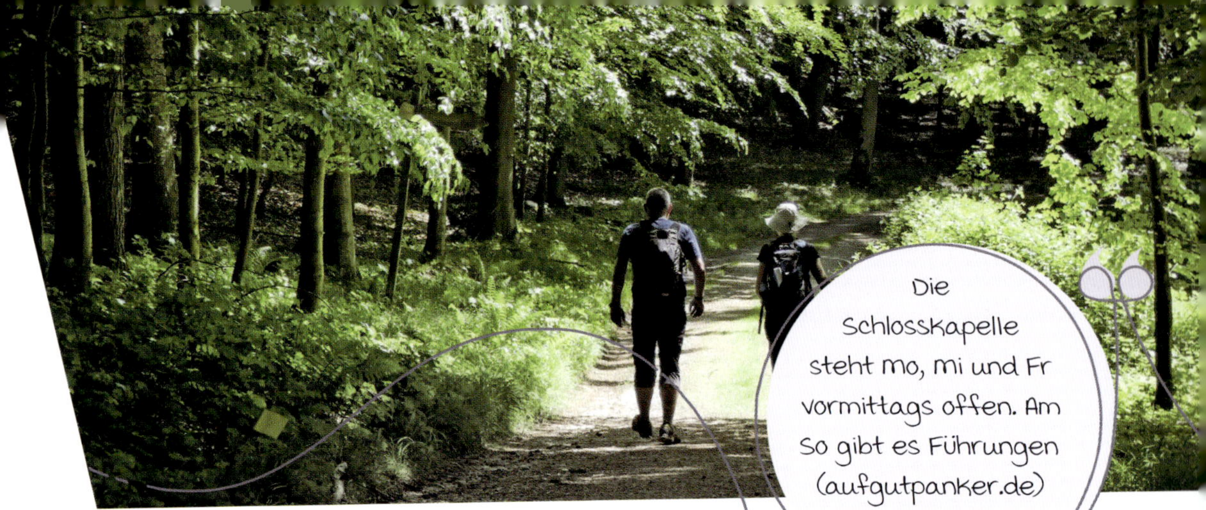

Lichter Laubwald

TRAUMHAFT

TRADITIONELL

Ob klassisch im heimeligen Forsthaus Hessenstein, gehobene Landküche in der Ole Liese oder beim Sternekoch im Restaurant 1797 – auf Gut Panker wird wirklich gut gegessen.

KM 11,5

Vom Hessenstein hat man die Allee schon gesehen, auf der es nun in den Wald geht. Nach Querung der Straße dem Waldweg etwa 200 Meter folgen. Dann rechts halten.

5 **Ruhewald** Wer aus baumreichen Bundesländern nach Schleswig-Holstein reist, vermisst sicherlich Wälder. Tatsächlich ist es darum im Norden nicht gut bestellt. Massive Rodungen über Jahrhunderte machten zeitweise sogar ein Verbot von Eichensärgen nötig. Trotzdem schwand die Waldfläche bis 1800 auf nur vier Prozent. Inzwischen sind es wieder elf Prozent, was immer noch den letzten Platz unter den Flächenländern bedeutet. Umso wichtiger sind Oasen wie der RuheForst von Panker. Hier können sich Eichen und Buchen für die nächsten 100 Jahre sorgsamer Waldpflege sicher sein.

KM 12

Der Waldpfad tritt an der Landstraße aus den Bäumen. Direkt gegenüber nun auf die Allee schreiten, die sich zum Gut zieht.

6 **Gut Panker** Auf den sanften Weiden des Gestüts recken Trakehner stolz ihre Köpfe, als hätte eine alte Meisterin sie unter den Baumsolitären positioniert. Dabei war es nur die Familie von Hessen. Sie erwarb das über 500 Jahre alte Gut im Jahr 1739 und bewirtschaftet es bis heute. Nach 500 Metern zweigt linker Hand der Weg zur Schlosskapelle ab. Das Schloss selbst ist der weiße Bau auf der rechten Seite, ein schönes, schlichtes Herrenhaus. Besichtigt werden kann es nicht. Aber in historischen Gebäuden nebenan kann man übernachten. Oder einkehren.

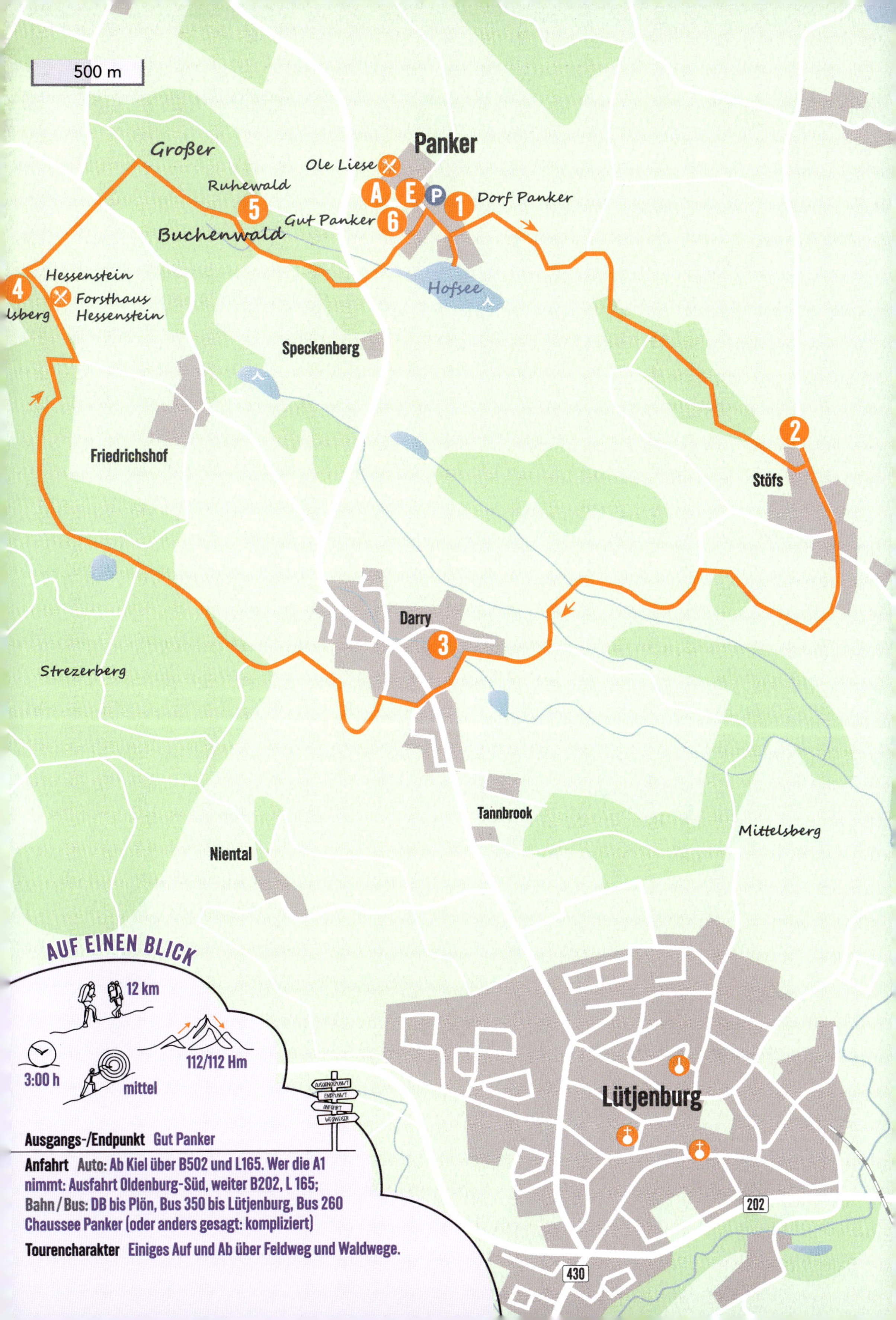

AUF EINEN BLICK

12 km

3:00 h

mittel

112/112 Hm

Ausgangs-/Endpunkt Gut Panker

Anfahrt Auto: Ab Kiel über B502 und L165. Wer die A1 nimmt: Ausfahrt Oldenburg-Süd, weiter B202, L 165; Bahn / Bus: DB bis Plön, Bus 350 bis Lütjenburg, Bus 260 Chaussee Panker (oder anders gesagt: kompliziert)

Tourencharakter Einiges Auf und Ab über Feldweg und Waldwege.

15

VON MÖNKEBERG NACH LABOE

AUF DEM FÖRDEWANDERWEG

Der Fördewanderweg beschreibt einen Teil des Ostseeküsten-Radweges und führt von Kiel am Ostufer der Kieler Förde bis zum Schönberger Strand in der Probstei. Zwischen Mönkeberg und Laboe bleibt der Weg dabei dicht am Fördeufer und passiert etliche kleine Badestrände, ganz unterschiedliche Häfen, Einkehrmöglichkeiten, Aussichtspunkte und andere Attraktionen. Mit dem Rad ist man auf diesen Kilometern entweder zu schnell oder muss alle fünf Minuten absteigen, um zu baden, zu gucken, zu fotografieren, einzukehren … Da ist die Tour zu Fuß viel entspannter – falls das Teilstück über Marinegebiet nicht gerade für einige Stunden gesperrt ist. Vorher also unbedingt die Bandansage der Marine abhören (Tel. 04343/494#30#72#00). Der ansonsten nötige Umweg ist zwar ausgeschildert, aber mehr als fünf Kilometer lang.

KM 1

Die Gangway runter, links und immer an der Wasserkante halten. Kommt der Anleger Kitzeberg in Sicht, geht es an einem der letzten naturnahen Strände des Ostufers auch barfuß weiter.

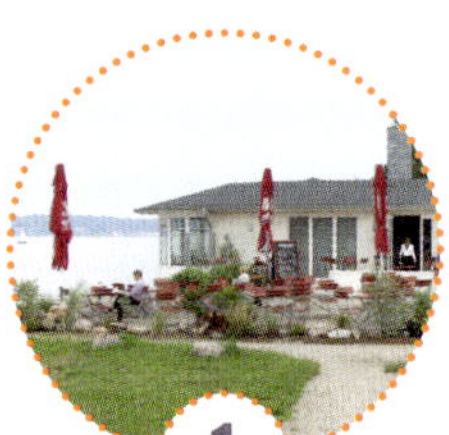

1

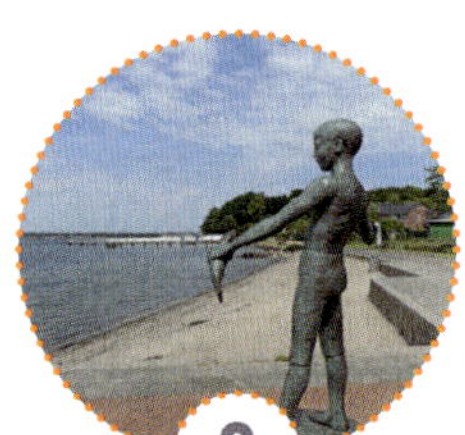

2

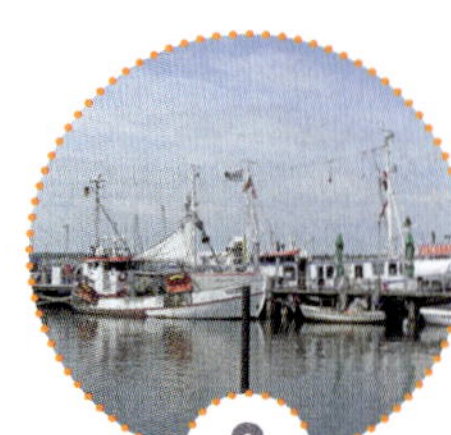

3

KM 1

KIEK UT

Coffee to sit

KM 3

ALTHEIKENDORF

Fördeschwimmen

KM 4

MÖLTENORT

Bi de Fischer un sin Fru

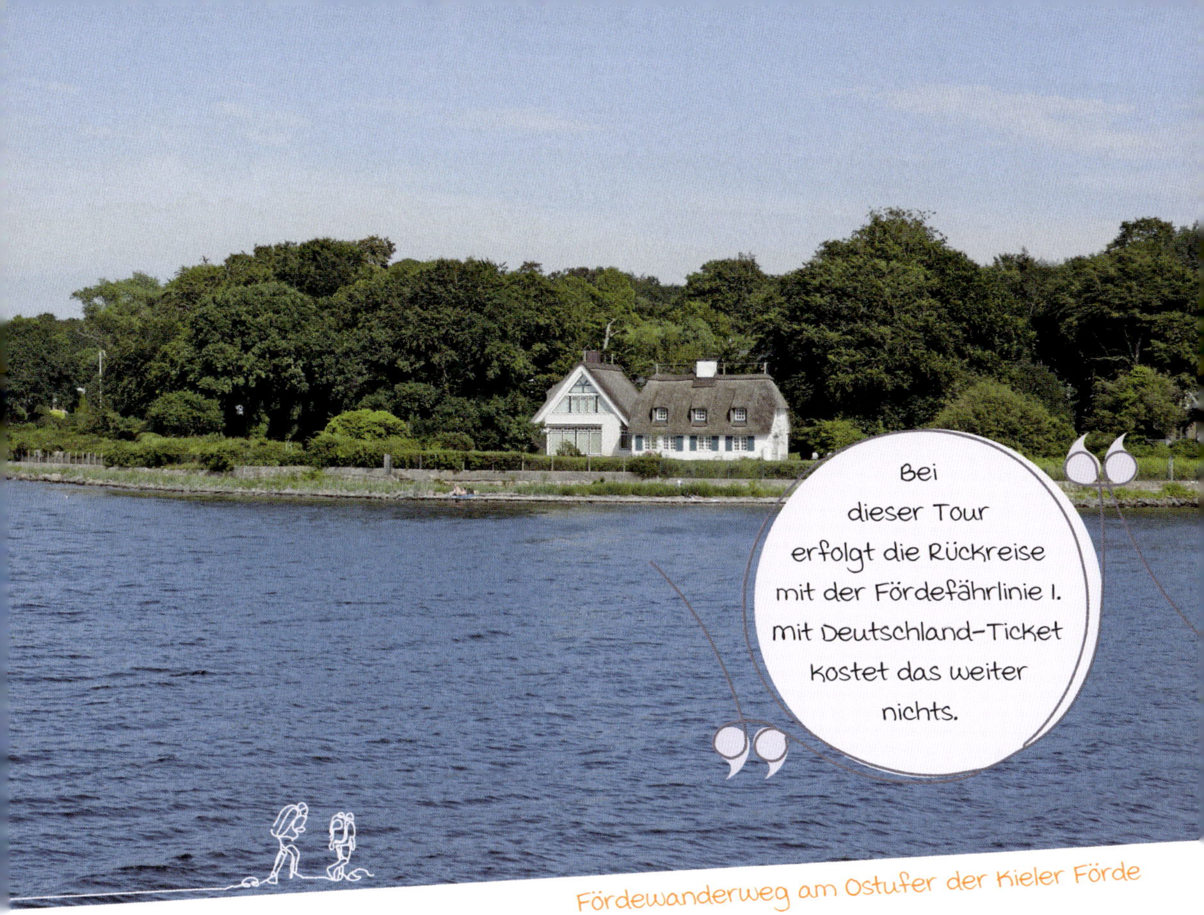

Fördewanderweg am Ostufer der Kieler Förde

1 Kiek ut Dampferarchitektur nennt sich der Stil des reizendes Strandrestaurants Kiek ut in bester Lage. Mit dem alten Villenviertel im Rücken und Blick auf Kiel Holtenau erfreute sich das ehemalige Wartehäuschen nebst Kiosk schon in den 1950er-Jahren größter Beliebtheit. Dass man dort heute ebenso schön pausiert wie damals, ist dem Engagement des Kitzeberger Dampferbrücke e.#V. und dem »längsten Spendenbanner des Nordens« zur Kieler Woche 2001 zu verdanken.

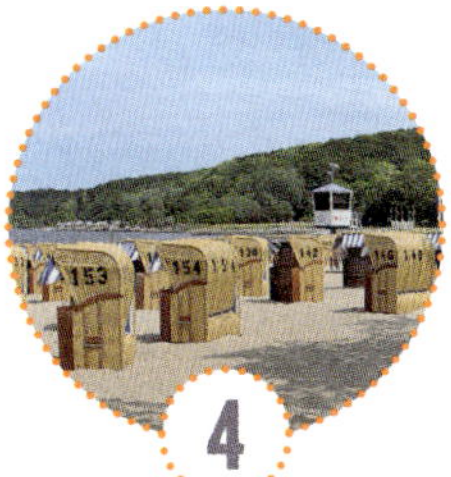

4

KM 4,5

HEIKENDORF STRAND

(Lebens-)Künstlerkolonie

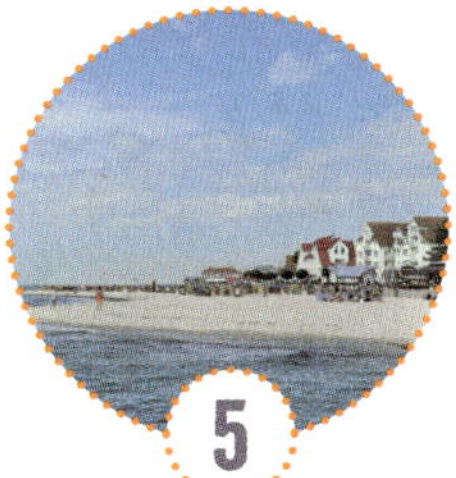

5

KM 7,5

LABOE

Frisch vom Kutter

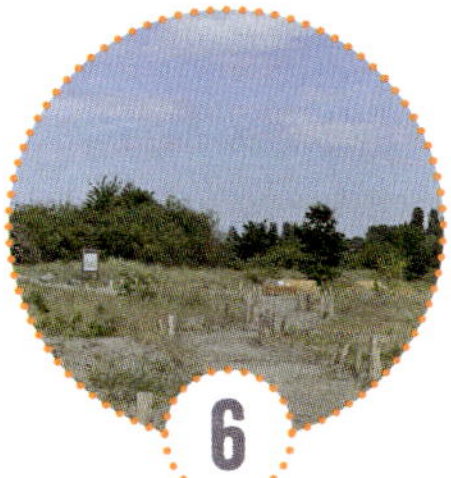

6

KM 9

NATURERLEBNISRAUM

Ein Ökowunder

FOTO STOPP

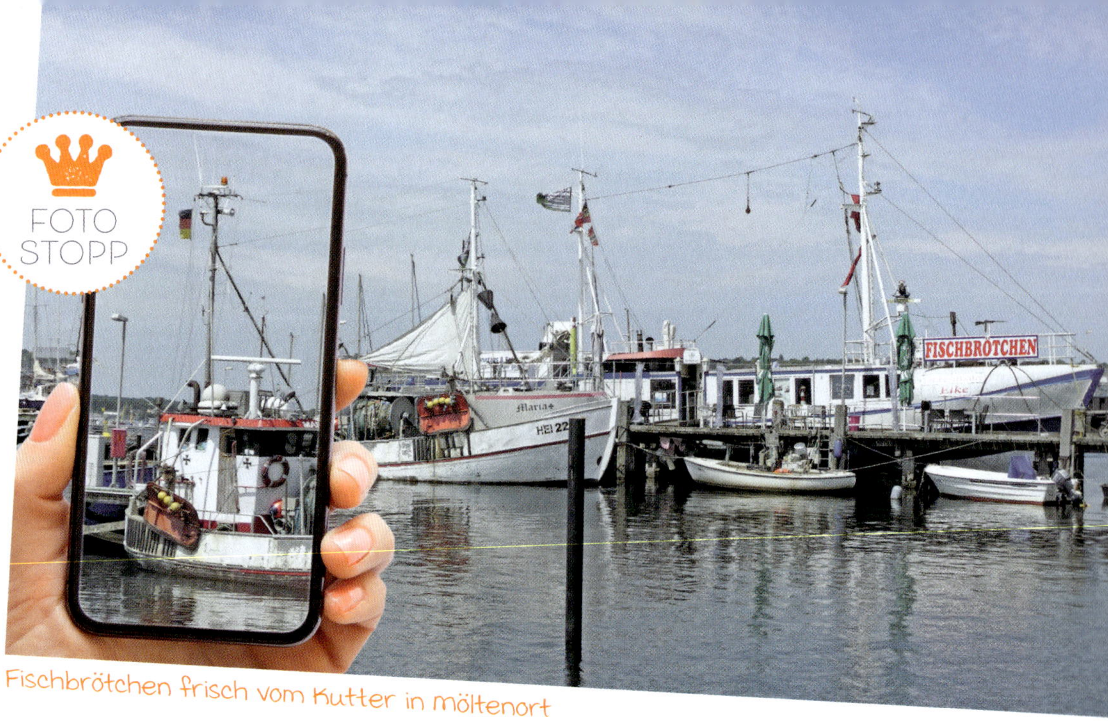

Fischbrötchen frisch vom Kutter in Möltenort

KM 3

Weiter geht es vorbei an den besten Adressen des Ostufers. Wem kurz vor dem Etappenziel eine kleine Bauhausschönheit bekannt vorkommt, kennt sie vielleicht aus der Serie »Solo für Weiss«.

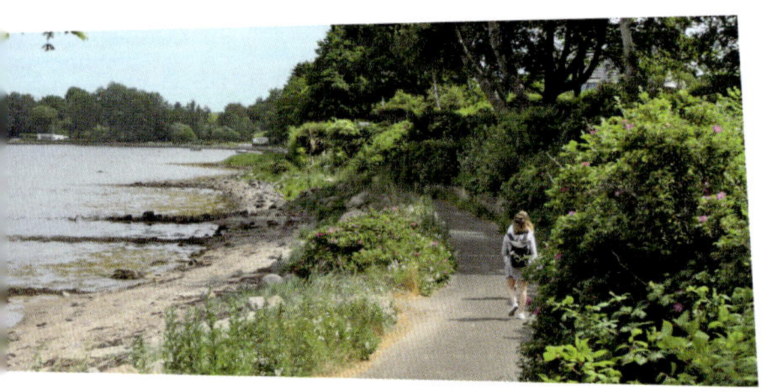

Promenade Mönkeberg

2 Altheikendorf Die Bronze des Jungen mit Fisch schaut am kleinen Freistrand von Altheikendorf auf die Kieler Förde hinaus. Wer lieber unter Aufsicht von Rettungsschwimmenden und ungesehen von Passanten in die Fluten steigt, kann das nur einige Schritte weiter in der Seebadeanstalt tun. Hinter blickdichten Planen ermöglichen Ehrenamtliche seit fast 100 Jahren den Zugang von den Stegen ins Wasser, führen Schwimmkurse durch, lassen Familienfeste steigen.

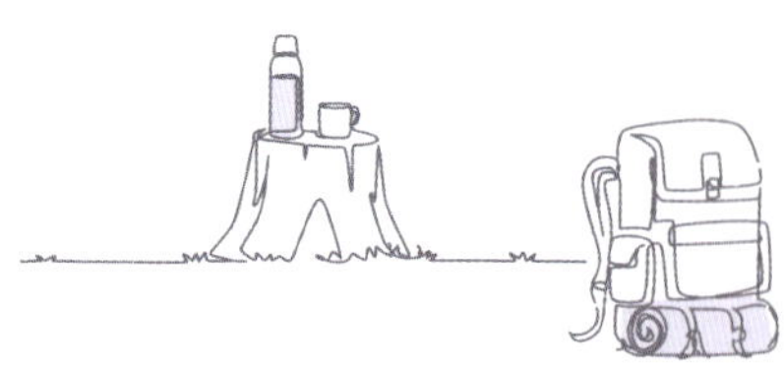

i-TÜPFELCHEN

MUSEUMSTRAUM

Seit 2009 schon setzt sich eine Gruppe engagierter Möltenorter für ihre Vision eines Fischereimuseums ein. Der Infopavillon zum großen Haus ist immerhin schon da.

KM 4

Hinter der nächsten Biegung ist schon der Sportboothafen Möltenort zu sehen. Bis zum Fähranleger sind es einige Hundert Meter, je nachdem, wie viele Stege man zuvor noch abläuft.

3 **Möltenort** duftet noch immer nach Fischfang. Dabei spielt der in aktiver Form aktuell kaum mehr eine Rolle an der Kieler Förde. Doch 400 Jahre Tradition lassen sich zum Glück nicht so einfach wegwischen. Schon gar nicht, wenn man mal in der ersten Liga gespielt hat. In den 1960er-Jahren avancierte Möltenort eine Zeit lang zum größten Kutterhafen der westdeutschen Ostsee. Im Infopavillon am Fähranleger erfährt man mehr darüber. Und auch die Skulptur »Gerettet« von Adolf Brütt an der schön gestalteten Promenade zeigt einen Fischer.

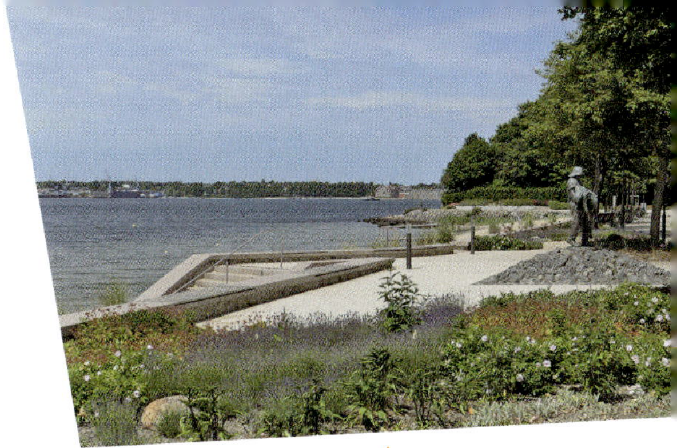

Promenade Möltenort

KM 4,5

Auf den kommenden 500 Metern darf der Besuch des U-Boot-Ehrenmals nicht fehlen. Vom Weg ist nur ein Teil der Gedenkstätte zu erkennen. Wer eintaucht, wird tief bewegt.

4 **Heikendorfer Strand** Geschützt in einer Bucht liegend und von Baumriesen umstanden, ist der Heikendorfer Kurstrand eine Bilderbuchschönheit beziehungsweise Instagram-Beauty, denn die Strandbars von Zantopps Sommerhaus und Hippie Fisch eignen sich gut, um sein Eis oder Fischbrötchen mit der Social-Media-Gemeinde zu teilen. Dementsprechend jung ist das Publikum und ausgelassen die Stimmung. Wer es zu trubelig findet, spaziert über die Sandsichel hinaus. Dort kann man den Friedrichsorter Leuchtturm am nahen Westufer sogar noch besser bewundern.

Frei-Strand Alt Heikendorf

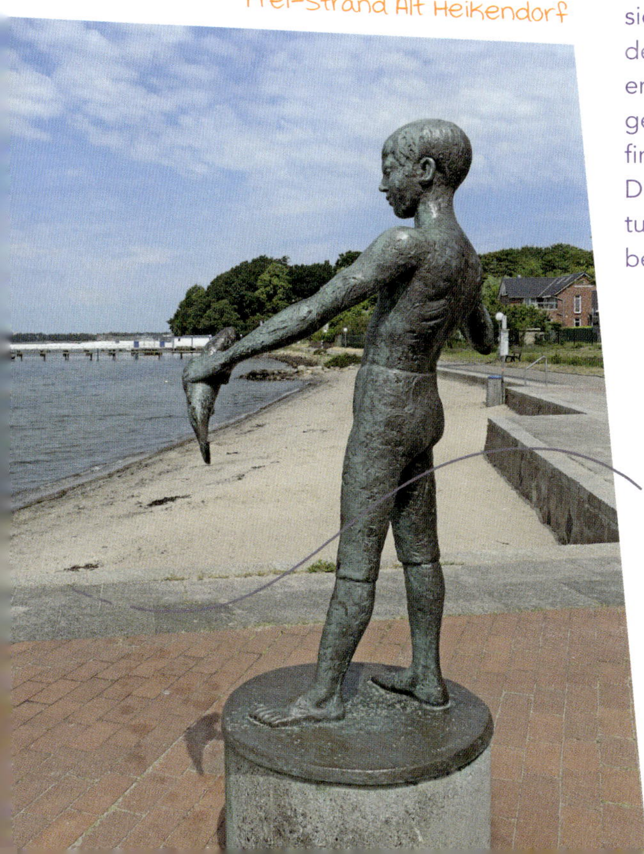

Am Ende des Kurstrands bespielt eine Gemeinschaft den Kunstkiosk mit wechselnden Ausstellungen.

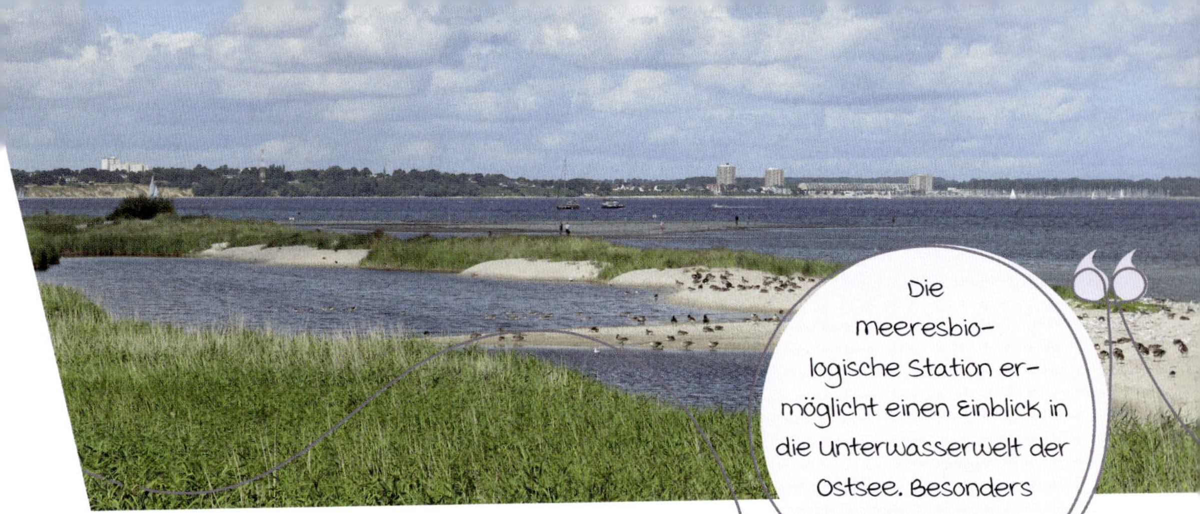

Lagune von Laboe

Die meeresbiologische Station ermöglicht einen Einblick in die Unterwasserwelt der Ostsee. Besonders toll für Kinder.

TRAUMHAFT

PLANSCHVERGNÜGEN

Badetraum ist in Laboe wortwörtlich zu nehmen. Das Wasser fällt extrem flach ab, sodass es bei bestimmten Winden gar nicht zum Schwimmen reicht. Planschen ist aber auch toll.

KM 7,5

Ab Heikendorf führt der Fördewanderweg direkt durch das Marine-Munitionsdepot Jägersberg. Bis kurz vor Laboe darf man nicht mal ans Wasser ran. Dort angekommen, folgt man einfach der Hafenkante.

5 Laboe Vom Hafenplatz ist linker Hand der Anleger zu sehen, von dem es später mit der Fähre zurückgeht. Aber jetzt wird erst mal von Fördefeeling auf Ostseefrische umgeschaltet. Laboe ist ein beliebtes Seebad, und rund um die Musikmuschel spielt die Musik im Sommer fast jeden Tag. Strandbars, Strandbuden, Strandkörbe, Strandlädchen säumen die Strandpromenade. Der Kurstrand ist abgabepflichtig. Das lohnt sich – aber nur, wenn man auch ein bisschen bleibt. Vielleicht lieber, wenn der letzte Teil der Tour absolviert ist?!

KM 9

Am Ende der Promenade liegt das bekannte U-Boot am Strand und ragt das Marine-Ehrenmal in den Himmel. Gleich dahinter wuchert die Natur.

6 Naturerlebnisraum Wo heute eine Dünenlandschaft bezaubert, befand sich bis 1991 ein Campingplatz. Er wurde der Natur zurückgegeben, weil Wind und Wellen ein ökologisches Wunder taten. Sie schufen eine Lagune. Bewundern kann man sie zum Schutz von Tieren und Pflanzen nur aus einiger Entfernung. Am besten dort, wo der Hauptweg kurz nach der Meeresbiologischen Station wieder auf die Kreisstraße trifft. Ein Pfad schlingert zurück durch die Dünen und an den Strand. Den darf man hier übrigens ganz ohne Kurtaxe betreten. Und Baden geht hier natürlich auch.

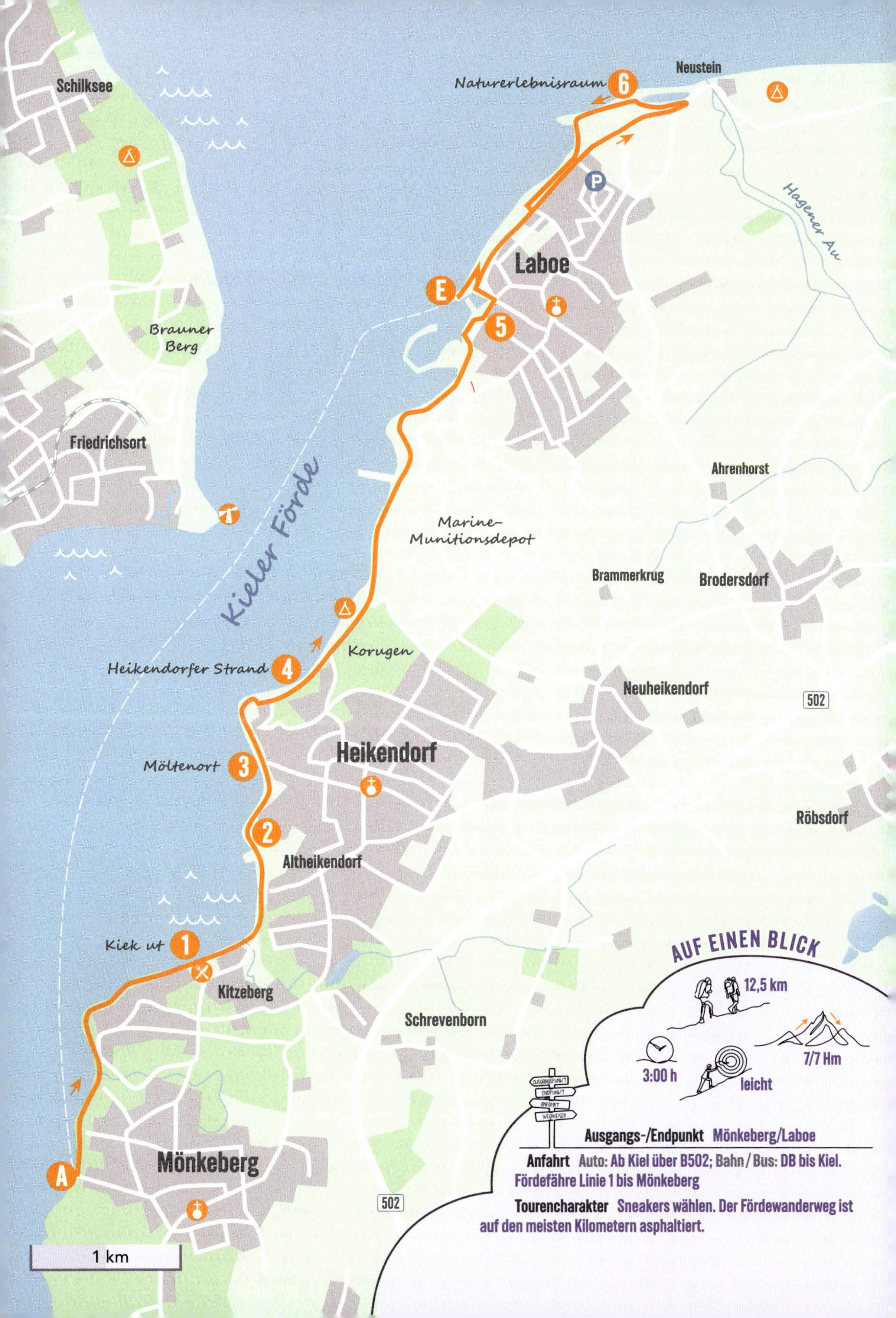

AUF EINEN BLICK

12,5 km

3:00 h

leicht

7/7 Hm

Ausgangs-/Endpunkt Mönkeberg/Laboe

Anfahrt Auto: Ab Kiel über B502; Bahn/Bus: DB bis Kiel. Fördefähre Linie 1 bis Mönkeberg

Tourencharakter Sneakers wählen. Der Fördewanderweg ist auf den meisten Kilometern asphaltiert.

16

SCHWENTINEWANDERWEG

EINE KINDERLEICHTE RUNDE

Der Schwentinewanderweg begleitet Schleswig-Holsteins längsten Fluss auf seinen letzten Kilometern von Preetz nach Kiel. Besonders malerisch windet sich die Schwentine durch das Schwentinetal. Diese Tour am Nord- und Südufer des Flusses eignet sich perfekt für einen Ausflug mit Kindern. Selbst mit solchen, die nicht sofort Hurra rufen, wenn es auf eine Wanderung geht. Dafür sorgen die kindgerechten Highlights des Schwentineparks zum Ende der Tour. Unterwegs wird es aber auch nicht langweilig. So gibt es eine Fischtreppe zu bestaunen, Eichhörnchen und Vögel zu beobachten, Industriedenkmäler zu entdecken. Der meist ufernahe Pfad lädt zum Spielen in der Böschung ein, und auf den sonnenbeschienenen Stegen und Holzpontons des romantischen Rosensees lässt es sich prima picknicken oder pausieren.

KM 1

Vom Bahnhof Raisdorf die Überführung zur Wilhelm-Heuck-Allee nehmen. An ihrem Ende rechts auf »Zum See«. Nach 200 Metern leicht links »Zur Schwentine« bis zum Schwentinewanderweg.

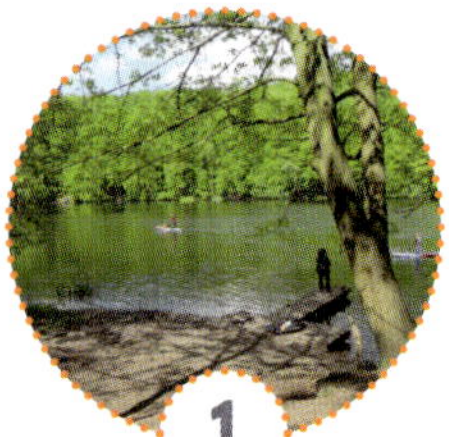

1

KM 1

ROSENSEE

Bootstour dann später

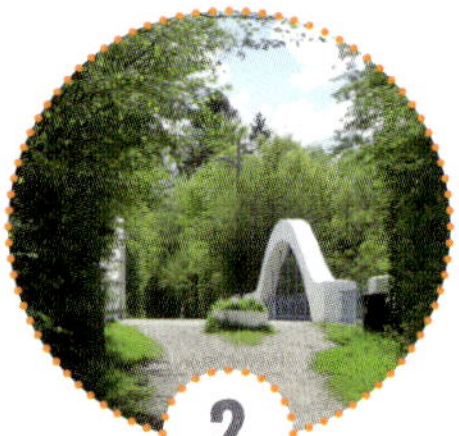

2

KM 2

WEISSE BRÜCKE

Tal der technischen Denkmäler

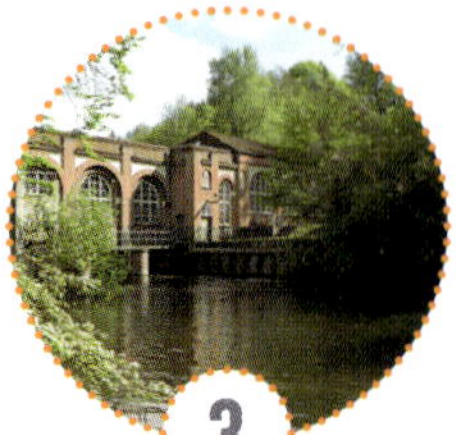

3

KM 4

WASSERKRAFT-WERK II

Fotostopp

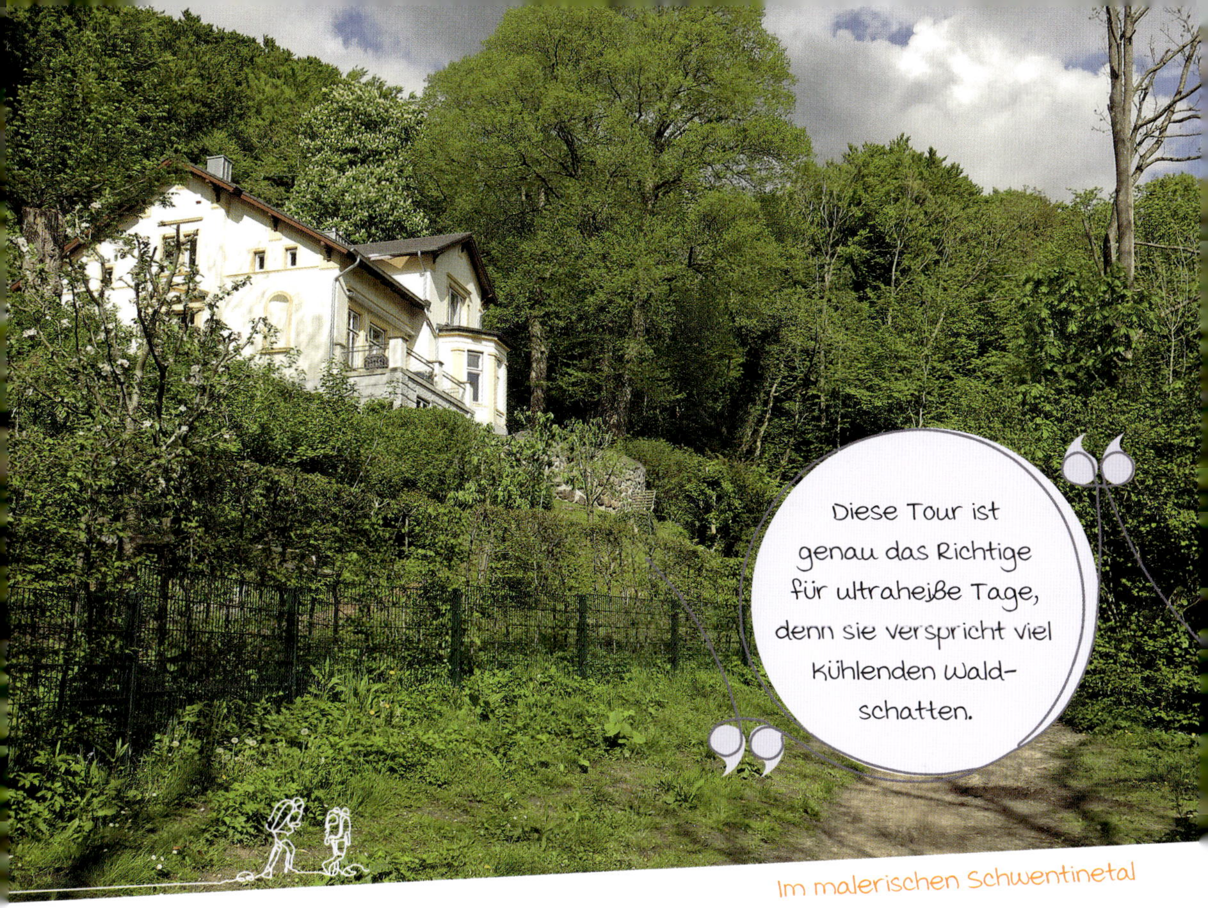

Im malerischen Schwentinetal

1 Rosensee Die Tour startet an strategisch günstiger Stelle. Nämlich dort, wo sich die Schwentine zum Rosensee staut. Wandermuffel kann man hier schon mit dem Finale – einer Bootstour auf dem See – motivieren. Der Tretbootverleih ist nur einige Schritte entfernt; vom Steg aber nicht zu sehen. Besonders von Mai bis November, wenn alles wild wuchert, scheint das Schwentinetal geradezu märchenhaft naturbelassen. Dabei ist der Rosensee künstlich angelegt.

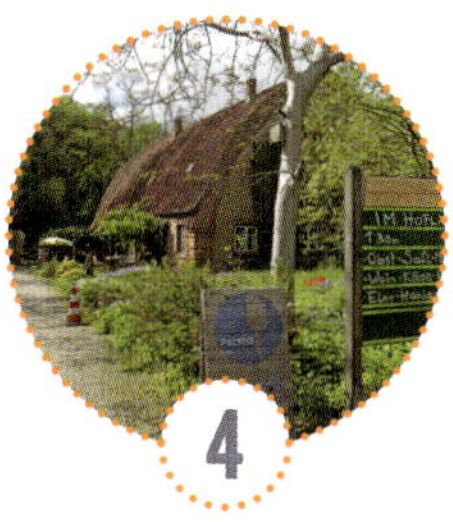

4

KM 4,5

OBSTQUELLE

Picknick vom Hofladen

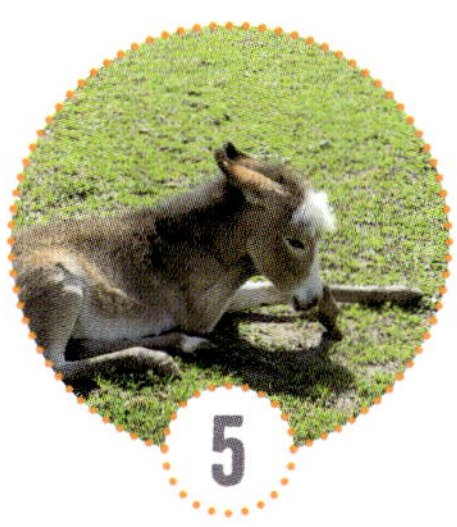

5

KM 5

WILDPARK

Zum Streichelzoo

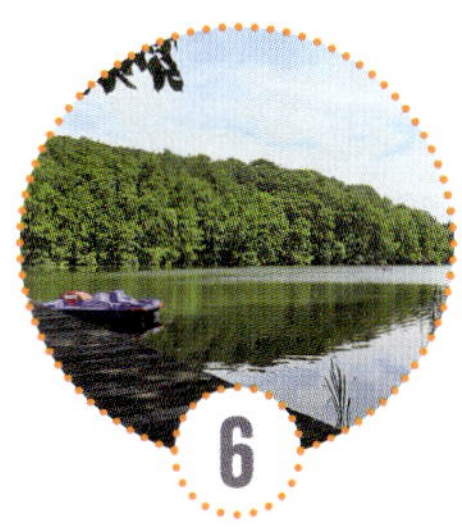

6

KM 6,5

ABENTEUER-SPIELPLATZ

Treiben lassen

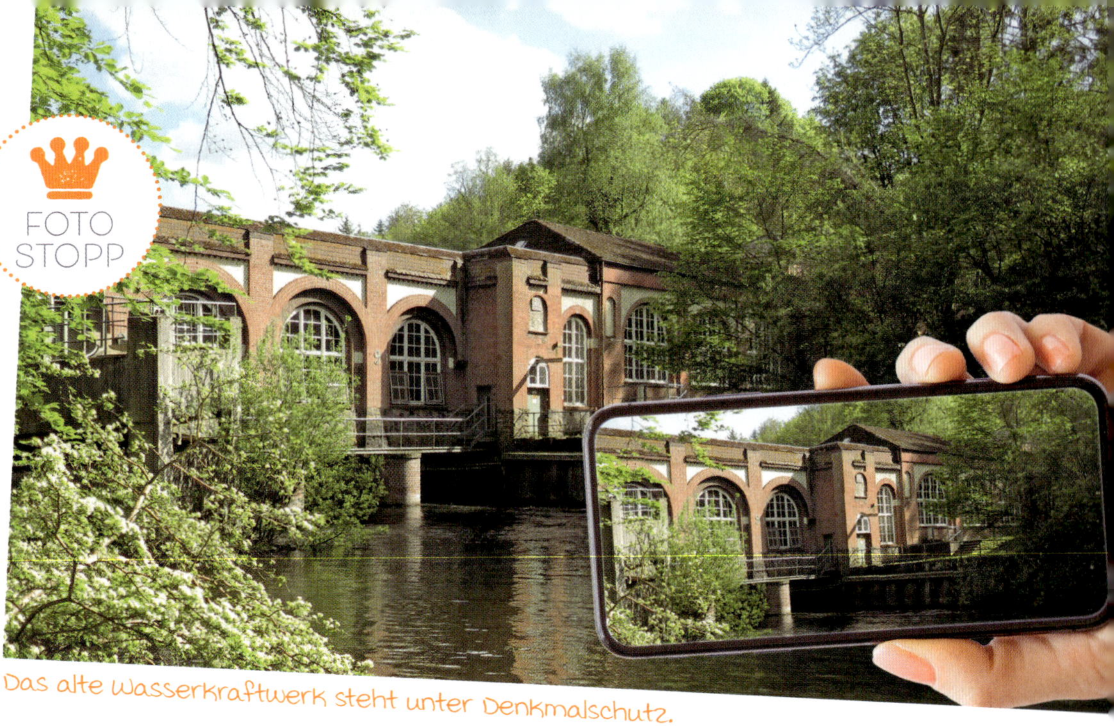

Das alte Wasserkraftwerk steht unter Denkmalschutz.

KM 2

Den Rosensee auf dem Uferpfad umwandern wir gegen den Uhrzeigersinn bis zur Bogenbrücke.

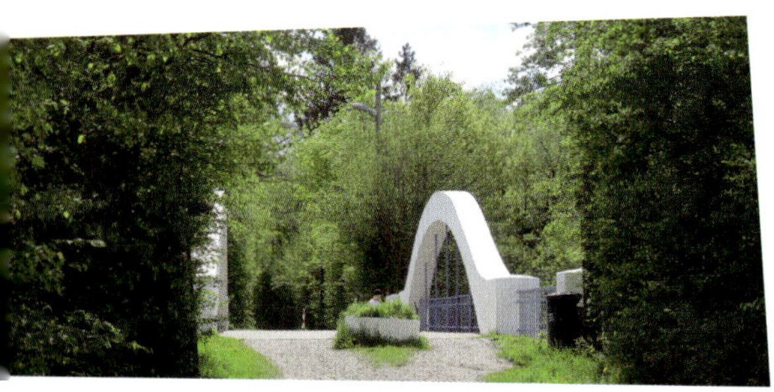

Weiße Brücke von 1909

2 Weiße Brücke Man denkt es gar nicht auf den ersten Blick, doch die Weiße Brücke ist eine alte Lady. Schon seit 1909 überspannt sie den Rosensee, der selbst erst im gleichen Jahr durch Aufstauung entstand. Als einzige Beton-Bogenbrücke Schleswig-Holsteins steht sie unter Denkmalschutz. Bis 1936 musste sie noch jede Menge Verkehr ertragen. Erst der Bau einer Landstraße (heute die weit hörbare Bundesstraße) machte sie zu einem beliebten Ausflugsziel und Fotomotiv.

i-TÜPFELCHEN

EIN TRÄUMCHEN

Im ohnehin idyllischen Schwentinetal ist das kleine NSG Altarm der Schwentine noch einen Tick idyllischer. Eine ausgeschilderte, 2,5-Kilometer-Extrarunde führt am Wasserkraftwerk I zurück.

KM 4

Jenseits der Brücke links der Dorfstraße von Rosenfeld folgen. Nach etwa 400 Metern links auf dem Schwentineweg bis zum ufernahen Wanderpfad.

3 **Wasserkraftwerk II** Obwohl das Schwentinetal so verträumt wirkt, ist es in Wahrheit stark von Industrie geprägt. Aber selbst die gibt sich hier fotogen. An der Staumauer der einzigen Talsperre Schleswig-Holsteins errichtete Bernhard Hohwaldt 1909 das Wasserkraftwerk II, um Strom für seine Schiffswerft zu erzeugen. Es steht unter Denkmalschutz, ist aber gleichzeitig noch immer in Betrieb. Die beste Ansicht gibt es von der Böschung etwa auf Höhe der Infotafel. Ebenso schön anzusehen ist übrigens das Wasserkraftwerk I, gut einen Kilometer die Schwentine hinunter.

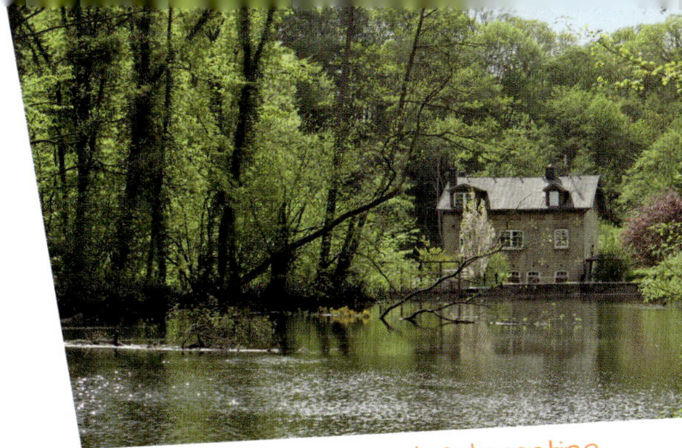

Längster Fluss im Land: Schwentine

KM 4,5

Dem Waldpfad knapp 500 Meter folgen. Nach Überquerung der Schwentine rechts. Die Obstquelle liegt 100 Meter weiter auf der linken Seite.

4 **Im Hofladen der Obstquelle** sind Kern-, Stein- und Beerenfrüchte die Hauptsache und naturnahe Erzeugung eine Selbstverständlichkeit. Wer mag, kann sich seinen Einkauf auch nach Hause liefern lassen. Aber einige gute Stücke gehören natürlich zum sofortigen Verzehr in den Rucksack. Es ist nicht mehr weit zu den Highlights für Kids, wo mehr pausiert als gewandert wird. Wer zuvor noch das Wasserkraftwerk I sehen und/oder fotografieren möchte, läuft von der Obstquelle nur eine Minute dorthin.

Apfelspezialistin: die Obstquelle Schuster

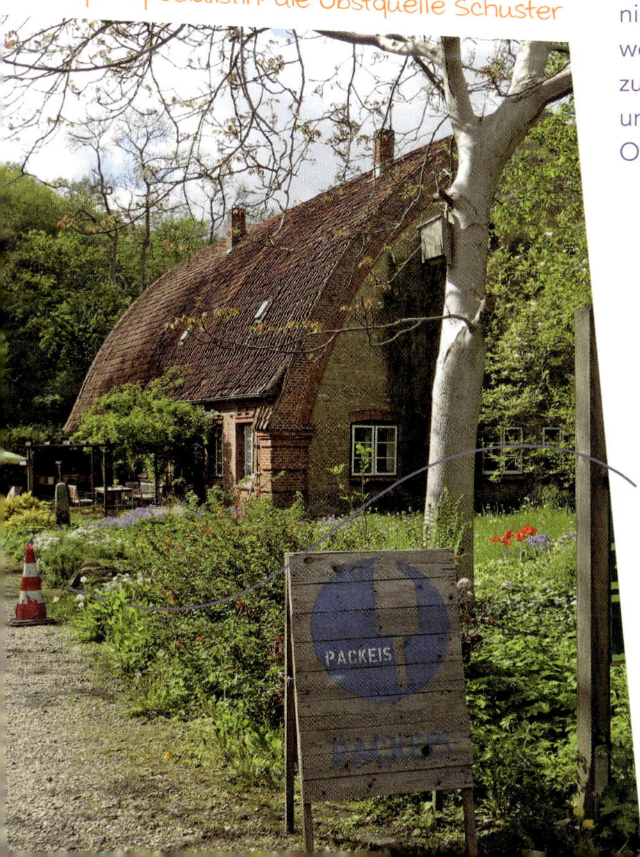

Auf der Extrarunde durch das NSG liegt etwa mittig das traditionsreiche Ausflugslokal Oppendorfer Mühle.

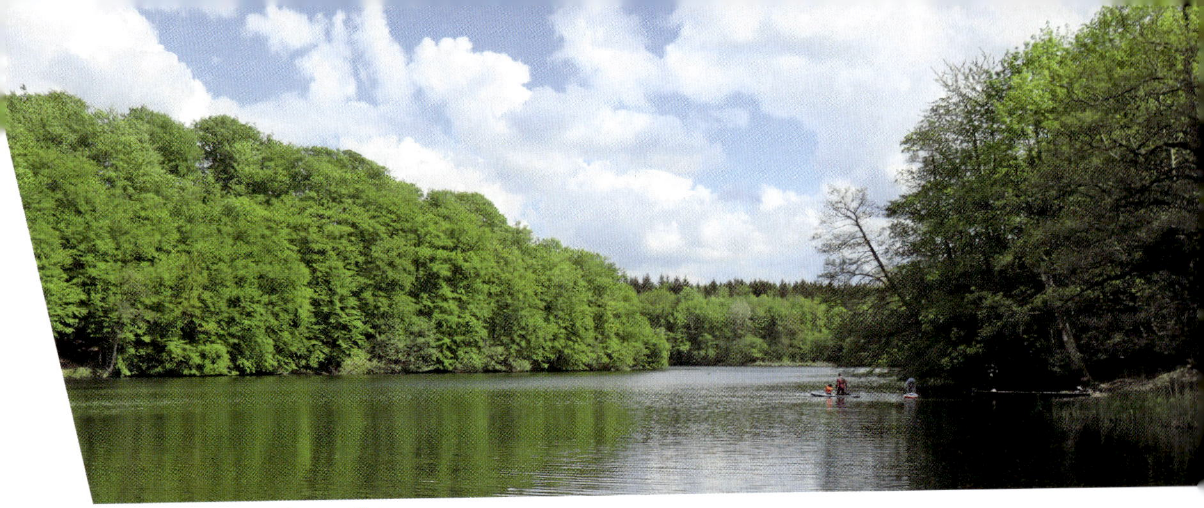

Bei der Rastorfer Mühle

TRAUMHAFT

MIT WASSERRUTSCHE

Schwimmen ist in der Schwentine nicht angesagt. Wer ohne Badestopp nicht auskommt, freut sich über das Freibad Schwentinental, gleich neben dem Abenteuerspielplatz.

KM 5

Zurück zur Brücke und dort rechts halten. Dem Straßenverlauf folgen wir nun bis zum Eingang des Wildparks.

5 **Der Wildpark** im Schwentinepark ist ein kostenfreies Vergnügen. Rund 400 Tiere können in den großzügigen Freianlagen entdeckt und zum Teil auch gefüttert werden. Stars sind vor allem heimische Wild- und Haustiere, etwa Schafe, Ziegen, Rehe, Wildschweine, Wellensittiche, Pfauen, Esel, Pferde und Galloway-Rinder. In einem begehbaren Gehege kann man sich sogar unter einige nicht besonders schüchterne Tiere mischen. Der Park ist 40 Hektar groß und von vielen verschlungenen Pfaden durchzogen. Die muss man also im Geiste zu dieser Tour dazuzählen.

KM 6,5

Um den Kiosk am Abenteuerspielplatz zu finden, einfach dem fröhlichen Geschrei folgen. Dann runter ans Wasser bzw. zum Schwentinewanderweg.

6 **Der Kiosk am Abenteuerspielplatz** fungiert auch als Tretbootverleih. Die nahezu unsinkbaren Gefährte liegen an einem Holzsteg nahe dem Wasserkraftwerk II. Man bekommt es nun aus der weniger schicken Perspektive zu sehen. Alles andere sieht vom Wasser aus betrachtet genauso schön aus wie auf der Wanderung. Bis zur Weißen Brücke darf man den Rosensee befahren. Unterwegs erkennt man auch den Steg wieder, wo man zu Beginn dieser Tour die Schwentine erreicht hat. Er liegt nur 200 Meter vom Treetbootsteg entfernt.

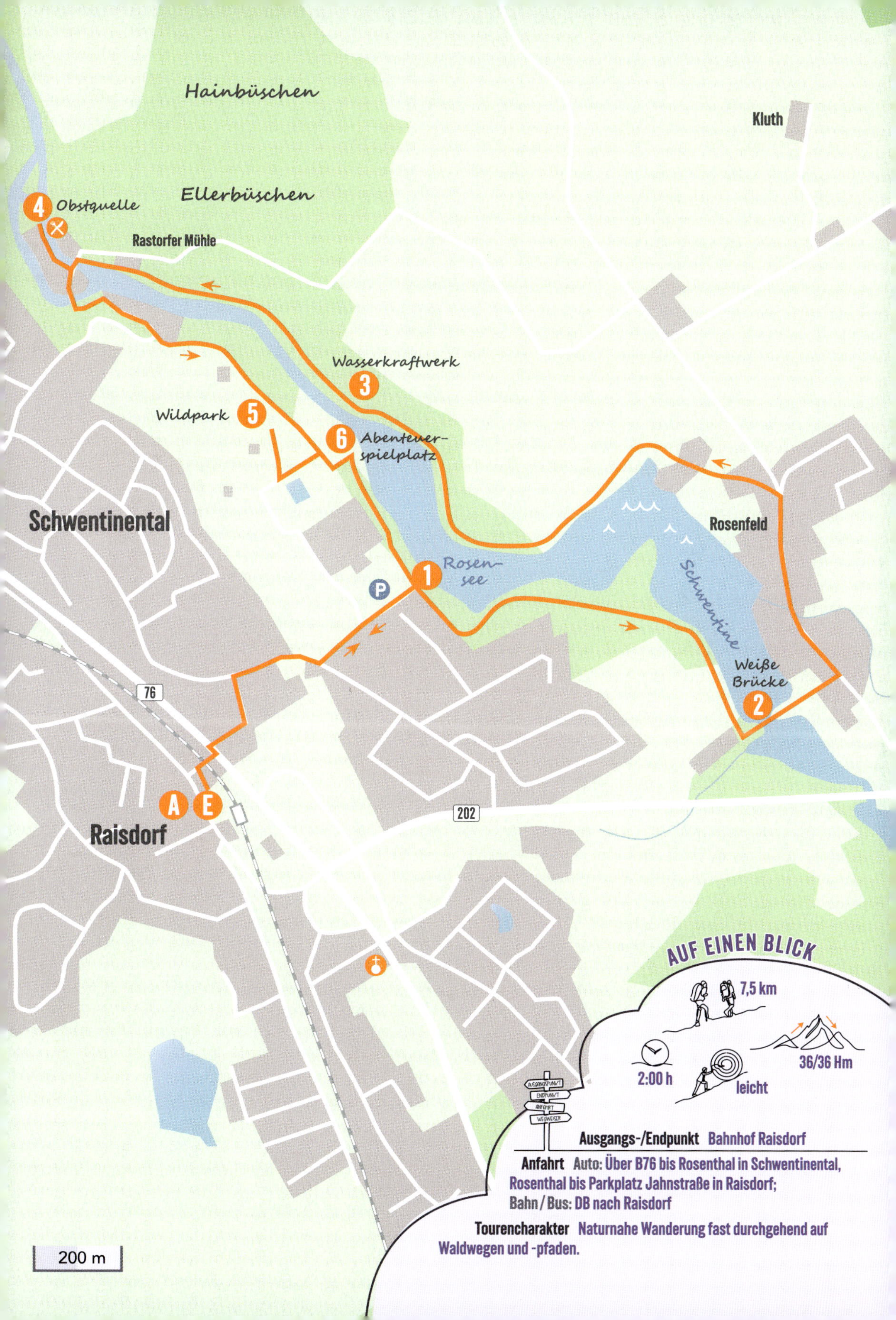

AUF EINEN BLICK

7,5 km

2:00 h

leicht

36/36 Hm

Ausgangs-/Endpunkt Bahnhof Raisdorf

Anfahrt Auto: Über B76 bis Rosenthal in Schwentinental, Rosenthal bis Parkplatz Jahnstraße in Raisdorf; Bahn / Bus: DB nach Raisdorf

Tourencharakter Naturnahe Wanderung fast durchgehend auf Waldwegen und -pfaden.

17

SCHILKSEE UND FRIEDRICHSORT

STRAND- UND STEILKÜSTENTOUR

Neben etlichen Fördekilometern hat Kiel auch eine Handvoll an der offenen Ostsee zu bieten. Sie erstrecken sich vom Stadtteil Friedrichsort bis zum Retorten-Komplex des Olympiazentrums in Schilksee. Der ist keine Schönheit auf den ersten Blick. Doch die Atmosphäre im Jachthafen macht das wett, und außerdem sind es auch nur ein paar Schritte, bis die Stadtnatur übernimmt. Dann erweist sich diese Tour als luftig-leicht und abwechslungsreich. Auf Wanderwegen geht es entlang der Steilküste bis zum Lieblingsstrand der Landesstadt in Falckenstein. Der Rückweg erfolgt am Strand, denn der ist hier wirklich eine Pracht. Kein Wunder, befinden wir uns doch auf dem Dänischen Wohld. Die historische Landschaft gehört mit ihren Hügeln und Kuppen zu den reizvollsten Ecken Schleswig-Holsteins.

KM 0,5

Vom Parkplatz/der Bushaltestelle an der Schwimmhalle vorbei durch die Betonburgen schlängeln. Jenseits den Ausguck mit Fackel für das Olympische Feuer anpeilen.

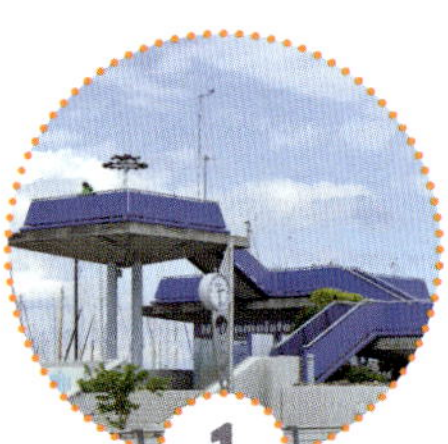

1

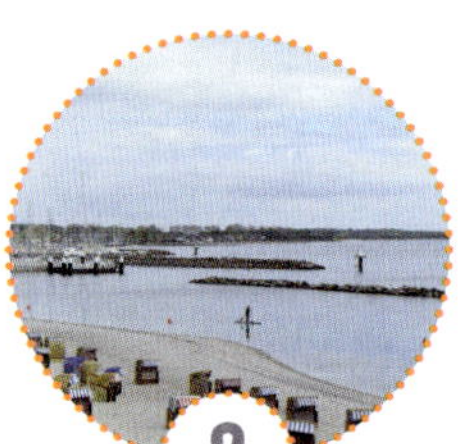

2

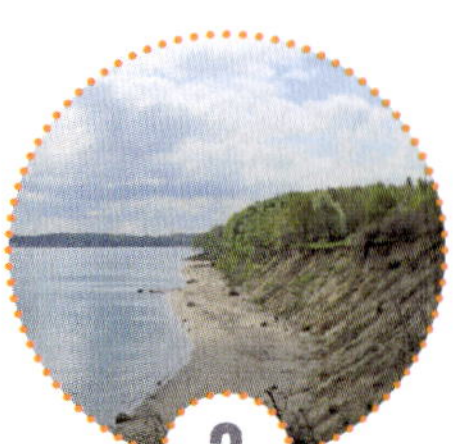

3

KM 0,5

OLYMPIAZENTRUM

Erster Überblick

KM 1

STRANDBAD SCHILKSEE

Kurzer Check

KM 2,5

STEILKÜSTE

Weiter Horizont

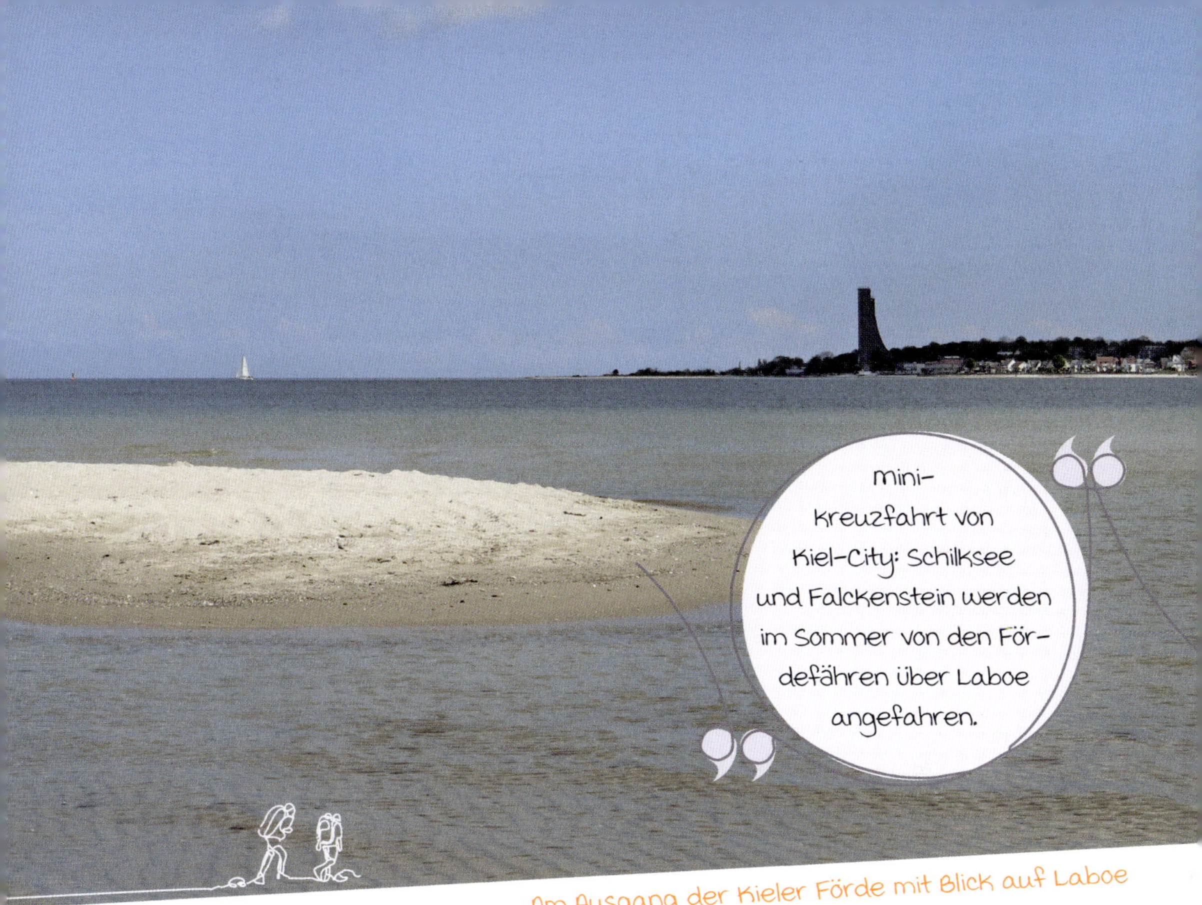

Am Ausgang der Kieler Förde mit Blick auf Laboe

1 Olympiazentrum Viele Menschen sind hin- und hergerissen, wenn sie den Jachthafen Schilksee zum ersten Mal sehen. Denn das ist nicht gerade Architektur, die es darauf anlegt, zu gefallen. Brachial wurde das Olympiazentrum für die Sommerspiele 1972 aus dem Boden gestampft. Brutalismus nennt man diesen Baustil. Andererseits ist die Kieler Förde an ihrem Ausgang wunderschön, und an keinem anderen Ort in Norddeutschland wird Segeln so sportlich genommen wie hier.

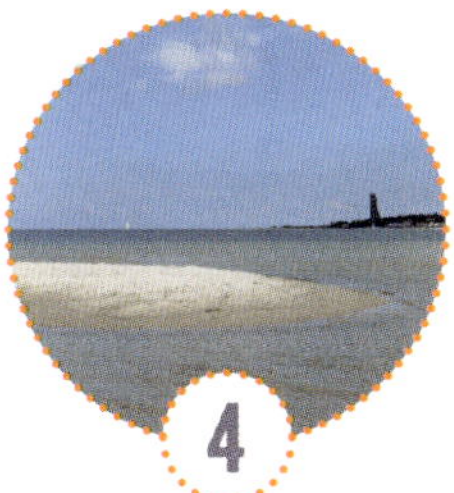

KM 4

FALCKENSTEIN

Längster Strand

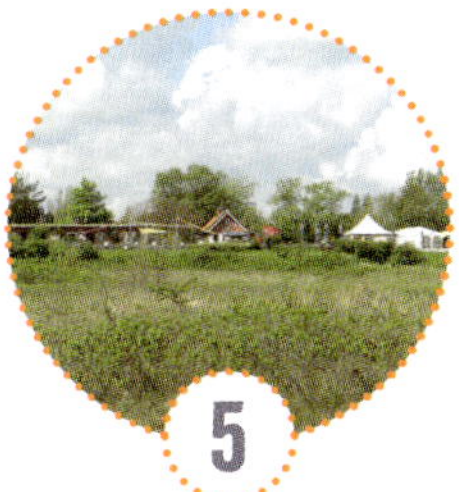

KM 6

DEICHPERLE

Lieblingsort Friedrichsort

KM 6,5

LEUCHTTURM

Am Scheitelpunkt

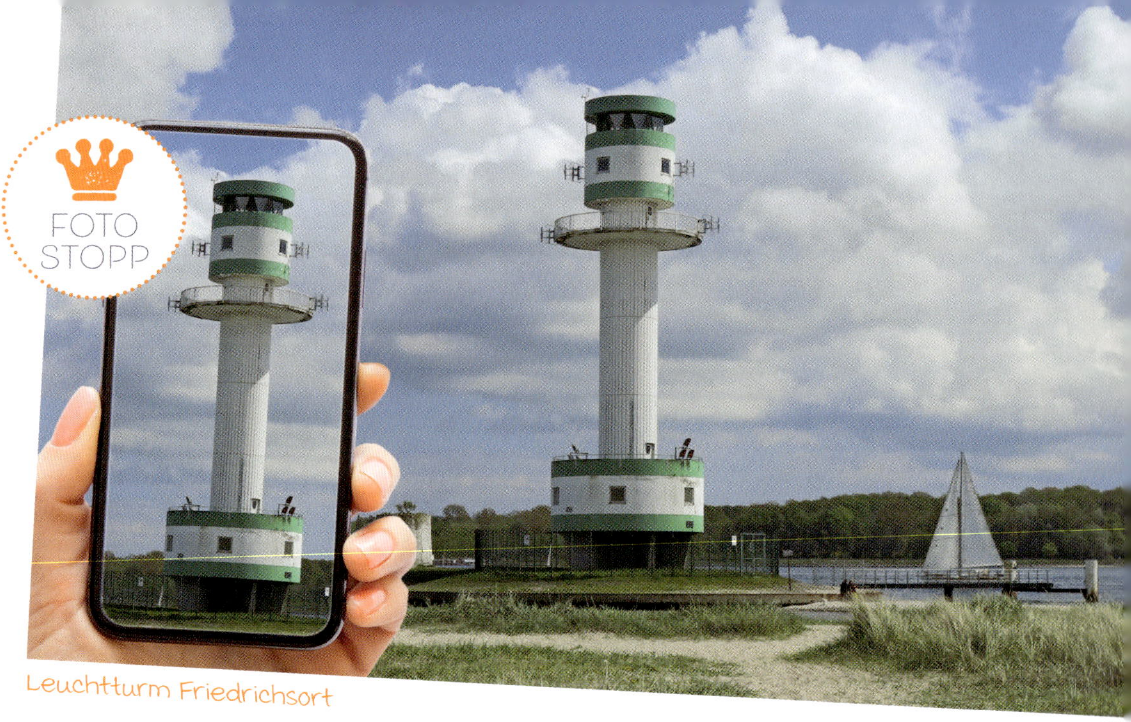

Leuchtturm Friedrichsort

KM 1

Der Otto-Schlenzka-Promenade folgen wir zum Fähranleger. Dort stolpert man direkt an den Freistrand.

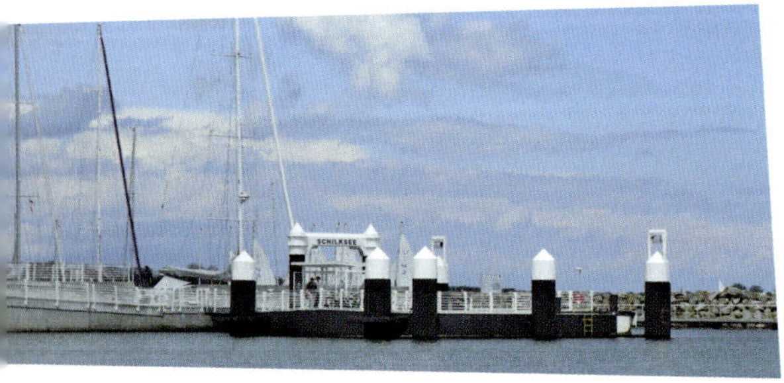

Anleger Schilksee

2 Strandbad Schilksee Vor den Olympischen Spielen war Schilksee ein Fischerdorf. Bis 1876 gehörte es zu Dänemark. Etwa zu der Zeit wurde es auch von Künstlern entdeckt, von denen einige für immer ihre Zelte hier aufschlugen. Ihnen folgten die Sommerfrischler und Segler. Am Strand kann man die damalige Stimmung noch erahnen. Nachdem Schilksee in den 1950er-Jahren seine Selbstständigkeit aufgab, wurde es zu Kiels einzigem Strand an der offenen Ostsee.

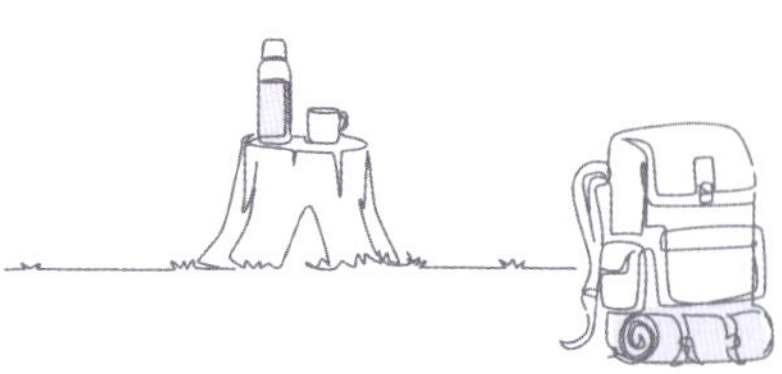

TRAUMHAFT

DER BESTE

Zum Baden ist der Falckensteiner Strand der beste auf dieser Tour. Der Abschnitt zwischen der Surfschule Westwind und dem Leuchtturm wird in der Badesaison bewacht.

KM 2,5

Über die Strandpromenade auf »Hohes Ufer«. Am Ende links in den Seeschwalbenweg. Die kleine Grünanlage queren. Dem Wanderweg bis zur Steilküste folgen.

3 Steilküste Lang ist sie gerade nicht – die Steilküste im Süden von Schilksee. Gerade mal ein paar Hundert Meter. Doch dafür ist sie außergewöhnlich aktiv. Bis zu einem Meter pro Jahr bricht hier ab. Rechnet man das hoch, scheinen die Häuser in Steilküstennähe trotz fabelhafter Aussicht gleich etwas weniger attraktiv. Sie stehen nur 60 Meter von der Abbruchkante entfernt. Noch gibt es keine Idee, wie man die Siedlungen zukünftig schützen kann. Der Wanderweg am Klippenrand musste schon einige Male versetzt werden. Absperrungen sind wie immer unbedingt zu respektieren.

Steilküste von Kiel-Schilksee

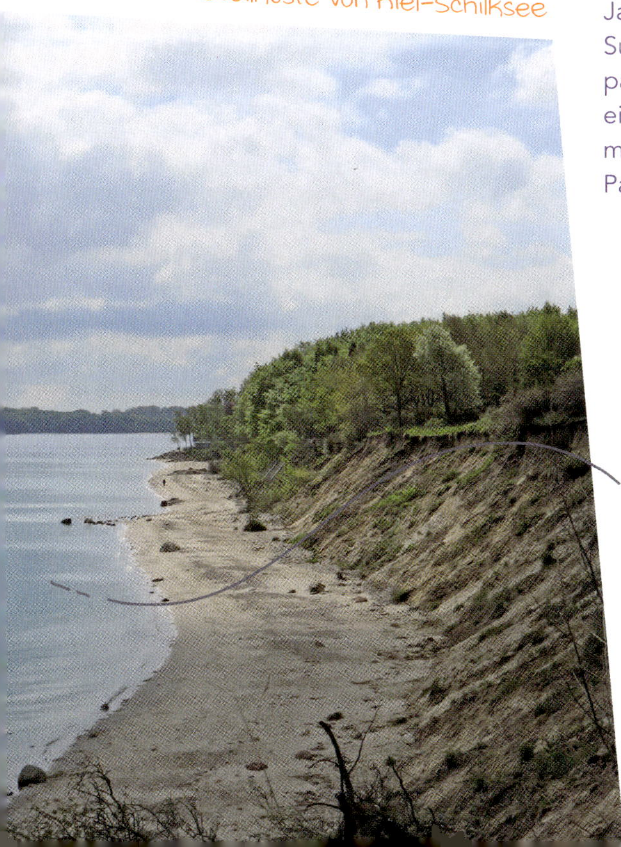

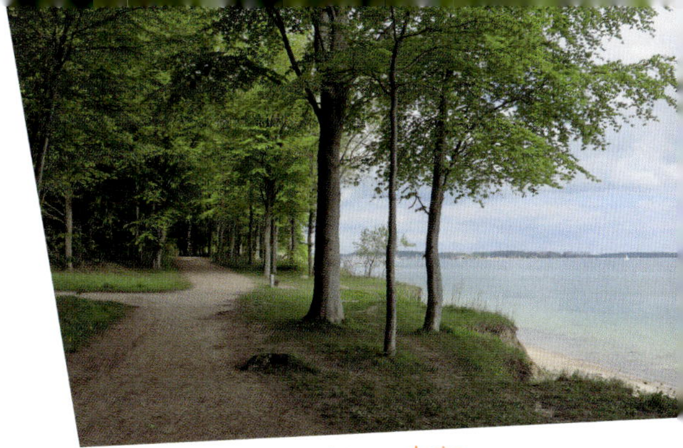

Galeriewald in Falckenstein

KM 4

Südlich der Steilküste verläuft parallel zum Küstenweg ein zweiter durch den Wald. Auf ihm ist es ruhiger und kühler, bei Hitze also eine gute Wahl. Beide Wege führen zum Badestrand.

4 Der Falckensteiner Strand ist mit zwei Kilometer Länge der größte Naturstrand von Kiel. Das liegt auch an der ausgeprägten Dünenlandschaft. Was an der Steilküste abbricht, wird durch die Strömung hier wieder abgelagert. So wächst die Strandoase von Jahr zu Jahr. Spielplätze, sanitäre Anlage, Surf- und Tauchspots, Mini-Golf und Kletterpark machen den Falckensteiner Strand zu einem der beliebtesten von Kiel. Ein Platz mit Blick auf die weißen Sandbänke und das Panorama von Laboe findet sich aber immer.

Von Baum zu Baum schwingen, sausen oder klettern: im Hochseilgarten High-Spirits am Falckensteiner Strand.

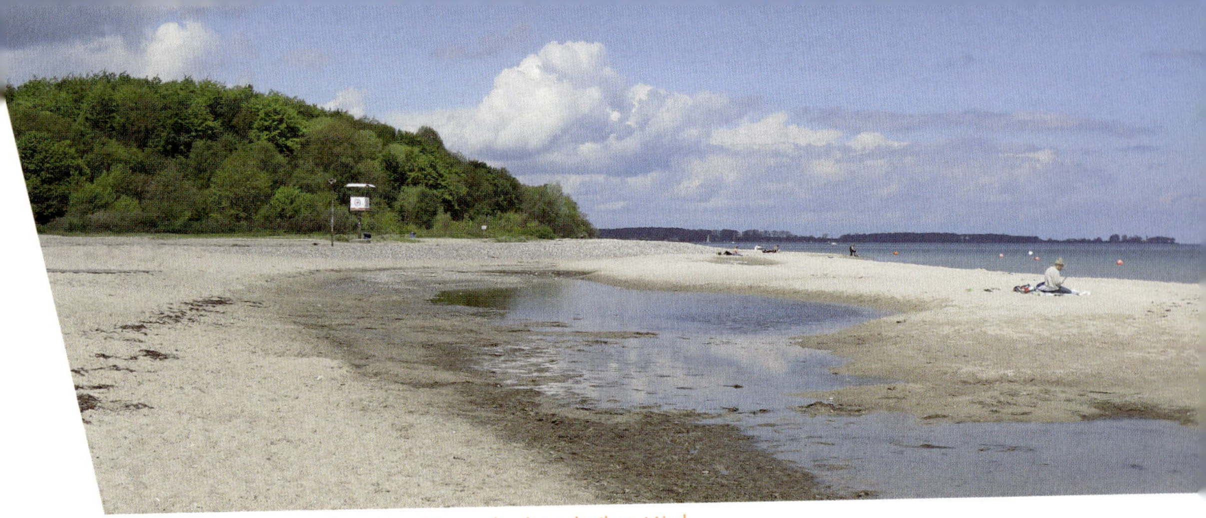

Landeshauptstadt mit »Strandortvorteil«: Kiel

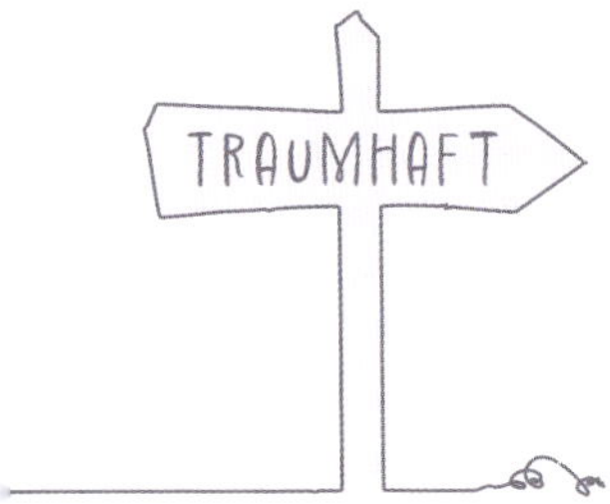

STRANDPERLEN

Wer sich auf dem Rückweg darauf einlässt, am Strand zu bleiben, muss hier und da über Steine stolpern, wird aber mit den unterschiedlichsten Strandschönheiten beschenkt.

KM 6

Vom Strandweg kurz hinter dem Fähranleger Falckenstein auf den Deichweg wechseln. (Wer die Rückreise mit der Fähre plant, schaut unterwegs kurz auf den Fahrplan.)

5 Deichperle Irgendwann im April startet die bessere Jahreshälfte von Kiel-Friedrichsort, nämlich die Monate, in denen die Deichperle täglich – und nicht bloß am Wochenende – öffnet. Dann werden Lounge- und Strandmöbel auf die Terrasse und in die Dünen vorm alten Leuchtturmwärterhäuschen gestellt und das Leben ist einfach nur herrlich. Deichburger und Currywurst gibt es wahlweise in Bioqualität oder vegan. Und das zu Preisen, die in anderen Großstädten maximal für minderwertige Waren reichen.

KM 6,5

Den Leuchtturm hat man von der Deichperle schon im Visier. Logisch, dass man nach der Einkehr einen der Trampelpfade durch die Dünen nimmt.

6 Leuchtturm So pittoresk das alte Leuchtturmwärterhäuschen sich in die Dünen kuschelt, so uncharmant ragt der heutige Turm aus Stahlbeton in den Himmel. Sein hübscher Vorgänger war den Seefahrern zu klein geworden. Aber immerhin: Das grün-weiße Orientierungsfeuer steht auf einer eigenen Insel, auf deren Rand man sogar sitzen kann. Für ein kleines Nickerchen mit Wellenrauschen im Ohr ist ein Bett im Sand aber bequemer. Da hat man die Dampfer, Segelboote und anderen Schiffen genauso dicht vor der Nase. Die Kieler Förde misst an der Friedrichsorter Enge nicht einmal zwei Kilometer.

Auf einen Blick

Ausgangs-/Endpunkt Parkplatz/Bushaltestelle Drachenbahn Schilksee

Anfahrt Auto: B503, Fördestraße bis Tempest in Schilksee;
Bahn/Bus: Von Kiel Hauptbahnhof mit Buslinien 12, 13 und 30 oder Fördedampfer über Laboe

Tourencharakter Promenadenabschnitte auf Asphalt, gut zu gehende Wanderwege und Strand, Strand, Strand.

12,5 km

27/27 Hm

3:00 h

leicht

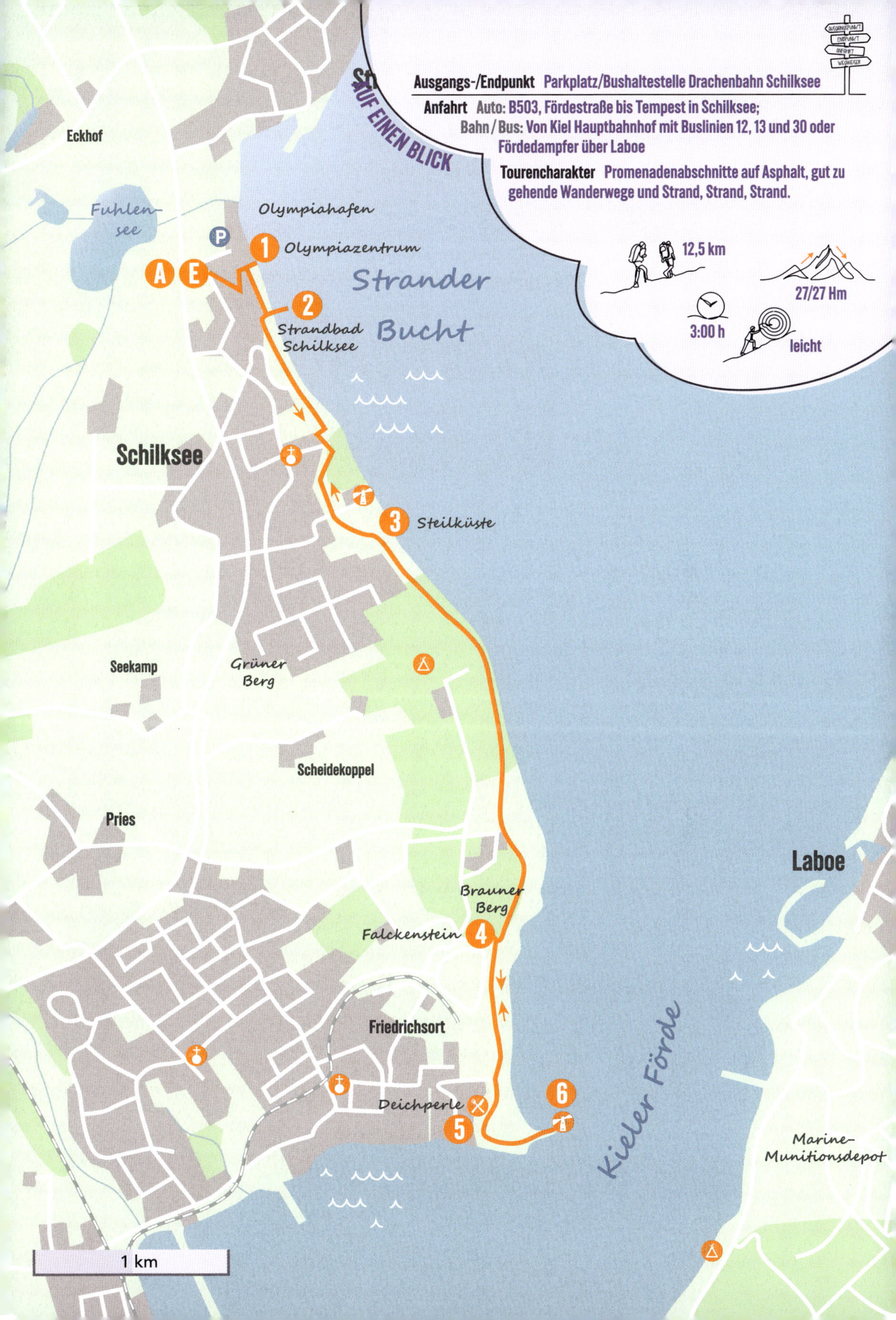

18

DÄNISCHER WOHLD

UM SCHWEDENECK HERUM

Die Gemeinde Schwedeneck liegt auf dem Dänischen Wohld, einer Halbinsel, die zwischen Kieler Förde und Eckernförder Bucht in die offene Ostsee ragt. Geprägt von weitläufigen Feldern und Weiden, Steilküsten und Naturstränden ticken die Uhren hier noch etwas langsamer. Größte Stadt mit 7500 Einwohnenden ist Gettorf. Hotels gibt es so gut wie keine. Der Tourismus konzentriert sich auf Campingurlaub. Küstenerosion machte hier schon den ersten Siedlern um 1650 das Leben schwer. Auch bei der Sturmflut im Herbst 2023 musste Schwedeneck ordentlich Land lassen. Es kann daher immer passieren, dass ein Weg, der gestern noch da war, heute einfach weg ist. Die Gemeinde hält die Ausschilderung aber verlässlich aktuell. Und nur zur Sicherheit: Warnt ein Schild vor Lebensgefahr, besteht Lebensgefahr!

KM 0,5

Vom Parkplatz zieht sich ein Rad- und Wanderweg durch die Felder an den Strand. Dort hat der Bürgermeister festgeschrieben: Weiter geht es auf eigene Gefahr.

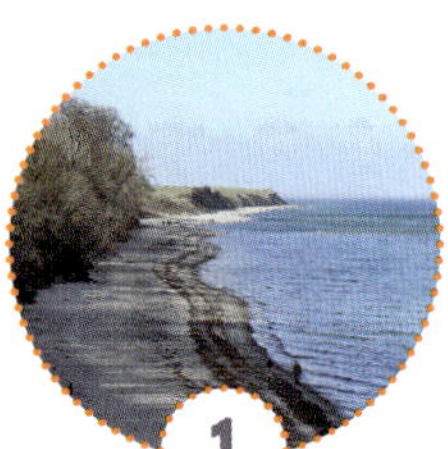

1

KM 0,5

STOHLER STEILKÜSTE

Unbedingt Vorsicht!

2

KM 4,5

STRANDE

Bei Hein Bülk

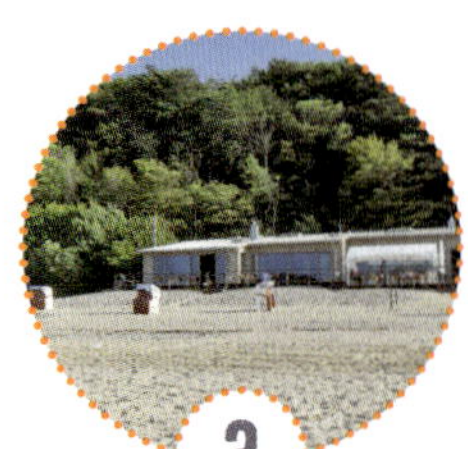

3

KM 11

DÄNISCH-NIENHOF

Einkehr im StrandHaus

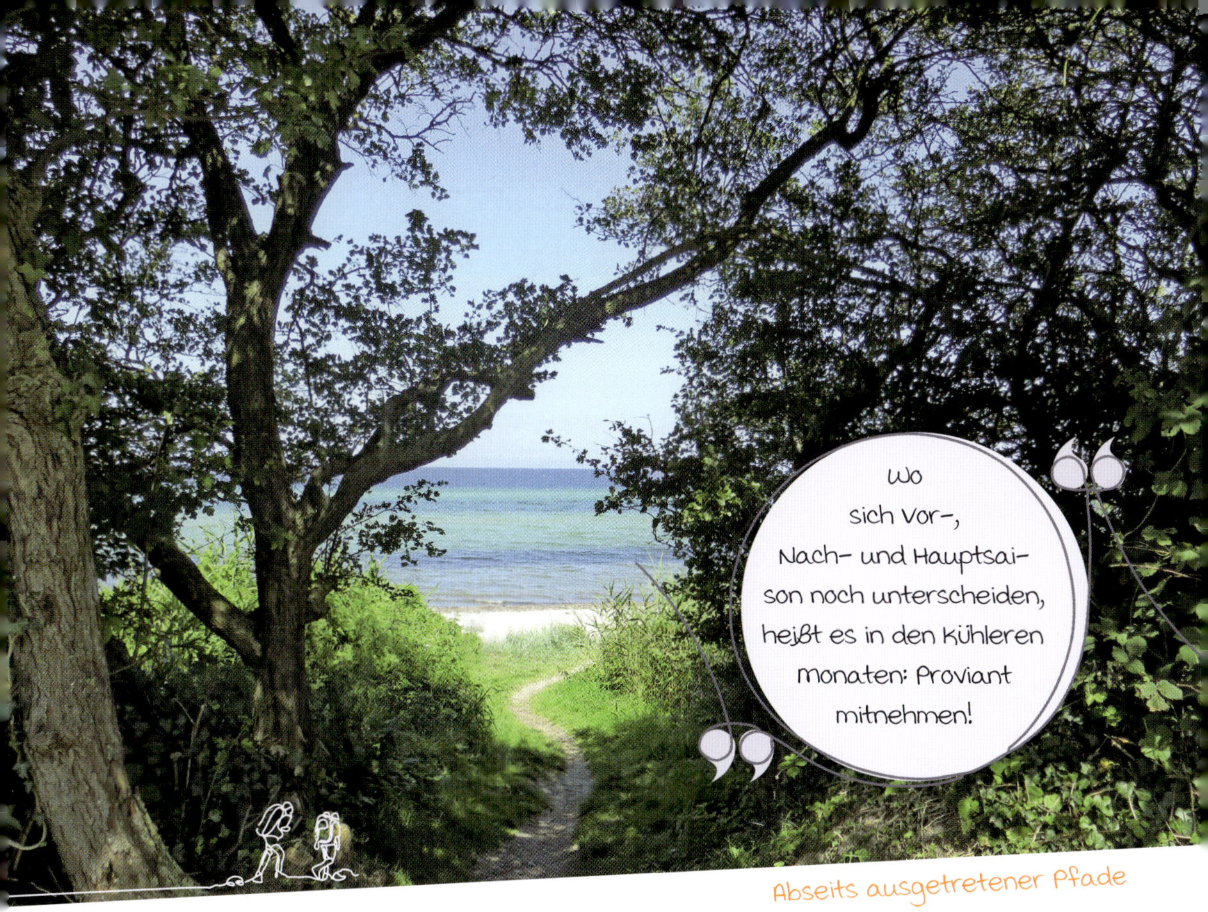

Abseits ausgetretener Pfade

1 Stohler Steilküste Küstenabbrüche sind normal an der Stohler Steilküste. Das durch keinerlei Vegetation geschützte Kliff ist an dieser exponierten Stelle den Stürmen in besonderer Weise ausgesetzt. Auf einer Länge von vier Kilometern nagt die Brandung am bis zu 30 Meter hohen Steilufer. Frost und Regen tun das Ihre dazu. Mal rutscht der Hang in der Mitte, mal bricht die Oberkante, mal wird die Sohle instabil. Der Mensch muss sich hier an- und gut aufpassen.

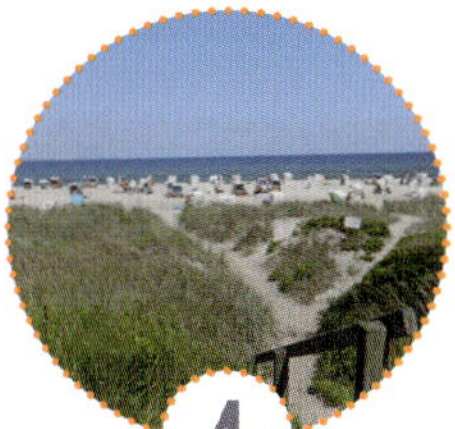

4

KM 14

SURENDORF

Badestopp

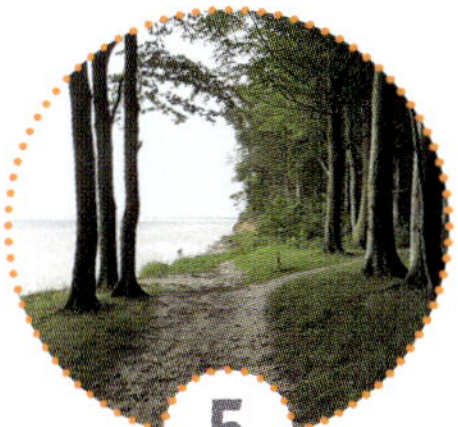

5

KM 15,5

DÄNISCHER WOHLD

Durch den Eisenwald

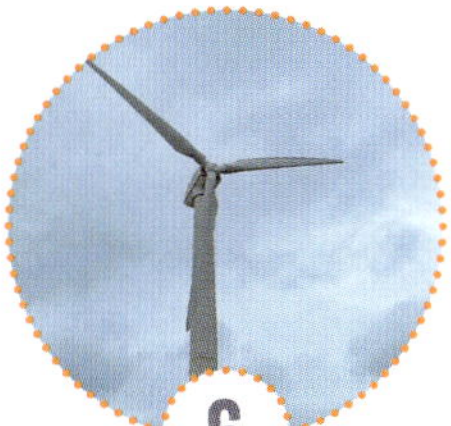

6

KM 19

STOHL

Windriesen im Feld

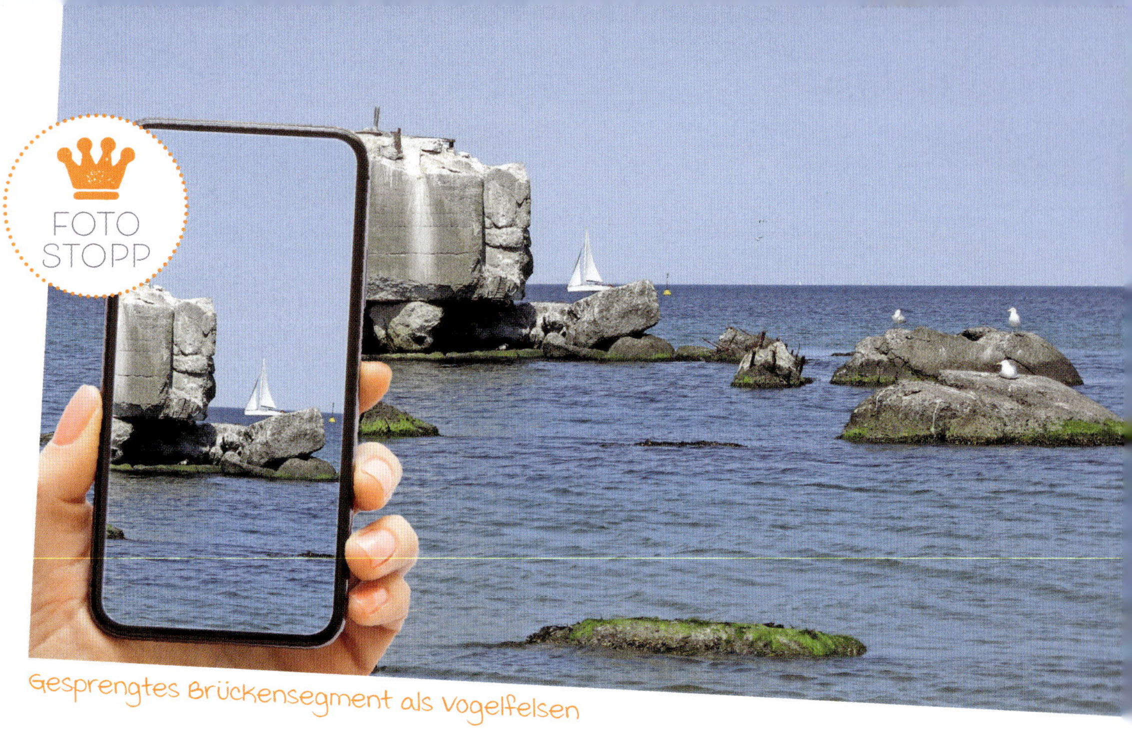

Gesprengtes Brückensegment als Vogelfelsen

KM 4,5

Auf dem Küstenpfad sind einige Senken zu meistern, teilweise recht dicht an der Abbruchkante. Nach drei Kilometern taucht der Weg in ein Wäldchen mit hübschen Aussichtspunkten.

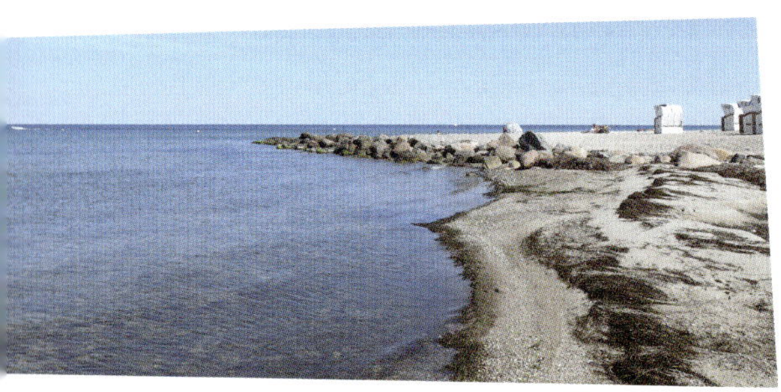
Eckernförder Bucht

2 Strande Auf einer kleinen Landzunge, der Bülker Huk, steht der Leuchtturm von Strande, den der Volksmund Hein Bülk nennt. Das gut 25 Meter hohe Leuchtfeuer wacht schon seit 1865 über den Schiffsverkehr auf der Kieler Förde und ist extrem beliebt als Ausflugsziel. Das macht gar nichts im Wissen, dass es im Anschluss wieder in die relative Ruhe von Schwedeneck geht. Die Besichtigung des Leuchtturms ist möglich. Kaffee und Co gibt es im Pavillon gleich daneben.

i-TÜPFELCHEN

TRAUMVERSTECK

Es ist nun auch nicht so, dass gar keine Touristen nach Schwedeneck finden. Aber verglichen mit anderen Regionen ist der Dänische Wohld durchaus noch ein Geheimtipp.

KM 11

Zurück geht es nun am Fuß der Steilküste, was ein wenig beschwerlich, aber nicht weniger beeindruckend ist. Dieser Küstenabschnitt ist selbst im Sommer nicht überlaufen.

3 Dänisch-Nienhof Nach etwa 1,5 Stunden erreicht man mit dem StrandHaus Schwedeneck das erste feste Gebäude. Das Strandrestaurant markiert gleichsam den Badestrand von Dänisch-Nienhof. Im Sommer gruppieren sich eine Handvoll Strandkörbe im Sand. Dann sitzt man besonders schön auf der Aussichtsterrasse des StrandHauses. Serviert werden in erster Linie Tapas, aber auch Salate, Bowls oder saisonale Speisen der Region. Im Winter sitzt man hinter Panoramafenstern mindestens genauso gut und genießt den Blick über die Eckernförder Bucht auf die Halbinsel Schwansen.

Küstenwald bei Dänisch-Nienhof

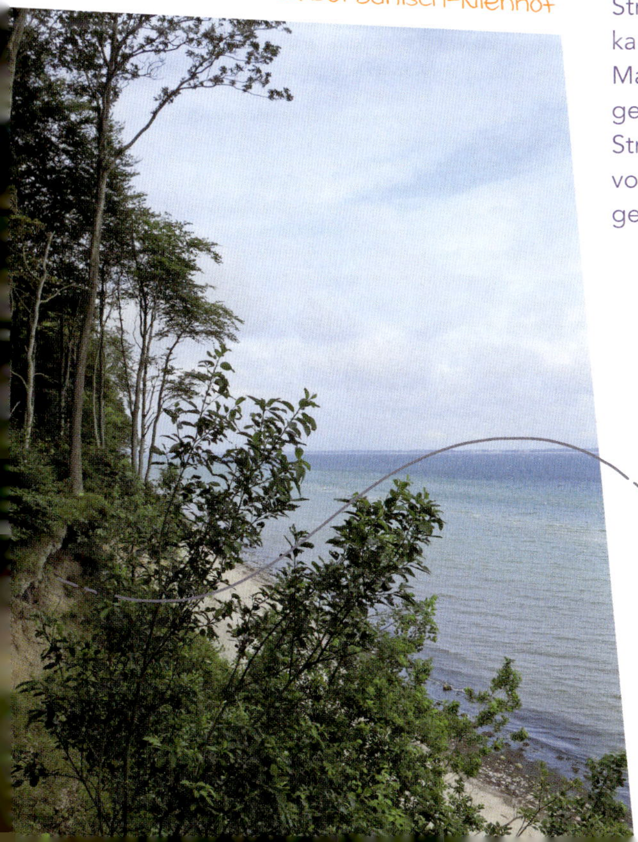

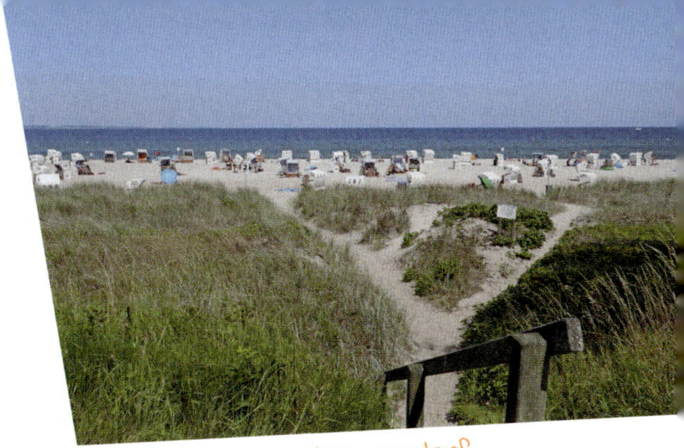

Bilderbuchstrand Surendorf

KM 14

Der Strand wird nun immer feinsandiger, bis ein Campingplatz den Kurstrand von Surendorf ankündigt. Die Kurabgabe kann zum Beispiel in der Touristinformation entrichtet werden.

4 Der Kurstrand von Surendorf ist so etwas wie das touristische Zentrum von Schwedeneck und mit der einzigen Promenade auf dem Dänischen Wohld erschlossen. Zwischen Waldrand und Seebrücke der Marine reihen sich Beachbars und Surfschule, Strandkorb- und SUP-Board Verleih, hier kann man tauchen lernen oder sich mit einer Massage verwöhnen lassen. Die Reste einer gesprengten Torpedoversuchsanstalt am Strandende sind mal von Kormoranen, mal von Möwen bevölkert und machen sich ausgesprochen gut auf Fotos.

Das StrandHaus für den Rückweg aufheben. Er führt direkt über den Parkplatz oberhalb des Restaurants.

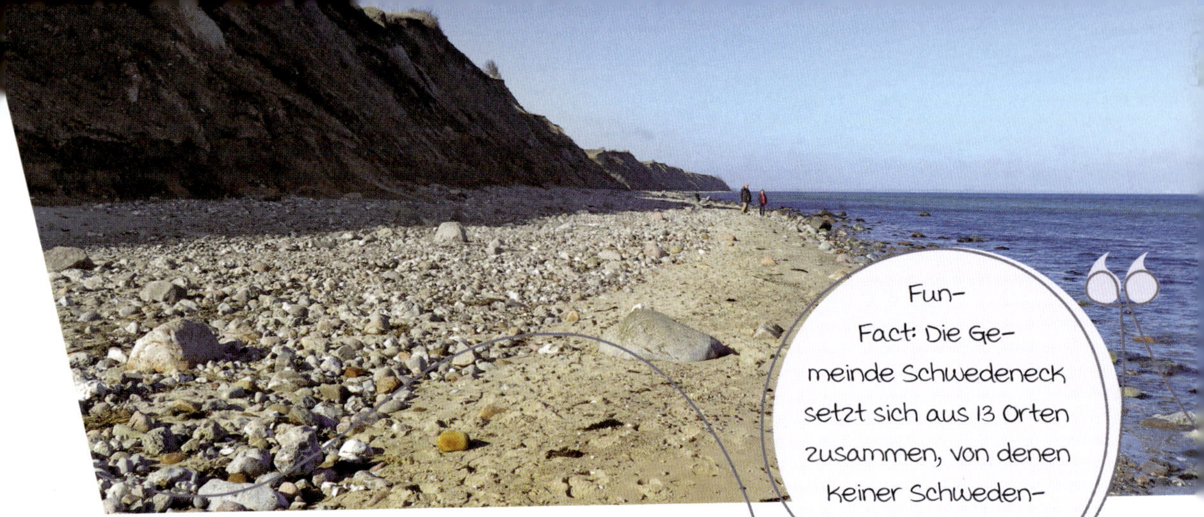

Archaisch: die Stohler Steilküste

Fun-Fact: Die Gemeinde Schwedeneck setzt sich aus 13 Orten zusammen, von denen keiner Schwedeneck heißt.

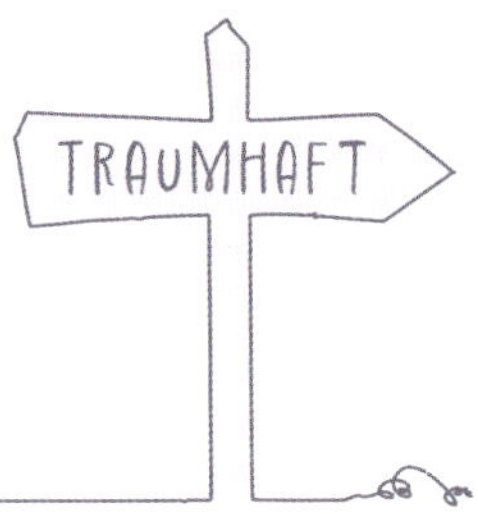

SICHER BADEN

Der Strand von Surendorf ist die schönste Badeecke auf dem Dänischen Wohld und die einzige auf dieser Tour, die von der DLRG bewacht wird.

KM 15,5

Der Promenade folgen, bis sie in einen Pfad übergeht. Er zieht sich am Feldrand entlang die Steilküste hinauf bis zu einer kleinen Siedlung. Dort taucht er in den Wald.

5 Wohld steht für Wald. Das kann sich auch zusammenreimen, wer bloß Hochdeutsch versteht. Der einstige Urwald, der dem Dänischen Wohld seinen Namen gab, wurde schon in der Edda besungen. Einst bedeckte Isarnhoe, der Eisenwald, die gesamte Halbinsel zwischen Eckernförde und Kiel. Doch massive Rodungen vernichteten ihn schon ab dem 3. Jahrhundert vor Christus. Nur noch winzige Waldinseln sind geblieben – wie der kleine Galeriewald, durch den der Weg sich von nun an schlängelt. Man kann sich hier auf das Andreaskreuz des Fernwanderwegs E1 verlassen.

KM 19

Das weiße Kreuz auf schwarzem Grund leitet durch den Wald zur Landstraße. Dort geht es rechts und nach 200 Metern über die Straße. Hier führt ein Pfad querfeldein.

6 Stohl Heute dominiert Ackerbau die Landschaft auf dem Dänischen Wohld. Angebaut wird zumeist Korn, Mais und Raps. Dass sich gigantische Windräder in den Feldern drehen, ist an den Küsten längst normal. Kein anderes Bundesland kann das Tempo halten, mit dem Schleswig-Holstein die Energiewende vorantreibt. Die Zögerlichkeit anderer Regionen ist für viele Norddeutsche nicht leicht nachzuvollziehen. Wer auf dieser Tour gesehen hat, was extreme Wetterereignisse am Meer bedeuten, versteht das ganz gut.

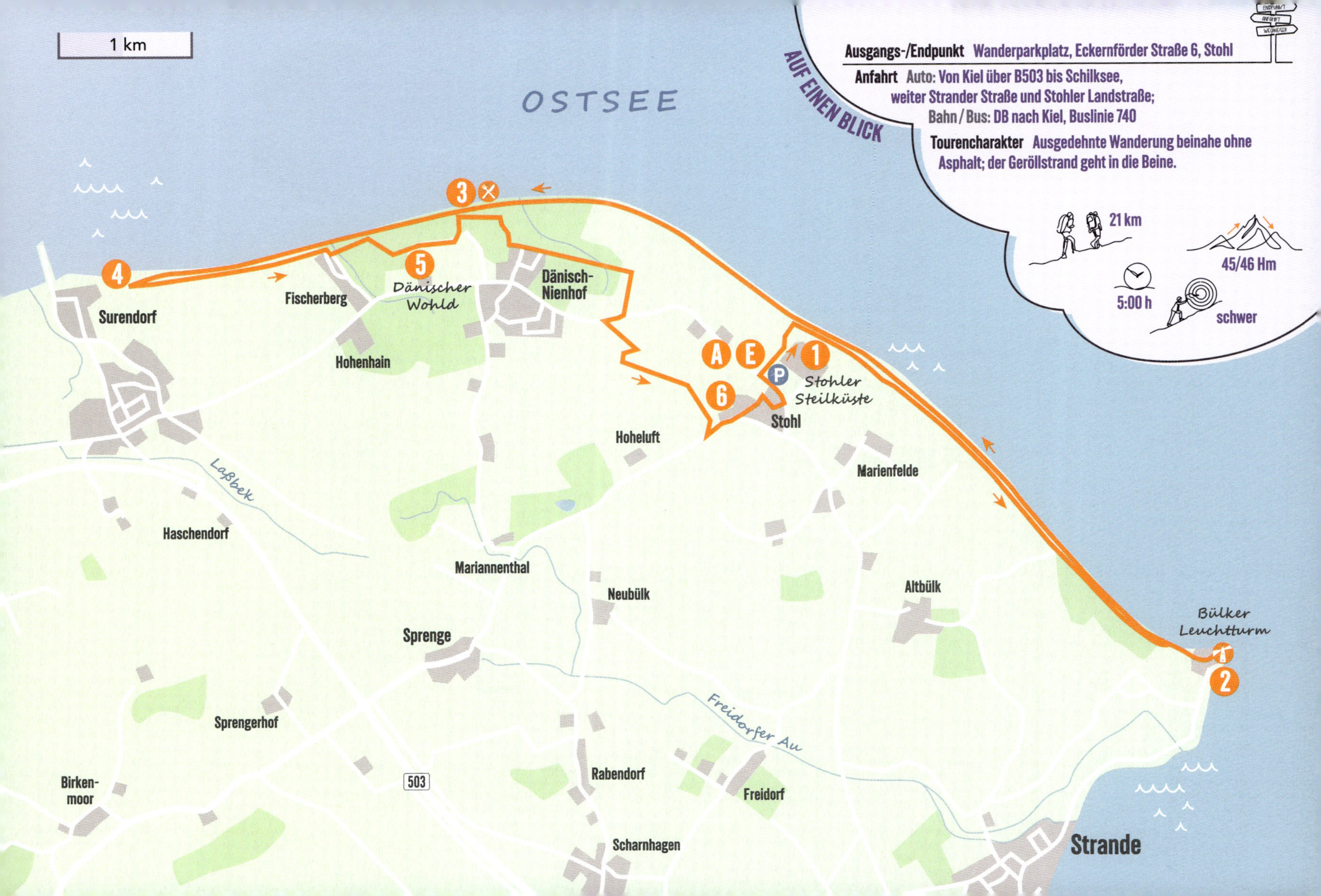
AUF EINEN BLICK
Ausgangs-/Endpunkt Wanderparkplatz, Eckernförder Straße 6, Stohl
Anfahrt Auto: Von Kiel über B503 bis Schilksee, weiter Strander Straße und Stohler Landstraße; Bahn/Bus: DB nach Kiel, Buslinie 740
Tourencharakter Ausgedehnte Wanderung beinahe ohne Asphalt; der Geröllstrand geht in die Beine.
21 km
5:00 h
45/46 Hm
schwer
1 km
OSTSEE
Surendorf
Fischerberg
Dänischer Wohld
Dänisch-Nienhof
Hohenhain
Stohler Steilküste
Stohl
Hoheluft
Marienfelde
Laßbek
Haschendorf
Mariannenthal
Neubülk
Altbülk
Sprenge
Bülker Leuchtturm
Freidorfer Au
Sprengerhof
Rabendorf
Freidorf
Birken-moor
503
Scharnhagen
Strande

19

MISSUNDE UND BRODERSBY-GOLTOFT

KLEINE SCHLEISCHLEIFCHEN

Die Schlei erstreckt sich von der Ostsee 42 Kilometer ins Land hinein und verbindet die Landschaften Angeln und Schwansen. Die Region zeigt sich hier längst nicht so flach, wie man es dem Norden im Allgemeinen nachsagt. Aber auch nicht so zugänglich, wie es in Urlaubsgegenden gemeinhin üblich ist. Über viele Jahrzehnte war die Schlei vor allem als Seglerparadies bekannt. Seit der Meeresarm auf 50 000 Quadratmeter zum Naturpark geadelt wurde, entsteht zunehmend auch Auslauf für Landratten. In Brodersby-Goltoft hat man das Wegenetz sehr schön hinbekommen. Hier kombiniert man kleine Runden zu längeren Touren. Wandert von der engsten Stelle zur Großen Breite. Schlendert über Land von einem Dorf zum anderen, durch verschwiegene Knicks zu beliebten Badestellen. Und wenn man mag, sogar von Angeln nach Schwansen.

KM 1

Den Fähranleger im Rücken, schicken vis-à-vis die Nord-Walking-Route 1 sowie ein kleiner Schmetterling auf die Strandrunde. Los geht es im Uhrzeigersinn.

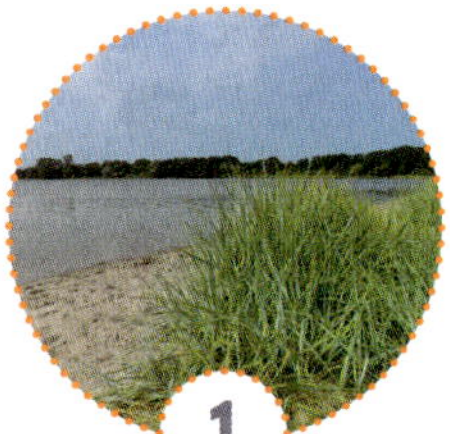

1

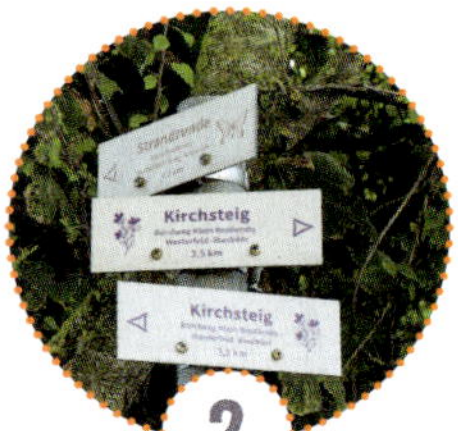

2

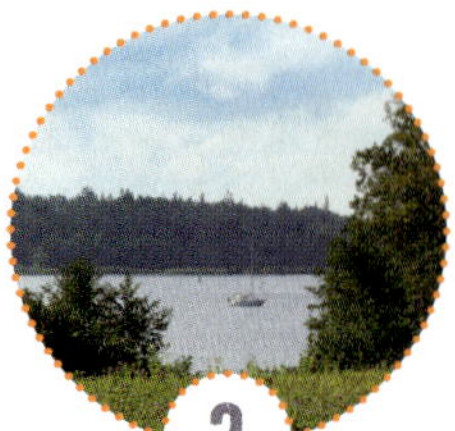

3

KM 1
BURG
Badestrand Große Breite

KM 1,5
RIESEBÖER
Auf dem Kirchsteig

KM 5
BRODERSBY
Weitblick am Noor

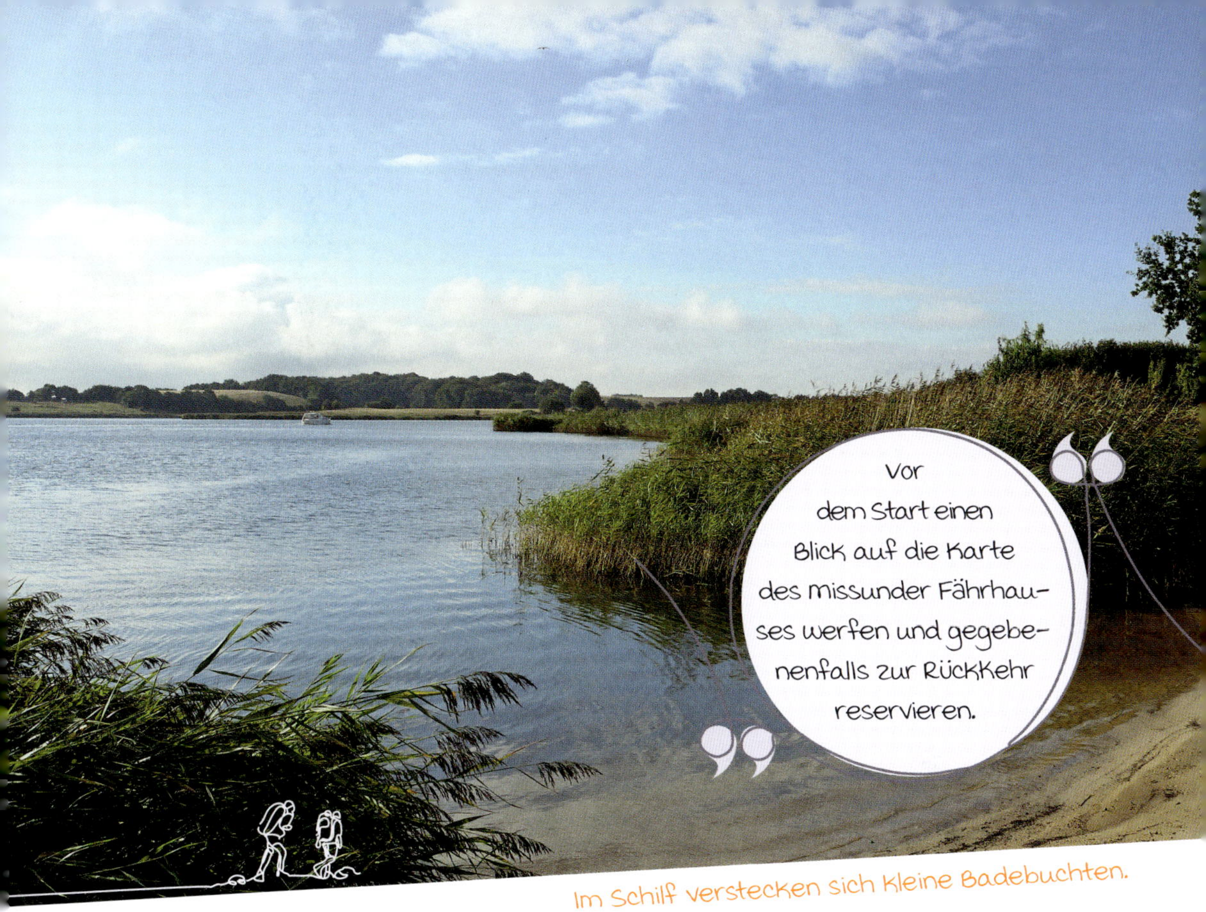

Im Schilf verstecken sich kleine Badebuchten.

1 Badestrand Große Breite Von der engsten Stelle der Schlei zur weitesten ist es nur eine Viertelstunde. An der Großen Breite öffnet sich der filigrane Meeresarm auf vier Kilometer. Klein Westerland wird der Strandstreifen im Ferienhausgebiet Burg genannt. Denn auch wenn er es bei nur 250 Metern nicht mit seinen Sylter Kollegen aufnehmen kann – für die Schlei ist er riesig. Die Badewasserqualität ist so weit im Landesinneren allerdings Schwankungen unterworfen.

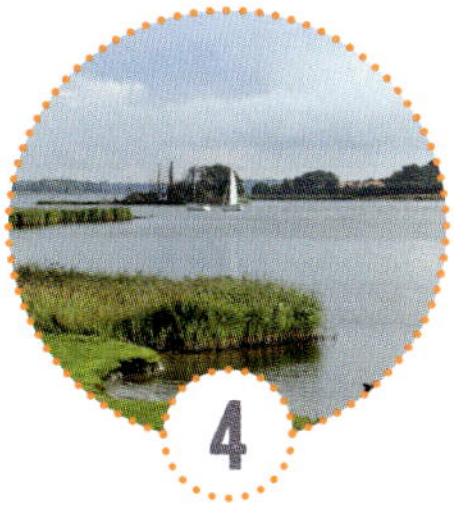

4

KM 8,5

HELLÖR

Fotostopp

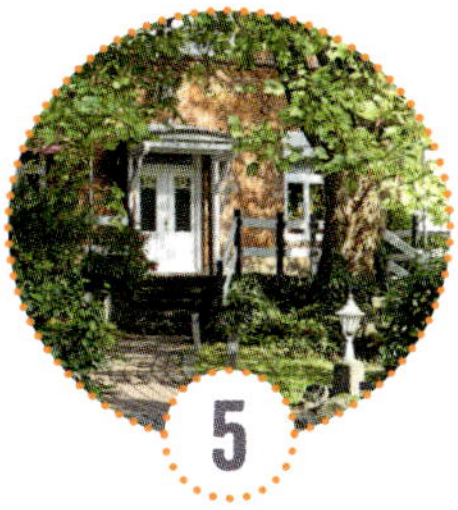

5

KM 10,5

GOLTOFT

Schleidörferidyll

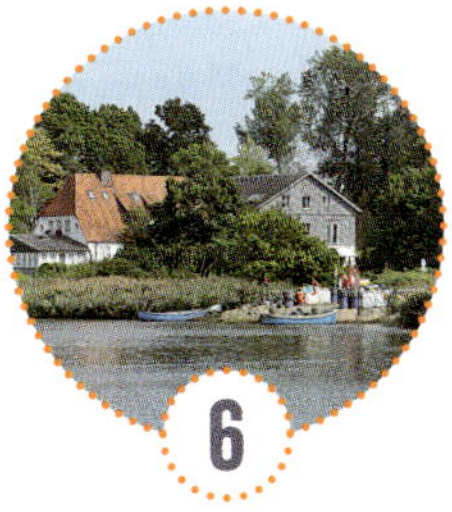

6

KM 14,5

MISSUNDE

An engster Stelle

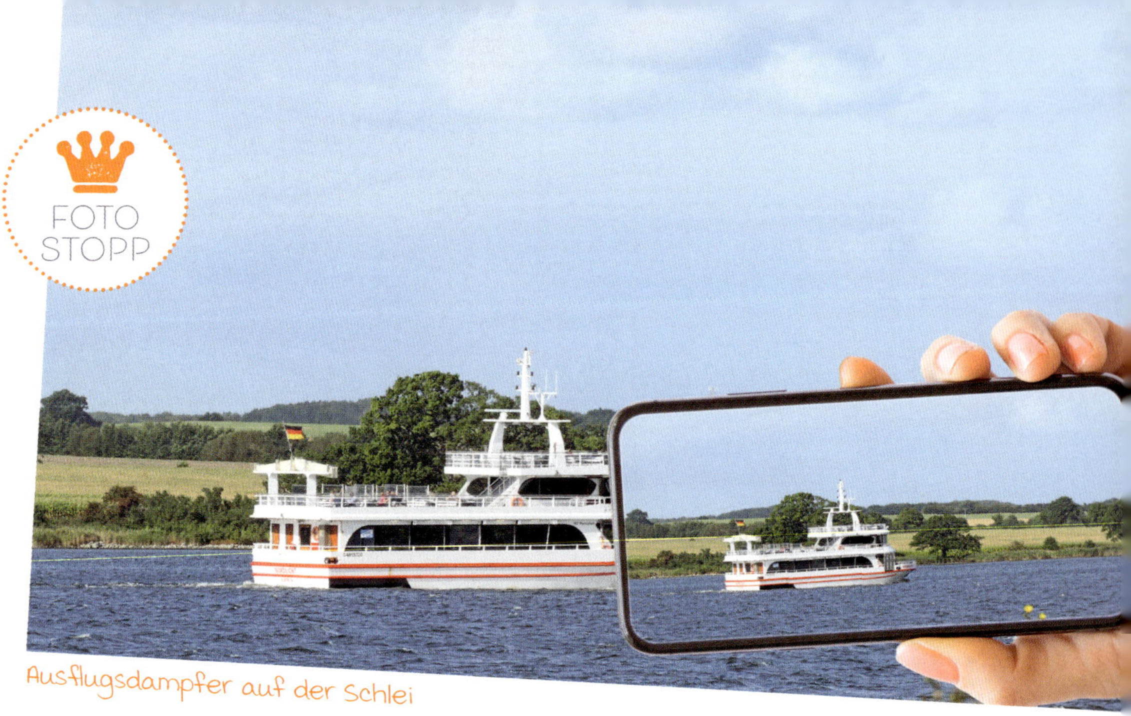

Ausflugsdampfer auf der Schlei

KM 1,5

Am Ende des Strandes begleitet ein Bienenpfad die Schmetterlingsrunde. Nach 400 Metern geht es links auf dem mit einer stilisierten lila Blume markierten Kirchsteig weiter.

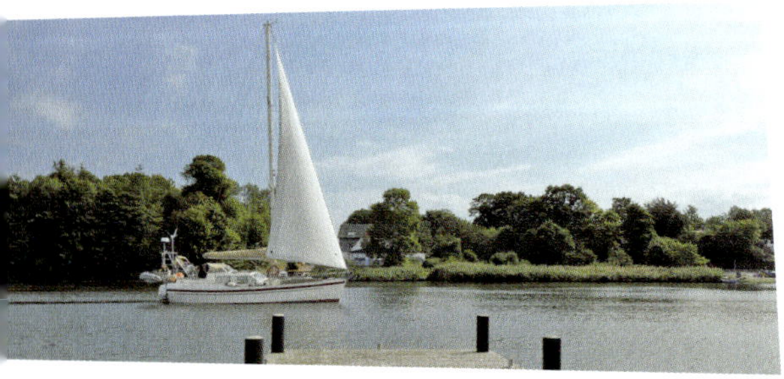

Die Schlei ist ein Seglerparadies.

2 Rieseböer An der Schlei ist alles klein. Dass die Region in jüngster Zeit einen Besucherrekord nach dem anderen bricht, stellt die Gemeinden bei aller Freude vor beträchtliche Herausforderungen. Die Schleiufer befinden sich weitgehend in Privatbesitz. Vielerorts muss man sich schon auskennen, um überhaupt ans Wasser zu gelangen. In Brodersby helfen ausgeschilderte Rundwege, dass sich Einheimische und Urlaubende nicht in die Quere kommen, so auch in Rieseböer.

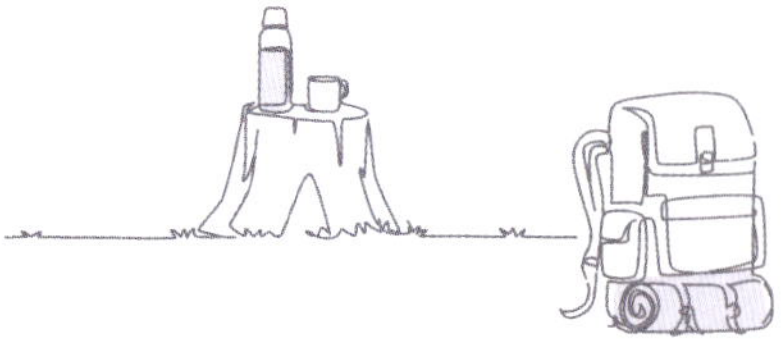

TRAUMHAFT

SCHIFFSTOUREN

Am schönsten ist die Schlei vom Wasser aus. Ausflugsschiffe starten in Kappeln und Schleswig, machen aber auch in Missunde fest. In Brodersby können zudem Kanus gemietet werden.

KM 5

Bei der Sankt Andreas Kirche geht es links zur Schleidörferstraße. Ihr rechter Hand 100 Meter folgen, dann rechts auf den Groß Brodersbyer Weg. Bei der Gabelung startet die Noor-Runde.

3 Brodersby Noore sind Buchten der Schlei, die beinahe abgetrennt liegen. Von Brodersby kann man das Noor schon aus der Ferne sehen. Am Knös kommt man ihm auf dem Rundwanderweg ganz nah. Das Noor schließt sich direkt an die Missunder Enge an. Die nur 130 Meter breite Stelle hat Brodersby, das Dorf des Broder, schon seit der ersten urkundlichen Erwähnung im Jahr 1363 geprägt. Mitte des 19. Jahrhunderts kämpften schleswig-holsteinische und preußische Truppen dreimal bei Missunde, um die Befestigung des legendären Danewerks zu umgehen.

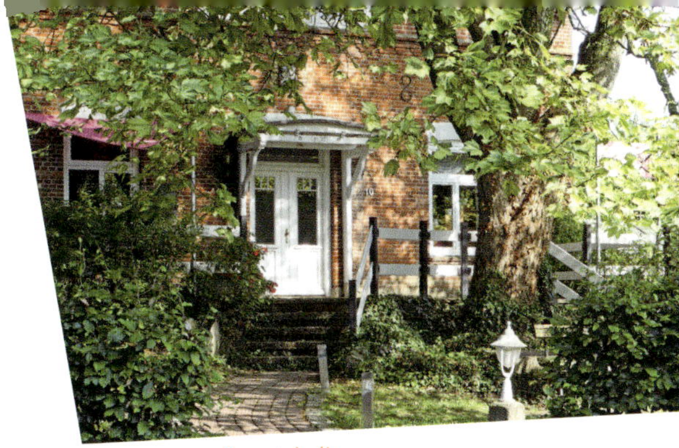

Schleidörfer Idyll

KM 8,5

Wenn die mit der Libelle markierte Noor-Runde auf die Hellörstraße trifft, bringt ein Abstecher rechter Hand zu einer Badestelle. Am Ufer entlang geht es zum Naturcampingplatz.

4 Hellör Vom terrassierten Naturcampingplatz Hellör kann man in östlicher Richtung die Liebesinsel Kielholm sehen – und fotografieren. Die 100 Meter lange und bis 60 Meter breite Insel existiert schon seit der letzten Eiszeit, schrumpft aber zusehends durch immer höhere Wasserstände. Wer weiß, vielleicht taucht sogar irgendwann der Leichnam des dänischen Königs Erich Plogpennig auf. Er soll hier einst auf Geheiß von Abel, seinem eigenen Bruder, erschlagen und mit Ketten beschwert versenkt worden sein.

Typisch Angeln: Knickweg

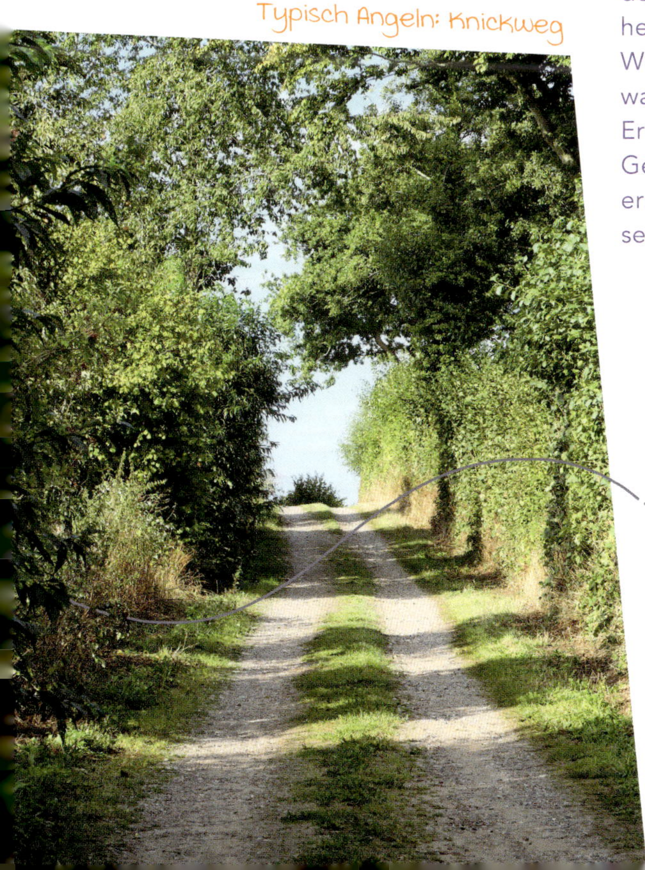

Die Schlei ist Wikinger-Land. Die ganze Geschichte kann man auf dem vertonten Wiking-Friesen-Weg per Rad erfahren.

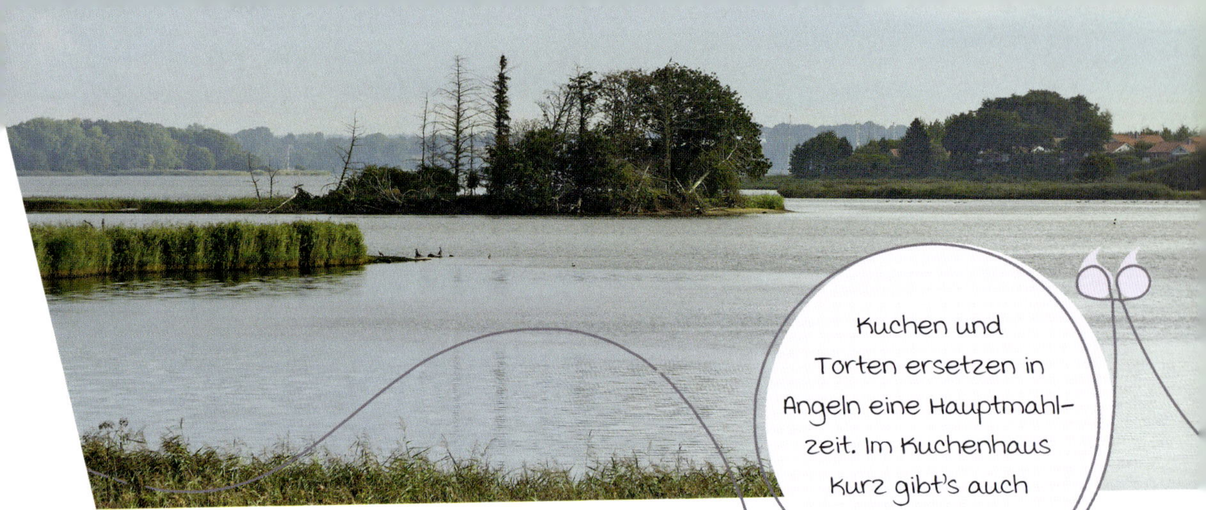

Liebesinsel Kielholm

> Kuchen und Torten ersetzen in Angeln eine Hauptmahlzeit. Im Kuchenhaus Kurz gibt's auch Herzhaftes.

TRAUMHAFT

NOCH MEHR TOUREN

Wer diese Tour genossen hat, freut sich über die Infotafel am Netzausleger. Dort schildert die Gemeinde Kosel zehn ähnliche Wege aus. Goltofts Nachbardorf Ulsnis schafft sogar 22.

KM 10,5

Umrundet man den Campingplatz, landet man wieder auf der Noor-Runde. Sie schickt über Schleihof und Strandstraße in den wirklich bezaubernden Ortsteil Goltoft.

5 **Goltoft** Den Ruf als Sehnsuchtsort hat die Region auch ihren romantischen Dörfchen zu verdanken, die im Norden und Süden (also Angeln und Schwansen) die Schlei von der Ostsee nach Schleswig begleiten. Die schönsten zeigen einen geschlossenen Dorfkern mit vielen liebevoll gepflegten Reetdachkaten, alten Guts- und Bauernhöfen. So ein Dorf ist Goltoft. Ein kleiner Bummel die Dorfstraße rund dauert nur wenige Minuten und lohnt sich allein schon wegen der drei süßen Zirkuswagen, die sich in der Dorfmitte zum NaturNah Hotel gruppieren.

KM 14,5

Der Noor-Runde bis zum Ende folgen. Zurück geht es durch Brodersby zunächst wie gekommen. Die Missunder Fährstraße leitet direkt zum Ausgangspunkt in Missunde.

6 **Missunde** Als angemessener Ausklang dieser Tour bieten sich zwei ganz unterschiedliche Spots an. Zum einen die fabelhafte, aber nicht ganz günstige Küche des Fährhauses Missunde. Zum anderen der kleine Strand gleich neben dem alten Missunder Fährhaus, drüben auf Schwansener Seite. Die Fähre pendelt rund um die Uhr und schlägt mit einem Euro Gebühr pro Fußgänger nicht übermäßig zu Buche. Ein Trampelpfad führt rechts zum Netzausleger, einer überdimensionalen Hängematte mit Schleiblick. Der ist hier extra mit einem goldenen Rahmen in Szene gesetzt.

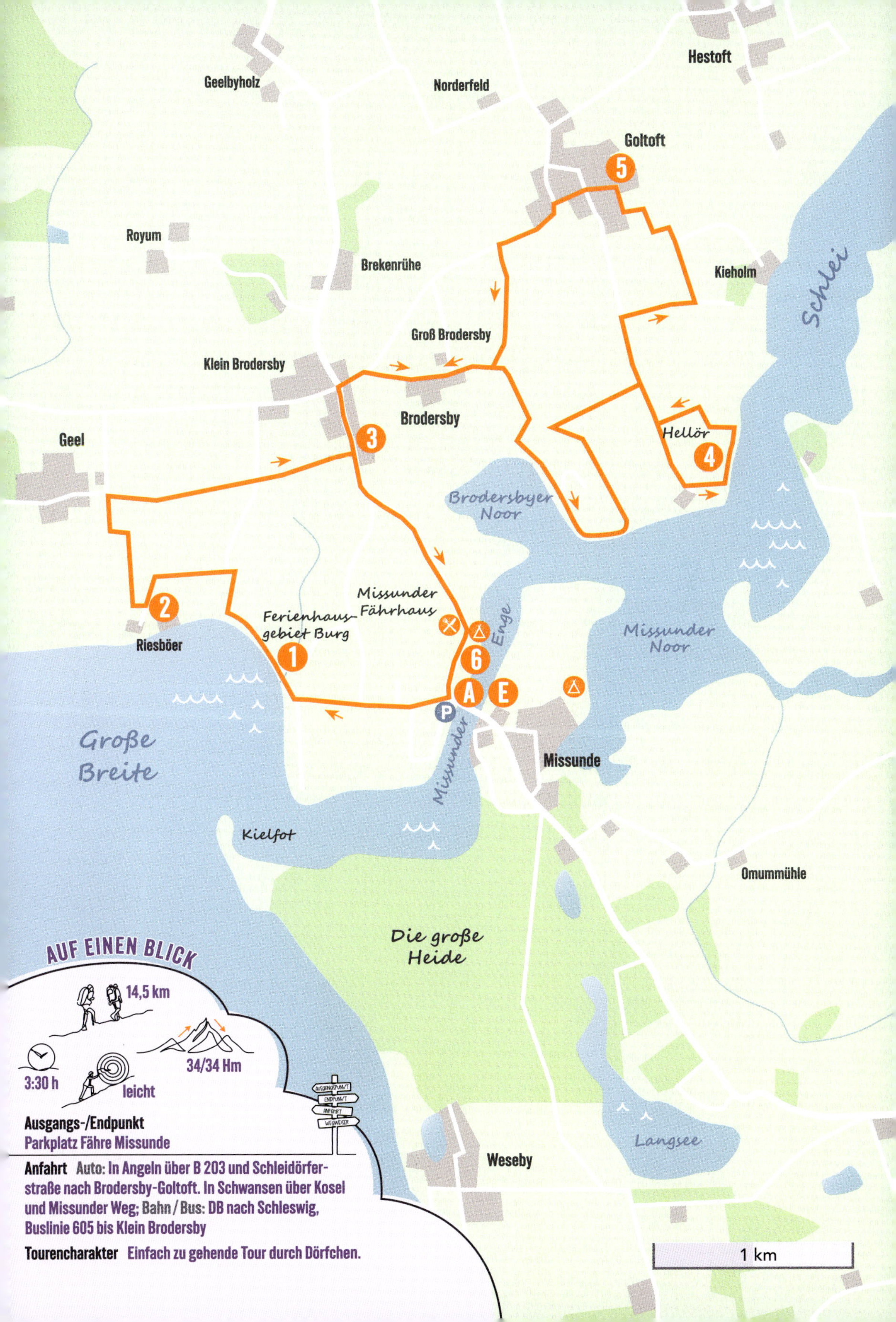

AUF EINEN BLICK

14,5 km

3:30 h

34/34 Hm

leicht

Ausgangs-/Endpunkt Parkplatz Fähre Missunde

Anfahrt Auto: In Angeln über B 203 und Schleidörferstraße nach Brodersby-Goltoft. In Schwansen über Kosel und Missunder Weg; Bahn / Bus: DB nach Schleswig, Buslinie 605 bis Klein Brodersby

Tourencharakter Einfach zu gehende Tour durch Dörfchen.

20

HALBINSEL SCHWANSEN

SCHÖNHAGENER STURMFLUTRUNDE

Über Jahrhunderte türmten Wind und Wellen den Abtrag der Schönhagener Steilküste zunächst zu Sandbänken, dann zu Strandwällen auf und schufen so einen vom Meer abgetrennten See. Svansø, Schwanensee, wurde er genannt. Davon leitet sich der heutige Name der Halbinsel Schwansen ab. Eingerahmt von Schlei und Ostsee, kuscheln sich große Güter und kleine Dörfer in die hügelige Landschaft. Die Küste hingegen verläuft beinahe gradlinig zwischen Eckernförde und Schleimünde und zeigt sich größtenteils als Abbruchkante. Die Sturmflut knallte hier im Herbst 2023 mit verheerender Wucht auf das Land und riss unter anderem kilometerweise Wanderwege mit sich. Auch in Schönhagen. Was das für die Zukunft bedeutet und wie es jetzt aktuell weitergeht, zeigt sich auf dieser Tour unterwegs.

KM 0

Vom Parkplatz bis zur Touristinformation am Strand ist es ein Katzensprung. Die Kurabgabe zahlt man gern am blauen Automaten. Schönhagen kann die zwei Euro brauchen.

1

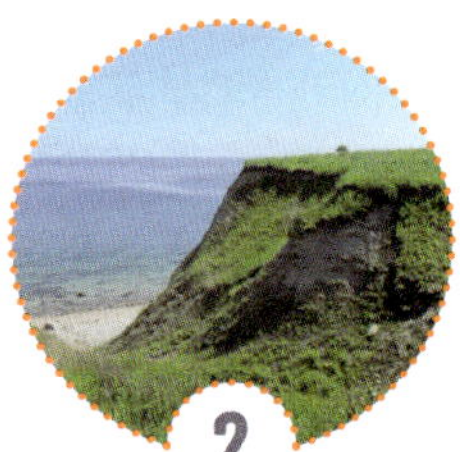

2

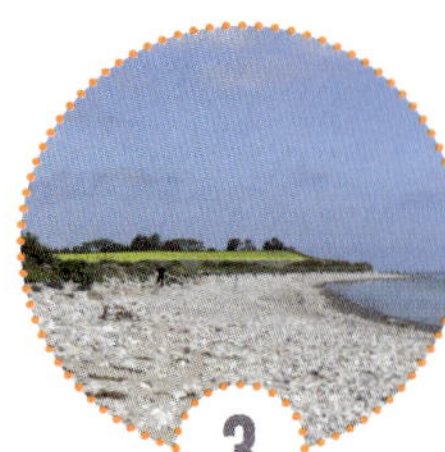

3

KM 0

SCHÖNHAGEN

Touristinformation zum Start

KM 0,5

STEILKÜSTENPFAD

Nach der Flut

KM 2

STEINSTRAND

Picknick am Meer

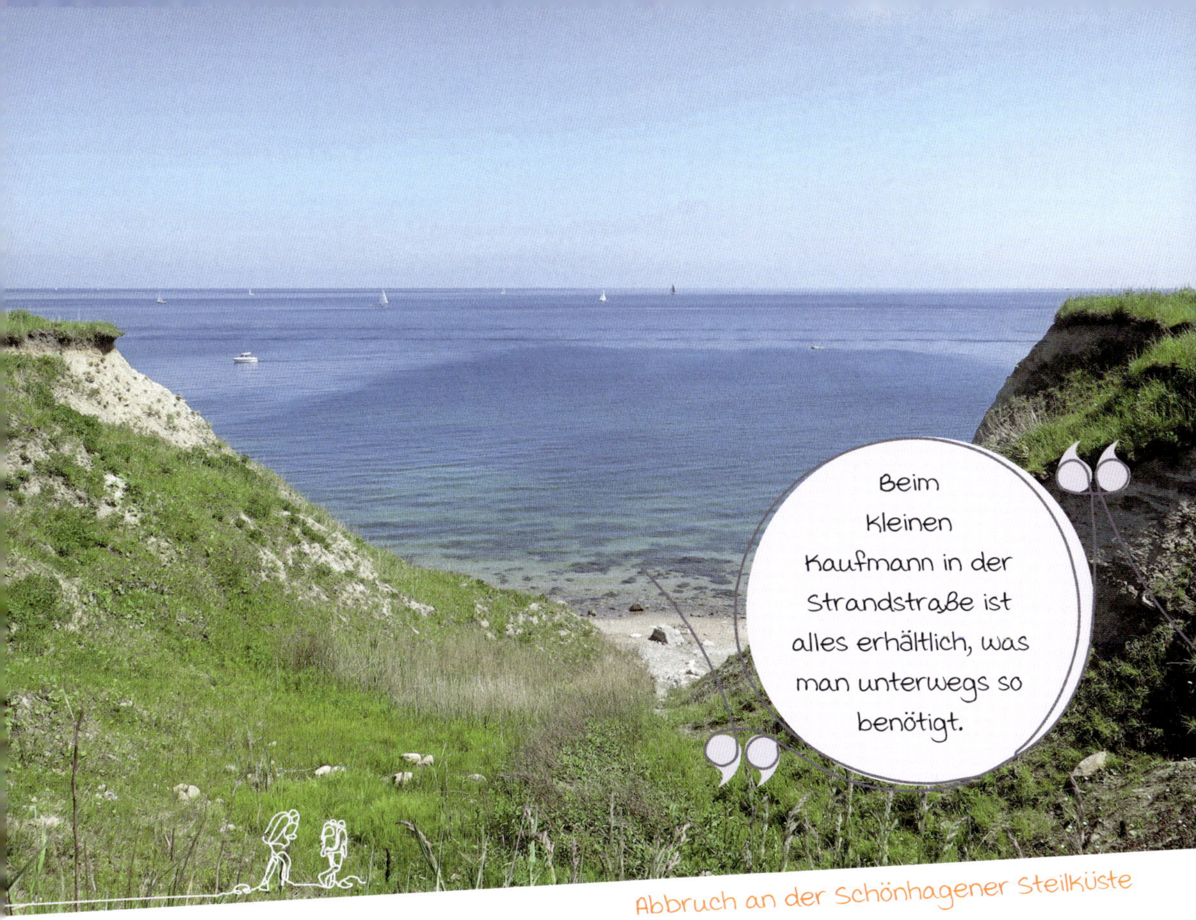

> Beim kleinen Kaufmann in der Strandstraße ist alles erhältlich, was man unterwegs so benötigt.

Abbruch an der Schönhagener Steilküste

1 **In Schönhagen** ist der erste Blick auf die Ostsee ganz entzückend. Insbesondere bei Windstille oder Sonnenschein ist es wirklich schwer sich vorzustellen, welche Kraft dieses unschuldig wirkende Meer entwickeln kann. Aber so sah es aus im Herbst 2023: die Promenade weg. Der Dünenstreifen auf Hunderte Meter zerstört. Ebenso der ganze Stolz von Schönhagen, ein Klippenpfad oben auf der Steilküste. Und nun muss das kleine Ostseebad neue Wege suchen.

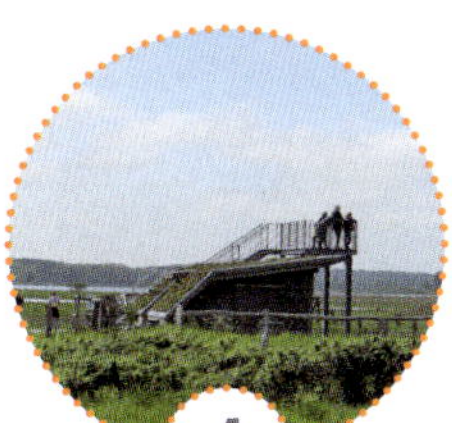

4

KM 3

SCHWANSENER SEE

Natur am Nehrungshaken

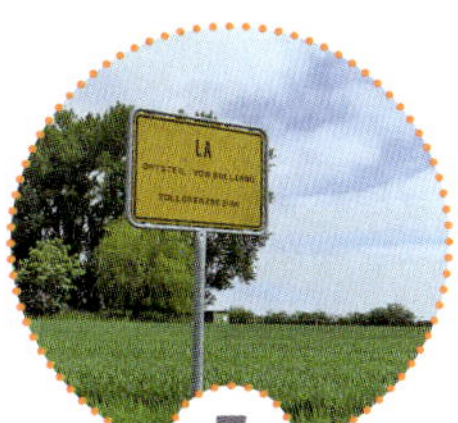

5

KM 8

JOTWEDE

Nebenan ist Büllerbü

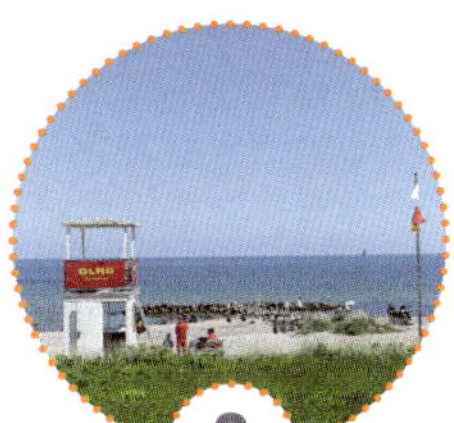

6

KM 13

AM BADESTRAND

Finale Abkühlung

FOTO STOPP

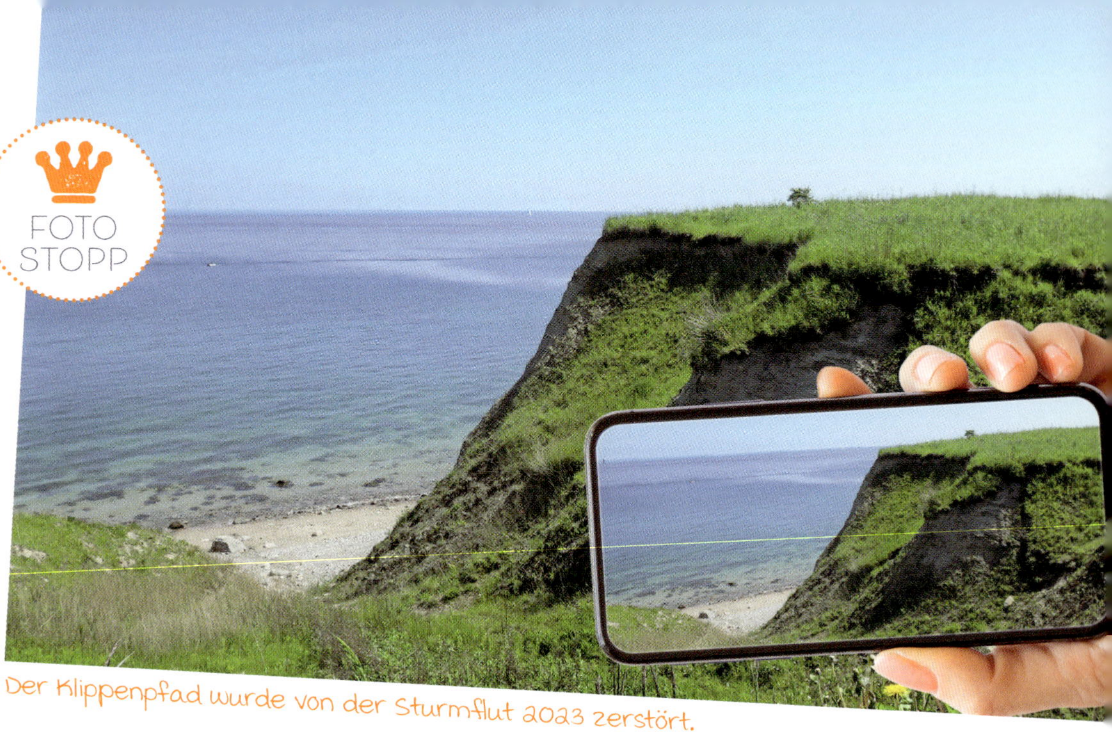

Der Klippenpfad wurde von der Sturmflut 2023 zerstört.

KM 0,5

Rechts halten – vielleicht schon auf der neuen Promenade? Ansonsten weiter am Strand. Hinter dem letzten Haus begann vor der Flut der spektakuläre Wanderpfad.

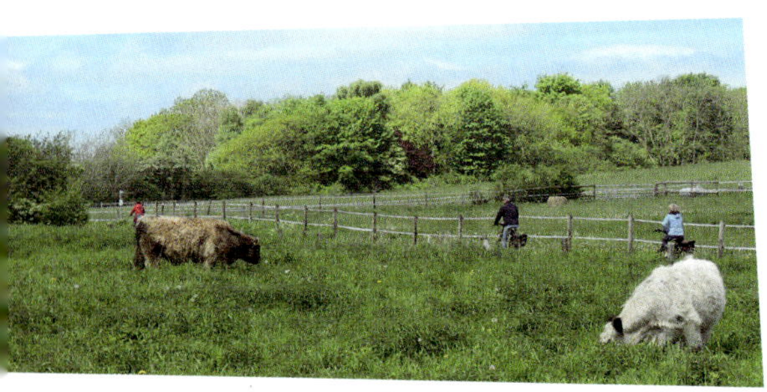

Am Ostseeküstenradweg

2 Steilküstenpfad Man kann ihn noch erkennen. Natürlich. So eine Steilküste sackt ja nicht in einem Stück herunter, sondern in gewaltigen Brocken. Schon vor der Flut verlor das bis zu 18 Meter hohe Schönhagener Kliff in manchen Wintern einen ganzen Meter. Je nach Wind und Wetter transportierten die Wellen dann Sand und Mergel die Küste hinauf nach Schleimünde oder hinunter zum Schwansener See. Auf diese Weise wachsen Strände schon immer. Es ist so sinnlos wie unmöglich, diesen Prozess steuern zu wollen.

i-TÜPFELCHEN

TRAUMAUSBLICKE

Ob es je wieder einen Küstenpfad geben wird, ist fraglich. Unterwegs warten dennoch Fernblicke, u. a. bei Kilometer fünf kurz vor der Ostseestraße und Kilometer sechs auf dem Drasberger Weg.

KM 2

Weiter am Strand oder über Nordhagener Straße auf dem nach 200 Metern links abknickenden Radweg. Er verläuft parallel zum alten Küstenpfad und führt nach ca. einem Kilometer wieder ans Wasser.

3 **Steinstrände** sind nicht jedermanns Sache und damit top für alle, die es ruhiger lieben. Wenn dann noch Parkplätze in Strandnähe fehlen, ist die Sache perfekt. Denn bessere Picknickplätze gibt es nicht. Mit Sonne im Gesicht, geschützt durch Steilküste oder Strandwall und ganz ohne Sand, der zwischen den Zähnen knirscht, darf die Pause hier gern länger dauern. Wer will, kann sich dabei auf die nächste Ditsch-WM vorbereiten. Schönhagen gehört zu den Austragungsorten.

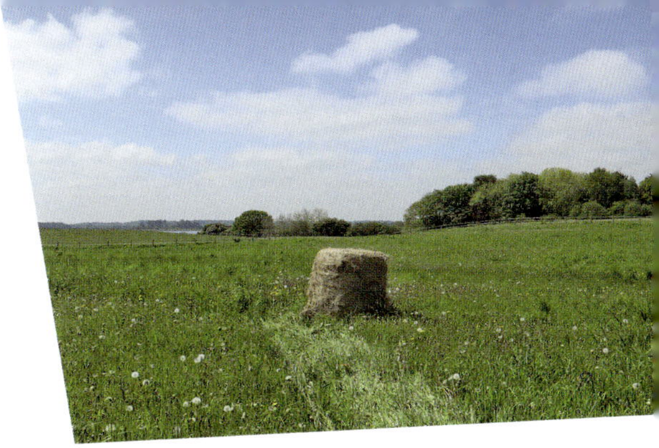

Halbinsel Schwansen

KM 3

Am Strand bis zur Aussichtshütte des NSG Schwansener See. Der Strand ist hier gesperrt. Der Wanderweg auf dem Nehrungshaken begleitet den See etwa einen Kilometer.

4 **Im NSG Schwansener See** brüten am Strand, in den Dünen, Salzwiesen, im Schilf, in den Sträuchern und Bäumen 120 Vogelarten. Zusätzlich nutzen noch mehr als 30 Arten den See als Rastplatz. Besonders zur Zeit der Vogelzüge ist das Geschnatter groß. Im Winter bleiben immer mehr Arten einfach da. Die namensgebenden Schwäne sieht man rund um das Jahr in großer Zahl. Doch dafür braucht es schon Adleraugen oder ein Fernglas. Zum Schutz der Tiere herrscht am See weiträumig Betretungsverbot. Und das ist auch gut so.

Naturschutzgebiet Schwansener See

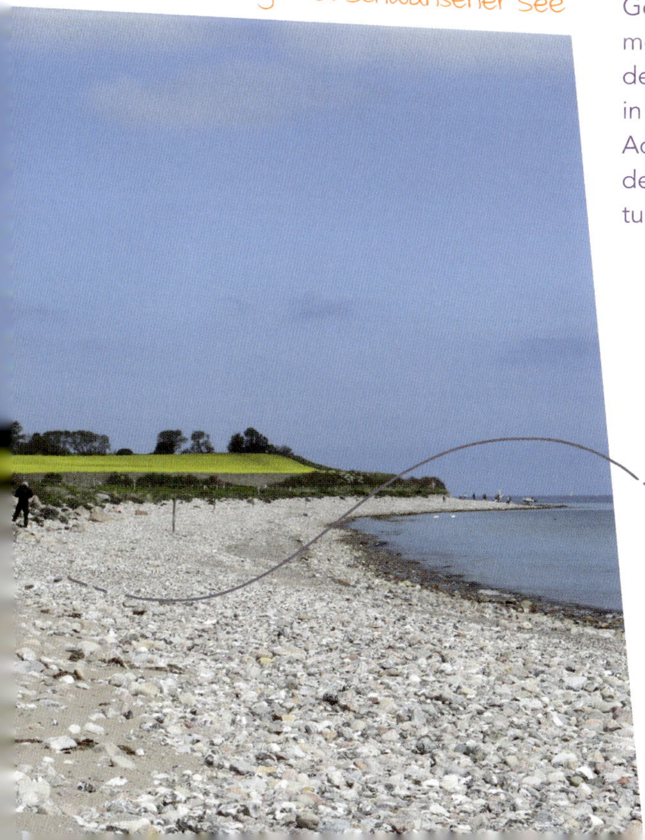

Die Hochhäuser am Horizont gehören zu Damp. Wer verlängern mag, erreicht das Ferienzentrum nach drei Kilometern.

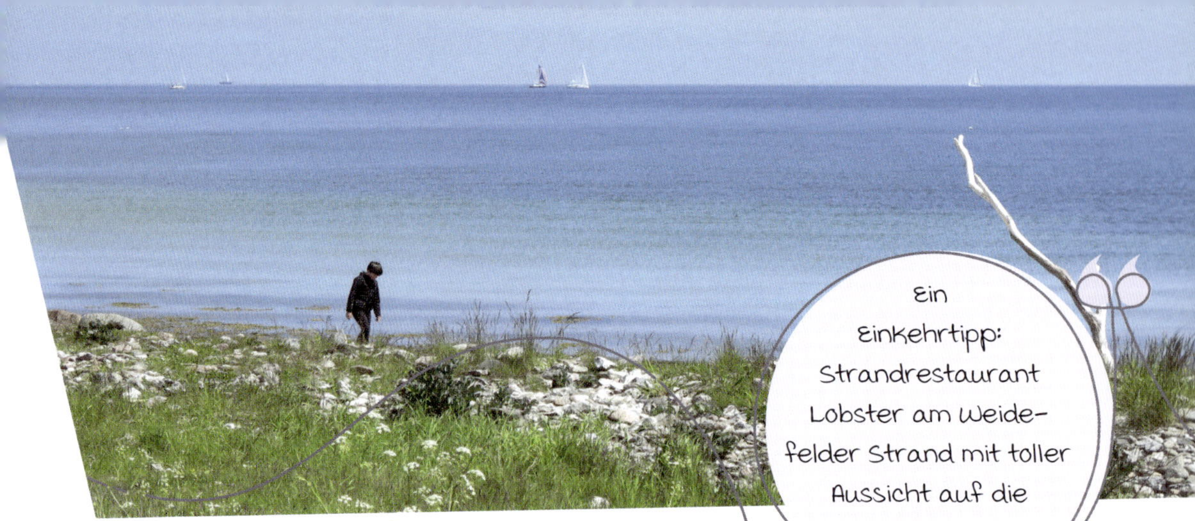

Naturstrand an der Offenen Ostsee

Ein Einkehrtipp: Strandrestaurant Lobster am Weidefelder Strand mit toller Aussicht auf die Ostsee.

TRAUMHAFT

FAST EINZIGARTIG

Oft richtig gute Wellen und vorgelagerte Sandbänke zeichnen die Strände von Weidefeld und Schönhagen aus. Bis Flensburg findet man das sonst nur noch einmal: in Kronsgaard.

KM 8

Auf dem asphaltierten Rad- und Wanderweg zur Ostseestraße, jenseits davon auf die Schloßstraße. Nach 200 Metern links in den Eiskellerweg. Von nun an der Nordic-Walking-Route 4 folgen.

5 Jotwede Zunächst fällt es einem vielleicht gar nicht auf. Aber spätestens, wenn man sich bei Kilometer acht in Langacker ein Stück durch die Weiden schlängelt, merkt man es doch: Es sind gar nicht unbedingt die Strände, die Schwansens Zauber ausmachen. Es ist das niedliche Hinterland. Die geschwungene Landschaft. Die charmanten Höfe. Die Knicks, in denen Hunderte Vögel zu zwitschern scheinen. Hier ist rein gar nichts auf Massentourismus getrimmt. Und wenn man mal ganz weit weg von allem sein möchte, ist man hier richtig.

KM 13

Die Nordic-Walking-Route 4 führt über Weidefelder Weg und Strandstraße zum Weidefelder Strand. Wem es dort zu voll ist, badet irgendwo auf den letzten zwei Küstenkilometern dieser Tour.

6 Am Badestrand Lange Zeit unter dem Radar, wurde in den 2010er-Jahren ein weiteres Ferienzentrum an Schwansens Küste aus dem Boden gestampft. Am Ressort Olpenitz scheiden sich die Geister. Fest steht, dass es am sicherlich schönsten Strand der Region seitdem ordentlich trubelig geworden ist. Baden kann man hier aber trotzdem richtig gut und unter Aufsicht der DLRG. Dass es am Ende der Tour in Schönhagen ähnlich ist, hat man schon zu Beginn erfahren. Die zwei Kilometer dazwischen sind ruhiger, aber eben auch unbewacht. Irgendwas ist ja immer.

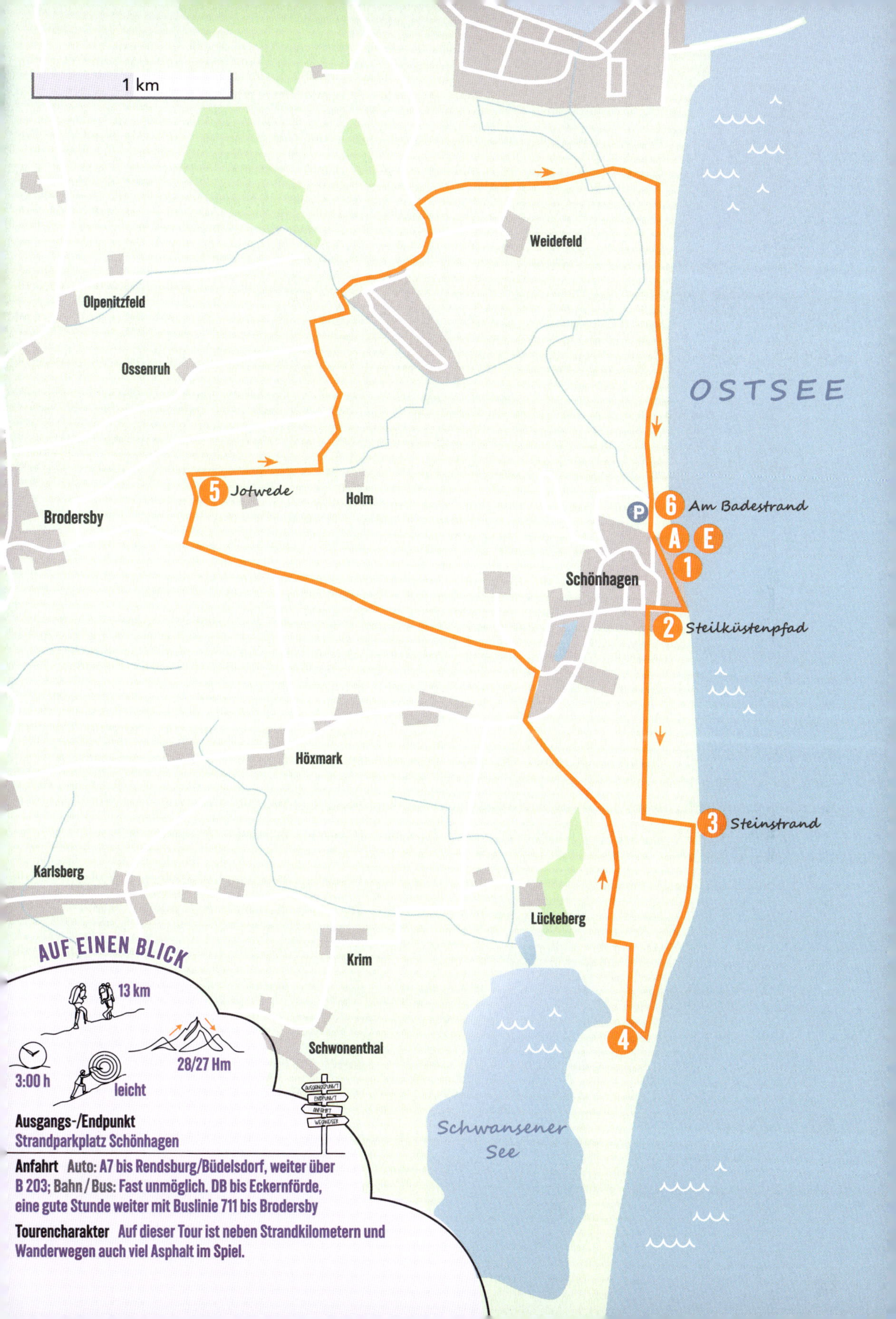

AUF EINEN BLICK

13 km

28/27 Hm

3:00 h

leicht

Ausgangs-/Endpunkt Strandparkplatz Schönhagen

Anfahrt Auto: A7 bis Rendsburg/Büdelsdorf, weiter über B 203; Bahn / Bus: Fast unmöglich. DB bis Eckernförde, eine gute Stunde weiter mit Buslinie 711 bis Brodersby

Tourencharakter Auf dieser Tour ist neben Strandkilometern und Wanderwegen auch viel Asphalt im Spiel.

21

GELTINGER BUCHT UND FLENSBURGER FÖRDE

DURCH KLEINE RÜCKZUGSPARADIESE

Wenn Investoren scheitern, ist das nicht immer eine schlechte Sache. Schon gar nicht an der Ostsee. Denn hätten die Träume eines Herzogs im 15. Jahrhundert hingehauen, wäre diese Wanderung wohl kaum möglich. Doch statt des geplanten Handelsplatzes der Superlative ist am Übergang von der Flensburger Förde zur Geltinger Bucht fast alles beim Alten geblieben. Die Dörfer Norgaardholz, Habernis und Neukirchen liegen noch immer weit genug ab vom Schuss, um dem ganz großen Touristentrubel zu entgehen. Die windzerzausten Bäume wachsen wie eh und je bis an den Wellenrand. Die kleinen Naturstrände dürfen weiterhin zerstrubbelt und verschwiegen sein. Nur das sumpfige Haberniser Autal zeigt sich dank liebevoller Pflege durch den örtlichen Naturschutzverein immer verwunschener.

KM 1

Vom Parkplatz der Straße Nordstern bis zum Ende folgen. Dort in den Pfad tauchen, der sich durch Hecken zum Strand zieht. Die letzten paar Hundert Meter geht es im Sand weiter.

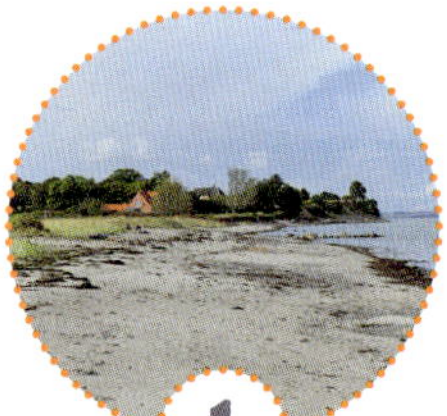

1

KM 1

HABERNIS HUK

Die Geltinger Bucht

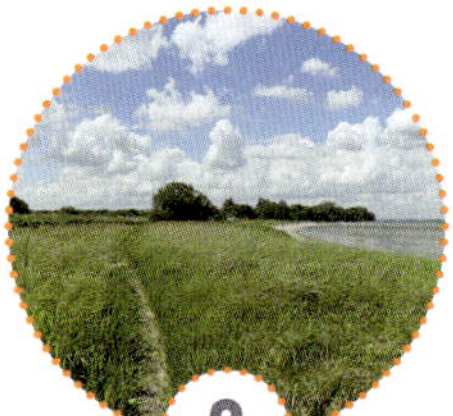

2

KM 3

HABERNIS BEACH

Dänemark vom Balkon

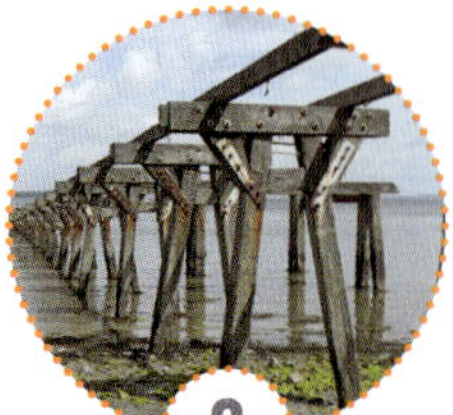

3

KM 4,5

NIEBY

Alte Seebrücke

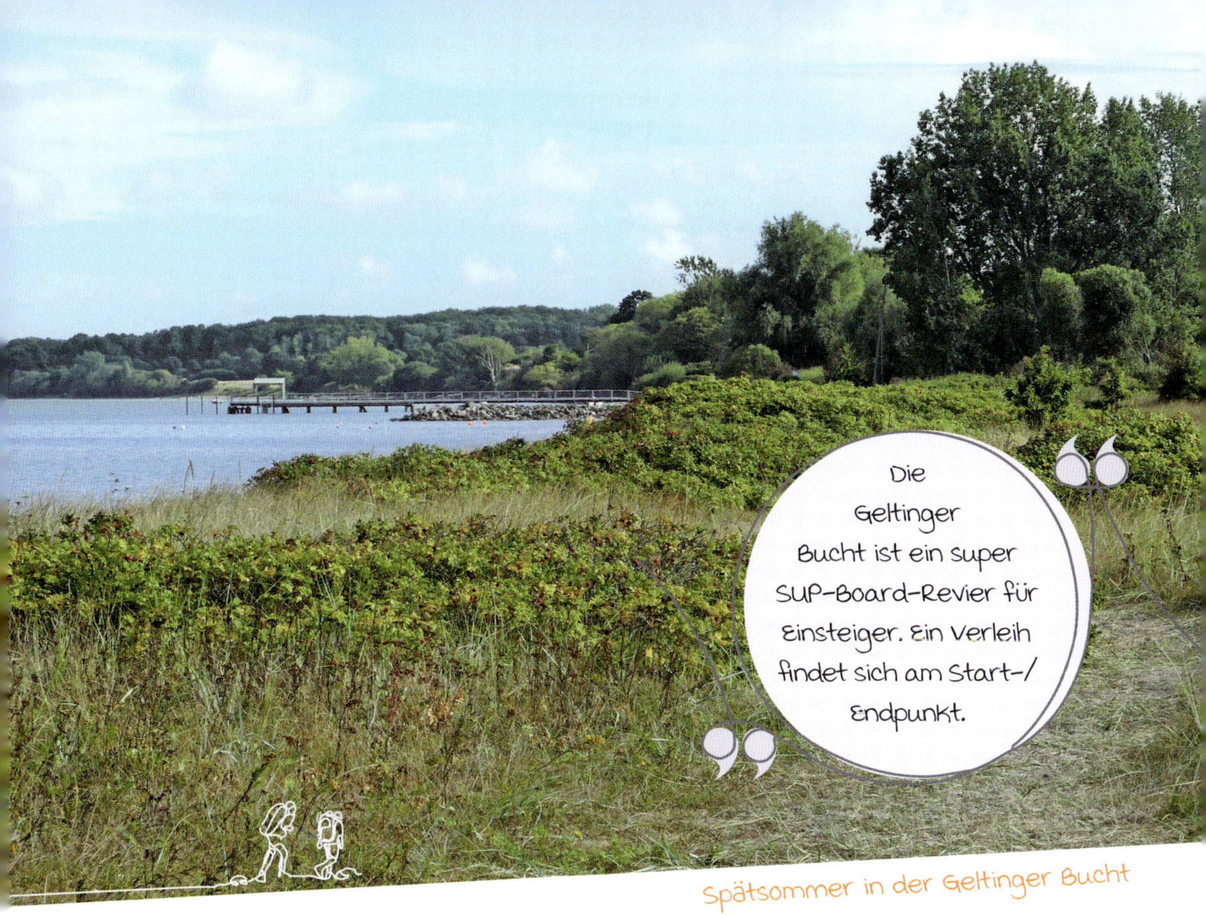

Spätsommer in der Geltinger Bucht

1 **Die Habernis Huk** ist eine kleine, erhöhte Landnase und markiert den nördlichsten Punkt der Geltinger Bucht. Da man hier in Nordgaardholz ohnehin vom ersten Moment an denkt, man würde viel lieber bleiben als weiterwandern, ist sie auch ein wunderbarer Ort für eine erste kleine Pause mit Blick über die Bucht. Bei guter Sicht reicht dieser über Steinberghaff und Wackerballig bis zum wundervollen Naturschutzgebiet Geltinger Birk am anderen Ende der Bucht.

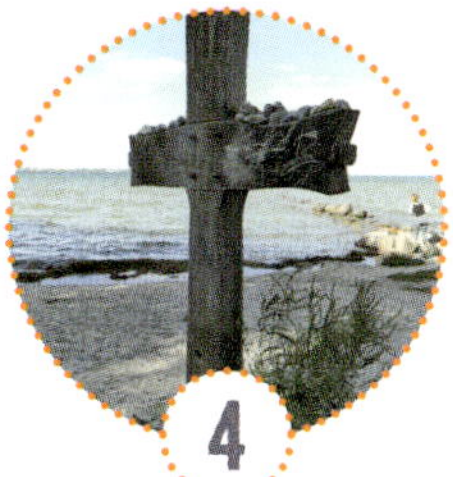

4

KM 5

NEUKIRCHEN

Wildnis am Strande

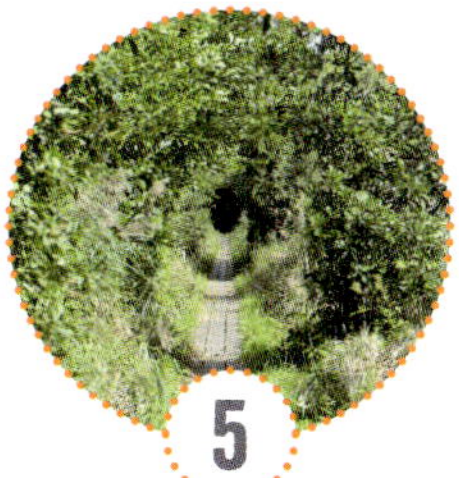

5

KM 7

HABERNIS AU

Auf Bohlen durchs Moor

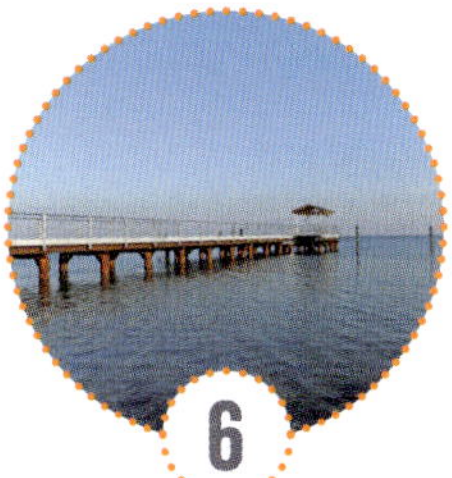

6

KM 12

NORGAARDHOLZ

Die Seebadeanstalt

FOTO STOPP

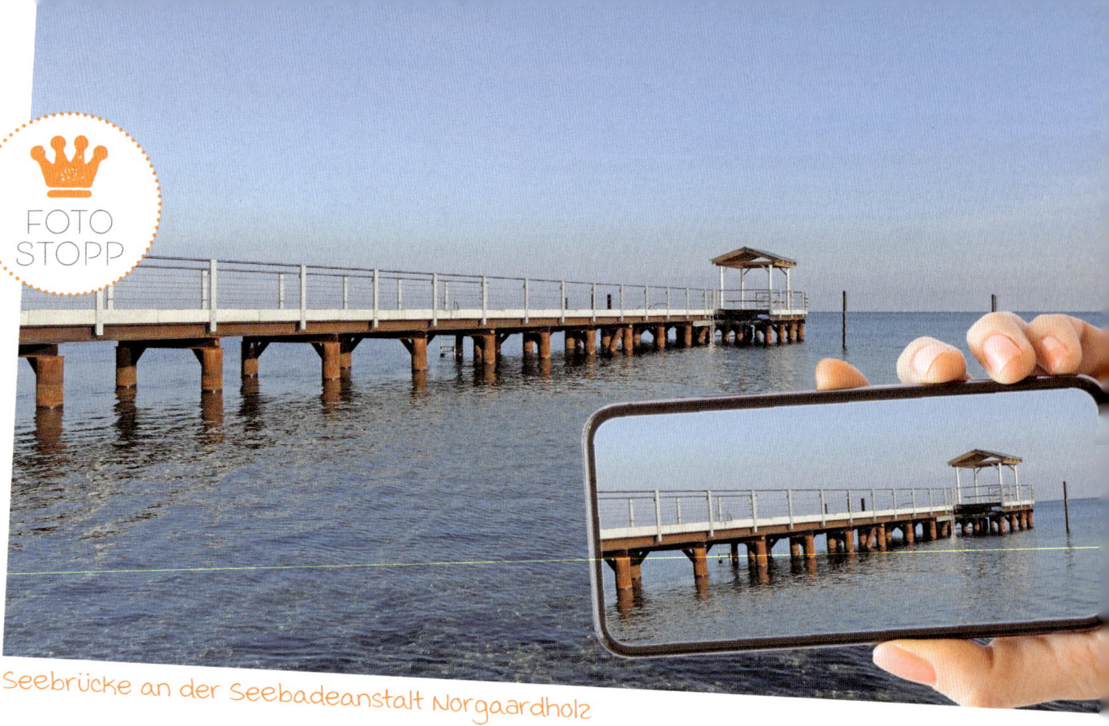

Seebrücke an der Seebadeanstalt Norgaardholz

KM 3

Auf der Straße geht es die Huk hinauf und hinunter. Den fehlenden Fußweg vermisst man in dieser entlegenen Ecke nicht. Nach einem Kilometer an der kleinen Kreuzung rechts halten.

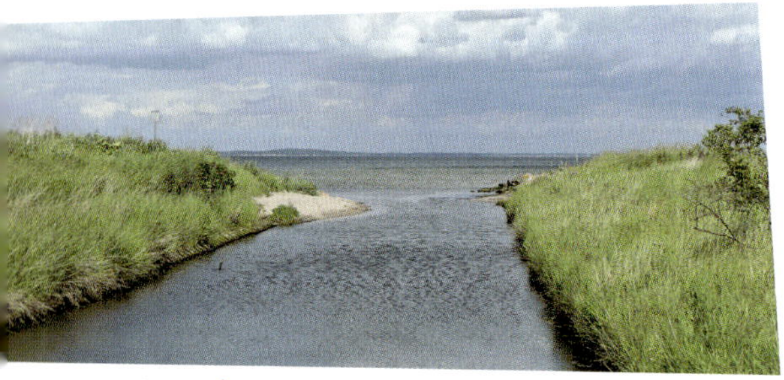

Die Habernis Au entwässert in die Ostsee.

2 Habernis Beach Was für eine Überraschung, wenn hinter der nächsten Kurve die Liegestühle der Strand-Lounge auftauchen. So einen Beachclub erwartet man einfach nicht in diesem versteckten Winkel. Es ist auch der einzige weit und breit. Was sonst so los ist am Strand von Habernis, richtet sich nach Wetter und Wind. Weht er aus der richtigen Richtung, tummeln sich hier Kiter und Surfer. Bei Windstille lässt es sich prima baden. Bei Schietwetter liegt alles im Ruheschlaf.

TRAUMHAFT

BLICK AUF DÄNEMARK

Der Strand von Habernis liegt direkt gegenüber von Sønderborg. Angesichts der Stadtarchitektur am Horizont freuen sich selbst die größten Dänemark-Fans, im stillen Deutschland zu sein.

KM 4,5

Der Weg führt durch die Wiesen mit typischer Strandvegetation bis zur Schleuse. Jenseits an den Strand wechseln, der sich auf dem nächsten Kilometer wunderbar unwegsam gibt.

3 Nieby Wer etwas für nostalgische Gefühle übrig hat, ist spätestens an der alten Seebrücke schwer verliebt in diesen Teil der Region Angeln. Sie hat vieles bewahrt, was andernorts längst der Vergangenheit angehört. Am Anleger etwa, der hier so malerisch verfällt, machten früher die äußerst beliebten Butterdampfer fest. Sie starteten ab den 1950er-Jahren von etlichen Häfen Angelns nach Dänemark und ermöglichten zollfreien Einkauf. Als 1999 jemandem auffiel, dass der Ausflugsspaß nicht EU-konform war, ging ein ganzer Wirtschaftszweig flöten.

Trau(m)platz Neukirchen

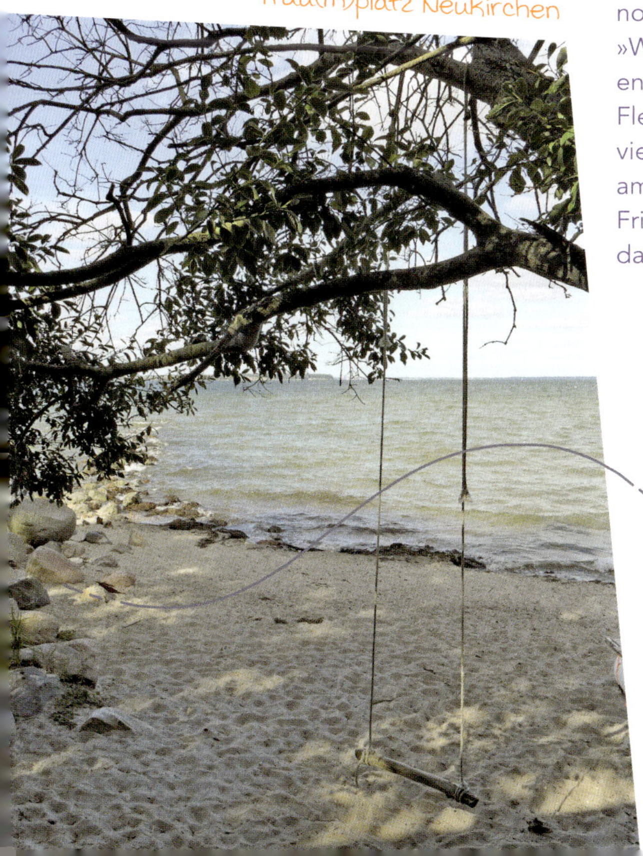

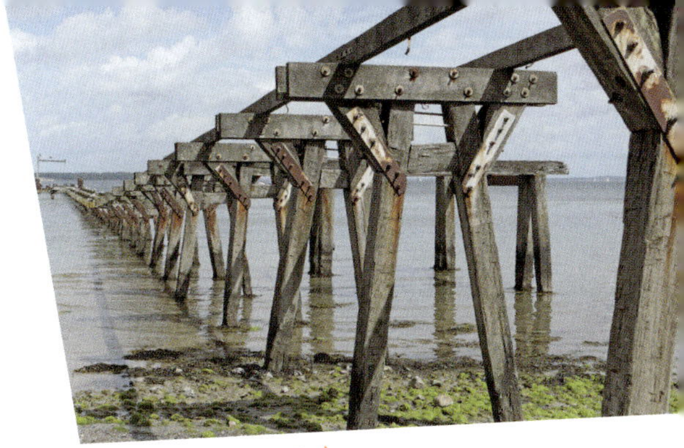

Alter Anleger Nieby

KM 5

Die nächsten 500 Strandmeter sind noch ein wenig holpriger und müssten auf gleichem Weg zurück bewältigt werden. Wer nicht ganz trittsicher ist, lässt den Abstecher besser aus.

4 Neukirchen Ein Kreuz im Sand markiert den Trauplatz von Neukirchen. Hier wurden schon viele Ehen am Strand geschlossen. Die weiß getünchte Kirche oben auf der Steilküste ließ Herzog Johann der Jüngere im Jahr 1618 errichten. Dazu entwarf er noch ein Straßendorf auf dem Reißbrett. Aus »Wildnis am Strande« sollte ein Handelsplatz entstehen, mindestens so bedeutsam wie Flensburg. Geworden ist daraus etwas noch viel Bedeutsameres: ein entzückendes Dorf am Rande der hektischen Welt. Auf dem Friedhof hinter Feldsteinmauern spürt man das besonders.

Typisch für Angeln sind private Verkaufsstände mit Obst, Gemüse, Selbstgemachtem. An Kleingeld denken.

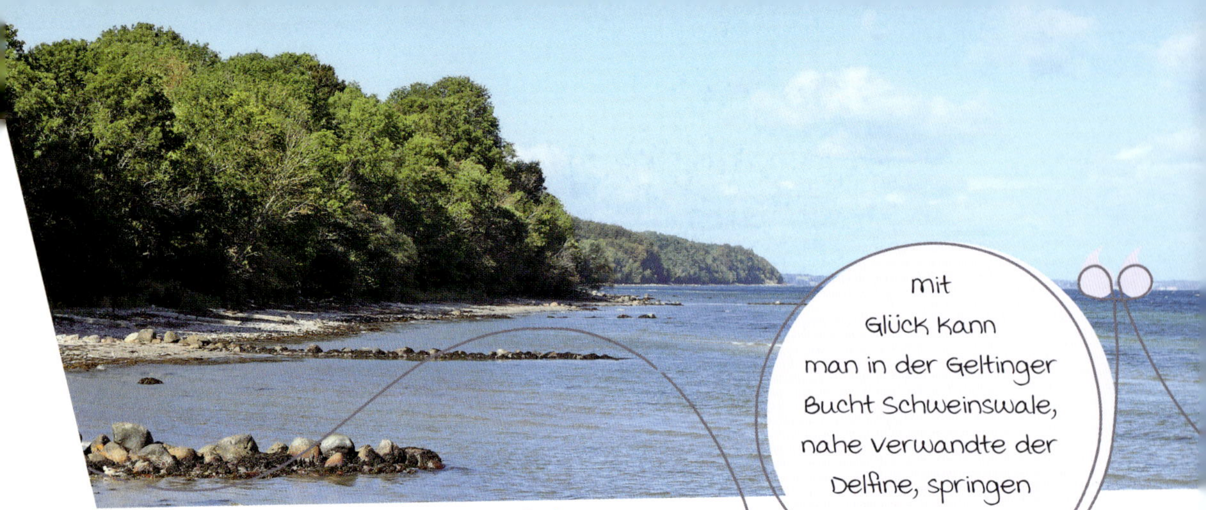

Hangwälder an der Flensburger Förde

Mit Glück kann man in der Geltinger Bucht Schweinswale, nahe Verwandte der Delfine, springen sehen.

i-TÜPFELCHEN

TRAU(M)PLATZ

Wem der Abstecher zum Trauplatz zu beschwerlich ist, sollte ihn bei der An- oder Abfahrt auf die Liste setzen. Die versteckte Lage von Kirche und Friedhof ist einfach hinreißend.

KM 7

Zurück am Anleger geht es die Treppe auf die Steilküste hinauf in den Ortsteil Nieby. Hinter dem letzten Haus geht es links hinunter zur Schleuse der Haberniser Au.

5 **Habernis Au** Vier Spazierrundwege führen durch das moorige Autal von Habernis. Hier bilden Hochstaudenfluren, Niedermoor, Bruchwald und Feuchtwiesen Rückzugsorte für etliche Vögel, Amphibien und Insekten. Auch seltene Pflanzen, Hasen, Rehe und Fasane kann man unterwegs entdecken. Die Rundwege sind auf einer Karte am Zugang eingezeichnet und lohnen sich alle. Besonders naturnah und abwechslungsreich ist der blau markierte Rundweg 8. Er führt auf Holzstegen und durch Heckentunnel über den Aussichtspunkt Predigtstuhl zur Quelle von Wolsroi.

KM 12

Wenn der Rundweg 8 auf die Landstraße trifft, geht es auf ihr links und nach 200 Metern rechts auf Nordstern. Die so gut wie nicht befahrene Straße leitet zum Ausgangspunkt.

6 **Die Seebadeanstalt von Norgaardholz** ist der einzige Badespot auf dieser Tour, der in den Sommermonaten von der DLRG bewacht wird. Solange es nicht regnet, bietet auch der Kiosk Pommes, Eis und Co auf der windgeschützten Terrasse an. Für größeren Hunger ist das Griechische Restaurant Afroditi die richtige Adresse. Überhaupt – das hat man ja schon zu Beginn dieser Tour gedacht – ist Norgaardholz ein Ort zum Bleiben. Mindestens bis zum Sonnenuntergang. Dann leuchten über der Geltinger Bucht nur Mond und Sterne und die Lichter der neuen Badebrücke.

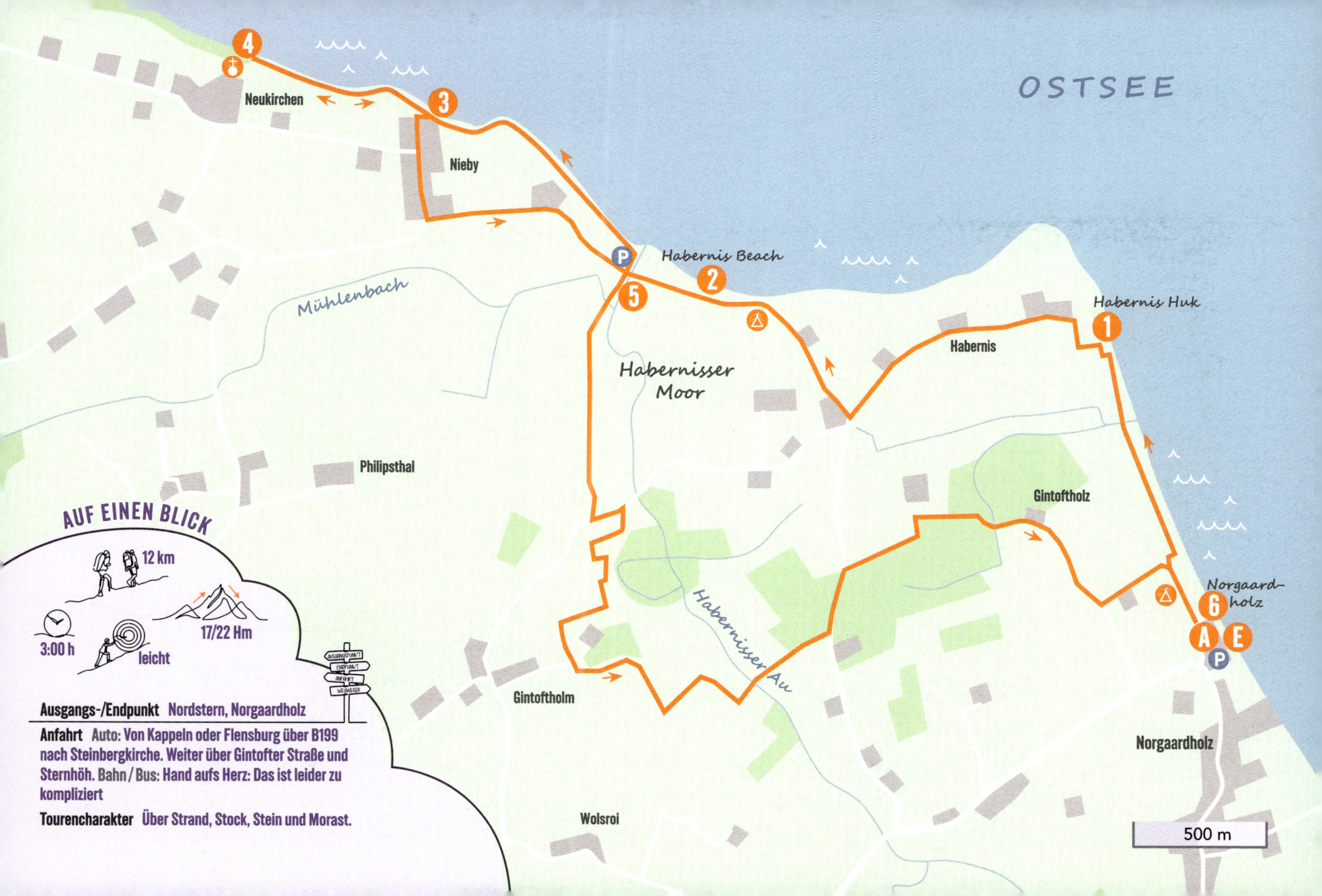
OSTSEE
Neukirchen
Nieby
Habernis Beach
Habernis Huk
Habernis
Habernisser Moor
Mühlenbach
Philipsthal
Gintoftholz
Habernisser Au
Norgaard-holz
Gintoftholm
Wolsroi
Norgaardholz
500 m
AUF EINEN BLICK
12 km
3:00 h
leicht
17/22 Hm
Ausgangs-/Endpunkt Nordstern, Norgaardholz
Anfahrt Auto: Von Kappeln oder Flensburg über B199 nach Steinbergkirche. Weiter über Gintofter Straße und Sternhöh. Bahn / Bus: Hand aufs Herz: Das ist leider zu kompliziert
Tourencharakter Über Strand, Stock, Stein und Morast.

22

UNEWATT UND LANGBALLIGAU

KULTUR, NATUR UND MEER

Diese Wanderung startet in einem absolut empfehlenswerten Landschaftsmuseum. Sie ist auch ohne den Besuch ganz wunderbar, mit Ticket wird sie aber zu einem echten Highlight. Wer sich dafür entscheidet, liest gleich zu Beginn den Abschnitt über Unewatt bei Kilometer elf, die Tour startet dann ein wenig anders und wird auch einen guten Kilometer länger. Wer sich das Museum für einen Extraausflug aufspart, läuft geradewegs durch das Museumsdorf ins schöne Tal der Langballigau. Sie mäandriert durch Felder, Wälder und Schilfmeere zum gleichnamigen Hafen an der Flensburger Außenförde. In Langballigau herrscht meist Urlaubsstimmung, vor allem aber während der Segelsaison, wenn deutsche und dänische Fahnen um die Wette flattern. Lange Badepause, Schiffsausflug, Verlängerung – in Langballigau ist alles möglich.

KM 1

Vom Museumseingang im Marxenhof rechts auf dem Fußweg bleiben, um den Baumpfad nicht zu verpassen. Im Anschluss die Unewatter Straße bis zum Gasthof hinunterbummeln.

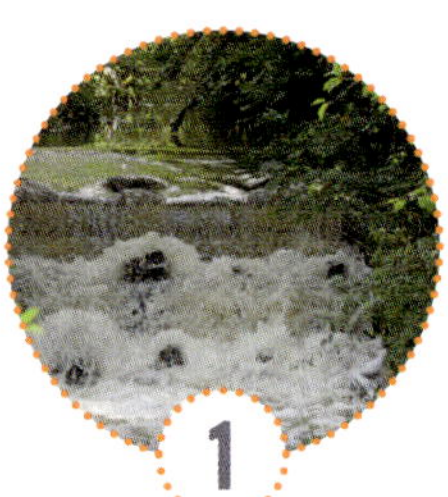

1

KM 1

DIE LANGBALLIGAU

Durch das Tunneltälchen

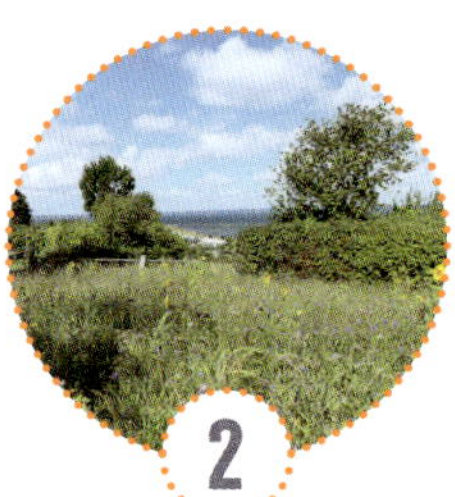

2

KM 4,5

WESTERHOLZ

Schönster Fördeblick

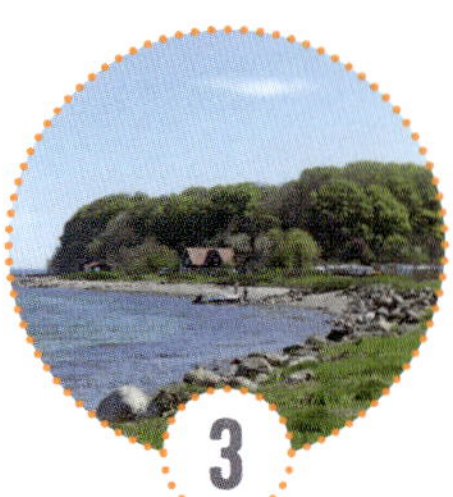

3

KM 5

STRAND LANGBALLIGAU

Badestopp

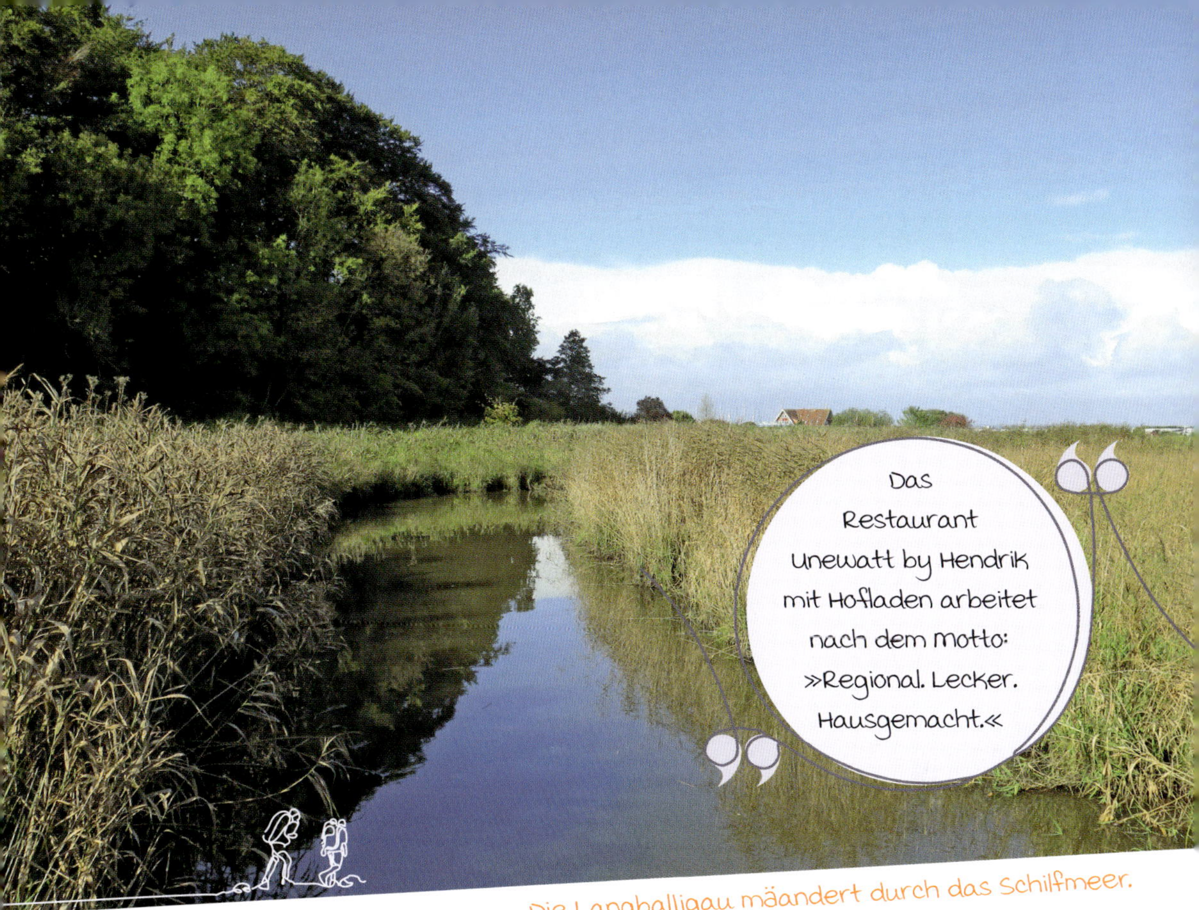

Die Langballigau mäandert durch das Schilfmeer.

1 Die Wanderfische der Langballigau haben seit der Quelle oder den Seitenbächen schon einige Kilometer hinter sich. Wandervögel können die Langballigau aber erst ab Unewatt auf ihrem Weg zur Förde begleiten. Gleich bei der alten Eiche rauscht sie unter der Dorfstraße hindurch. Die beidseitigen Wanderwege führen durch eines der reizvollsten Bachtäler der Schleswig-Holsteinischen Ostseeküste. Die Hanglaubwälder und Niederungen sind unter Naturschutz gestellt.

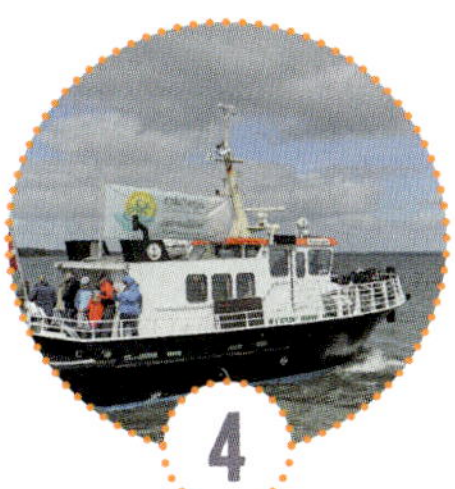

4

KM 6

HAFEN L.A.

Tor nach Dänemark

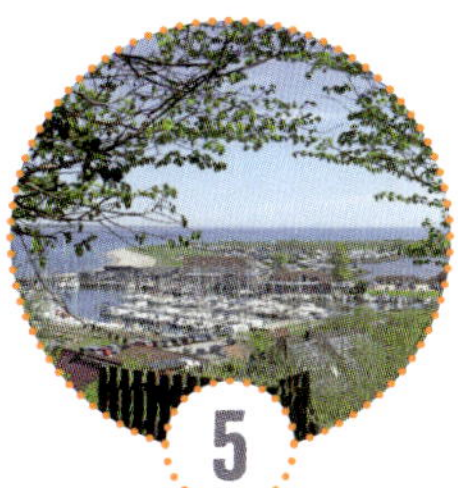

5

KM 6,5

HOHENAU

Fotostopp

6

KM 11

UNEWATT

Museumsrundgang

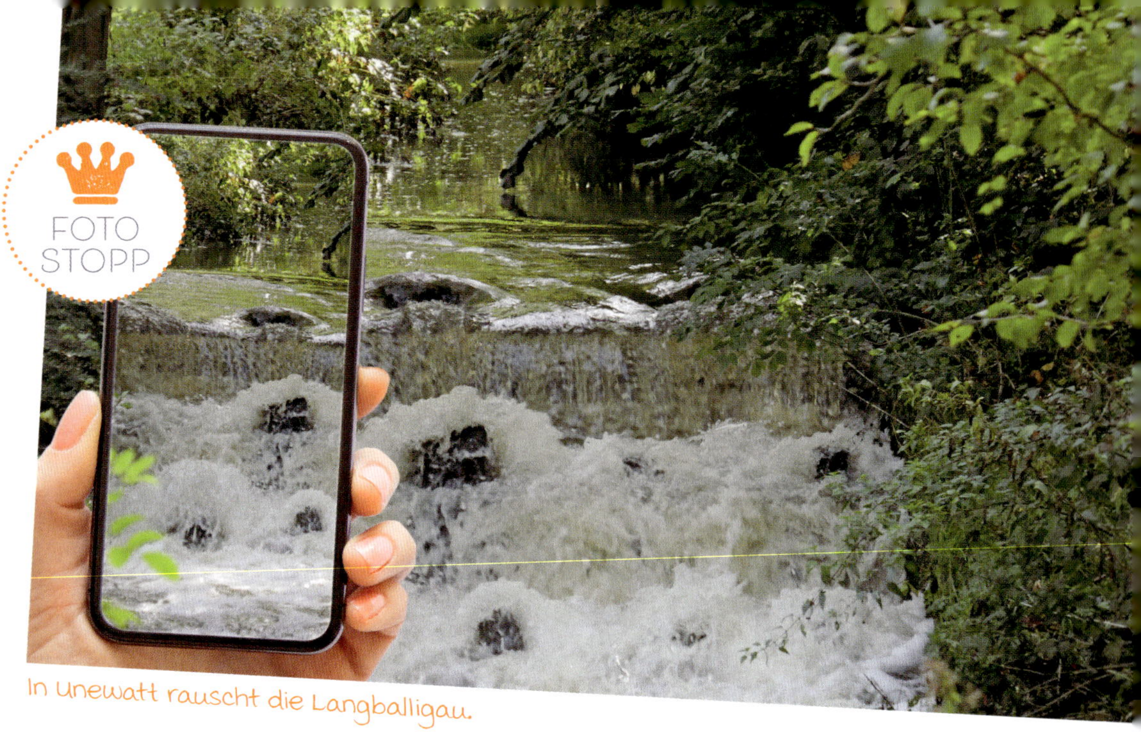

In Unewatt rauscht die Langballigau.

KM 4,5

Die Unewatter Straße wird an ihrem Ende von einem Waldweg abgelöst. Wo er auf den Autalwanderweg trifft, rechts halten bis zur Haffstraße. Ihr rechter Hand ca. 500 Meter folgen.

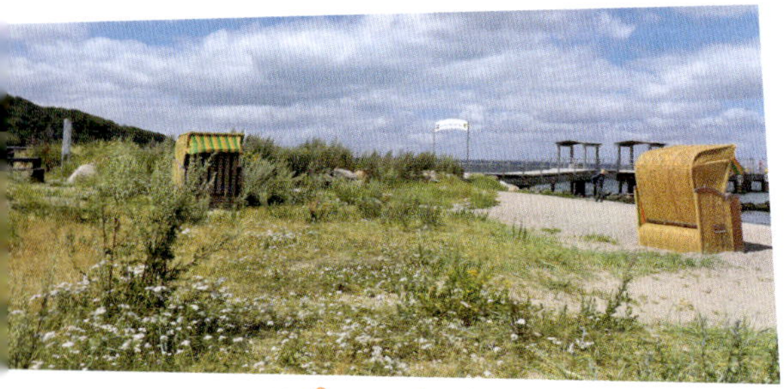
Hafen mit Strand: Langballigau

2 Westerholz Den schönsten Blick auf Langballigau genießen ungerechterweise Autofahrende. Die trifft es beinahe wie ein Schlag, wenn in Westerholz ganz unvermutet weit unter der Haffstraße die Flensburger Außenförde zum ersten Mal aufblitzt. Das ist aber nur ein kurzer Moment. Wandernde haben richtig lange was davon, und der Blick wird beim Anstieg mit jedem Schritt besser. Am allerbesten dort, wo die Haffstraße links scharf abknickt.

i-TÜPFELCHEN

TRAUMAUSBLICK 1

Bei Westerholz verengt sich die Flensburger Förde auf wenige Kilometer. Gegenüber liegt Broager Land, eine dänische Halbinsel, die komplett von der Außenförde umschlossen ist.

KM 5

Wann der von der Sturmflut zerstörte Strandweg wieder begehbar ist, stand bei Erscheinen dieses Buches noch nicht fest. Bis es so weit ist, führt der Umweg über Haffstraße und Hafen.

3 Strand Langballigau Als wandernde Gletscher die Flensburger Förde schufen, hinterließen die Geschiebe vielfältiges Gestein. Feinsandige Bilderbuchstrände wie im Süden Schleswig-Holsteins findet man hier daher nicht. Weite Teile der Küste gleichen dem Geröllstrand, wie er sich beim Imbiss Strandgut zeigt. Die Sandsichel von Langballigau ist eine der wenigen Ausnahmen. Daher gehörten die Campingplätze in der ersten Reihe auch zu den beliebtesten weit und breit. Die Sturmflut 2023 zerstörte beinahe alle Wohnwagen und auch die wenigen festen Gebäude.

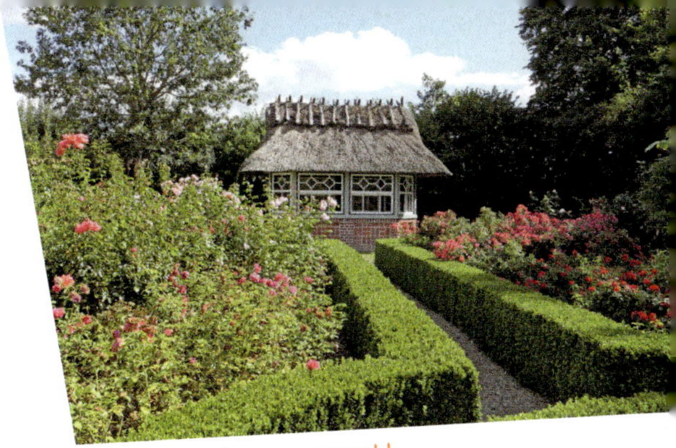

Rosengarten Unewatt

Westerholz blickt auf Dänemark.

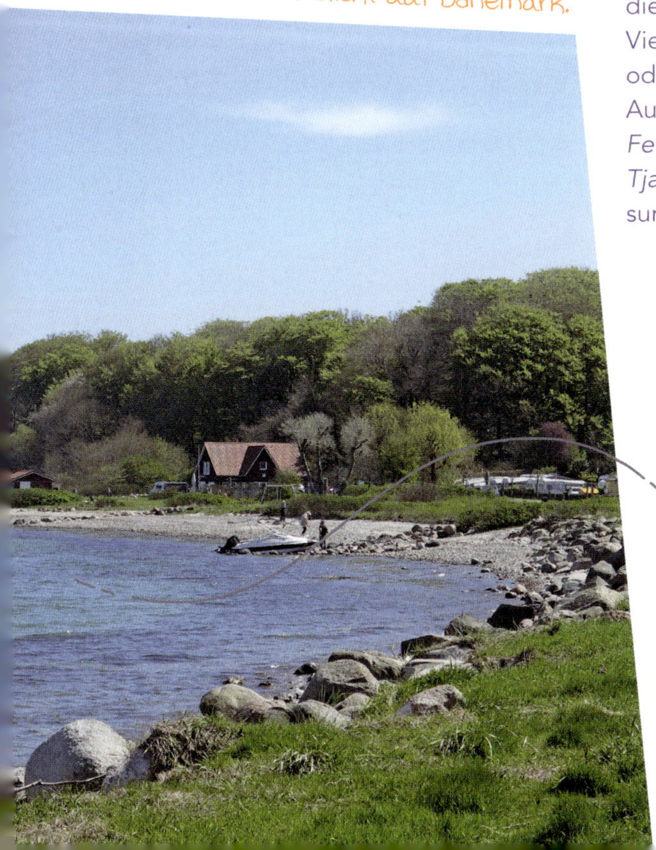

KM 6

Vom Strand geht es zunächst auf die Seebrücke mit kleiner Aussichtsplattform, dann zurück auf die Promenade zwischen Bootsstegen und Hafengastronomie.

4 L.A. nennen Einheimische den Hafen von Langballigau, denn er liegt wie das US-amerikanische Pendant im Westen. Das verspricht super Sonnenuntergänge, die besten von der Aussichtsterrasse im gleichnamigen Fährhaus. Aber auch tagsüber ist die Hafenmeile im Miniaturformat beliebt. Viele kommen mit dem eigenen Segelboot oder den Fähren von Dänemark. Gleich zwei Ausflugsschiffe starten in Langballigau. Die *Feodora II* steuert Sønderborg an. Und die *Tjahlfe* verbindet Deutschland mit Egernsund und Rendbjerg.

Dass sich gleich eine Handvoll gastronomischer Betriebe konzentrieren, gibt es an der Außenförde nur in Langballigau.

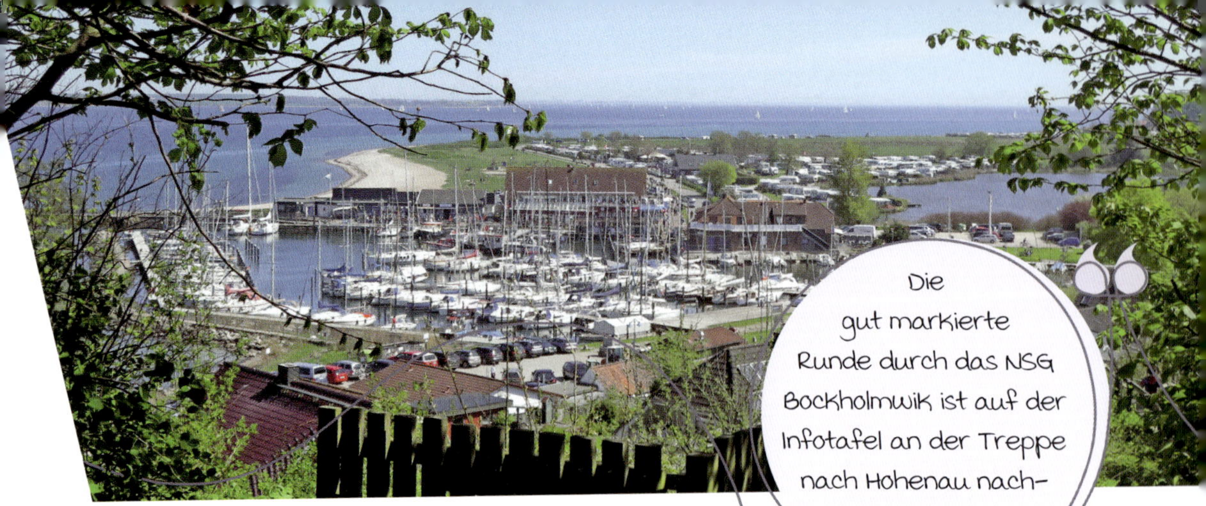

Marina Langballigau

Die gut markierte Runde durch das NSG Bockholmwik ist auf der Infotafel an der Treppe nach Hohenau nachzuvollziehen.

i-TÜPFELCHEN

TRAUMAUSBLICK 2

Von der Treppe nach Hohenau kann man Hafen und Strand aus der Vogelperspektive sehen. Im Winter auf jeder Stufe, im Sommer muss man ein Guckloch in Bäumen und Büschen suchen.

KM 6,5

Hinter der Aubrücke rechts halten. Kurz vor dem Parkplatz an der Marina zieht sich linker Hand ein Fußweg den Hang hinauf in den Ortsteil Hohenau.

5 In Hohenau kreuzen sich zwei ganz unterschiedliche Wanderwege. Die zehn Kilometer lange Historische Wanderung gibt Einblick in die Geschichte der Gemeinden Langballig und Westerholz. Zwischen Aubrücke und Hohenau stehen die Texttafeln (6 bis 12) besonders dicht und direkt am Wegrand dieser Tour. Der zweite Wanderweg ist der fabelhafteste Schleswig-Holsteins: der 95 Kilometer lange Fördesteig. Ein besonders herrlicher Abschnitt ist die ausgeschilderte Etappe nach Bockholmwik. Wann die Sturmschäden der sechs Kilometer lange Zusatzrunde beseitigt sind, ist allerdings fraglich.

KM 11

Über die Unterstraße geht es zurück Richtung Hafen, vorher aber rechts ins Schilfmeer der Langballigau. Der Autalwanderweg folgt ihr nun am rechten Ufer nach Unewatt.

6 Unewatt ist kein Museumsdorf, sondern einfach ein besonders charmanter Ort. Dazu tragen auch die fünf historischen Gebäude bei, die vom Landschaftsmuseum Angeln/Unewatt bespielt werden und verstreut im Dorf zu finden sind. Die ersten vier liegen auf dem Hinweg dieser Wanderung: der Marxenhof mit Rosengarten, die alte Räucherei, die Buttermühle und die Mühle Fortuna mit großartigem Weitblick von der Galerie. Den Abschluss bildet die imposante Christesen-Scheune. Sie liegt gleich dort, wo diese Tour zurück ins Dorf führt und auch endet.

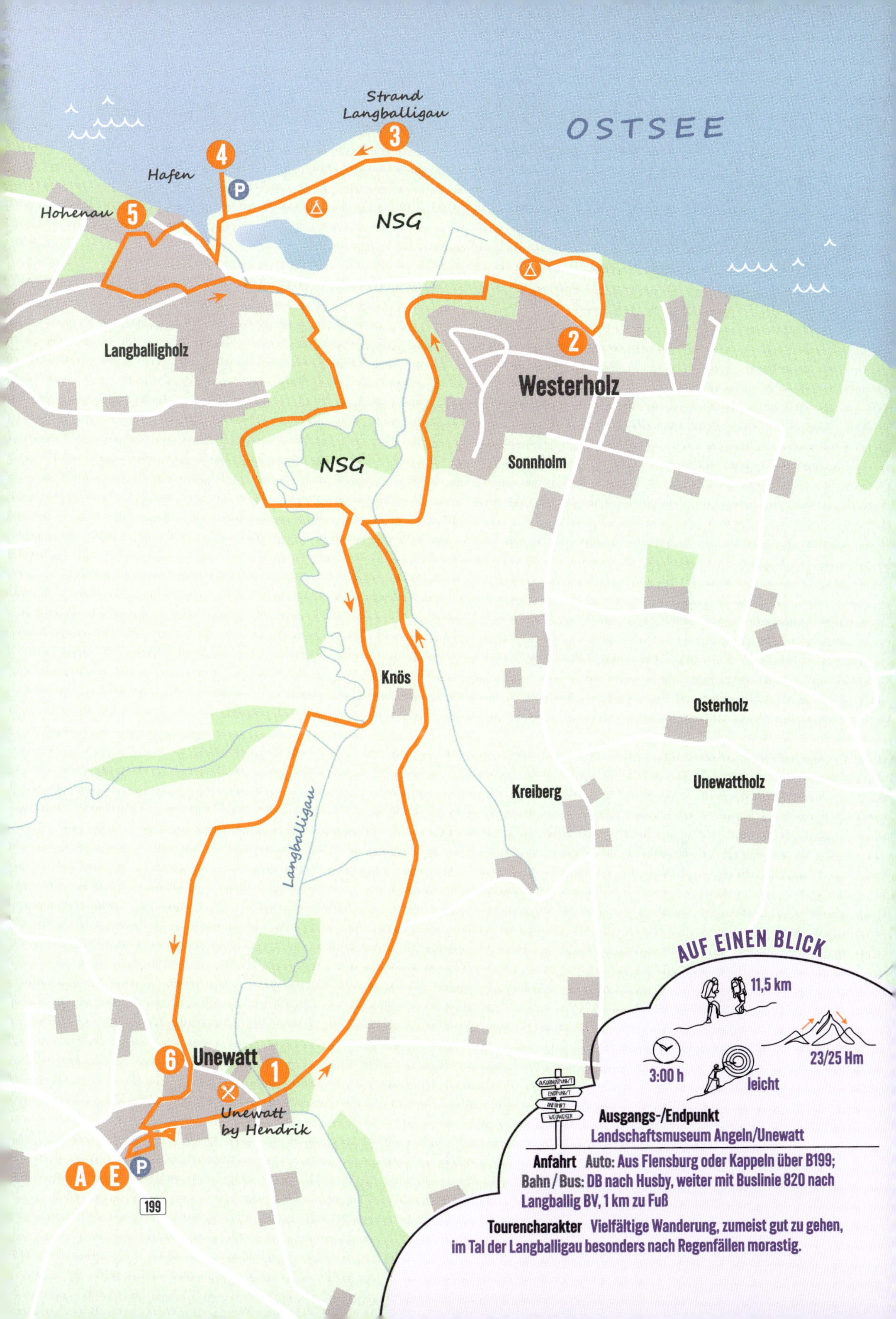

AUF EINEN BLICK

11,5 km

3:00 h

leicht

23/25 Hm

Ausgangs-/Endpunkt Landschaftsmuseum Angeln/Unewatt

Anfahrt Auto: Aus Flensburg oder Kappeln über B199; **Bahn / Bus:** DB nach Husby, weiter mit Buslinie 820 nach Langballig BV, 1 km zu Fuß

Tourencharakter Vielfältige Wanderung, zumeist gut zu gehen, im Tal der Langballigau besonders nach Regenfällen morastig.

23

HALBINSEL HOLNIS

DIE NÖRDLICHSTE RUNDE

Im Winter eine Eiskönigin, im Sommer Badenixe, während der herbstlichen Vogelzüge der vielleicht schönste Rastplatz Norddeutschlands und ab März das Frühlingserwachen selbst – die Halbinsel Holnis gilt rund ums Jahr als Naturschönheit. Dass Strände und Rundwanderwege vor allem an Sonntagen mehr als gut frequentiert sind, hat auch mit der Nähe zu Schleswig-Holsteins drittgrößter Stadt, Flensburg, zu tun. Ruhesuchenden ist diese Tour daher vor allem an Wochentagen abseits der Schulferien zu empfehlen. Doch auch zur Hauptsaison lohnt sich die große Runde zwischen Flensburger Innen- und Außenförde. Irgendwo unterwegs finden sich garantiert ruhige Plätzchen mit Blick auf Wasser, Segelboote und Dänemark, das hier so nah liegt, dass man rüberschwimmen könnte.

KM 2,5

Vom Parkplatz/der Bushaltestelle an den Strand, dann rechts. Dem rot markierten Holnis-Rundwanderweg auf seinem einzigen Abschnitt ohne Fördeblick nach Schausende folgen.

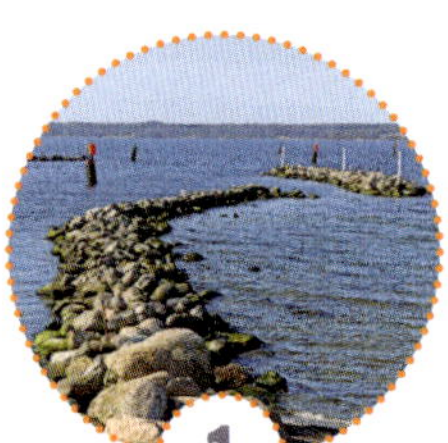

1

KM 2,5

SCHAUSENDE

An der Innenförde

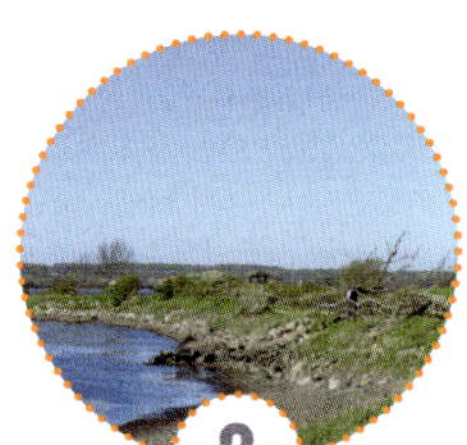

2

KM 4

KLEINES NOOR

Über den Wasserweg

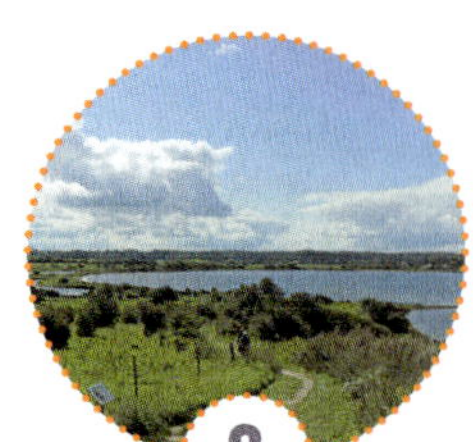

3

KM 5

HOLNIS KLIFF

Auf dem Sonnendeck

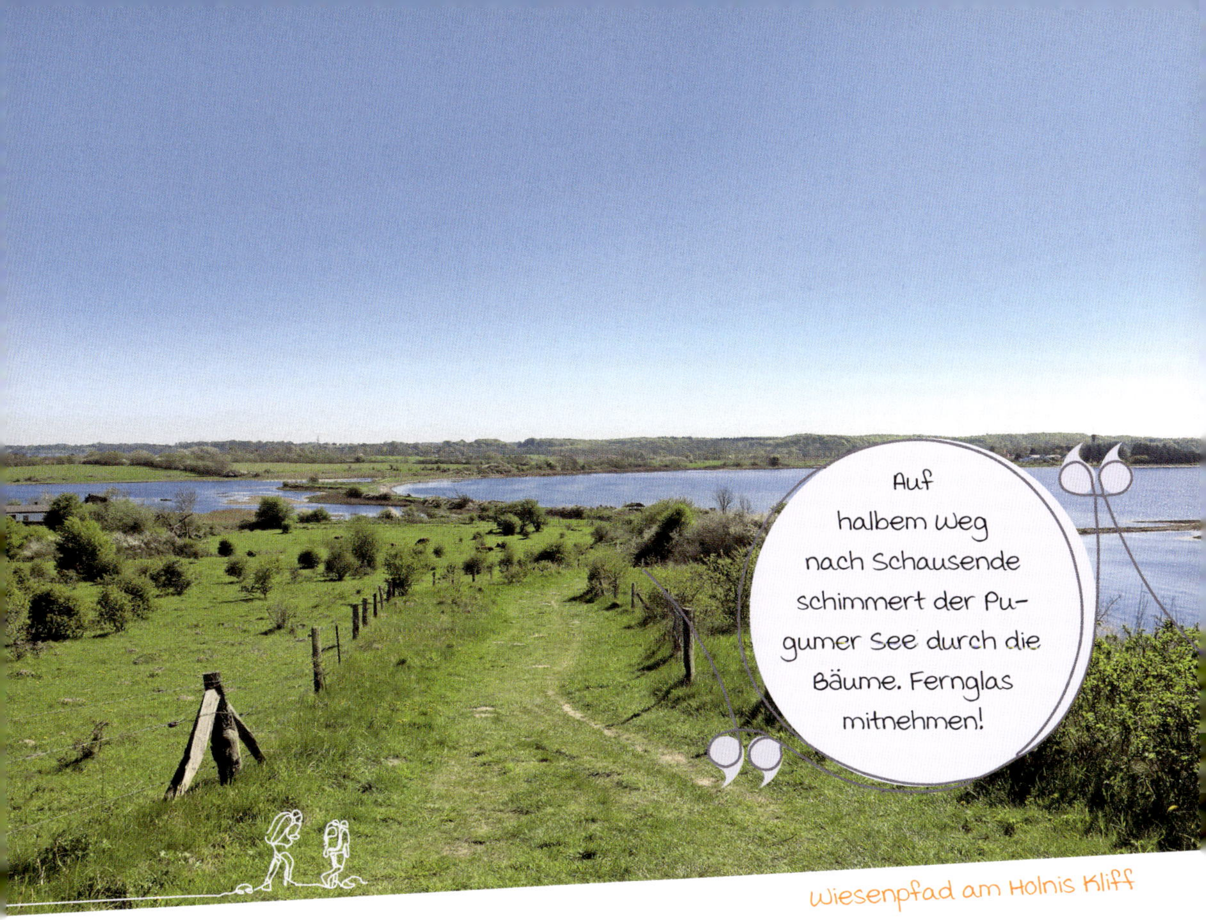

Wiesenpfad am Holnis Kliff

1 **Schausende** Gleich nach Umrundung des Jachthafens liegt ein schöner Aussichtspunkt mit Bänken und Blick auf die Flensburger Innenförde. Linker Hand ragen die Glücksburger Buchen in den Himmel, die der Siedlung ihren Namen gaben. Schausende leitet sich vom dänischen *skov* für Wald ab. Ein paar Schritte weiter auf dem Wasserkantenweg ermöglicht ein Steg den ersten Badestopp. Darüber wacht der nördlichste Leuchtturm der deutschen Ostseeküste.

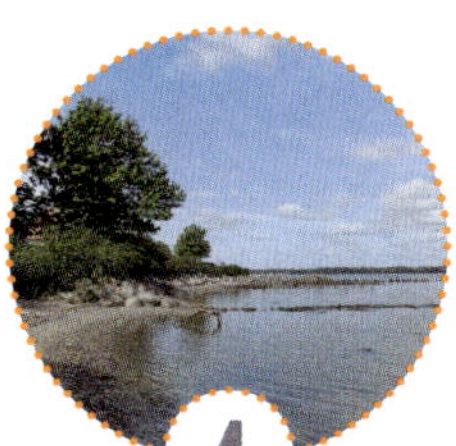

4

KM 7

HOLNIS SPITZE

Wetterwilder Norden

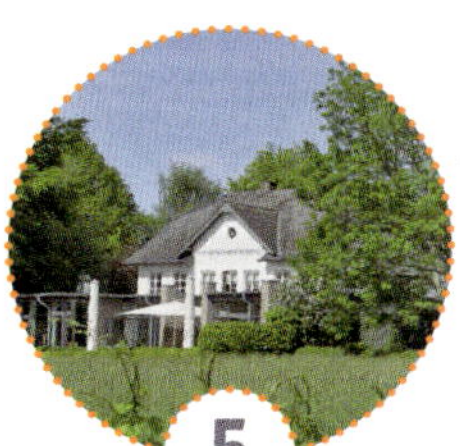

5

KM 7,5

SCHLOSS HOLKENÄS

Fontanes Fantasie

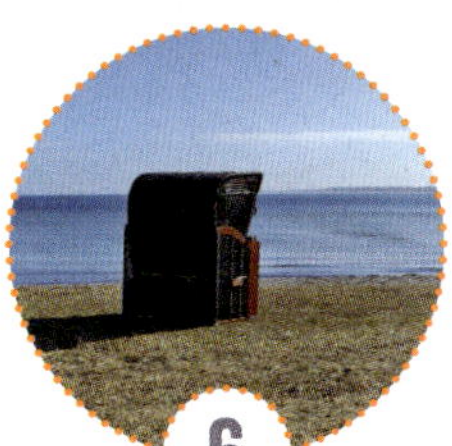

6

KM 10

HOLNIS DREI

Jubel, Trubel, Badestopp

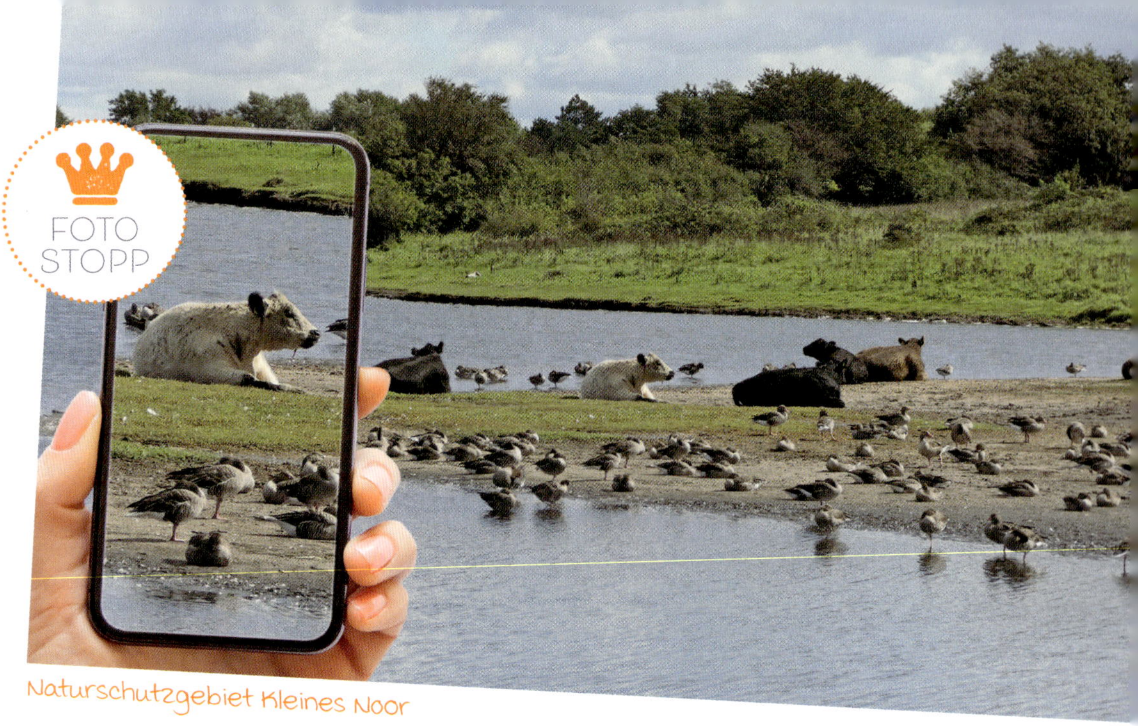

Naturschutzgebiet Kleines Noor

KM 4

Beim Leuchtturm schlängelt sich der Weg durch ein hyggeliges Wohngebiet, um dann dicht an der Förde weiterzuführen. Die letzten 500 Meter ist der Weg beidseitig umplätschert.

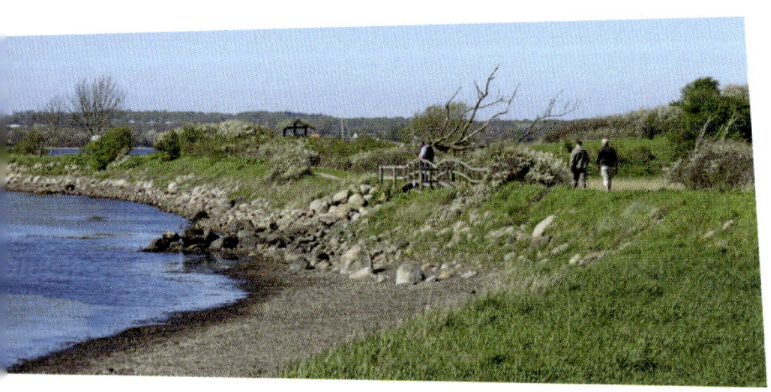

Zwischen Förde und Noor

2 Kleines Noor Das Große Noor, ein ehemaliger Strandsee rechts des Weges, ist aufgrund von Verlandung nicht mehr zu erkennen. Das folgende Kleine Noor hingegen ist beinahe zu schön, um real zu sein. Beide bezeugen, dass Holnis seit dem 6. Jahrhundert wächst. Nehrungen verbanden die damalige Insel über die Dauer mit dem Land. Und wenn man Holnis ließe, würde sie ihre Sandhaken in weiteren Jahrhunderten zu einer Brücke nach Dänemark ausbauen.

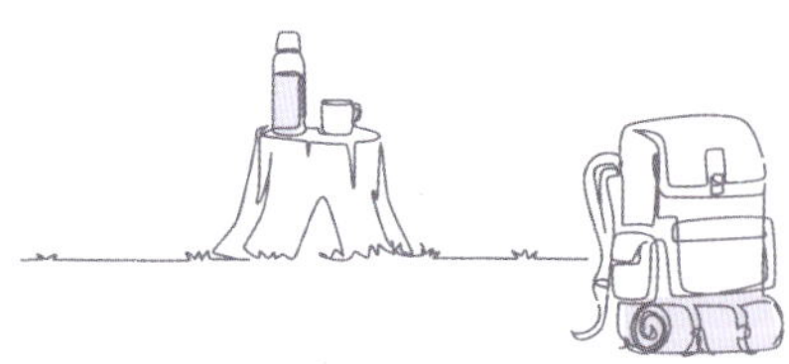

i-TÜPFELCHEN

TRAUMPLATZ

Wer das Glück hat, eine der Holzliegen auf dem Kliff zu ergattern, gibt sie so schnell nicht wieder frei. Die Aussicht über Holnis, Förde und das dänische Rinkenæs ist grandios.

KM 5

Vor dem Aufstieg aufs Holnis Kliff wartet hinter der Brücke rechts noch eine Aussichtsplattform am Kleinen Noor. Von dort sind es nur einige Schritte den Ziegeleiweg hoch zur NABU-Infohütte.

3 Holnis Kliff Der Norden von Holnis ist weitgehend als Naturschutzgebiet ausgewiesen und deutlich höher als der Süden. Geradezu archaisch wirkt das schroffe, von Nordweststürmen abgeschmirgelte Kliff. Ziegel am Strand zeugen von einem der einstmals wichtigsten Wirtschaftszweige in Angeln. Allein an der Flensburger Förde befanden sich bis Mitte des letzten Jahrhunderts noch 60 Ziegeleien. Heute wissen Schwalben das ganzjährige Betretungsverbot am Strand zu schätzen. Sie brüten in großer Zahl im Steilhang, auf dessen Kuppe die Aussicht natürlich wunderbar ist.

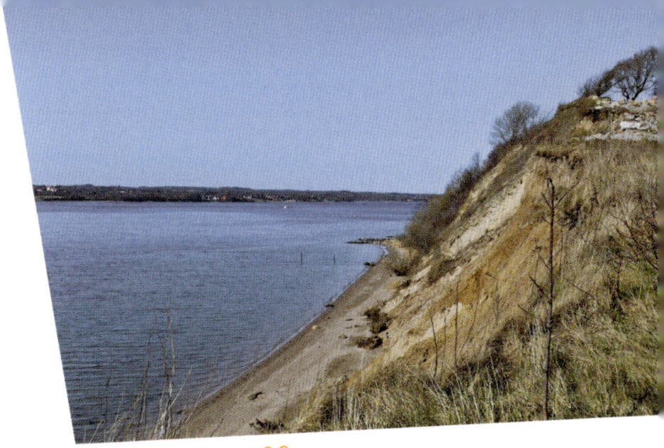

Das Holnis Kliff

KM 7

Wer den ersten Pfad zum Nordstrand nimmt, lässt sich auf kleinere Abenteuer ein. Umgehen lässt sich das über den Straßenverlauf nach Holnis Spitze.

4 Holnis Spitze Man kann ja mal versuchen, die Aussichtsplattform über die Salzwiesen zu erreichen. Wenn Robustrinder den Pfad zum Nordstrand kreuzen, lässt man die freundlichen Riesen einfach in ihrem Tempo passieren. Kniffliger ist eine zwar kurze, aber nicht vollkommen ungefährliche Kletterpartie über Wackersteine auf halbem Weg zur Holnis Spitze. Hier geht es ohne Trittsicherheit selten weiter und bei Hochwasser sogar gar nicht. Wer unterwegs aufgeben muss, nimmt den Pfad am Seemannsgrab landeinwärts.

Blick auf die Flensburger Innenförde

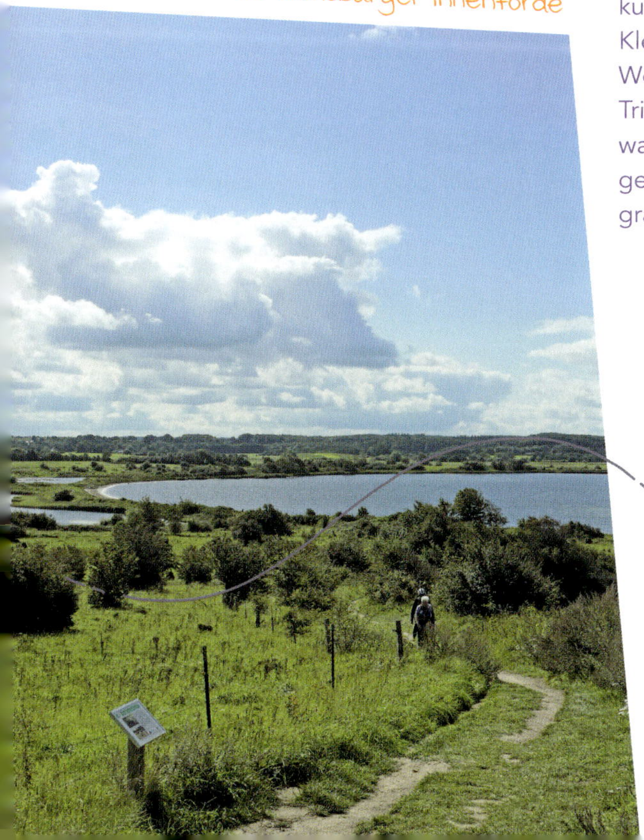

Holnis Spitze ist der nordöstlichste Punkt im Land und liegt dem dänischen Festland näher als dem deutschen.

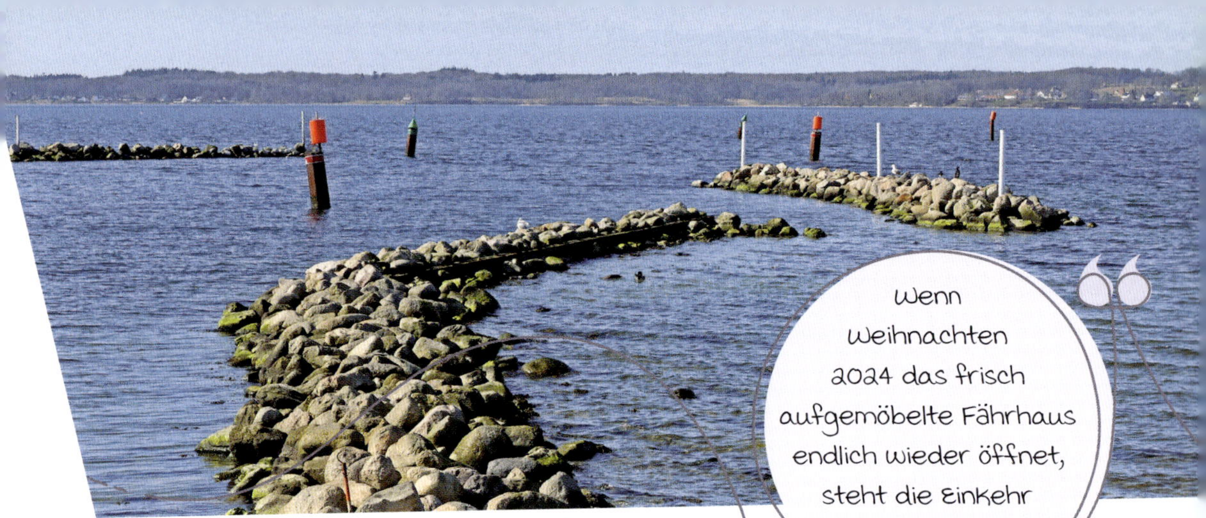

Dänemark, zum Rüberschwimmen nah

> Wenn Weihnachten 2024 das frisch aufgemöbelte Fährhaus endlich wieder öffnet, steht die Einkehr fest.

TRAUMHAFT

BADEVIELFALT

Schwimmen in der Innenförde, am Nordstrand, an der Außenförde – das sind drei ganz unterschiedliche Badeerlebnisse und eine tolle Challenge im Rahmen dieser Tour.

KM 7,5

Dem Pfad links der kleinen Kate hinauffolgen. Kurz vor dem Fährhaus windet sich ein mindestens ebenso idyllischer Abstecher durch die Wiesen ans Wasser.

5 Schloss Holkenäs »... und weiterhin, wo sich die Düne nach vorn zu senken begann, stieg eine Treppenterrasse zum Strande hinunter und setzte sich unten in einer Stegbrücke fort, die, weit ins Meer hinausgebaut, zugleich als Anlegestelle für die zwischen Glücksburg und Kopenhagen fahrenden Dampfer dienen sollte« – so schreibt Theodor Fontane über Schloss Holkenäs, für das er Inspiration auf Holnis fand. Vermutlich beim Fährhaus, wo damals die Schiffe ins dänische Brunsnæs losmachten und bis heute die abfallenden Wiesen einladen, Luftschlösser zu bauen.

KM 10

Vom Fährhaus der Fährhaus Straße folgen. Nach 500 Metern beginnt beim Marinegrab der Surfstrand von Holnis, nach weiteren 500 Metern der Badestrand mit Strandpromenade.

6 Holnis Drei ist ein Kinderparadies. Das Wasser fällt extrem flach ab, sodass man weit hinauswaten muss, bis es überhaupt zum Schwimmen reicht. Die DLRG passt trotzdem gut auf. Spielplätze im Sand, Fjordgolf, Eis- und Imbissbuden säumen die Promenade. Oft sieht man Pferde, die am Strand spazieren geführt werden oder durch die Wellen traben. Inwieweit sich Wandernde ins Getümmel stürzen mögen, ist grundsätzlich eine Typfrage. Aber es gibt schlechtere Plätze, um auf den Bus zu warten, als die Fischbrötchenbude am Ende dieser Tour.

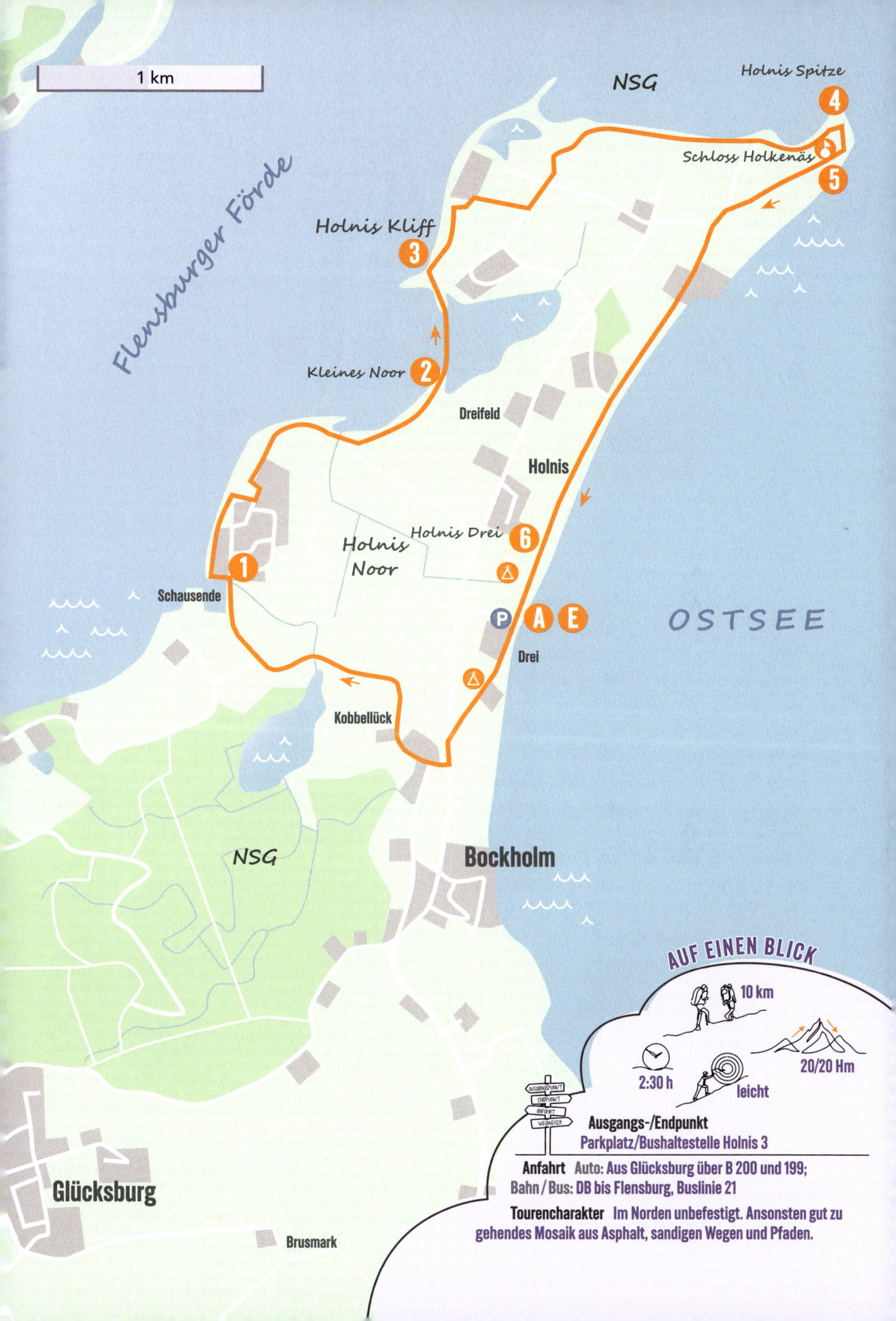

AUF EINEN BLICK

10 km

2:30 h

leicht

20/20 Hm

Ausgangs-/Endpunkt Parkplatz/Bushaltestelle Holnis 3

Anfahrt Auto: Aus Glücksburg über B 200 und 199; Bahn / Bus: DB bis Flensburg, Buslinie 21

Tourencharakter Im Norden unbefestigt. Ansonsten gut zu gehendes Mosaik aus Asphalt, sandigen Wegen und Pfaden.

24

GLÜCKSBURG

FLANIEREN UND GENIESSEN

Im eher nüchternen Schleswig-Holstein stellt Glücksburg eine Ausnahme dar. Die nördlichste Stadt Deutschlands hat wunderbar verspielte Seiten und geradezu mondäne. Wo in anderen Städten Einkaufsstraßen ein Zentrum bilden, schmückt sich Glücksburg mit einem Schloss. Statt die Sahneseite an der Flensburger Förde meistbietend zu verscherbeln, lässt man noch Wälder und Wiesen zu. Fast schon skandinavisch ist das Lebensgefühl, man ist ja auch fast da. Dänemark liegt so nah, dass im Sommer Hunderte beim Fördecrossing rüberschwimmen. Folgerichtig findet man auf den Ortsschildern auch den dänischen Namen – Lyksborg. Die Tour kombiniert drei Stadtspaziergänge und fügt einen märchenhaften Abstecher hinzu. Im Sommer können An- und Abfahrt mit dem Dampfer aus Flensburg erfolgen.

KM 0

An der Seebrücke Sandwig steht der Kilometerzähler für Schiffsreisende bei null, Busreisende kommen durch den Kurpark auf 0,5 und das eigene Auto steht am besten und kostenfrei einen Kilometer entfernt (siehe Seite 163).

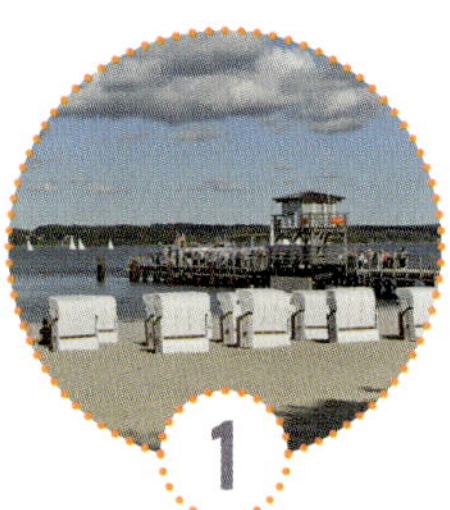

1

KM 0

SANDWIG

Strandcheck beim Strandhotel

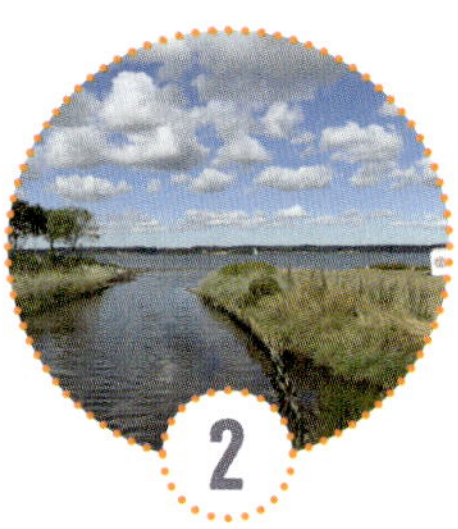

2

KM 1

SCHWENNAUMÜNDUNG

Glück in Sicht

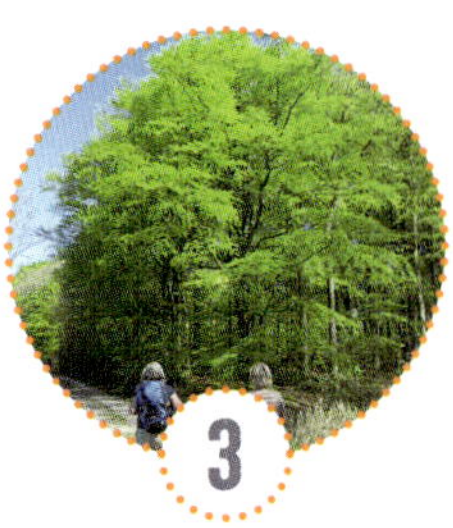

3

KM 3

FRIEDEHOLZ

Holla, die Waldfee

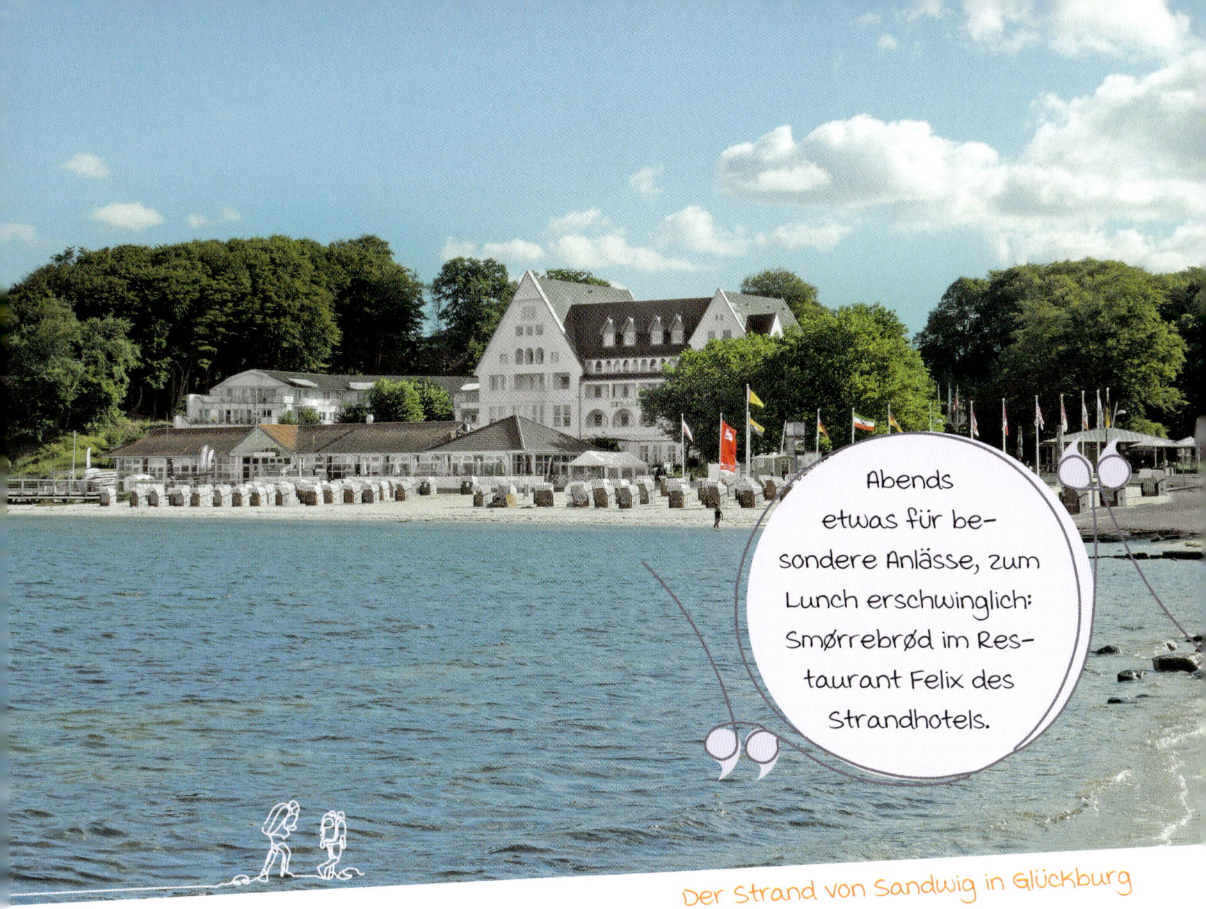

Der Strand von Sandwig in Glücksburg

1 Sandwig Wer Glücksburg mit der *MS Viking* ansteuert, dem präsentiert sich Sandwig mit Kurstrand und imposantem Strandhotel in etwa so wie dem Hochadel oder Dichtern von Weltruhm vor 100 Jahren. Schon Thomas Mann und Kaiser Wilhelm II. nebst Gemahlin Auguste Viktoria erreichten ihre Sommerfrische auf dem Seeweg. Gut, sie kamen mit der eigenen Jacht. Aber irgendwas ist ja immer. Es sei denn, man hat einen Wandertag in Glücksburg vor sich. Dann ist alles gut.

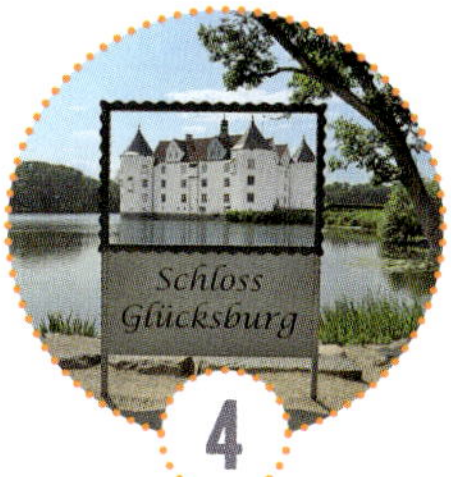

4

KM 6

WASSERSCHLOSS

Königliche Parkanlage

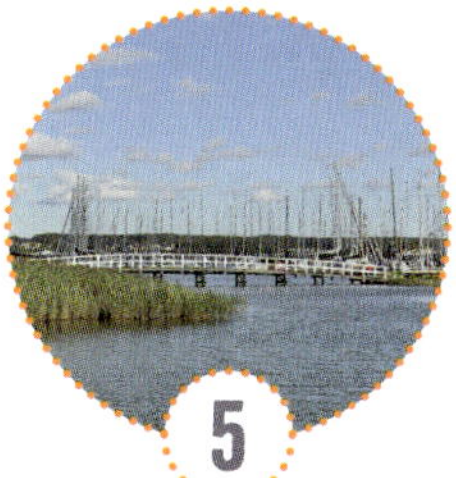

5

KM 8,5

QUELLENTAL

Lieblingsplatz Lyksborg

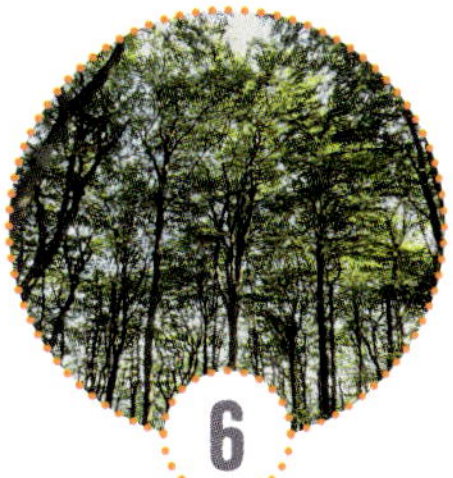

6

KM 9,5

RUHEFORST WILLE

Unter Windflüchtern

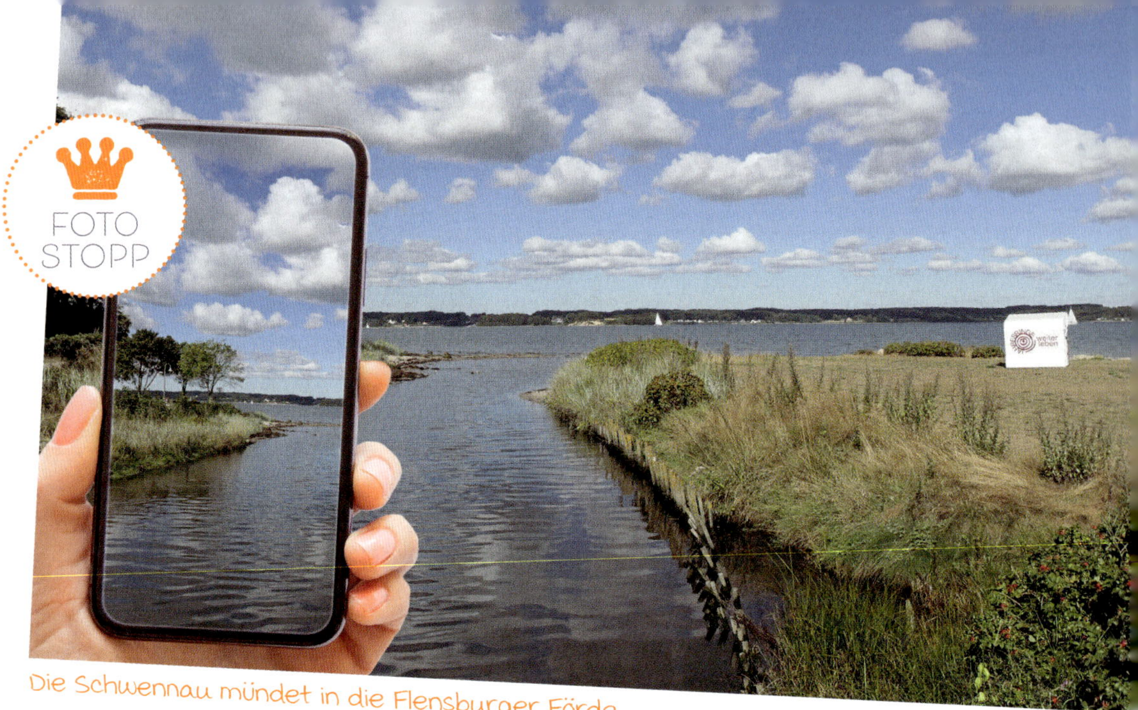

Die Schwennau mündet in die Flensburger Förde.

KM 1

Der Schwennau-Rundweg ist der längste von drei ausgewiesenen Touren rund um die Highlights von Glücksburg. Die blaue Markierung schickt am Fördeufer nach Norden.

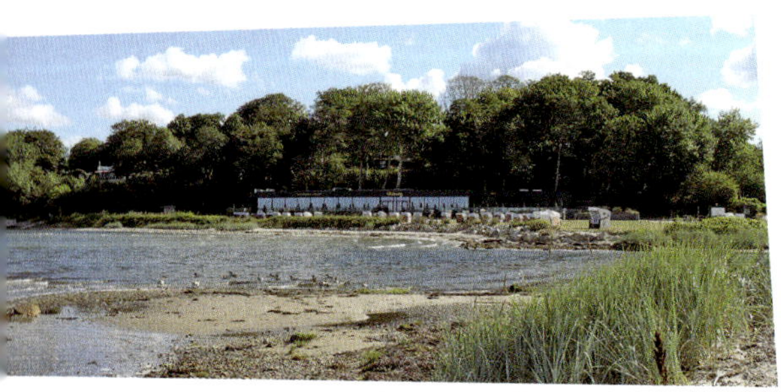
Wassernaher Wanderweg

2 Schwennaumündung Die namensgebende Au des Wanderweges entwässert nach knapp einem Kilometer in die Flensburger Förde. Das vor der Mündung liegende Schwennautal ist Teil eines Flora-Fauna-Habitats, das sich bis zur Geltinger Birk zieht. Die in der Ferne zu erkennende Kunstruine Erlkron befindet sich in Privatbesitz. Ein Glücksburger ließ sie im Jahr 1900 errichten. Die Strandkörbe und das Beach-Bistro Glückselig gehören zur Feriensiedlung Glück in Sicht.

i-TÜPFELCHEN

KINDHEITSTRAUM

Auf der größeren der zwei unbewohnten Inseln am Horizont darf man in Shelters übernachten. Die Anreise muss selbst organisiert werden: www.visitsonderjylland.de/ochseninseln.

KM 3

Am Naturstrand bei der Beckerwerft wartet die letzte Bademöglichkeit, bevor es über den Schausender Weg in den Wald Friedeholz geht.

3 Friedeholz Rein rechnerisch kommen auf jeden Glücksburger 1000 Quadratmeter Wald. Das rund 300 Hektar große Friedeholz wurde im 19. Jahrhundert neu aufgeforstet. Der Mischwald mit vornehmlich Buchen, aber auch Erlen und Eschen wird naturnah bewirtschaftet. In einem unter Schutz stehenden Bereich herrscht Betretungsverbot. Echte Waldläufer kommen hier aber dennoch zum Zug. Zwei Waldpfade laufen ein Stück parallel zum Schwennau-Rundweg und könnten die Tour um knapp zwei Kilometer (Wildschwein-Pfad) oder gute vier Kilometer (Dolmenpfad) verlängern.

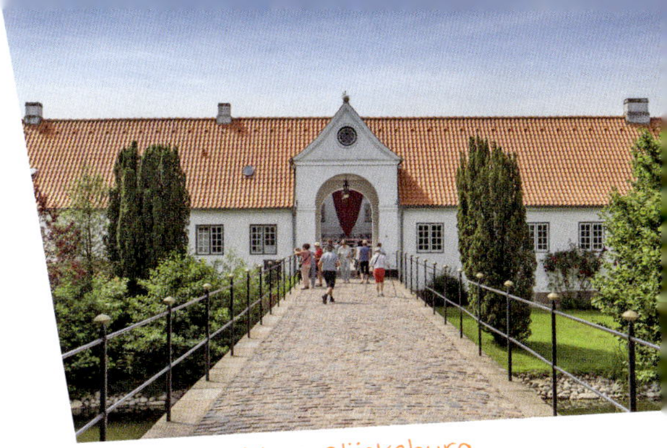

Torhaus Schloss Glücksburg

KM 6

Der Wanderweg tritt an der Paulinenallee aus dem Wald und landet nach ca. 600 Metern am Schlossteich. Hier geht es auf der rot markierten Schloss-Runde im Uhrzeigersinn in den Schlosspark.

4 Das Wasserschloss Glücksburg im Stil der Renaissance steht auf dem Fundament eines mittelalterlichen Zisterzienserklosters und gilt als Wiege der europäischen Königshäuser. In quasi jeder Familie des Hochadels findet sich heute Verwandtschaft aus dem Hause Schleswig-Holstein-Sonderburg-Glücksburg. Am Ende der Parkanlage führt eine Fußgängerbrücke auf die Schlossinsel. Park und Schlosshof können kostenfrei besucht werden. Die historische Schlossbrücke hinunter wartet ein Bilderrahmen für den Fotostopp am Parkplatz.

Ausflug ins Quellental

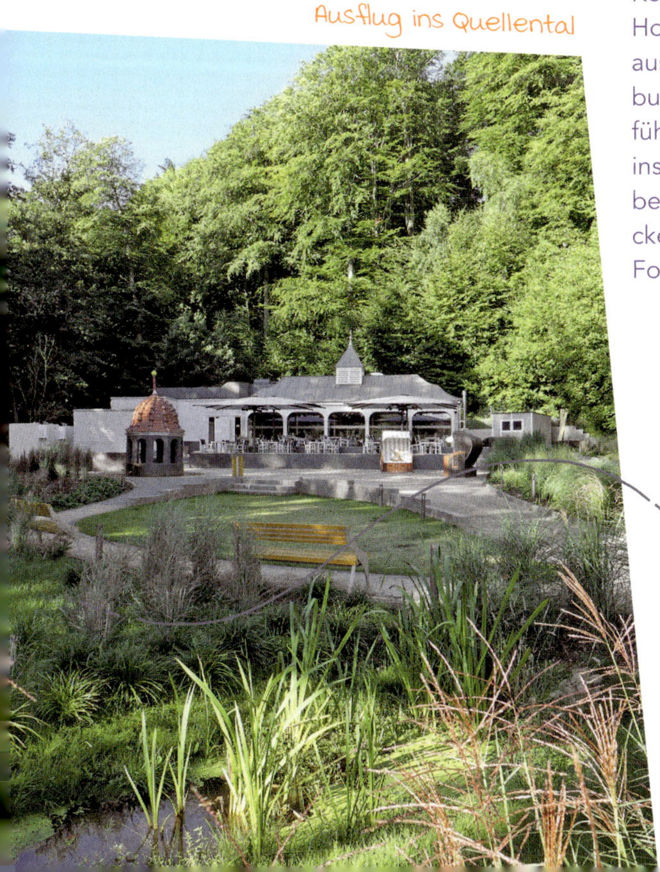

Unbedingt probieren: die hausgemachten Glückstörtchen im Café am Schloss gleich hinter dem Rosengarten.

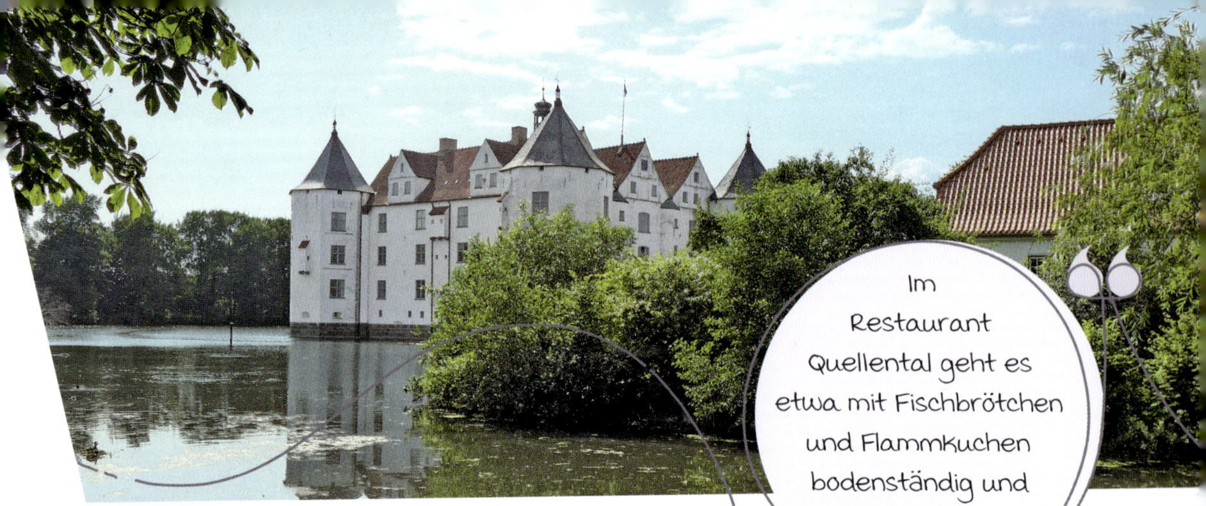

Wasserschloss Glücksburg

Im Restaurant Quellental geht es etwa mit Fischbrötchen und Flammkuchen bodenständig und bezahlbar zu.

i-TÜPFELCHEN

TRAUMSCHLOSS

Die Besichtigung von Schloss Glücksburg lohnt sich – im Sommer täglich, im Winter am Wochenende – mit kostenfreiem Audio-Guide oder kompetenter Führung ganz besonders.

KM 8,5

Dem Schloss-Rundweg folgen, bis auf Höhe Wilhelminenstraße der orange markierte Sandwig-Rundweg dazustößt. Er leitet über Strandweg und Philosophenweg ans Wasser.

5 Quellental Der Jachthafen ist schon mehrfach als schönster Naturhafen Deutschlands ausgezeichnet worden. Die kleine Bucht im Quellental ist auch wirklich bezaubernd. Der Name geht auf die Adelheidquelle zurück. Sie sprudelt nur einen Katzensprung entfernt im gleichnamigen Ausflugslokal, gleich jenseits der weißen Fußgängerbrücke. Das Quellental öffnete 1909 seine Türen und gilt als Keimzelle des Glücksburger Tourismus. An gleicher Stelle hatte schon einhundert Jahre zuvor eine andere Gastwirtschaft Adelige und andere begüterte Ausflügler angelockt.

KM 9

Hinter dem Ausflugslokal zieht sich ein Pfad in den wunderbaren RuheForst Wille hinauf. Nach 100 Metern liegt rechter Hand ein Andachtsplatz unter hohen Bäumen.

6 RuheForst Wille Uralte Baumriesen, vor allem Buche, Eiche und Ahorn, aber auch 22 weitere Baumarten prägen den naturnah bewirtschafteten Wald direkt an der Flensburger Förde. Hier liegen Miesmuscheln auf Moos gebettet, mischt sich Möwengeschrei mit Vogelgezwitscher. Wer mag, verliert sich auf den geschwungenen Pfaden. Folgt man aber dem Hauptweg, leitet ein Zubringer nach etwa 500 Metern an den Strand mit bizarr geformten Bäumen, Windflüchter genannt. An der Strandspitze ist Sandwig schon zu sehen. Über den Förde-Boulevard ist es ein guter Kilometer.

AUF EINEN BLICK

Ausgangs-/Endpunkt Kurstrand Sandwig

Anfahrt Fähre *MS Viking* ab Flensburg; Auto: A7 Flensburg, weiter über B200, B199, Parkplatz Quellental; Bahn / Bus: DB bis Flensburg, Buslinie 2 bis Kurpark Glücksburg

Tourencharakter In Glücksburg flaniert es sich grundsätzlich herrlich.

11,5 km

48/48 Hm

3:00 h

leicht

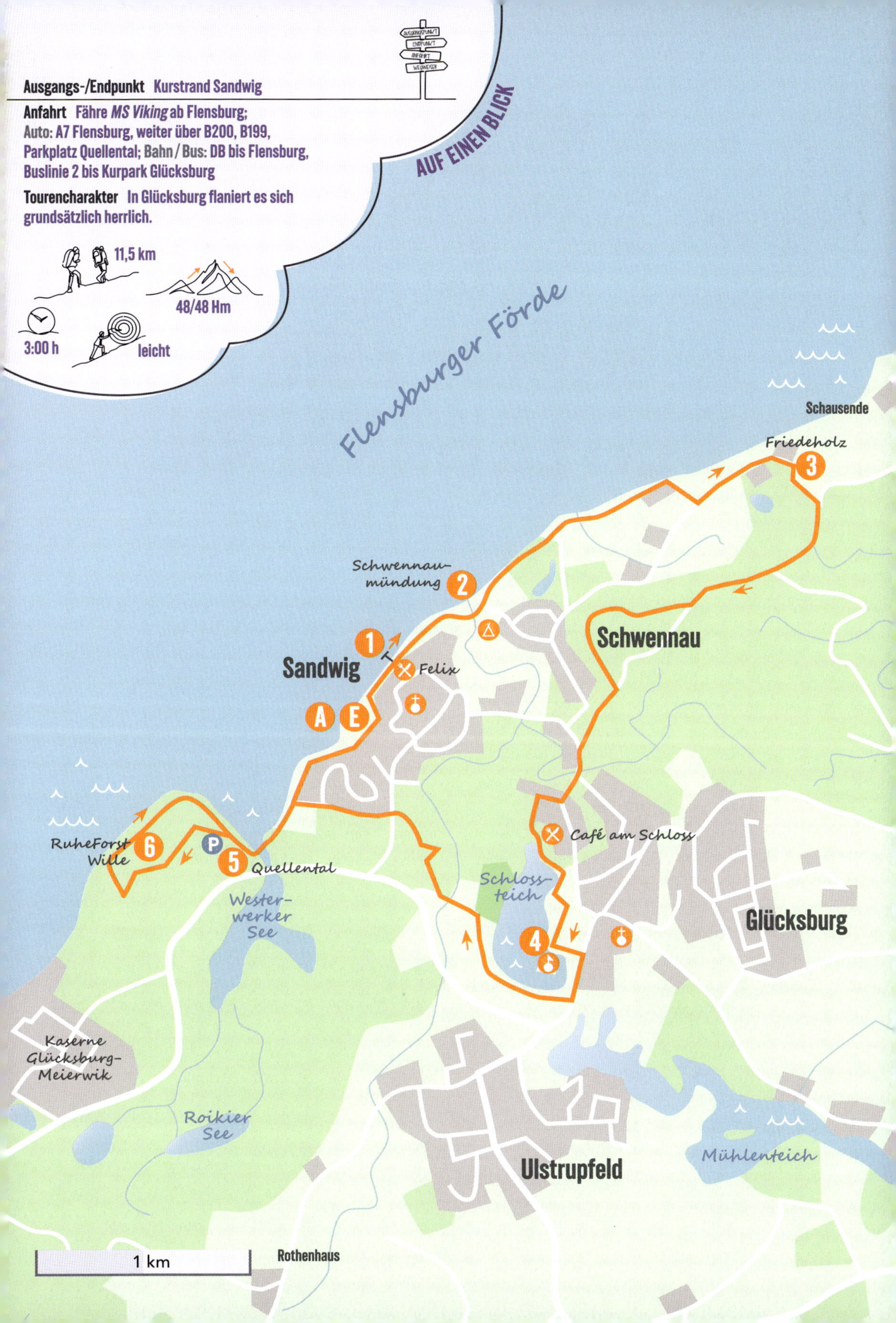

25

DEUTSCH-DÄNISCHE GRENZE

RUNDE ZUM WEITERWANDERN

In Krusau/Kruså am gleichnamigen Fluss sind die vergangenen Verhältnisse verschlungen wie die heutigen Wanderwege. So wie die Siedlungen auf dieser Tour mal zu diesem, mal zu jenem Land gehörten, führt sie gleich mehrmals nach Dänemark und wieder nach Deutschland zurück, mäandert zwischen unbekannten Winkeln und beliebten Ausflugsorten. Der Weg durch die Niehuser Alpen, das Krusau Tunneltal, den Kollunder Wald und im Strandbad Wassersleben verläuft zumeist auf Fernwanderwegen. So kann man davon träumen, dem E1 nach Italien zu folgen oder dem E6 in die Türkei. Zeitlich besser einzuplanen sind Gendarmstien und Fördesteig. Sie geben sich an der vielleicht süßesten Grenze der Welt die Hand und begleiten die Ufer der Flensburger Förde auf rund 90 Kilometern. Einige davon hat man nach dieser Tour schon absolviert.

KM 3,5

Vom Rastplatz durch die Unterführung und dann immer dem weißen Andreaskreuz nach, das den Fernwanderweg E1 markiert. Es geht durch den Klueser Wald in den Grenzort Krusau/Kruså.

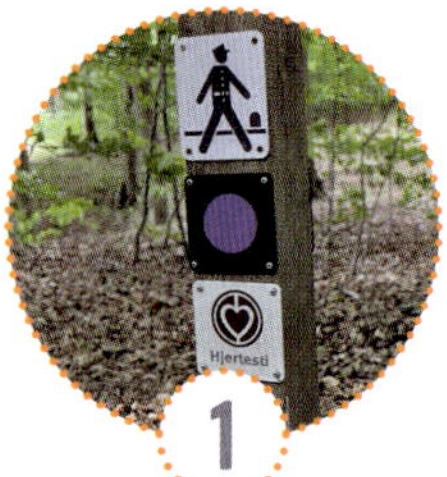

1

KM 3,5

KRUSAU

Die Niehuser Alpen

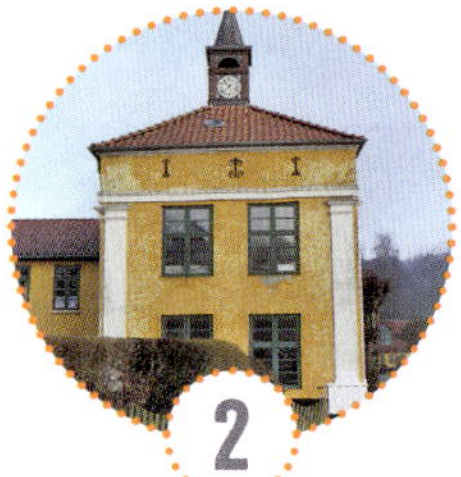

2

KM 5

KUPFERMÜHLE

Königliche Kulturgeschichte

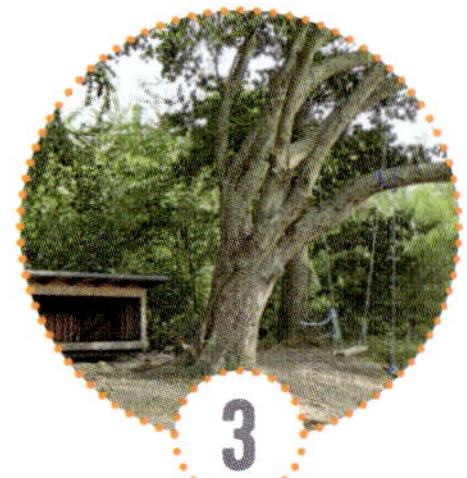

3

KM 6

KOLLUNDER WALD

Wandern auf Dänisch

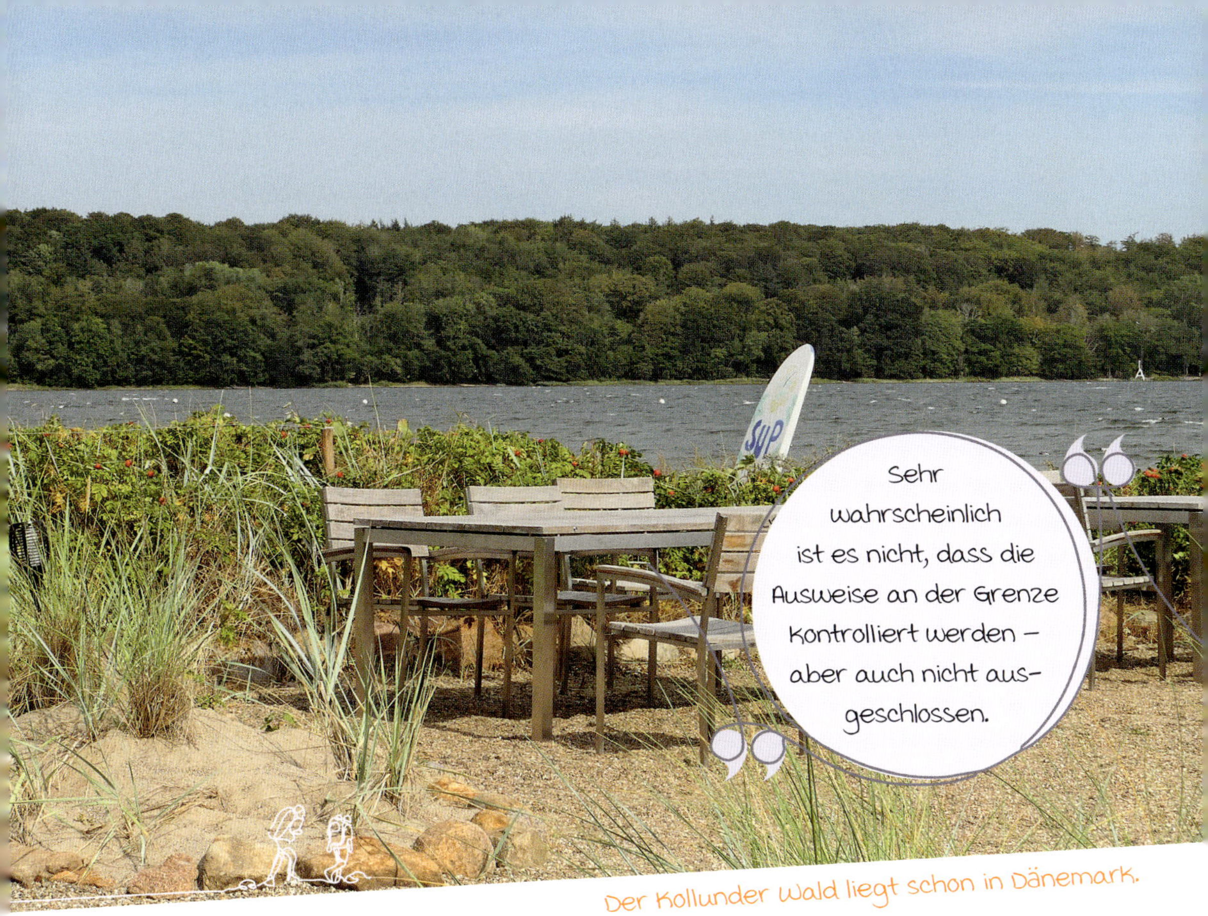

Der Kollunder Wald liegt schon in Dänemark.

1 Krusau/Kruså Für die echte Alpenüberquerung müsste man den E1 in südliche Richtung laufen. Aber auch nordwärts gewandert spürt man an der Grenze ein wenig in den Beinen, warum das Gebiet rund ums Krusau Tunneltal auch Niehuser Alpen genannt wird. Die Gendarmen, die hier früher Streife liefen, mussten durchaus fit sein. Dafür hatten sie einen der schönsten Arbeitsplätze Dänemarks. Heute ist der Gendarmenweg/Gendarmstien der beliebteste Wanderweg im Land.

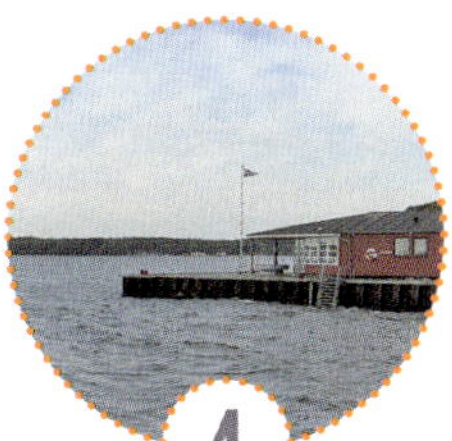

4

KM 7,5

KOLLUND

Am Flensborg Fjord

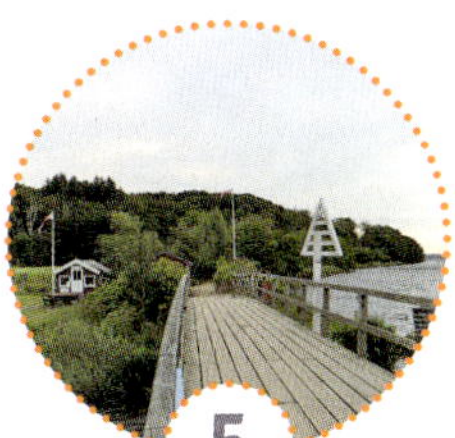

5

KM 10,5

SCHUSTERKATE

Europas niedlichste Grenze

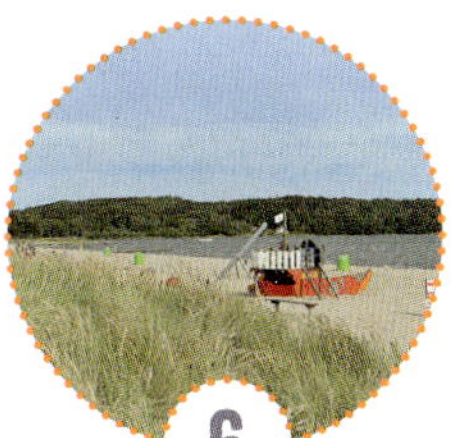

6

KM 11

WASSERSLEBEN

Strandbad-Finale

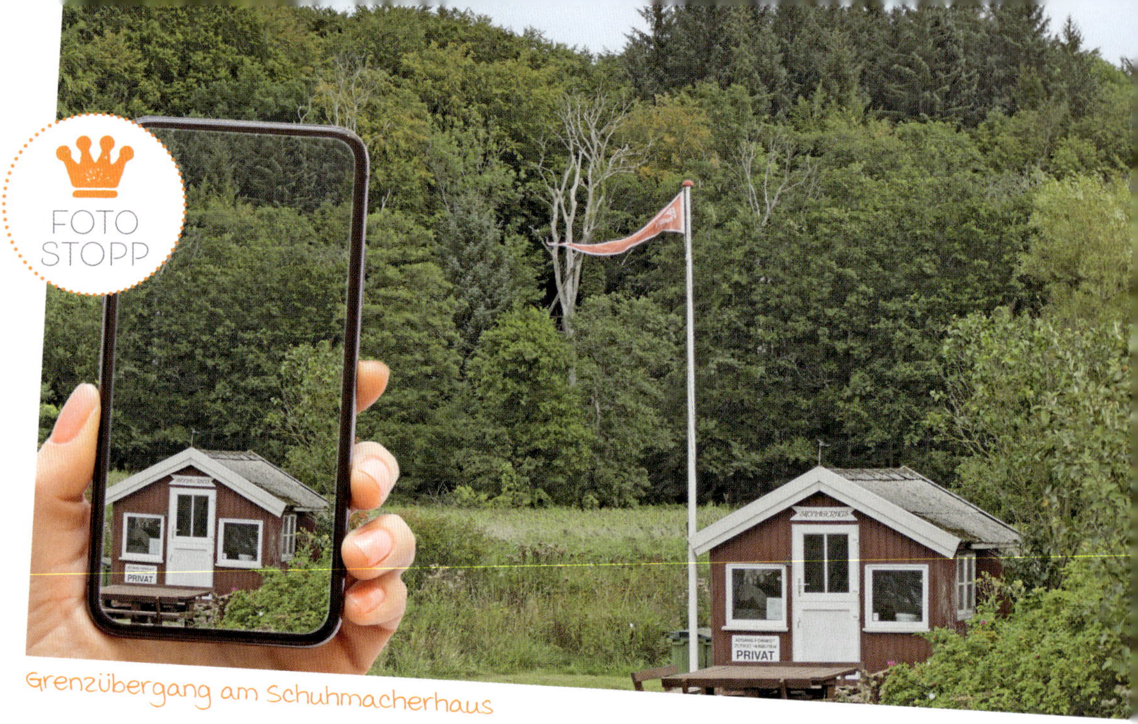

Grenzübergang am Schuhmacherhaus

KM 5

Beim Parkplatz die Straße queren. Weiter auf Madeskovvej. Nach 500 Metern kreuzt der Gendarmstien. Hier rechts. Einen Kilometer später führt ein Pfad zum Industriemuseum Kupfermühle.

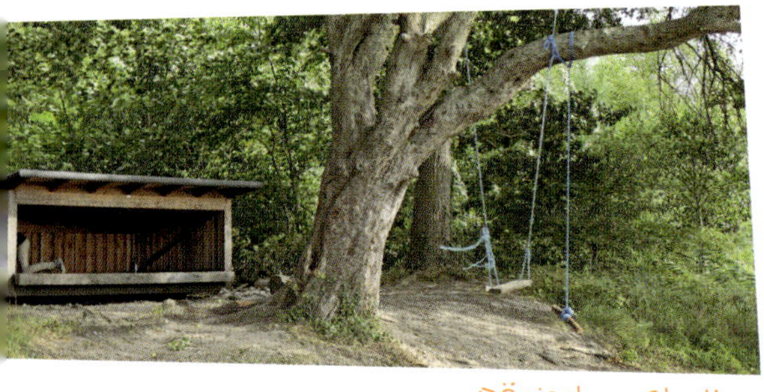

Dänisches Shelter

2 Kupfermühle Das empfehlenswerte Museum erzählt, wie sich das ursprüngliche Hammerwerk an der Krusau ab 1600 zur Kupfer- und Messingmühle entwickelt hat. Heute empfindet man die historischen Gebäude als pittoresk. Um 1800 war Kupfermühle eine der größten Industrieanlagen des Herzogtums Schleswig und des Königreichs Dänemark. Das alte Torhaus mit dem Konterfei des Gründers Christian IV. wird höchst charmant und lecker vom Café LaFe bespielt.

i-TÜPFELCHEN

TRAUMWANDERUNG

Der Gendarmstien führt meist küstennah auf 84 Kilometern von Padborg auf die Insel Als. Die Schäden der Sturmflut 2023 werden sukzessive behoben und auf gendarmsti.dk aktualisiert.

KM 6

Dem Gendarmstien bis zur Förde folgen. Weiter geht es links. Nach etwa 100 Metern runter vom Skovmakervej auf den unbefestigten Küstenpfad bis zum Übernachtungsplatz.

3 Kollunder Wald Überall in Dänemark findet man an den schönsten Orten Shelters, einfach Holzunterstände zumeist, an denen das Übernachten in freier Natur ausdrücklich erwünscht ist. Dieser hier eignet sich mit Feuerstelle nebst Grill, Schaukeln in den Bäumen und Picknickplatz auch prima für eine Wanderpause direkt am Fördeufer. Rechter Hand ist der letzte Stopp dieser Tour, der Strand von Wassersleben, zu sehen. Geradewegs über die Förde geblickt, erhebt sich die imposante Marineschule von Flensburg-Mürwik, im Volksmund auch Rotes Schloss am Meer genannt.

Wo sich alle Wege lohnen

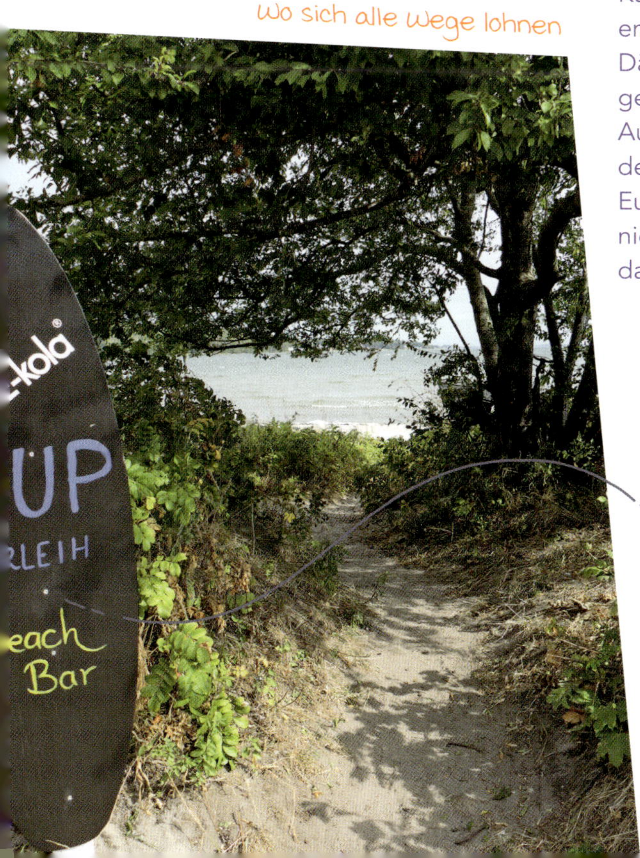

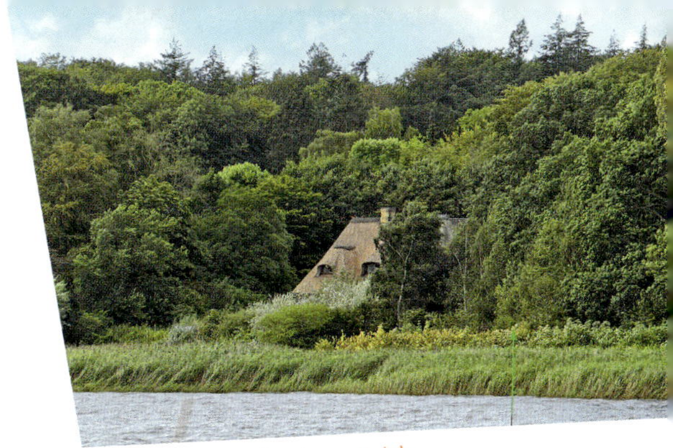

Reetdachkate im Wald

KM 7,5

Weiter auf dem Pfad, bis er sich den Kollunder Wald hinaufschwingt. Dieser Abschnitt mit tiefen Schluchten, Brücken und Galeriepfaden ist ein wenig anstrengend. Vor allem aber bezaubernd.

4 Kollund Am Kollunder Ruderclub erreicht der Gendarmstien wieder die Flensburger Förde oder vielmehr den Flensborg Fjord. Ursprünglich galt Kollund als beste Adresse für vermögende Flensburger Kaufleute. Doch bei der Grenzziehung 1920 entschied sich die kleine Gemeinde für Dänemark. Der Kollunder Wald hingegen gehörte noch bis 2006 der Stadt Flensburg. Aufgrund knapper Kassen verjuxte die Stadt den Wald für gerade einmal 1,2 Millionen Euro. In Deutschland bekäme man dafür nicht einmal eine der Villen, die in Kollund das Fördeufer säumen.

Die einzige Einkehr liegt fünf Kilometer den Gendarmstien hinauf. In Annies legendärem Kiosk speiste schon Angela Merkel.

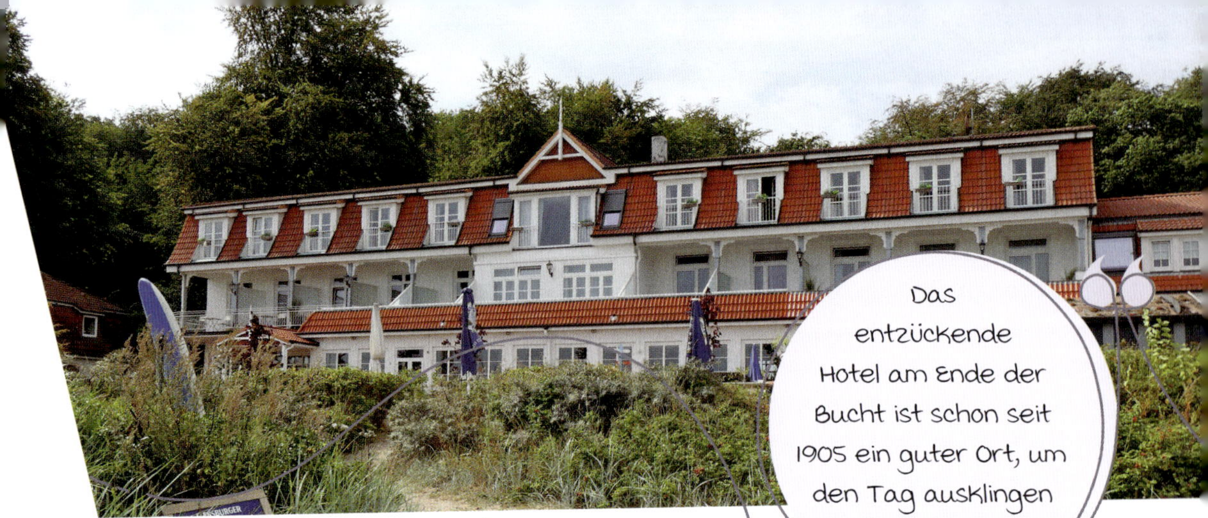

Hotel Wassersleben am Strand

> Das entzückende Hotel am Ende der Bucht ist schon seit 1905 ein guter Ort, um den Tag ausklingen zu lassen.

TRAUMHAFT

DER SCHÖNSTE

Feiner Sand, seicht abfallende Förde, die den Himmel in allen Farben spiegelt – der einzig bewachte Badestrand auf dieser Tour ist auch der schönste.

KM 10,5

Zurück geht es auf den Waldrundwegen, zunächst über die obere blaue Route. Wo sie auf die gelbe Route trifft, auf dieser geradeaus weiter. Sie führt zum Grenzübergang Schusterkate.

5 Die Holzbrücke an der Schusterkate gilt als einer der kleinsten Grenzübergänge Europas. Der niedlichste ist es wohl allemal. Den Namen bekam er nach dem ersten Gebäude auf dänischer Seite. Einst war es eine schlichte Hütte, in preußischer Zeit folgte ein Ausflugslokal mit Biergarten, heute befindet es sich in Privatbesitz. Die Grenze verläuft mitten über die Holzbrücke, unter der die Krusau in die Förde fließt. Der alte Grenzstein ist der erste von insgesamt 280, die entlang der Grenzroute bis zur Nordsee gesetzt wurden.

KM 11

Beim Überschreiten der Grenze wechselt man vom Gendarmstien auf das deutsche Pendant, den Fördesteig. Er leitet nach Wassersleben. Nach 300 Metern an den Strand wechseln.

6 Strandbad Wassersleben Ganz links in der Strandbucht, gleich bei der Mole, markiert ein hölzerner Wegweiser den westlichsten Punkt der deutschen Ostseeküste. Zur Nordsee sind es auf dem Nordsee-Radweg, der hier startet, bloß 60 Kilometer. Zur dortigen beinahe baumlosen unendlichen Weite könnte es keinen größeren Kontrast geben als das Strandbad Wassersleben. Hervorgegangen aus einem Flensburger Villenvorort, im Rücken beschützt von altem Wald, wirkt die kleine Sandsichel geradezu heimelig. Es ist der Klueser Wald – eben der, in dem die Tour begann. Und endet.

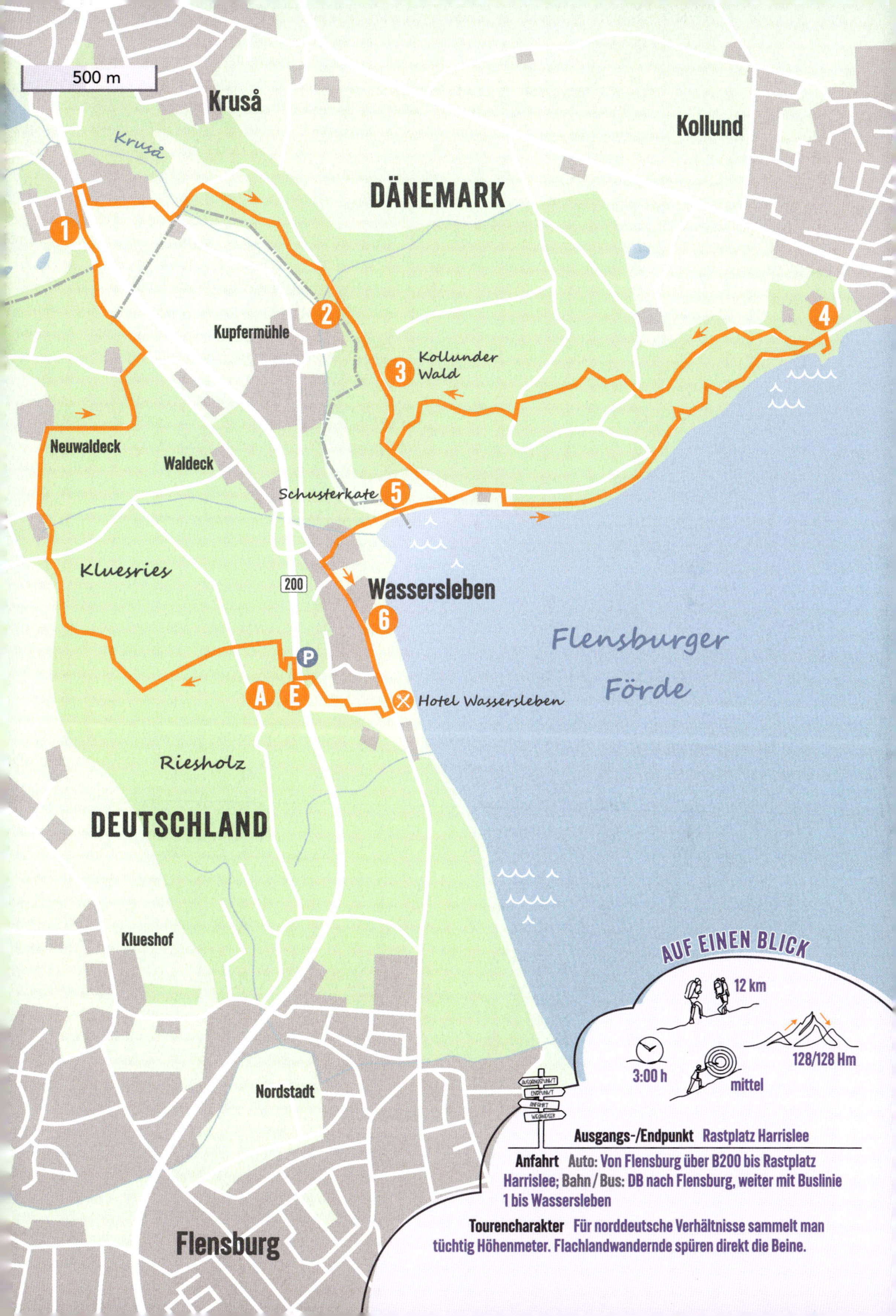

AUF EINEN BLICK

12 km

3:00 h

128/128 Hm

mittel

Ausgangs-/Endpunkt Rastplatz Harrislee

Anfahrt Auto: Von Flensburg über B200 bis Rastplatz Harrislee; Bahn/Bus: DB nach Flensburg, weiter mit Buslinie 1 bis Wassersleben

Tourencharakter Für norddeutsche Verhältnisse sammelt man tüchtig Höhenmeter. Flachlandwandernde spüren direkt die Beine.

NACHHALTIGKEITSKODEX

Die Welt birgt viele Wunder, Abenteuer und spektakuläre Aussichten, die wir gerne erkunden möchten. Doch sie ist auch leicht aus dem Gleichgewicht zu bringen. Hier ein paar Tipps, wie wir unsere Welt nachhaltig entdecken können:

• **Die Hauptsaison meiden:** Wenn wir nicht auf die Ferienzeiten angewiesen sind, können wir der Umwelt einen großen Gefallen tun, indem wir in der Nebensaison verreisen. Damit tragen wir zu einer gleichmäßigeren Auslastung der Umwelt und der Infrastruktur bei, und der Urlaub wird zudem auch noch wesentlich entspannter.

• **Auf umweltschonende Verkehrsmittel setzen:** Wo möglich, reisen wir mit öffentlichen Verkehrsmitteln an. Das reduziert nicht nur die Luftverschmutzung, sondern schont auch unsere Nerven. Falls das mal nicht geht, helfen verschiedenste Plattformen dabei, den CO_2-Austoß auszugleichen, vor allem, wenn das gewünschte Reiseziel nur mit dem Flugzeug zu erreichen ist.

• **Nur dort parken und campen, wo es erlaubt ist:** Selbst wenn wir uns noch so vorbildlich verhalten und unseren Aufenthaltsort so zurücklassen, wie wir ihn vorgefunden haben, stören wir den Lebensraum von Wildtieren und hinterlassen Spuren und Gerüche. Auch Lagerfeuer entzünden wir ausschließlich an den dafür vorgesehenen Stellen und achten dabei auf Waldbrandstufen und Naturschutzgebiete.

• **Ressourcen gewissenhaft nutzen:** Manche Umweltressourcen sind bereits knapp, endlich sind auf jeden Fall alle. Um sie zu schonen, sollten wir sparsam mit ihnen umgehen, gerade in Gegenden, in denen zum Beispiel Wasser oder Strom nicht im Überfluss vorhanden sind.

• **Ein guter Gast sein:** Nachhaltig unsere Umgebung zu erkunden bedeutet auch, der hiesigen Flora und Fauna mit Respekt zu begegnen. Pflanzen sollten auf keinen Fall gepflückt werden, aber sie stehen bestimmt gerne Modell für das eine oder andere Foto. Das Gleiche gilt für wilde Tiere: Wir füttern sie nicht, halten Abstand und beobachten sie aus der Ferne.

• **Auf den Wegen bleiben:** Wer die vorgegebenen Wege verlässt, dringt nicht nur in die Rückzugsräume heimischer Arten ein, sondern trägt auch dazu bei, dass sich neue Wege bilden, was zur Erosion des Bodens führt.

• **Abfall wieder mitnehmen:** Plastikverpackungen, Dosen, Flaschen und Papiertaschentücher (es dauert Jahre, bis sie vollständig abgebaut sind!) gehören nicht in die Natur, sondern entsorgt. Am besten gleich eine wiederverwendbare Brotdose oder Trinkflasche mitnehmen.

• **Lokal kaufen:** Dadurch lernen wir Land und Leute besser kennen und unterstützen die regionale Wirtschaft. Außerdem sind regionale Produkte meist günstiger und hochwertiger.

• Respektvoller Umgang: Ein respektvolles Miteinander sollte stets unser Motto sein. Es tut nicht weh, einander zu grüßen und sich entgegenkommend zu verhalten. So haben Wanderer auf schmalen Wegen stets Vorrang. Bei Gegenverkehr gilt in steilem Gelände immer: Wer abfährt, hält an. So lassen sich die Wunder der Natur gemeinsam genießen.

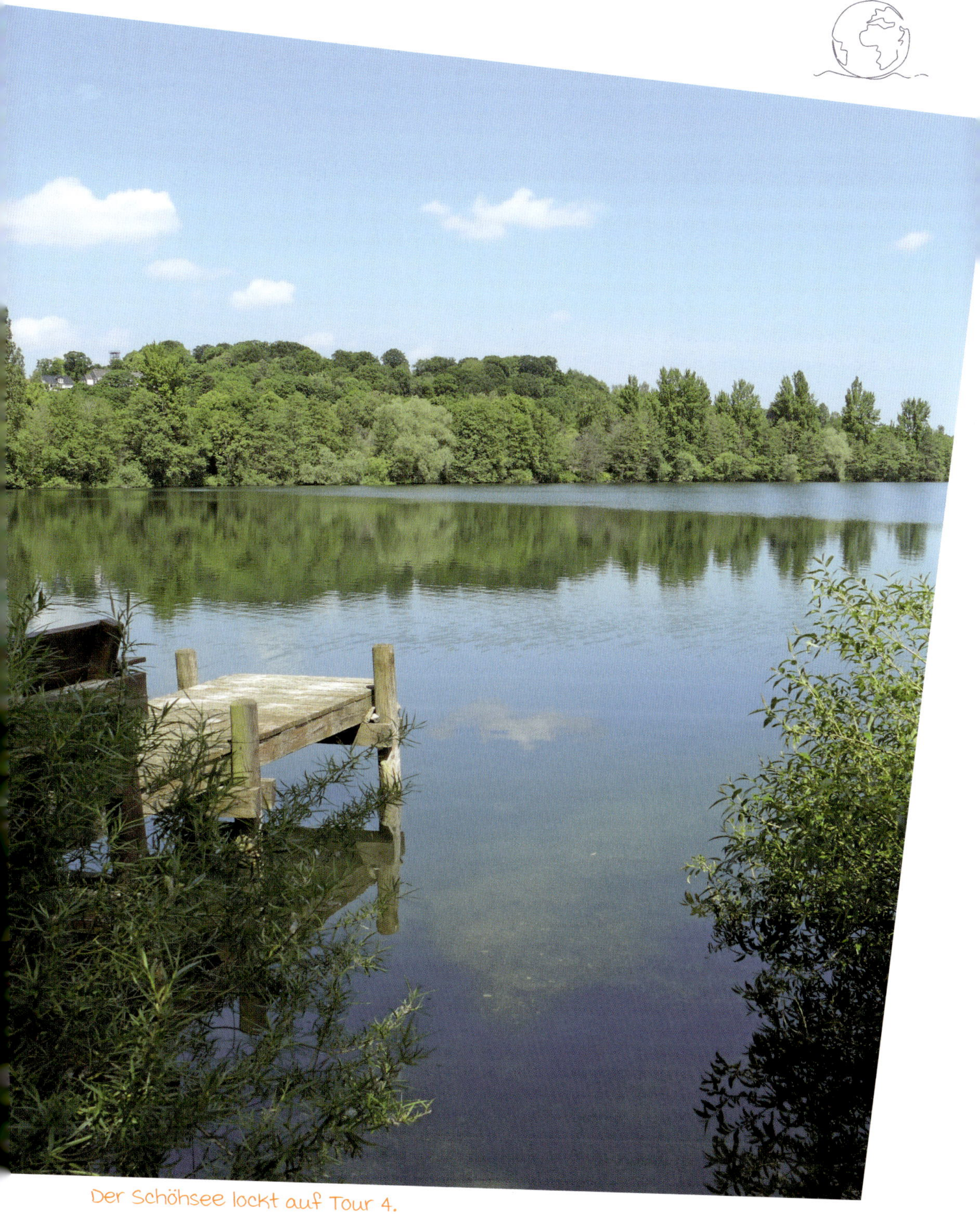

Der Schöhsee lockt auf Tour 4.

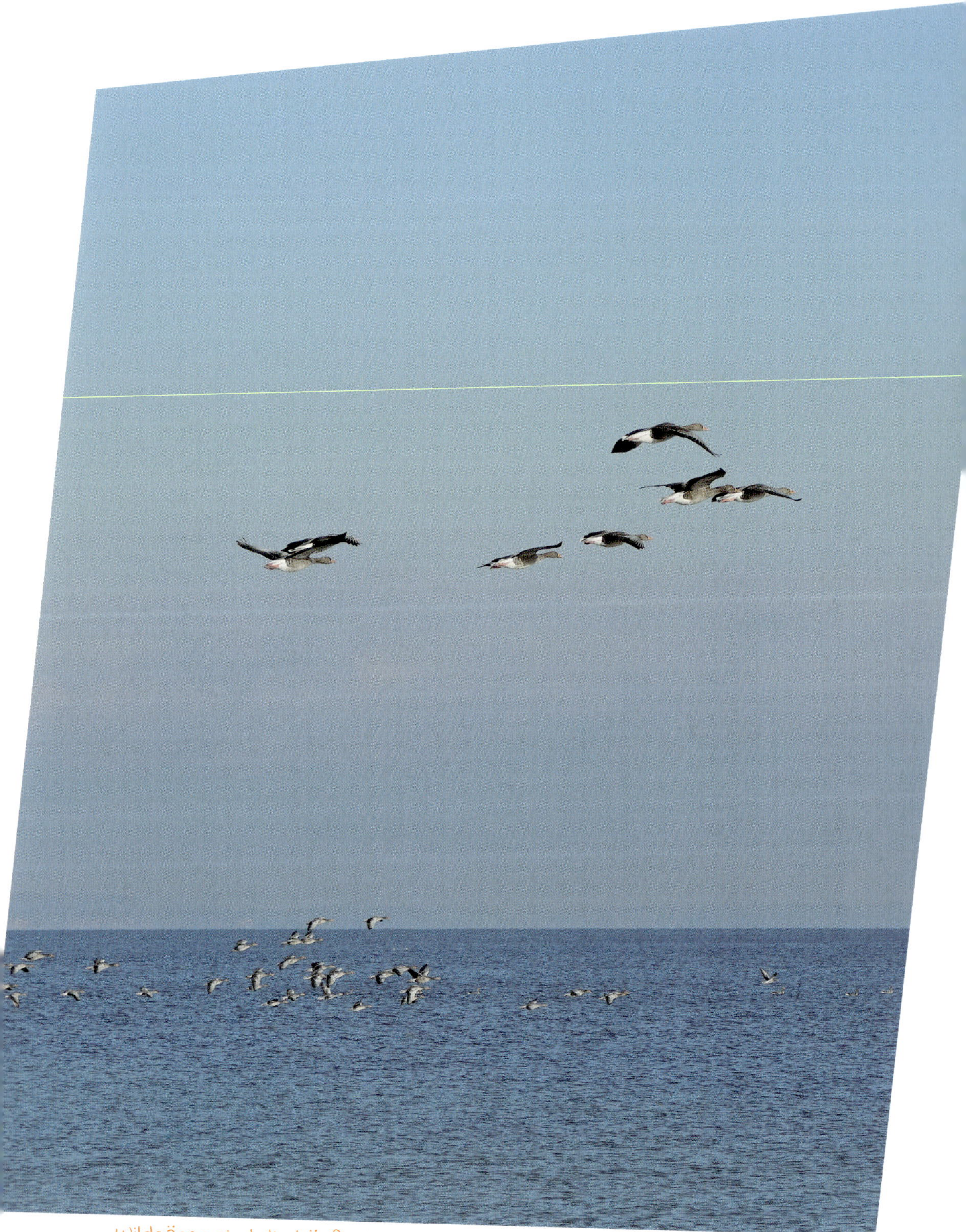

Wildgänse sind die häufigsten Wintergäste.

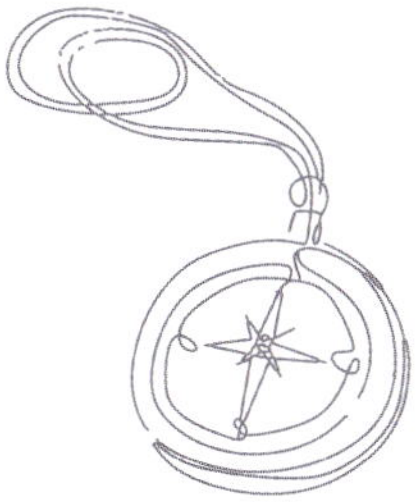

GPS-TRACKS

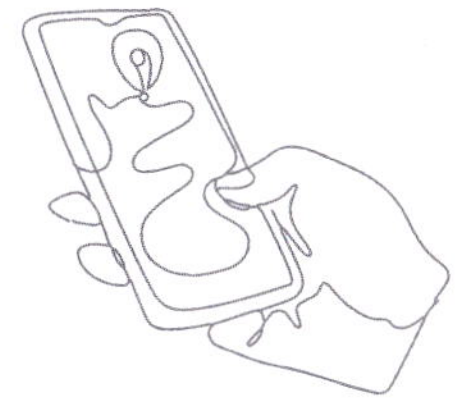

Was sind GPS-Tracks?

GPS-Tracks sind in vielerlei Hinsicht eine ideale Ergänzung für Deine Wanderung oder Radtour und vereinfachen die Navigation im Gelände. Es handelt sich um GPS-Koordinaten, die innerhalb einer Datei als Wegstrecke gespeichert sind und in eine beliebige App auf dem Smartphone (z. B. Komoot, Kompass-App, Outdooractive) importiert werden können. Anschließend kannst Du mithilfe Deines persönlichen GPS-Standorts den Wegverlauf über eine Karte verfolgen – und gelangst ohne Probleme an Dein Ziel.

Wie funktioniert der Download?

Am einfachsten gelangst Du mithilfe der ISBN dieses Buches zum Datendownload. Die Nummer findest Du in der Regel rechts unten auf der Rückseite des Buches, beginnend mit 9783.

Öffne nun den Verlagshaus24-Shop (verlagshaus24.de) und suche im Suchfeld nach der ISBN. **Wichtig: Eingabe der ISBN ohne Bindestriche!**

Bei Deinem Tourenführer angelangt, befindet sich unter dem Buchcover der Reiter »Downloads«, bei dem Du den GPS-Datendownload auswählen kannst.

Danach musst Du noch ein Passwort eingeben, welches Du dem Buch entnehmen kannst (Hinweis dazu auf der Website).

Wenn Du das richtige Passwort eingegeben hast, startet in vielen Fällen der Download automatisch. Der Download kann jedoch auch mit einem Klick auf »Download manuell starten« eingeleitet werden.

Als Datei erhältst Du nun einen Zip-Ordner, welcher die einzelnen Touren enthält. Bevor Du diese verwendest, musst Du den Ordner noch entpacken. Das machst Du am besten direkt auf dem Gerät, auf dem Du sie nutzen willst. Anschließend kannst Du die einzelnen GPS-Tracks in eine beliebige Outdoor-App importieren. Deiner Wanderung steht nun nichts mehr im Wege!

Aber Achtung: Folge nie einfach nur blind den Daten, das kann gefährlich werden. Beurteile trotzdem immer das Gelände vor Ort auch selbst und nimm Rücksicht auf die Umweltbedingungen. Und: Versichere Dich, dass Du den Weg auch findest, wenn der Akku leer sein sollte.

Solltest Du die GPS-Tracks zu Deinem Tourenführer nicht finden oder sollte der Download nicht funktionieren, wende Dich an:
gps-download@verlagshaus.de

Exklusiv für Sie als Leser:

MIT GPS-DATEN ZUM DOWNLOAD

unter: gps.bruckmann.de

REGISTER

IMPRESSUM

Verantwortlich: Julia Vogl
Lektorat: Helga Peterz
Layout und Satz: Silke Schüler
Cover- und Umschlaggestaltung:
Matthias Frisch
Repro: LUDWIG:media
Kartografie: Eva Schmalfuß
Herstellung: Alexander Knoll
Printed in Poland by CGS Printing

Unser komplettes Programm finden Sie unter

www.bruckmann.de

Alle Angaben dieses Tourenführers wurden von der Autorin sorgfältig recherchiert sowie vom Verlag geprüft. Für die Richtigkeit der Angaben kann jedoch keine Haftung übernommen werden, weshalb die Nutzung auf eigene Gefahr erfolgt. Insbesondere bei GPS-Daten können Abweichungen nicht ausgeschlossen werden. Bei Links auf Webseiten Dritter machen wir uns die Inhalte derselben nicht zu eigen und übernehmen für diese keine Haftung.

Aus Gründen der besseren Lesbarkeit verwenden wir in diesem Buch das generische Maskulinum. Weibliche und anderweitige Geschlechter-Identitäten werden dabei ausdrücklich mitgemeint, soweit es für die Aussage erforderlich ist.

Die Deutsche Nationalbibliothek verzeichnet diese Publikation in der Deutschen Nationalbibliografie; detaillierte bibliografische Daten sind im Internet über http://dnb.d-nb.de abrufbar.

★★★★★

Sind Sie mit diesem Titel zufrieden? Dann würden wir uns über Ihre Weiterempfehlung freuen. Erzählen Sie es im Freundeskreis, berichten Sie Ihrem Buchhändler, oder bewerten Sie bei Onlinekauf. Und wenn Sie Kritik, Korrekturen, Aktualisierungen haben, freuen wir uns über Ihre Nachricht an Bruckmann Verlag, Postfach 40 02 09, D-80702 München, oder per E-Mail an lektorat@verlagshaus.de.

Bildnachweis: Alle Bilder zu den Touren im Innenteil und auf dem Umschlag stammen von Stefanie Sohr. **Illustrationen, Shutterstock**: S. 12/13: sunnychicka; S. 12/13: SimpLine; S. 12/13 (Karte): TALVA; S. 14: LuTer999; S. 17: GM Vector; S. 19: Look_Studio; S. 171: Lakuku Vector; S. 173 (Handy): Bettermind Graphic; S. 173 (Kompass): Simple Line; **passim:** Bereg55, Eva_art, Kaspars Grinvalds, Olga Rai, OneLineStock, Simple Line, Tetiana Yurchenko, Volonoff.
Rezept S. 16/17 (Text und Bild): Pauline Joos

Umschlagvorderseite: Wandern nahe Travemünde, Shutterstock.com / Werner Spremberg
Umschlagrückseite: Traumhafte Wege entlang der Ostsee, Stefanie Sohr

ISBN 978-3-7343-3002-5